AF533878

Basiswissen für Softwareprojektmanager im klassischen und agilen Umfeld

Prof. Dr. Andreas Johannsen ist seit 2006 Inhaber der Professur »Systementwicklung und -integration« sowie geschäftsführender Direktor des Instituts für Betriebliche Anwendungssysteme (IBAW) der Technischen Hochschule Brandenburg. Darüber hinaus ist er Inhaber der Johannsen Management Consulting (JMC) in Berlin und seit vielen Jahren Trainer von Projektmanagement-Zertifikatskursen.

Dr. Anne Kramer begann ihre Laufbahn als Projektmanagerin in Paris für Schlumberger Systems. Seit 2001 ist sie für die sepp.med GmbH als Projektmanagerin und Prozessberaterin tätig. Als Autorin und Trainerin befasst sie sich regelmäßig mit zertifizierenden Schulungen u.a. zu den Themen »Projektmanagement« und »modellbasiertes Testen«.

Horst Kostal ist seit 1996 als Projektmanager in den Bereichen Automatisierungstechnik, Medizintechnik und Automotive tätig. Seit dem Jahr 2011 ist er für Methodpark als Consultant, Coach und Trainer in den Bereichen Projektmanagement, Agilität, Reifegradprozesse und funktionale Sicherheit unterwegs.

Ewa Sadowicz ist Trainerin und Moderatorin für die Menschen im Projekt. Sie moderiert Teamentwicklungsprozesse und trainiert die Methoden-, Schlüssel- und Verhaltenskompetenzen im Projektmanagement und im agilen Kontext. Ewa Sadowicz ist Gründungsmitglied bei EinfachStimmig.

Dr. Daniela Stokar von Neuforn ist seit 1992 freiberufliche Trainerin und Coach in den Bereichen Kommunikation, Demografie, Kunden- und Serviceorientierung sowie Train the Trainer. Seit 2011 ist sie Inhaberin der Firma TTM Training&TransferManagement. Sie zeichnete einen Großteil der Abbildungen in diesem Buch und verlieh ihm so seinen künstlerischen Wert.

Andreas Johannsen · Anne Kramer · Horst Kostal · Ewa Sadowicz

Basiswissen für Softwareprojektmanager

im klassischen und agilen Umfeld

Aus- und Weiterbildung zum ASQF® Certified Professional for Project Management (CPPM)

dpunkt.verlag

Lektorat: Christa Preisendanz
Copy-Editing: Ursula Zimpfer
Illustrationen: Daniela Stokar von Neuforn, TTM Training&TransferManagement, Berlin
Satz: Birgit Bäuerlein
Herstellung: Susanne Bröckelmann
Umschlaggestaltung: Helmut Kraus, www.exclam.de
Druck und Bindung: M.P. Media-Print Informationstechnologie GmbH, 33100 Paderborn

Bibliografische Information der Deutschen Nationalbibliothek
Die Deutsche Nationalbibliothek verzeichnet diese Publikation in der Deutschen Nationalbibliografie; detaillierte bibliografische Daten sind im Internet über http://dnb.d-nb.de abrufbar.

ISBN:
Print 978-3-86490-429-5
PDF 978-3-96088-172-8
ePub 978-3-96088-173-5
mobi 978-3-96088-174-2

1. Auflage 2017

Wieblinger Weg 17
69123 Heidelberg

5 4 3 2 1 0

Geleitwort von Stephan Goericke

Projekte erfolgreich termin-, kosten- und qualitätsgerecht zu managen, wird immer mehr zu einer Herausforderung. Die Anforderungen an Projektmanager sind hoch: Die Produktionszyklen werden kürzer und die Wettbewerbsbedingungen verschärfen sich. Sie kontrollieren das Budget, haben den aktuellen Projektstatus im Blick, führen und koordinieren das Team. Sie leisten einen entscheidenden Beitrag zur Sicherung des Projektes. Aber wie können sich Arbeitgeber sicher sein, den geeigneten und qualifizierten Mitarbeiter für diese Aufgabe auszuwählen?

Qualifizierte Projektmanager sind im Allgemeinen und im Besonderen im Softwareprojektmanagement sehr gefragt. Wer über umfassende Projektmanagement-Skills verfügt, ist klar im Vorteil. Wer diese mit einem Zertifikat nachweisen kann, ist es noch mehr. Für eine Vergleichbarkeit wird seitens der Wirtschaft immer wieder ein Standard gefordert. Die Bedeutung von Leistungsnachweisen in Form von Prüfungen und Zertifikaten unabhängiger Instanzen ist in den letzten Jahren stark angestiegen und wird dies auch weiterhin tun.

Es gibt eine hohe Anzahl an Schulungsangeboten, die allerdings unterschiedliche Niveaus haben. Für den Arbeitgeber ist es schwierig einzuschätzen, was er von einem bestimmten Zertifikat erwarten kann oder eben auch nicht. Es ist also insbesondere für angehende Projektmanager sehr wichtig, dass ein Standard zur Verfügung steht, der ein einheitliches Konzept mit allen wichtigen Inhalten kontinuierlich verfolgt. Es ist auch für die Personalplanung leichter, wenn der Arbeitgeber auf Mitarbeiter mit einem etablierten Projektmanagementzertifikat zurückgreifen kann.

Das International Software Quality Institute (iSQI) ist weltweit die Anlaufstelle für solche Softwarequalitätsstandards. Das Zertifizierungsprogramm des iSQI umfasst u.a. das ASQF® Certified Professional for Project Management. Diese Zertifizierungsprüfung erschien 2016 in einer modernisierten und zukunftssicheren Neuauflage des etablierten Schemas. Mit der kontinuierlichen Pflege der Inhalte soll sichergestellt werden, dass die Ausbildung den Anforderungen an die Mitarbeiter und den Bedürfnissen der Industrie entspricht. Und das auch in der Zukunft. Der neue Lehrplan zum ASQF® Certified Professional for Project Management setzt auf Standards und aktuelle internationale Normen. iSQI prüft und zertifiziert unabhängig nach diesen Standards. Ebenso sorgt das iSQI gemeinsam mit internationalen Partnern für die Etablierung der Standards in zahlreichen Ländern auf allen Kontinenten. Im Ergebnis entstehen Zertifizierungen, die international anerkannte Aushängeschilder sind.

Die vorliegende Auflage dieses Buches verweist auf die immer weiterwachsende Bedeutung und die kontinuierliche Etablierung von Standards und Zertifizierungen im Bereich Projektmanagement. Die Autoren haben auf der Grundlage ihrer vorherigen Arbeit die Standards für Projektmanagement weiterentwickelt und die Grundlagen erneut für uns aufgearbeitet und festgehalten. Ich möchte mich bei ihnen für ihr Engagement und dafür, dass sie ihre Expertise mit uns teilen, bedanken.

Abschließend wünsche ich allen (zukünftigen) Projektmanagern und Interessierten viel Freude beim Durcharbeiten des Buches, viel Erfolg für die spätere Zertifizierungsprüfung und gutes Gelingen aller folgenden Projekte!

Stephan Goericke
International Software Quality Institute
Director

Vorwort

Als wir uns 2015 zusammenfanden, um den Lehrplan zum ASQF® Certified Professional for Project Management [ASQF CPPM 2016] grundlegend zu überarbeiten, wurde uns rasch klar, dass ein neuer Kurs auch ein neues Lehrbuch verlangt. Gesagt, getan – und so kam Lenchen auf das Land[1] bzw. dieses Buch in Ihre Hand.

Doch braucht die Welt wirklich ein weiteres Buch über Projektmanagement? Wir fanden schon. Zwar gibt es bereits viele Werke zu diesem Thema, doch wir wollten neue Schwerpunkte setzen. Ein Buch, das sowohl sequenzielle als auch agile Ansätze praxisorientiert vereint und darüber hinaus soziale Kompetenzen angemessen behandelt, sucht man auf dem Markt bislang vergebens. Wir wollten ein kurzweiliges Buch für all diejenigen schreiben, die mehr oder weniger explizit mit Softwareprojektmanagementaufgaben betraut sind.

»*Softwareprojektmanagementaufgaben*« – was für ein Wort! 31 Buchstaben, deren Wirkung einer Schlaftablette gleichkommt. Genau dies wollten wir jedoch nicht. Wir finden Softwareprojektmanagement Tag für Tag aufs Neue faszinierend und hoffen, diese Passion auch an unsere Leser weitergeben zu können.

Dieses Buch verdankt somit seine Entstehung zwei Organisationen: dem ASQF® bezüglich der Inhalte und dem dpunkt.verlag hinsichtlich der Form. Wir möchten uns an dieser Stelle daher ganz herzlich bedanken. Besonderes erwähnen möchten wir Norbert Kastner und Rainer Alt und ihre wertvolle Mithilfe bei der Fertigstellung des Buches. Dank auch an Ronald Huster und Dr. Armin Metzger für die logistische und moralische Unterstützung, an Jerome Horn für die redaktionelle Unterstützung sowie an Stephan Goericke für sein Geleitwort. Vom dpunkt.verlag stand uns Frau Preisendanz stets mit Rat und Tat zur Seite.

1. Aus Wilhelm Busch, »Die fromme Helene«.

Viele der Grafiken in diesem Buch entsprangen der künstlerischen Hand von Dr. Daniela Stokar von Neuforn. Auch ihr möchten wir noch einmal ganz besonders unseren Dank aussprechen.

Wer einmal an der Erstellung eines Buches mitgewirkt hat, weiß nur zu gut, welche Geduldsprobe gerade die »letzten Züge« für die engsten Vertrauten bedeutet. Ohne die Unterstützung unserer Partnerinnen und Partner, ohne das Verständnis und die Rücksichtnahme unserer Kinder, gäbe es dieses Buch nicht in der vorliegenden Form. Daher gilt unser ganz besonderer Dank unseren Familien.

Liebe Leserinnen!

Wir haben uns entschieden, zumindest eine der guten alten Deutschregeln zu befolgen (ansonsten folgt dieses Buch der neuen deutschen Rechtschreibung). Wir sprechen ab sofort nicht mehr von »Projektmanagerinnen und Projektmanagern«, auch nicht von »ProjektmanagerInnen« oder gar von »Projektmanagenden«, sondern schlicht von »Projektmanagern«. Selbstverständlich schließt die männliche Form systematisch die weibliche mit ein. Sie werden im Verlauf des Buches ohnehin feststellen, dass Sie hinsichtlich der erforderlichen Soft Skills und speziell der Kommunikation möglicherweise im Vorteil sind ... (gez.: die Autorinnen)

Andreas Johannsen, Anne Kramer,
Horst Kostal und Ewa Sadowicz
Erlangen und Berlin, Februar 2017

Inhaltsübersicht

Inhaltsverzeichnis

Einleitung

Motivation

Es ist schon frustrierend: 1972 schrieb Edsger W. Dijkstra zum ersten Mal über die »Softwarekrise«. 1996 erschien der erste Chaos Report der Standish Group und zeigte uns, wie wenige Softwareprojekte als erfolgreich gelten können. Heute, 30 Jahre später, gibt es unzählige Bücher über Softwareentwicklung, und dennoch laufen Softwareprojekte immer wieder aus dem Ruder. Die Software wird entweder deutlich teurer als geplant, nicht rechtzeitig fertig oder enthält bei Auslieferung noch inakzeptable Fehler (sprich: Bugs).

Warum ist das so? Haben wir denn seit 1972 nichts gelernt? Doch, haben wir. Inzwischen hat sich in der Industrie auch für die Softwareentwicklung der Prozessgedanke durchgesetzt. Dieser Gedanke stammt ursprünglich aus der Fertigung. Die Grundidee besteht darin, alle Arbeitsschritte klar zu definieren, sodass sie kontrolliert und reproduzierbar ablaufen. Auf diese Weise kann nachweislich eine einheitliche, idealerweise hohe Qualität produziert werden.

Anders als bei Hardware gibt es jedoch für Software keine Trennung zwischen Entwicklung und Produktion. Daher sind Prozesse in der Entwicklung gefragt. Software Engineering ist inzwischen ein Studienfach an Universitäten und Fachhochschulen.

Trotzdem kommt es immer wieder zu spektakulären Fehlschlägen bei Softwareprojekten. Ende März 2016 verlor die japanische Raumfahrtagentur JAXA[1] durch eine eindrucksvolle Verkettung von Hardware- und Softwarefehlern das 286 Millionen US-Dollar teure Röntgenteleskop Hitomi (japanisch: Auge, Pupille). Bei einer Neuausrichtung des Weltraumteleskops kam es zu einer falschen Bestimmung der Lagedaten und damit zur irrtümlichen Meldung, der Satellit rotiere. Um die nicht vorhandene Rotation zu stoppen, wurde das Reaktionsrad aktiviert. Das Teleskop geriet nun tatsächlich ins Trudeln, was

1. Japan Aerospace Exploration Agency.

wiederum das Kontrollsystem des Teleskops aktivierte. Unglücklicherweise war die betreffende Funktion vor dem Hochladen nicht ordentlich getestet worden. Statt Hitomi zu stabilisieren, wurden die Schubdüsen in die falsche Richtung aktiviert und somit die Rotation verstärkt, bis die Solarpaneele abbrachen. Damit fand die auf 10 Jahre ausgelegte Mission nach 3 Tagen ein abruptes Ende.

Dieses Beispiel ist natürlich besonders spektakulär, zeigt jedoch eine der typischen Schwierigkeiten, mit der eigentlich alle Softwareprojekte konfrontiert sind: Software ist in der Regel extrem komplex und das Zusammenspiel verschiedener Funktionen ist schwer zu überblicken. Dabei ist es an und für sich leicht, oft sogar viel zu leicht, Funktionen zu programmieren. Das verleitet dazu, »mal eben was zu ändern«. In der Regel sind es jedoch gerade diese Änderungen, die zu unerwarteten Wechselwirkungen mit bereits programmierten Funktionen führen.

Die Erkenntnis, dass Änderungen in unserer schnelllebigen Zeit eher die Regel als die Ausnahme sind, hat in der Softwareentwicklung zu einem Umdenken geführt. Seit 2000 haben sich zunehmend die sogenannten »agilen« Vorgehensmodelle durchgesetzt, bei denen die Software iterativ in möglichst kurzen Zyklen entwickelt wird. Die Kenntnis dieser Vorgehensmodelle und deren Einfluss auf das Projektmanagement gehört heute zum Werkzeugkasten eines modernen Softwareprojektmanagers.

Modernes Softwareprojektmanagement

Womit wir beim Thema wären. Dieses Buch richtet sich an alle Mitarbeiter in Softwareprojekten, die direkt oder indirekt mit Projektmanagementaufgaben betraut sind. Dies können »hauptamtliche« Projektmanager mit Weisungsbefugnis sein, ebenso wie Softwareentwickler, die für die Zeit des Projektes ihren Kollegen als Primus inter Pares vorstehen. In agilen Vorgehensmodellen verschwimmen die Grenzen zum klassischen Projektmanager noch weiter, da das Projektteam teilweise Projektmanagementaufgaben übernimmt. Wenn in diesem Buch die Rede vom »Projektmanager« ist, meinen wir daher immer die Rolle und nicht zwangsläufig eine bestimmte Person.

Dieses Buch vermittelt Grundlagen, die jeder Projektmanager kennen und verstehen sollte, um erfolgreich zu sein. Der Inhalt des Buches entspricht dem Lehrplan des »ASQF® Certified Professional for Project Management« (kurz: CPPM). Dieser Lehrplan wurde 2016 vollständig überarbeitet, wobei zwei Aspekte im Vordergrund standen:

1. Modernisierung der Lehrinhalte und Angleichung an aktuelle Normen sowie
2. verstärkte Betonung der Soft Skills.

Da dieses Buch als Lehrbuch zum Kurs gedacht ist, beschreiben die zwei Punkte der Liste auch die Unterschiede zum Vorgängerbuch »Basiswissen Softwareprojektmanagement. Es werden systematisch sowohl die »klassisch« sequenzielle als auch die agile Vorgehensweise dargelegt. Wir gehen in jedem Kapitel darauf ein, wie die jeweils beschriebenen Tätigkeiten im einen wie im anderen Umfeld umgesetzt werden. Darüber hinaus richtet sich die Terminologie des Lehrplans (und damit auch dieses Buches) nach dem erstmalig 2012 erschienenen »Leitfaden zum Projektmanagement«, dem internationalen Standard ISO 21500.

Der verstärkte Fokus auf das Thema »Soft Skills« hängt eng mit der Zielgruppe des Kurses zusammen. Softwareprojektmanager sind oft eher technisch vorgebildet. Die fachliche Kenntnis ist jedoch nur die eine Seite der Medaille. Viel wichtiger und im Zweifelsfall auch entscheidender für den Projekterfolg ist jedoch die menschliche Komponente. Gerade Softwareentwickler mit lateraler Führungsverantwortung müssen sich mit dem Gedanken vertraut machen, dass ihre profunden Kenntnisse (z.B. der Programmiersprache) weniger ausschlaggebend für den Erfolg sind als ihre Soft Skills. Sie, die dafür ausgebildet wurden, Softwarearchitekturen und -algorithmen zu entwerfen, sollen plötzlich als Moderator, Verhandlungsführer, Schlichter und Motivator auftreten. Daher gehen wir in jedem Kapitel auch auf die jeweils erforderlichen »weichen Kompetenzen« ein, die für die jeweilige Rolle erforderlich sind.

Der ASQF® CPPM

Die erste Version des Kurses »Certified Professional for Project Management« (CPPM) wird seit 2004 vom International Software Quality Institute (kurz: iSQI) angeboten. Zuvor hatte sich eine Arbeitsgruppe des Arbeitskreises Software-Qualität und Fortbildung e.V. (ASQF®) gebildet, um einen schlanken, speziell auf Softwareprojektmanagement ausgerichteten Lehrplan zu verfassen. Auch die aktuelle Überarbeitung ist auf eine ASQF-Arbeitsgruppe zurückzuführen, an der die Autoren dieses Buches beteiligt waren. Der aktuelle Lehrplan ist hier zu finden: *https://www.isqi.org/de/project-management.html.*

Im Gegensatz zu den bekannten Projektmanagementschulungen der International Project Management Association (IPMA)[2] und des amerikanischen Project Management Institute (PMI) fokussiert der ASQF® CPPM ausschließlich auf das für Softwareprojekte erforderliche Grundwissen. Weiterführende Themen wie Multiprojektmanagement werden explizit ausgespart, um den Kurs nicht zu überfrachten. Auch dieses Buch folgt der gleichen Logik, liefert jedoch den einen oder anderen Hinweis über den Tellerrand hinaus.

Wenn von Projektmanagementkursen die Rede ist, sollte auch ein Hinweis auf PRINCE2 nicht fehlen. PRINCE steht für »Projects in Controlled Environments«. Dahinter verbirgt sich eine Projektmanagementmethode, die sich bis heute großer Beliebtheit erfreut. Inzwischen gibt es auch »PRINCE2 Agile«, ein Ergänzungsmodul, das das eher auf sequenziellen Vorgehensmodellen aufsetzende PRINCE2-Handbuch um die wichtigsten agilen Prinzipien erweitert.

Der ASQF® CPPM steht nicht im Widerspruch zu den hier genannten Kursen, hat allerdings auch nicht den gleichen Anspruch auf Vollständigkeit. Noch einmal: Es geht hier ausschließlich um Softwareprojekte unter meist lateraler Leitung.

Ein paar Worte zum Buch

Dieses Buch gliedert sich in 12 Kapitel und folgt damit nahezu 1 zu 1 der Gliederung des ASQF®-CPPM-Lehrplans.

Kapitel 1 bietet einen Überblick über das Thema Softwareprojektmanagement und enthält Definitionen der wichtigen Begriffe. Das Kapitel orientiert sich eng am Standard ISO 21500 mit dem Ziel, eine einheitliche Terminologie zu schaffen, die auch im Buch durchgängig verwendet wird.

Kapitel 2 behandelt mögliche Projektorganisationsformen, wobei zwischen Aufbau- und Ablauforganisation unterschieden wird.

In Kapitel 3 werden verschiedene Prozess- und Vorgehensmodelle beschrieben. Wir unterscheiden prinzipiell zwischen sequenziellen und agilen Vorgehensmodellen mit ihren exemplarischen Vertretern »V-Modell« und »Scrum«.

Kapitel 4 bis 7 beschreiben den Ablauf eines Projektes, beginnend mit der Projektinitiierung (Kap. 4) über die Projektplanung (Kap. 5), Projektumsetzung und -controlling (Kap. 6) bis hin zu Projektabnahme und -abschluss (Kap. 7).

---

2. Das IPMA wird in Deutschland durch die Deutsche Gesellschaft für Projektmanagement (GPM) vertreten.

Abb. 0–1
Zusammenspiel der Kapitel 4 bis 7

Abbildung 0–1 zeigt das Zusammenspiel dieser vier Kapitel. Planung bzw. Umsetzung und Controlling werden während eines Projektes meist mehrfach durchlaufen, während die Initiierung naturgemäß nur einmal zu Beginn und Abnahme und Abschluss einmal am Ende des Projektes stattfinden.

Kapitel 8 widmet sich dem Qualitätsmanagement. Dabei konzentrieren wir uns auf die Bedeutung der Qualitätssicherung in Projekten. Schließlich ist dies kein Lehrbuch für Softwaretester. Etwas ausführlicher wird die Frage der Qualitätssicherung für Prozesse behandelt, da diese den Projektmanager zumindest indirekt betreffen.

Kapitel 9 handelt vom Risikomanagement. Auch hier geht es zunächst einmal um den Grundgedanken des Risikomanagementprozesses, bevor die einzelnen Aktivitäten der Risikoermittlung, -bewertung, -beherrschung und des Risikocontrollings beschrieben werden. Ein kleiner Exkurs behandelt das Risikomanagement in sicherheitskritischen Bereichen.

Kapitel 10 ist ein besonders wichtiges Kapitel dieses Buches, denn hier geht es um Personalmanagement. Neben Phasen und Aktivitäten des Personalmanagements werden Themen wie Teamentwicklung, soziale Kompetenz und Mitarbeitermotivation adressiert. Der Leser bekommt einen Einblick in die Bedeutung der menschlichen Aspekte im Projektmanagement, die nur allzu gerne unterschätzt wird.

Kapitel 11 liefert einen Überblick über Reifegradmodelle und wie diese verwendet werden können, um Prozesse einerseits zu bewerten und andererseits zu verbessern.

Kapitel 12 ist das einzige Kapitel, das kein direktes Äquivalent im CPPM-Lehrplan hat. Es enthält eine kurze Zusammenfassung des Buches.

Das Thema »Soft Skills« zieht sich wie ein roter Faden durch das ganze Buch. Wann immer angebracht, gehen wir darauf ein, welche nicht technischen Kompetenzen ein Projektmanager benötigt, um die jeweils beschriebenen Aufgaben erfolgreich zu meistern.

Das Fallbeispiel

Wie Johann Wolfgang von Goethe so schön sagte: »Grau, teurer Freund, ist alle Theorie (...)« Das soll nicht sein! Deshalb haben wir in diesem Buch ein durchgängiges Fallbeispiel verwendet, das realistischer nicht sein könnte, da es auf tatsächlichen Erfahrungen der Autoren basiert.

Bei unserem Fallbeispiel handelt es sich um ein Inhouse-Projekt zur Entwicklung einer Plattform. Es gab also keinen externen Kunden. Die zu entwickelnde Grafikplattform war dazu bestimmt, von Applikations- und Kundenprojekten verwendet zu werden. Konkret sprechen wir von Grafikfunktionen, die beispielsweise dazu dienen, Instrumententafeln für Maschinen oder Fahrzeuge zu realisieren.

Insgesamt gab es zwei Projektteams. Sieben Mitarbeiter entwickelten die Grafik-Engine, fünf weitere die Grafikbibliothek. Ihnen vorgesetzt war ein Projektmanager, der gleichzeitig auch organisatorisch der Teamleiter war. Dieser Projektmanager bündelte alle Informationen und war als einziger Stakeholder den Teams bekannt.

Wie es in der Realität so ist, sah sich das Projekt mit einer Reihe von Herausforderungen konfrontiert, die durch gezieltes Projektmanagement hätten vermieden werden können. Beispielsweise wurde das Projekt bis zu einem gewissen Punkt *ohne* dokumentierte Anforderungen betrieben. Der Projektmanager hatte alle Informationen im Kopf und steuerte die Mitarbeiter einzeln aus. Generell ließ die Kommunikation im Projekt zu wünschen übrig. Es gab keine erkennbare Abstimmung mit abhängigen Projekten. Die Teammitglieder wussten wenig bis nichts von der Arbeit ihrer Kollegen, wodurch das Projekt für sie extrem unattraktiv wurde. Erschwerend kam hinzu, dass es so gut wie keine Projektmanagementaktivitäten hinsichtlich Planung, Controlling, Qualitätssicherung und Risikomanagement gab.

Wer schon in Softwareprojekten gearbeitet hat, wird sich das Setup vorstellen können. Wir nutzen dieses durchgängige Fallbeispiel im Buch, um zu zeigen, welche Projektmanagementaktivität an welcher Stelle hätte helfen können.

1 Überblick und Einführung

1.1 Woran scheitern Projekte? – Projekterfolgs- und -misserfolgskriterien

Stopp!

Haben Sie die Einleitung gelesen? Falls nicht, holen Sie das bitte jetzt nach, denn sie ist wichtig für das weitere Verständnis des Buches und enthält Inhalte, die für die Zertifizierung erforderlich sein können.

Wie bereits in der Einleitung dargestellt, laufen Softwareentwicklungsprojekte selten wirklich glatt ab. Häufig können Termine nicht gehalten werden, laufen Kosten aus dem Ruder oder die angeblich »fertige« Software ist doch noch nicht so weit wie gedacht. Bei Auslieferung stellt sich dann heraus, dass Funktionalität fehlt oder noch fehlerhaft ist, und es kommt zu unangenehmen Diskussionen, Reklamationen und Nachlieferungen.

Die Tatsache, dass so viele Softwareprojekte scheitern, hat jedoch auch einen (fragwürdigen) Vorteil: Es lässt sich statistisch ganz gut auswerten, woran es gelegen hat. Bei genauerer Betrachtung stellt sich heraus, dass viele Probleme auf eine der folgenden drei Ursachen zurückzuführen sind:

1. Mängel im Prozess
2. Mangelnde technische Fähigkeiten
3. Kommunikationsprobleme und Führungsschwäche

Mängel im Prozess

Mängel im Prozess liegen u.a. dann vor, wenn nicht oder nur unzureichend festgelegt ist, wie gearbeitet werden soll. Das führt dazu, dass Mitarbeiter ihre Arbeit nach bestem Wissen und Gewissen erledigen, dabei aber möglicherweise wichtige Schritte überspringen. Ein ganz typisches Beispiel ist die Festlegung der Softwarearchitektur. Natürlich machen sich die Entwickler Gedanken über die Architektur. Dies war auch in unserem Fallbeispiel so. Leider gab es keinerlei Vorgabe, dass die Architektur auch niedergeschrieben und aktuell gehalten werden muss. Alle neuen Teammitglieder, die nicht am initialen Workshop teilgenommen hatten, waren dadurch stark benachteiligt und den anderen Teams fehlte eine verbindliche Festlegung der Schnittstellen. Unklare Schnittstellen sind überhaupt ein häufiger Mangel im Prozess, ebenso wie unklare Anforderungen, ungenügende Abstimmungen oder fehlende verbindliche Vereinbarungen hinsichtlich der Vorgehensweise im Prozess oder der technischen Umsetzung im Produkt.

Mangelnde technische Fähigkeiten

Mangelnde technische Fähigkeiten sind eigentlich relativ einfach zu beheben. Wenn ein Entwickler die Programmiersprache nicht beherrscht, muss man ihn eben auf eine Schulung schicken und einarbeiten. Fatalerweise ist es aber nicht immer so offensichtlich, dass Schulungsbedarf besteht. Wer sich mit Anforderungsmanagement oder Qualitätssicherung nicht auskennt, ist sich dessen nicht unbedingt bewusst. Man weiß ja nicht, was man nicht weiß. Daher ist es wichtig, dass der Projektmanager zumindest Grundlagen kennt, die wir in diesem Buch vermitteln.

Kommunikationsprobleme und Führungsschwäche

Während sich die ersten zwei Hauptursachen durch fachliche Kompetenz vermeiden lassen, erfordert der Umgang mit Kommunikationsproblemen Soft Skills. Ein schönes Beispiel ist der Umgang mit Konflikten. Wir werden in Kapitel 10 »Personalmanagement« sehen, dass Konflikte eine völlig normale Erscheinung im Teambildungsprozess sind. Projektmanager sollten daher wissen, wie sie diese geschickt managen.

Noch heikler wird es, wenn wir das Thema Führung betrachten. Hier kann ein Projektmanager unbewusst erschreckend viel falsch machen. Daher möchten wir gleich zu Beginn einem weitverbreiteten Denkfehler entgegenwirken: Mitarbeiter zu führen heißt in unseren Augen nicht, ihnen Vorschriften zu machen, was sie wie zu tun haben, sondern sie anzuleiten und zu lenken. Dazu gehört auch, Aufgaben zu delegieren. In unserem Fallbeispiel agierte der Projektmanager als »Mega Brain«, d.h., alle Entscheidungen liefen über ihn. Gleichzeitig ärgerte er sich jedoch regelmäßig, dass die Teammitglieder ihn wegen jeder Kleinigkeit befragten. Hier waren die Entscheidungskompetenzen völlig unklar.

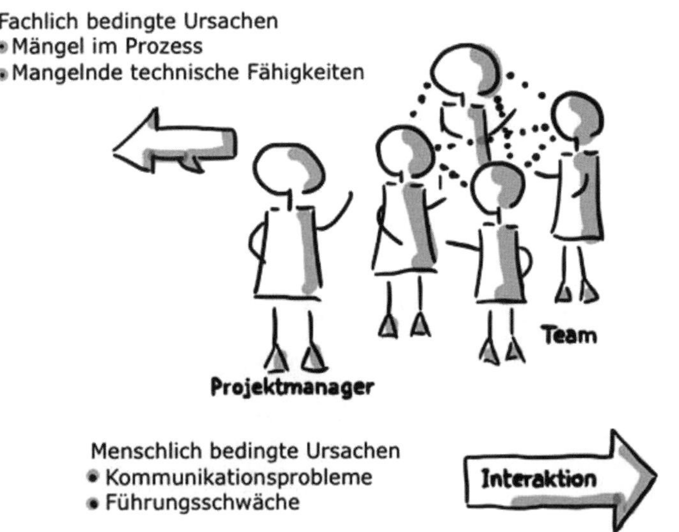

Abb. 1–1 Hauptursachen für gescheiterte Softwareprojekte

Abbildung 1–1 zeigt noch einmal die Hauptursachen für gescheiterte Softwareprojekte im Überblick. Häufig überlagern sich mehrere Ursachen, aber fast immer sind menschliche Schwächen beteiligt.

1.2 Wichtige Begriffe im Projektmanagement

Da wir schon dabei sind, Begriffe wie »Führung« zu klären, sollten wir noch ein bisschen weiter ausholen und die wichtigsten Begriffe im Projektmanagement kurz ansprechen. Schließlich ist es ein erklärtes Ziel des ASQF® CPPM, eine einheitliche Terminologie zu etablieren. Man kann nämlich trefflich aneinander vorbei diskutieren, wenn jeder ein anderes Verständnis z.B. des Begriffs »Projekt« hat. Im besten Fall verliert man nur unnötig Zeit. Unterschiedliche Interpretationen können jedoch auch zu ärgerlichen Missverständnissen oder gar zu Fehlern führen.

Der Lehrplan erfindet das Rad nicht neu, sondern setzt auf dem internationalen Standard ISO 21500 auf. Manche Begriffe sind für die Zertifizierung zum ASQF® CPPM wichtig. Diese haben wir als Merksatz hervorgehoben und zur besseren Übersicht im Glossar am Ende des Buches noch einmal zusammengestellt.

Was verstehen wir nun also unter dem Begriff »Projekt«?

Definition Projekt

Projekt

Ein Projekt besteht aus einer einzigartigen Gruppe von Prozessen, die auf eine Zielsetzung ausgerichtete, koordinierte und gesteuerte Vorgänge mit Beginn- und Fertigstellungsterminen umfassen. [ISO 21500]

Wie man sieht, sind Normen nicht unbedingt eine geeignete Nachtlektüre, es sei denn, man will sofort einschlafen. Übersetzt bedeutet dies: Ein Projekt besteht aus Prozessen, hat einen Anfang und ein Ende und soll ein vorher festgelegtes Ziel erreichen. Auf Prozesse kommen wir gleich noch zu sprechen. Zur Definition eines Projektes gehört noch, dass es koordiniert und gesteuert wird. Am Ende werden Lieferobjekte bereitgestellt, die spezifische Anforderungen erfüllen.

Abb. 1–2
Klassifizierung von Projekten

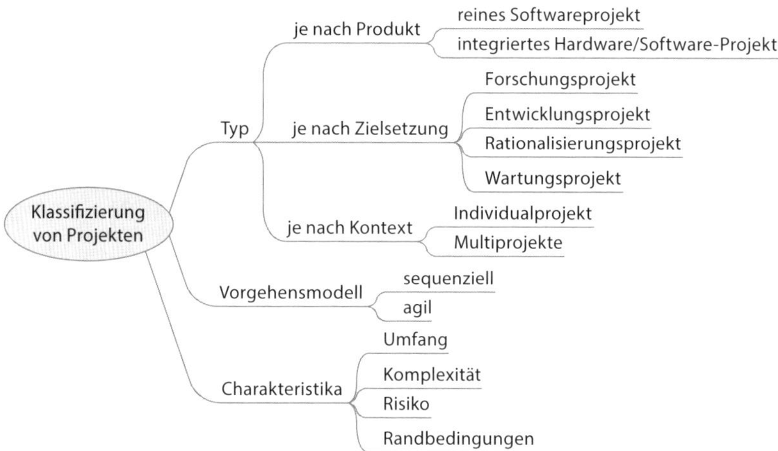

Kein Projekt gleicht dem anderen. Abbildung 1–2 zeigt eine mögliche Klassifizierung verschiedener Projekttypen. Auch das Vorgehensmodell (sequenziell oder agil) und andere projektspezifische Charakteristika beeinflussen die Art und Weise, wie ein Projekt abgewickelt wird. In der Regel unterliegen Projekte gleich mehreren Randbedingungen, wie z.B.:

- Feste Abschlusstermine
- Limitiertes Budget
- Verfügbarkeit der Ressourcen
- Einzuhaltende Normen und Gesetze
- Interne Vorgaben der Organisation
- U.v.a.m.

Nachdem wir Projekte mit Prozessen erklärt haben, müssen wir auch den Begriff »Prozess« klar definieren.

Definition
Prozess

Prozess

Ein Prozess besteht aus einer Reihe von zusammenhängenden Vorgängen. [ISO 21500]

Mit »Vorgängen« sind die im Projekt geplanten Arbeitspakete gemeint. In diesem Buch interessiert uns besonders der Softwareentwicklungsprozess, also die Abfolge von Arbeitspaketen, die zur Erstellung einer Software führen sollen. Jeder Prozess hat einen Eingang und einen Ausgang. Die Eingangsdaten eines Softwareentwicklungsprozesses sind die (mehr oder weniger formalisierten) Stakeholder-Anforderungen. Ausgangsdaten sind die Software selbst, die erstellte Dokumentation und eventuell weitere Leistungen des Projektteams.

Natürlich müssen auch für das Projektmanagement Prozesse festgelegt werden. Je nachdem, ob eine sequenzielle oder agile Vorgehensweise gewählt wird, unterscheiden sich die Abläufe bzw. Vorgänge, die zur Leitung und Steuerung des Projektes zum Einsatz kommen. Die Festlegung der anzuwendenden Projektmanagementprozesse erfolgt üblicherweise im Projektmanagementplan, sofern sie nicht ohnehin organisationsweit vorgegeben sind.

Definition
Projektphasen

Projektphasen

Projekte werden gewöhnlich (…) in Projektphasen unterteilt. Diese Phasen sollen einer logischen Abfolge mit Beginn und Ende folgen und Ressourcen zur Erstellung von Lieferobjekten nutzen. [ISO 21500]

Jedes Projekt sollte in wenigstens drei Phasen unterteilt sein: Projektinitiierung, Projektumsetzung und Projektabschluss. Jede dieser Phasen umfasst eine Reihe von Arbeitspaketen, die logisch und zeitlich zusammenhängen und im Projektplan entsprechend verknüpft sind (mehr dazu in Kap. 5). Während der Projektinitiierung werden die Grundlagen für die Umsetzung geschaffen, während der Umsetzungsphase entsteht unter anderem die Software und während der Projektabschlussphase werden alle bis dahin noch offenen Aufgaben abgeschlossen.

Längere Projekte sollten mehrere Umsetzungsphasen haben, damit die einzelne Phase nicht zu lang wird. Wirklich entscheidend ist nämlich der Übergang von einer Phase zur nächsten, der Meilenstein. Meilensteine markieren die zeitliche, aber auch die sachliche Trennung der Projektphasen. Sie sind ein Moment des Innehaltens und der Kontrolle, ob das Projekt noch in die richtige Richtung läuft oder einer Kursänderung bedarf. Je länger die Phase ist, desto größer ist die Gefahr, weit vom Weg abzukommen.

Alle Projektphasen zusammen ergeben den Projektlebenszyklus.

Definition
Projektlebenszyklus

Projektlebenszyklus

Projektphasen werden zusammen als der Projektlebenszyklus bezeichnet.

Der Projektlebenszyklus erstreckt sich über den Zeitraum vom Beginn des Projekts bis zu dessen Ende. Die Phasen werden durch Entscheidungspunkte (Meilensteine), die sich je nach Organisationsumfeld unterscheiden können, voneinander getrennt.

Abb. 1–3
Schematische Darstellung des Projektlebenszyklus

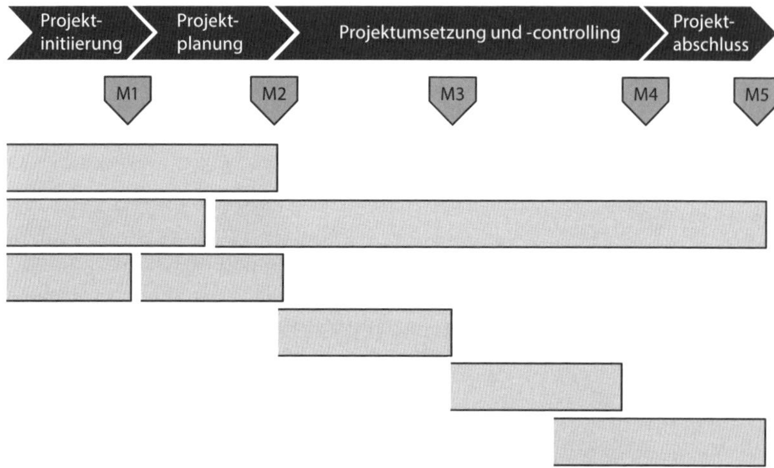

Abbildung 1–3 zeigt eine schematische Darstellung des Projektlebenszyklus mit Projektphasen und Meilensteinen (M1 bis M5), wie sie in vielen organisationsweiten Prozessbeschreibungen zu finden ist[1].

Definition
Projektmanagement

Projektmanagement

Projektmanagement ist die Anwendung von Methoden, Hilfsmitteln, Techniken und Kompetenzen in einem Projekt. Es umfasst das (...) Zusammenwirken der verschiedenen Phasen des Projektlebenszyklus. [ISO 21500]

Projektmanagement wird durch Prozesse umgesetzt, die je nach Projekt ausgewählt und aufeinander abgestimmt sind. Es ist wenig sinnvoll, Anforderungen zu erfassen, nachdem die Software schon entwi-

1. In der Abbildung ist die Phase »Projektumsetzung und -controlling« übrigens nicht unterteilt, da so der Bezug zum gleichnamigen Kapitel dieses Buches hergestellt werden soll. Bei genauerer Betrachtung kann man jedoch an den Meilensteinen erkennen, dass es Unterphasen gibt.

ckelt wurde. Wie die Anforderungen erfasst werden, hängt aber u.a. vom Vorgehensmodell (sequenziell oder agil) ab.

In Abbildung 1–3 sind die Prozesse im unteren Teil schematisch als halboffene Kästen dargestellt. Dabei kann sich ein Prozess durchaus über mehrere Phasen erstrecken. Typischerweise ist dies beim Risikomanagement der Fall. Um das Projekt steuern zu können, sollten den Phasen jedoch spezifische Lieferobjekte zugeordnet werden (z.B. die Anforderungsspezifikation oder die Risikoanalyse). Diese können dann spätestens zum Meilenstein geprüft und gegen die Anforderungen des Projektauftraggebers, der Kunden und anderer Stakeholder abgeglichen werden.

Der Begriff »Stakeholder« ist übrigens im Projektmanagement sehr allgemein definiert.

Definition
Stakeholder

Stakeholder

Person, Gruppe oder Organisation, die an irgendeinem Aspekt des Projekts interessiert ist oder diesen beeinflusst, davon betroffen ist oder sich davon betroffen fühlen kann. [ISO 21500]

Stakeholder sind also nicht nur Personen, die Anforderungen an das Produkt haben, sondern auch solche, die möglicherweise störend »dazwischenfunken«, weil sie sich durch das Projekt bedroht fühlen. Folglich ist es extrem wichtig, alle Stakeholder zu identifizieren, deren Anforderungen und Ziele zu kennen und angemessen zu managen.

Projektmanager vs. Projektleiter

Vielleicht haben Sie sich schon gefragt, warum wir eigentlich immer von »Projektmanager« sprechen, wo dies doch ein deutschsprachiges Buch ist. Schließlich könnten wir auch von »Projektleitern« sprechen. Tatsächlich werden beide Begriffe im deutschen Sprachgebrauch synonym verwendet. Was auf der Visitenkarte steht, hängt von der Organisationform und -kultur des jeweiligen Unternehmens ab.

Es gibt aber einen Unterschied zwischen »Projektmanagement« und »Projektleitung«.

Definition
Projektleitung

Projektleitung

Für die Dauer eines Projektes geschaffene Organisationseinheit, welche für Planung, Steuerung und Überwachung eines Projektes verantwortlich ist. [DIN 69 901]

Der Begriff »Projektleitung« bezieht sich also auf organisatorische Festlegungen, während es im »Projektmanagement« um Prozesse bzw. Aufgaben geht.

Die Projektleitung ist jedoch nicht zwangsläufig einer einzelnen Person übertragen. Größere oder komplexere Projekte haben häufig »Teilprojektmanager/innen und/oder »Fach-Projektmanager/innen«, wie es in der Norm DIN 69 901 heißt. Wie genau die Aufteilung der Verantwortung ist, hängt von den Bedürfnissen der Projektphasen und der Organisationsform ab. Auch das Vorgehensmodell spielt eine Rolle. Im agilen Umfeld übernehmen die Teammitglieder mindestens eine Projektleitungsaufgabe: Sie planen ihre Iterationen selbst.[2]

In diesem Buch wird durchweg vom Projektmanager die Rede sein, da wir damit die Rolle bezeichnen, die für die jeweilige Teilaufgabe verantwortlich ist. Diese Rolle kann durchaus auf mehrere Personen verteilt sein.

1.3 Softwareprojektmanagement im Überblick

1.3.1 Prozess- und Themengruppen nach ISO 21500

Eine wesentliche Herausforderung für den Projektmanager ist, dass er praktisch nichts tun kann, ohne dass es Wechselwirkungen mit anderen Tätigkeiten hat. Jede Änderung erfordert eine Neuplanung, birgt neue Risiken, muss kommuniziert werden ...

Die Autoren der ISO 21500 haben versucht, diese Wechselwirkungen zu verdeutlichen, und dazu die Tätigkeiten des Projektmanagers nach zwei Perspektiven klassifiziert.

- Die sogenannten »Themengruppen« fassen Prozesse zusammen, die zu einem inhaltlichen Thema gehören. Insgesamt gibt es zehn Themengruppen: Integration, Stakeholder, Inhalte, Ressourcen, Termine, Kosten, Risiko, Qualität, Beschaffung und Kommunikation.
- Die sogenannten »Prozessgruppen« fassen Prozesse nach den logischen Schwerpunkten ihrer Tätigkeiten zusammen. Es gibt fünf Prozessgruppen: Initiierung, Planung, Umsetzung, Controlling und Abschluss.

2. Was genau damit gemeint ist, werden wir in Kapitel 3 erläutern. Bis dahin bitten wir um ein wenig Geduld.

Tab. 1–1
Zehn Themengruppen nach ISO 21500

Themengruppe	Umfasst alle Prozesse, die erforderlich sind, um …	Aufgaben
Integration	Projektabläufe aufeinander abzustimmen und den Überblick zu behalten (wichtige Ergebnisse sind der Projektauftrag, der Projektplan, Meilensteinreviews und Lessons Learned)	■ Vorgänge und Prozesse ermitteln, definieren, kombinieren, vereinheitlichen, koordinieren und abschließen
Stakeholder	Stakeholder angemessen zu involvieren	■ Auftraggeber, Kunden und andere Stakeholder ermitteln, leiten und lenken
Inhalte	die richtigen Arbeiten und Lieferobjekte durchzuführen bzw. zu erstellen (und auch nur diese, also keine unnötigen Arbeiten oder nicht geforderten Lieferobjekte)	■ Arbeiten und Lieferobjekte bestimmen, leiten und lenken
Ressourcen	die Rahmenbedingungen zu schaffen, damit das Projekt erfolgreich abgewickelt werden kann	■ Personen, Einrichtungen, Geräte, Materialien, Infrastruktur und Werkzeuge bestimmen und beschaffen
Termine	Termine festzulegen und zu halten	■ Projektvorgänge zeitlich planen ■ Fortschritt gegenüber dem Plan überwachen
Kosten	die Finanzierung des Projektes sicherzustellen und die Kosten im geplanten Rahmen zu halten	■ Budget planen und beschaffen ■ Kosten überwachen
Risiko	böse Überraschungen zu vermeiden und im Ernstfall gewappnet zu sein	■ Gefahren und Chancen bestimmen und bewerten ■ Maßnahmen einleiten und lenken
Qualität	fehlerfreie, qualitativ hochwertige Lieferobjekte zu erstellen	■ Qualitätssicherung und -kontrolle planen und durchführen
Beschaffung	ggf. Komponenten oder Dienstleistungen einzukaufen und den Zulieferer zu managen	■ Produkte, Dienstleistungen planen und erwerben ■ Lieferantenbeziehungen leiten und lenken
Kommunikation	sicherzustellen, dass alle am Projekt Beteiligten alle für sie erforderlichen Informationen besitzen, damit das Projekt möglichst reibungsfrei ablaufen kann	■ für das Projekt relevante Informationen planen, leiten und lenken ■ Informationen verteilen

Tabelle 1–1 liefert einen Überblick über die zehn Themengruppen nach ISO 21500. Tabelle 1–2 zeigt eine vergleichbare Übersicht für die fünf Prozessgruppen. Obwohl die Zeilen in Tabelle 1–2 stark an die bereits

erwähnten Projektphasen erinnern, soll damit keine zeitliche Abfolge der Vorgänge suggeriert werden. Beispielsweise werden die Prozesse aus der Gruppe »Abschluss« zu jedem Meilenstein durchlaufen.

Tab. 1–2
Fünf Prozessgruppen nach ISO 21500

Prozess-gruppe	Umfasst alle Prozesse, die erforderlich sind, um ...	Aufgaben
Initiierung	das Projekt zu starten (u.a. wird hier der Projektmanager mit dem Projekt beauftragt)	■ Projektzielsetzung definieren ■ Stakeholder ermitteln ■ Projektteam zusammenstellen
Planung	eine möglichst realistische Vorstellung der zukünftigen Projektabläufe zu haben, eine Grundlage für das Controlling zu schaffen und dem Projekt die gewünschte Richtung zu geben (z.B. durch einen Qualitätsmanagementplan)	■ Projektplan erstellen ■ Lieferumfang und Arbeitspakete definieren ■ Aufwands- und Kostenschätzung durchführen ■ Risikoanalyse durchführen ■ Terminplan erstellen ■ Qualitätssicherung, Beschaffung und Kommunikation planen
Umsetzung	das Projektteam bei der Erstellung der Lieferobjekte zu unterstützen und Hindernisse aus dem Weg zu räumen (auch die eigentliche Durchführung der Projektmanagementvorgänge fällt in diese Gruppe)	■ Arbeiten koordinieren ■ Projektteam weiter entwickeln ■ Risiken beherrschen ■ Qualität sichern ■ Lieferanten auswählen ■ Informationen kommunizieren
Controlling	die Projektdurchführung zu überwachen (engl.: Monitoring) und so zu steuern, dass die Projektpläne eingehalten werden	■ Einhaltung von Inhalten, Terminen und Kosten überwachen ■ Änderungen und Risiken managen ■ Qualität überwachen ■ Projektteam und Zulieferer aussteuern ■ Kommunikation sicherstellen
Abschluss	eine Projektphase und am Ende das ganze Projekt sauber abzuschließen und Verbesserungen für die Zukunft einzuleiten	■ den Abschluss einer Phase oder des Projektes formal feststellen ■ Lessons Learned ermitteln

Jede Tätigkeit im Projektmanagement lässt sich jeweils einer der Gruppen zuordnen. So gehört z.B. das Management des Projektteams zur Themengruppe »Ressourcen« und zur Prozessgruppe »Controlling«. Wir wollen es jedoch dabei belassen und uns lieber den Aufgaben des Projektmanagements zuwenden.

1.3.2 Aufgaben des Projektmanagements

Die wesentliche Aufgabe des Projektmanagements besteht darin, das Projekt erfolgreich abzuwickeln. Wohlgemerkt: Wir sprechen bewusst vom »Projektmanagement« und nicht vom »Projektmanager«, da es sich dabei, wie bereits erwähnt, um mehrere Personen handeln kann, die jeweils einen Teil der Verantwortung für Projektaktivitäten und -ergebnisse übernehmen. Darüber hinaus agiert das Projektmanagement auch nach außen. Es bildet die Schnittstelle zum Kunden und ist verantwortlich für Vertragsverhandlungen.

Projektmanagement spielt sich auf zwei Ebenen ab. Einerseits haben wir die prozessbedingten Aufgaben. Hier reden wir von Methoden, Schnittstellen und Ergebnissen. Andererseits gibt es auch die rollenbasierten Aufgaben. Damit sind alle Aufgaben gemeint, bei denen es auf die Soft Skills ankommt.

Prozessbedingte Aufgaben

Typische prozessbedingte Aufgaben des Projektmanagements sind:

- Projektorganisation festlegen
- Projektplan erstellen
- Arbeitspakete und Meilensteine planen
- Methoden und Werkzeuge für das Projekt auswählen
- Risikomanagement durchführen
- Projektteam führen
- Form der Berichterstattung festlegen
- Einhaltung der Pläne überwachen (Termine, Kosten, Prozesse)
- Kontakt mit dem Kunden halten
- Verhandlungen mit dem Kunden führen
- u.v.a.m.

Rollenbasierte Aufgaben

Darüber hinaus nimmt das Projektmanagement (bzw. der Projektmanager und alle, die ihm unter die Arme greifen) verschiedene Rollen ein, die wiederum ebenfalls bestimmte Aufgaben nach sich ziehen (siehe Tab. 1–3).

Tab. 1–3
Rollenbasierte Aufgaben des Projektmanagements

Rolle	Aufgaben
Beziehungsmanager (Repräsentant, Führungskraft, Kontaktpfleger, Motivator)	▪ das Projekt nach außen repräsentieren ▪ das Projektteam führen und motivieren ▪ Kontakte mit Stakeholdern pflegen
Informationsgeber (Beobachter, Informant, Sprecher)	▪ Projektabläufe und -umfeld beobachten ▪ Informationen verteilen ▪ als Sprecher für das Projekt auftreten
Entscheidungsträger (Unternehmer, Problemlöser, Ressourcenverteiler, Unterhändler)	▪ unternehmerische Entscheidungen treffen ▪ Probleme adressieren und lösen ▪ Ressourcen beschaffen und zuteilen ▪ Verträge aushandeln

Es ist wichtig, dass dem Softwareprojektmanager die Bedeutung der rollenbedingten Aufgaben bewusst ist.[3]

1.3.3 Kompetenzanforderungen an Projektmanager

Projektmanagement ist eine anspruchsvolle Aufgabe. Der Projektmanager bewegt sich permanent im Spannungsfeld aus Kosten, Terminen und Qualität bzw. Inhalt, das in Abbildung 1–4 dargestellt ist. Wer schneller liefern will, muss entweder höhere Kosten akzeptieren oder den Leistungsumfang kürzen bzw. Abstriche bei der Qualität in Kauf nehmen.

Abb. 1–4 Spannungsfelder im Projektmanagement

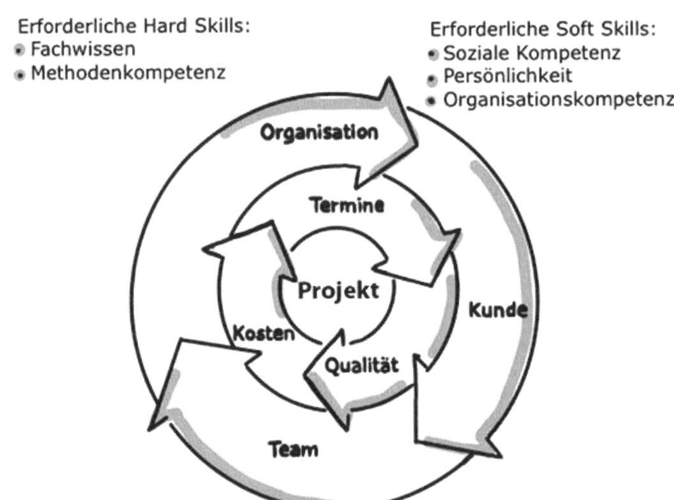

Doch auch Kunden, Projektteam und Organisation verfolgen oft unterschiedliche, im schlimmsten Fall sogar widersprüchliche Interessen. Der Projektmanager muss daher permanent abwägen und Entscheidungen treffen. Auch wenn es gerne suggeriert wird: Der Kunde hat nicht immer Recht und man tut ihm auch keinen Gefallen damit, unrealistische Projektziele zu akzeptieren.

Erforderliche Kompetenzen

Projektmanager benötigen daher eine Reihe verschiedener Kompetenzen. Neben den klassischen Hard Skills wie Fachwissen und Methodenkompetenz sind vor allem Soft Skills gefragt. Dazu zählen soziale Kompetenz, Persönlichkeit und Organisationskompetenz (siehe Abb. 1–4). Um die in Tabelle 1–3 dargestellten rollenbedingten Aufgaben zu erfüllen, muss er außerdem führen, kommunizieren, verhandeln und

3. Tabelle 1–3 ist bei Weitem nicht vollständig. Es geht hier auch nicht darum, alle Aufgaben detailliert aufzulisten, sondern den Leser für das Thema zu sensibilisieren.

Probleme lösen können. Diese allgemeinen Managementfähigkeiten bilden die Grundlage erfolgreichen Projektmanagements. Da dieses Thema so wichtig ist, haben wir ihm ein eigenes Kapitel in diesem Buch gewidmet (Kap. 10 »Personalmanagement«).

Vier Verantwortungsbereiche

Die erforderlichen Kompetenzen eines Projektmanagers lassen sich in vier Verantwortungsbereiche gliedern[4] [SFIA]:

1. Autonomie
2. Einfluss
3. Komplexität
4. Unternehmerische Kompetenzen

Autonomie

Gute Projektmanager besitzen große Autonomie und scheuen sich nicht davor, Verantwortung zu übernehmen. Für Teammitglieder mit Projektmanagementverantwortung bedeutet dies, dass sie sich trauen, Entscheidungen zu treffen und dann zu ihren Handlungen stehen. Für vorgesetzte Projektmanager, die Arbeiten delegieren, bedeutet dies, dass sie sich hinter die Entscheidungen ihrer Mitarbeiter stellen, denen sie Aufgaben übertragen haben.

Einfluss

Einfluss zu nehmen bedeutet, dass der Projektmanager einerseits das Team im Sinne der Projektziele beeinflusst, andererseits aber auch die Kundenseite und das Unternehmen beeinflusst. Jeder Projektmitarbeiter nimmt Einfluss auf Projekt und Unternehmen, wenn er durchsetzt, dass Abläufe vereinfacht oder neue Methoden oder moderne Technologien eingesetzt werden. Der Projektmanager kann als Kundenansprechpartner dazu beitragen, stabile, langfristige Geschäftsbeziehungen aufzubauen.

Komplexität

Der Projektmanager sollte fundierte Kenntnisse der Branche, der eingesetzten Technologien und generell des Projektumfeldes besitzen. Hinzu kommen Methodenkenntnisse bezüglich Anforderungs- und Risikomanagement, Projektplanungs- und -controllingmethoden und Qualitätssicherung. All diese Kenntnisse bilden zusammen einen mentalen

4. Die Verantwortungsbereiche sind dem internationalen Standard SFIA entnommen, der notwendige Kompetenzen im IT-Bereich beschreibt. SFIA steht für »Skills Framework for the Information Age«. Wir empfehlen diesen Standard allen, die sich näher mit der Kompetenzthematik beschäftigen möchten.

Werkzeugkasten, der ihm hilft, die ständig steigende Komplexität von Softwareprojekten hinsichtlich Technik, Terminen und Qualität zu beherrschen.

Unternehmerische Kompetenzen

Projektmanager übernehmen im gewissen Grad auch unternehmerische Aufgaben, z.B., wenn sie mit Zulieferern Verträge aushandeln. Auch das im Projekt betriebene Risikomanagement begrenzt unternehmerische Risiken der Organisation.

Projektmanager benötigen Soft Skills.

Das Zusammenspiel dieser vier Verantwortungsbereiche bildet die Grundlage für ein erfolgreiches Projektmanagement. Wie stark diese Kompetenzbereiche gefordert sind, hängt im Einzelnen von der übertragenen Aufgabe, der Organisation und der Projektumgebung ab. In großen Firmen verhandelt üblicherweise eine zentrale Einkaufsabteilung mit den Zulieferern. Hier muss der Projektmanager stärker intern seinen Einfluss geltend machen.

1.4 Zusammenfassung

In diesem Kapitel wurde ein Überblick über das Thema »Projektmanagement« vermittelt und einige für das Verständnis notwendige Begriffe definiert. Zu den »key takeaways« gehören:

- Die meisten Projekte scheitern an Mängeln im Prozess (z.B. unklare Anforderungen), mangelnden technischen Fähigkeiten und/oder Kommunikationsproblemen und Führungsschwäche.
- Projektmanagement ist häufig auf verschiedene Personen verteilt.
- Der internationale Standard ISO 21500 gliedert Projektmanagementprozesse einerseits thematisch in zehn Themengruppen und andererseits logisch in fünf Prozessgruppen.
- Projektmanagement besteht aus prozessbedingten und rollenbedingten Aufgaben.
- Personen, die mit Projektmanagementaufgaben betraut werden, benötigen neben technischen auch eine Vielzahl nicht technischer Fähigkeiten.

1.5 Übungsaufgaben

1. Erläutern Sie, an welchen Faktoren Projekte üblicherweise scheitern.
2. Nennen und beschreiben Sie drei wesentliche Begriffe, die durch die ISO 21500 definiert sind.
3. Nennen Sie die zehn Projektmanagementthemengruppen.
4. Beschreiben Sie den Zusammenhang, der zwischen den Projektkernprozessen »Planung« und »Controlling« besteht.
5. Nennen Sie fünf Kernaufgaben des Projektmanagements.
6. Erklären Sie, warum ein Projektmanager unternehmerische Kompetenzen aufweisen sollte.

2 Projektorganisation

2.1 Ziele und Aufgaben der Projektorganisation

Definition Projektorganisation

Projektorganisation

Die Projektorganisation regelt die Zusammenarbeit im Projekt hinsichtlich Verantwortlichkeiten, Aufgaben und Rechte der beteiligten Personen. Aufgabe der Projektorganisation ist es, sowohl die statischen Aspekte (Aufbauorganisation) als auch die dynamischen Aspekte (Ablauforganisation) des Projektes zu regeln. Eine gute Projektorganisation sichert kurze Entscheidungswege und klare Verantwortlichkeiten. [ASQF CPPM 2016]

Die Kernaufgabe der Projektorganisation besteht darin, die Zusammenarbeit aller Beteiligten zu regeln. Jeder soll wissen, was von ihm erwartet wird, welchen Spielraum er hat und wofür er de facto verantwortlich ist. Wir unterscheiden dabei zwischen Aufbau- und Ablauforganisation. Wie man den Begriffen unschwer entnehmen kann, beschäftigt sich die Aufbauorganisation mit statischen Aspekten, die Ablauforganisation hingegen mit dynamischen Aspekten.

Festlegung der Verantwortlichkeiten

Hinsichtlich der Verantwortlichkeiten legt die Projektorganisation insbesondere fest [Hindel 2009]:

- welche Aufgaben und Rechte die einzelnen Projektbeteiligten besitzen,
- welche Kompetenzen zur Erfüllung dieser Aufgabe nötig sind,
- inwiefern interne (z.B. Teilteams) und externe (z.B. Unterauftragnehmer) Schnittstellen angebunden werden und
- welche Eskalationswege gestaltet sind.

Eine effiziente Projektorganisation ermöglicht schlanke Entscheidungswege und transparente Verantwortlichkeiten.

2.2 Aufbauorganisation

2.2.1 Bedeutung und Ziele der Aufbauorganisation

Idealerweise erfolgt die Definition von Verantwortlichkeiten und Beziehungen innerhalb des Projektes über die offizielle Festlegung einer Projektaufbauorganisation. Im Grunde sprechen wir hier über eine Art Organigramm, aus dem ersichtlich wird, welche Verantwortung und Befugnisse die einzelnen Projektmitarbeiter bzw. die am Projekt beteiligten Organisationseinheiten haben und in welcher Beziehung sie zueinanderstehen.

Projektaufbauorganisation ≠ Stammorganisation

Die Aufbauorganisation des Projektes sollte allerdings nicht mit der Aufbauorganisation des Unternehmens verwechselt werden (die wir hier vereinfacht die »Stammorganisation« nennen). In der Regel sollte für jedes Projekt eine individuelle aufbauorganisatorische Lösung gefunden werden, die in die bestehende Stammorganisation eingebettet werden muss. Schließlich ist ein Projekt etwas Einzigartiges, zeitlich Begrenztes, was nicht unbedingt in die »normalen« Abläufe des Unternehmens passt.

Ziele der Aufbauorganisation

Eine projektspezifische Aufbauorganisation erlaubt es uns, insbesondere mittlere und größere Projekte überhaupt erst effektiv und effizient durchzuführen. Sie ermöglicht es, drei wesentliche Ziele zu erreichen:

1. Spezielle, für die Projektabwicklung zuständige Organisationseinheiten einzurichten, die für ihre Aufgabe optimal aufgestellt sind.
2. Diese Organisationseinheiten in die Stammorganisation des Unternehmens einzuordnen, damit geklärt ist, wer was zu bestimmen hat.
3. Die Kooperation (also die Zusammenarbeit) zwischen der Projektorganisation und der Stammorganisation zu regeln.

Konkret heißt dies beispielsweise, dass es aus Spezialisten zusammengesetzte Projektteams gibt, deren Projektmanager häufig nicht hierarchisch vorgesetzt ist – und trotzdem geklärt ist, wer die Urlaubsanträge genehmigt.

Zu berücksichtigende Rollen

Welche Rollen muss eine Projektaufbauorganisation berücksichtigen? Ganz wichtig sind natürlich der Auftraggeber des Projektes (der als interner oder externer Kunde auftreten kann), das Projektteam und das Projektmanagement selbst. Dies gilt sowohl für sequenzielle als auch (entsprechend angepasst) für agile Vorgehensmodelle. Zu den Unterschieden der Vorgehensmodelle kommen wir aber erst später (siehe Kap. 3).

2.2.2 Mögliche Formen der Aufbauorganisation

Grundsätzlich haben sich in der Praxis vier Basismodelle zur Gestaltung der Aufbauorganisation etabliert. Natürlich ist es auch hier – wie in vielen anderen Bereichen des Projektmanagements – möglich, Zwischenlösungen oder Kombinationen der folgenden Möglichkeiten einzusetzen:

Projektabwicklung im Rahmen der Stammorganisation

Prinzip der Projektorganisation im Rahmen der Stammorganisation

Hier ändert sich, grob gesagt, nichts. Die Projektabwicklung innerhalb der Stammorganisation verzichtet darauf, projektspezifische Organisationseinheiten zu definieren. Es werden die Abteilungen involviert, die für das Projekt relevant sind und benötigt werden.

Dies hat grundsätzlich erst einmal den Vorteil, dass nicht in die Unternehmensorganisation eingegriffen werden muss.

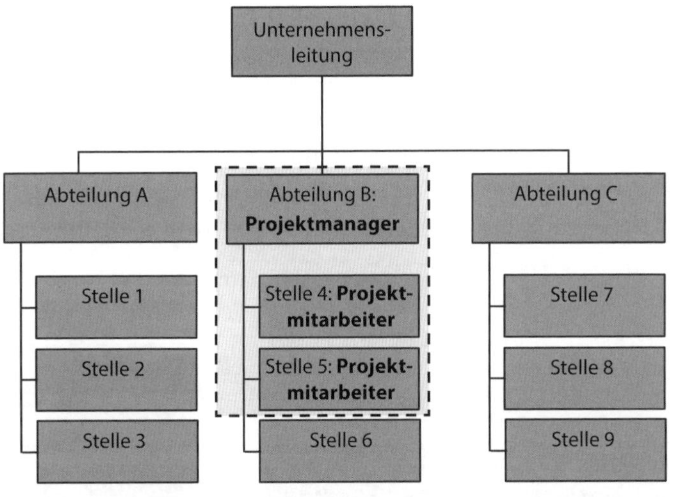

Abb. 2–1 *Projektabwicklung innerhalb der Stammorganisation*

Allerdings birgt dieses Vorgehen die Gefahr, dass Projekttätigkeiten durch das Tagesgeschäft vernachlässigt werden (oder umgekehrt) und dass der interdisziplinäre Austausch über Abteilungsgrenzen hinaus nur mühsam erfolgt.

Vorteile der Projektorganisation im Rahmen der Stammorganisation

Die Projektorganisation im Rahmen der Stammorganisation hat eine Reihe von Vorteilen:

- (+) Es sind keine Änderungen der Aufbauorganisation (»Versetzungen« etc.) nötig.
- (+) Die Kommunikationswege sind kurz.
- (+) Das Projektmanagement hat guten »Durchgriff« auf das Team.

Nachteile der Projektorganisation im Rahmen der Stammorganisation

Die Nachteile der Projektorganisation »in der Linie« (wie diese Form manchmal auch genannt wird) sind demgegenüber:

- (-) Das Tagesgeschäft hat oft »erste Priorität«.
- (-) Es ist nicht immer das fachlich qualifizierte Personal verfügbar.
- (-) Diese Organisationsform wird oft für kleine Projekte oder weniger umfangreiche Projektphasen eingesetzt, wobei sich nicht selten während der Projektlaufzeit herausstellt, dass sie nicht angemessen ist und geändert werden sollte (so geschehen in unserem Fallbeispiel).

Stabsprojektorganisation (Einflussprojektorganisation)

Prinzip der Stabsprojektorganisation

Bei der Stabsprojektorganisation – manchmal auch Einflussprojektorganisation genannt – existiert zwar ein Projektmanager bzw. die Rolle des Projektmanagements zwecks Koordination der Projektabwicklung, die verantwortliche Person ist aber in einer Stabsstelle angesiedelt. Die disziplinarische Weisungs- und Entscheidungsbefugnis über den Mitarbeiter verbleibt beim Linienvorgesetzten. Nur für den Einsatz der Projektmitarbeiter im Rahmen der Projektarbeit unterliegen diese fachlich dem Projektmanager. Ebenso bleiben die Projektmitarbeiter ihren einzelnen Abteilungen auch während des Projekts erhalten. Der Projektmanager ist meist in einer eigenen Stabseinheit angesiedelt und koordiniert von dieser aus die Projektmitarbeiter.

Abb. 2–2
Stabsprojektorganisation

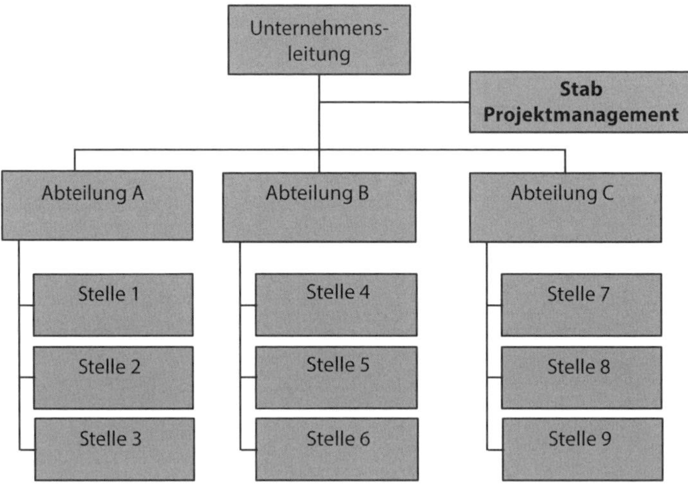

Auch in diesem Modell findet bis auf die Schaffung einer Stabsstelle »Projektmanagement« kein wesentlicher Eingriff in die bestehende Organisationsform statt (siehe Abb. 2–2). Obwohl der Projektmanager eine separate Stabsstelle oder sogar Stabsabteilung erhält, ist dieses

Modell organisatorisch als aufwandsarm anzusehen, da in allen anderen Organisationseinheiten keine Änderungen vorzunehmen sind.

Der Projektmanager als Berater

Der Projektmanager besitzt bei dieser Form eine koordinierende und beratende Funktion, die Weisungsbefugnis über die Projektmitarbeiter obliegt weiterhin (zumindest zum überwiegenden Teil) dem Linienmanagement. Dies bietet Konfliktpotenzial in zweierlei Weise. Zum einen ist der Projektmanager auf die Kooperationsbereitschaft der Fachabteilungen angewiesen, da auch hier die Gefahr besteht, dass Projekttätigkeiten dem Tagesgeschäft unterliegen. Zum anderen ist er auf die Kooperationsbereitschaft der Projektmitarbeiter angewiesen, da der Projektmanager gegenüber Projektmitarbeitern keine Handlungsbefugnisse besitzt und dies zu einer mangelnden Akzeptanz führen könnte.

Vorteile der Stabsprojektorganisation

Die Vorteile der Stabsprojektorganisation sind grob zusammengefasst:

- (+) Die Kooperation getrennter Organisationseinheiten kann im Rahmen des Projektes gesteuert werden.
- (+) Es müssen nur geringe Veränderungen in der bestehenden Organisation vorgenommen werden.

Nachteile der Stabsprojektorganisation

Die Nachteile der Stabsprojektorganisation sind demgegenüber:

- (-) Das Projektmanagement hat keine oder kaum Weisungsbefugnisse.
- (-) Die Verantwortungsverhältnisse sind oft unklar.
- (-) Es entsteht ein hoher Koordinationsaufwand zwischen den Abteilungen.

Matrixprojektorganisation

Prinzip der Matrixprojektorganisation

Im Gegensatz zur Stabsprojektorganisation wird in der Matrixprojektorganisation die Problematik der fehlenden Weisungsbefugnis überwunden. Dies erfolgt dadurch, dass die Projektmitarbeiter zwar weiterhin disziplinarisch ihren Vorgesetzten in ihren Fachabteilungen unterstehen, sie jedoch in Bezug auf die fachlichen Inhalte des Projektes dem Projektmanagement unterstellt sind. Die Personalverantwortung bleibt also beim Abteilungsleiter, die fachliche Weisungsbefugnis für die Projektinhalte geht an den Projektmanager. Der Unterschied zwischen der Stabs- und der Matrixprojektorganisation wird in Abbildung 2–3 deutlich.

Abb. 2–3 Matrixprojektorganisation

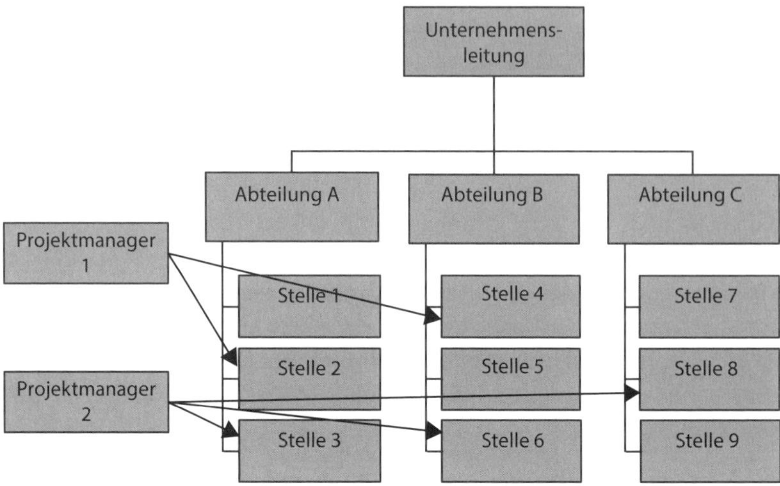

Vorsicht: Falle!

Die Matrixprojektorganisation birgt eine Falle. Sie ermöglicht relativ einfach, dass ein Mitarbeiter mehreren Projekten jeweils im Weisungsunterstellungsverhältnis zugeteilt werden kann. Auch wenn wichtige Ressourcen und Kompetenzen in Projekten in vielen Unternehmen knapp sind, sollte dies wenn möglich vermieden werden, da die Mitarbeiter so in mehreren Projektumfeldern Verantwortung übernehmen müssen und ihre Aufgaben mit entsprechendem zusätzlichem Einarbeitungsaufwand (sog. »context switch«) oft wechseln. Außerdem kann es zu Konflikten zwischen den Projekten kommen, die nur durch eine Eskalation nach oben gelöst werden können. Im schlimmsten Fall reibt sich der Mitarbeiter derartig auf, dass es mittel- oder langfristig zum Burn-out oder anderen gesundheitlichen Problemen kommen kann.

In der Matrixprojektorganisation bleibt der Projektmitarbeiter weiterhin seiner Fachabteilung erhalten. Dennoch können recht schnell interdisziplinäre Teams aus mehreren Fachabteilungen für Projekte aufgestellt werden.

Hoher Kommunikations- und Abstimmungsaufwand

Nichtsdestotrotz ist die Matrixprojektorganisation mit einem hohen Kommunikations- und Abstimmungsaufwand aufseiten der Projektmitarbeiter verbunden, da diese mit Mitarbeitern ihrer und der anderen Abteilungen, ihrem Abteilungsleiter und den verschiedenen Projektmanagern kommunizieren müssen. Um diese Problematik zu umgehen, sollten die Projektmitarbeiter in speziellen Räumlichkeiten zusammengefasst werden, sodass der Kommunikationsaufwand gesenkt und die Möglichkeit für bessere Kooperationen geschaffen wird.

Das eben beschriebene Konfliktpotenzial besteht übrigens auch, wenn der Mitarbeiter nur einem Projektmanager zugewiesen ist, in seiner Abteilung aber auch noch Aufgaben übertragen bekommt (z.B. Wartung der Server). In Situationen, in denen sowohl der Projektmanager als auch der Abteilungsleiter den Mitarbeiter unbedingt für unentbehrliche Aufgaben braucht, ist es schwer zu bestimmen, welcher Aufgabe der Projektmitarbeiter sich zuerst widmen soll.

Vorteile der Matrixprojektorganisation

Die Vorteile der Matrixprojektorganisation sind:

- (+) Interdisziplinäre Gruppen können relativ schnell gebildet werden.
- (+) Es sind kaum Änderungen der Aufbauorganisation des Unternehmens nötig (z.B. keine Versetzungen).

Nachteile der Matrixprojektorganisation

Die Nachteile der Matrixprojektorganisation sind demgegenüber:

- (-) Die Projektmitarbeiter haben mindestens zwei Vorgesetzte.
- (-) Es existiert ein hohes Konfliktpotenzial zwischen dem Projekt und der Linie.

Reine/autonome Projektorganisation

Prinzip der reinen Projektorganisation

Im Rahmen der reinen Projektorganisation sind alle Projektmitarbeiter unter einem Projektmanager oder einer Projektmanagement-Organisationseinheit mit in der Regel alleiniger Weisungsbefugnis zusammengefasst (siehe Abb. 2–4). Dies erlaubt es, alle Ressourcen voll auf die Projektumsetzung auszurichten. Dem Projektmanager wird somit die Möglichkeit gegeben, sowohl die volle fachliche als auch die volle personelle Verantwortung über die Projektmitarbeiter wahrzunehmen. So können alle Projektressourcen optimal auf die Umsetzung der Projektziele ausgerichtet werden.

Auch dieses Modell birgt jedoch Konfliktpotenzial. Zum einen kann es zu Konflikten zwischen dem Projektmanagement und den Fachabteilungen kommen, da den Abteilungen die Mitarbeiter für die Dauer des Projektes entzogen werden. Zum anderen müssen Mitarbeiter nach Beendigung des Projektes wieder in die Abteilungen eingegliedert werden, was unter Umständen nicht so reibungslos verläuft, wie es sollte. Nicht jeder kann mit einer solchen Unsicherheit gut umgehen. Mit etwas Pech kann sich dies in einer erhöhten Mitarbeiterfluktuation widerspiegeln.

Abb. 2–4
Reine Projektorganisation

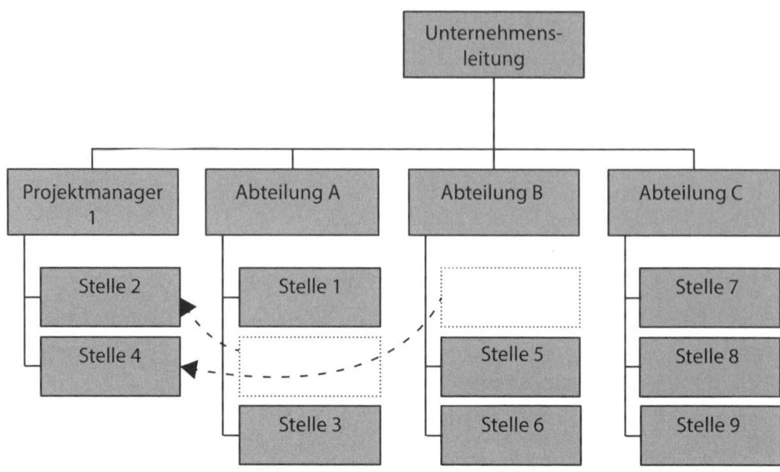

Vorteile der reinen Projektorganisation

Die Vorteile der reinen Projektorganisation lauten zusammengefasst wie folgt:

- (+) Der Projektmanager hat gesamte und alleinige Weisungsbefugnis.
- (+) Es gibt kurze Kommunikationswege im Projekt.
- (+) Eine optimale Ausrichtung auf das Projektziel ist möglich.

Nachteile der reinen Projektorganisation

Die Nachteile der reinen Projektorganisation sind demgegenüber:

- (-) Die Auflösung des Teams nach Projektende generiert Aufwände und ggf. Widerstände, da (etablierte) Strukturen aufgebrochen werden, Versetzungen erfolgen und Know-how verloren zu gehen droht.
- (-) Es besteht die Gefahr von Doppelarbeiten in Projekt und Linie, wenn beide sich nicht ordentlich abstimmen.

2.2.3 Was bei der Auswahl eine Rolle spielt

Zwei Auswahlkriterien

Wie schon erwähnt, sollte die Projektorganisation für jedes konkrete Softwareprojekt die geeignete Aufgaben-, Stellen- und Rollenverteilung finden, die außerdem auch eine effiziente Einbindung in die Stammorganisation erlaubt. Natürlich stellt sich da die Frage, wie man die »ideale« Organisationsform wählt und welche Ausprägung sie genau haben sollte. Neben den aufgezeigten Vor- und Nachteilen der einzelnen Modelle spielen vor allem die folgenden zwei Kriterien eine große Rolle:

- die Projektgröße sowie
- die Interdisziplinarität, insbesondere die Anzahl der verschiedenen beteiligten Fachabteilungen (ggf. auch die Anzahl der unterschiedlichen unternehmensexternen Projektpartner).

Anwendung der Auswahlkriterien

Wie Abbildung 2–5 schematisch zeigt, eignet sich die Abwicklung im Rahmen der Stammorganisation besonders für kleine Projekte mit geringem Grad an Interdisziplinarität und die Stabs-/Einflussorganisation eher für kleine Projekte mit hoher Interdisziplinarität. Mittlere Projekte mit (nicht ganz) geringer bis hoher Interdisziplinarität fahren mit der Matrixorganisation gut, während sich für große Projekte generell die reine Projektorganisation eignet.

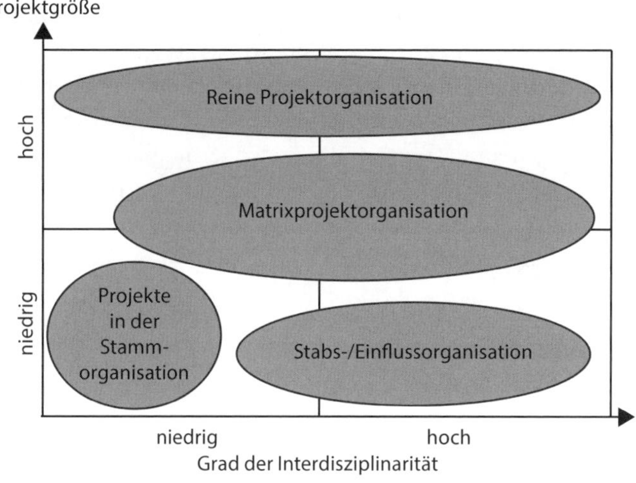

Abb. 2–5 *Wahl der geeigneten Projektaufbau-organisation*

Anwendung im Fallbeispiel

Betrachten wir einmal unser Projektbeispiel. Die Projektaufbauorganisationsform zu Beginn des Projektes war die Abwicklung im Rahmen der Stammorganisation. Das Projekt hatte mit insgesamt 13 Projektmitarbeitern, die über einen Zeitraum von 1,5 Jahren durchschnittlich zu 20% ihrer Gesamtarbeitszeit mit dem Projekt beschäftigt waren, einen Gesamtzeitaufwand von rund 4 Personenmannjahren. Wir klassifizieren es daher als mittelgroßes Projekt. Die Interdisziplinarität des Projektes war gering bis mittelgroß, da die Grafikplattform für dieses IT-Unternehmen eine relativ zentrale Stellung für Applikations- und Kundenprojekte hatte.

Während des Projektes kam es aufgrund des suboptimalen Projektverlaufs unter anderem auch zum Wechsel der Projektaufbauorganisation zur Matrixorganisation. Das Projektmanagement wurde im Zuge der Umstellung des Projektvorgehens auf »Scrum« (siehe Kap. 3) vom bisherigen Linienvorgesetzten auf den Product Owner und den Scrum Master übertragen, die über das Entwicklerteam im Rahmen der Projektarbeit Weisungsbefugnis erhalten.

Sequenziell vs. agil

Interessanterweise spielt die Art des Vorgehensmodells eher eine untergeordnete Rolle. Alle der vier obigen Aufbauorganisationsformen bieten sich grundsätzlich sowohl für Projekte mit sequenziellem Vorgehen als auch für agile Projekte an. Übrigens ist es auch möglich (und oft auch der Fall), im Verlaufe eines Softwareprojekts die Projektorganisationsform zu wechseln, um sie an die unterschiedlichen Bedingungen in den einzelnen Projektphasen anzupassen.

Governance für das Projektmanagement

Für große Projekte wird (trotz des Aufwands für die Einrichtung) vielfach die reine Projektorganisation gewählt. Bei großen Projekten empfiehlt es sich außerdem, auch über das Thema »Governance« nachzudenken. Insbesondere, wenn der Ausgang des Projektes für die betreffenden Unternehmen mit einem großen Risiko verbunden ist, sollte die Projektaufbauorganisation Aufsichts- und Entscheidungsstrukturen vorsehen, die im Falle eines drohenden Scheiterns der Projekte schnell und transparent die richtigen Informationen an die Entscheider bringen und Gegenmaßnahmen ermöglichen. Die Rede ist von definierten Metriken, Management-Dashboards und einem Lenkungsausschuss. Auch diese Aspekte gehören zur Gestaltung der Projektaufbauorganisation.

2.3 Ablauforganisation

2.3.1 Bedeutung und Ziele der Ablauforganisation

Die wesentliche Aufgabe der Projektablauforganisation besteht darin, für ein konkretes Softwareprojekt einen geeigneten Softwareentwicklungsprozess zu definieren und diesen entsprechend umzusetzen.

Zusammenhang mit Vorgehensmodellen

Insofern wird die Projektablauforganisation auch stark von dem gewählten Vorgehensmodell für das Projekt mitbestimmt. Auf den Begriff und die Bedeutung von Vorgehensmodellen werden wir im nächsten Kapitel noch genauer eingehen. In diesem Kapitel wollen wir zunächst die allgemeinen Grundlagen zur Projektablauforganisation einführen.

Ziele der Projektablauforganisation

Lag der Fokus bei der Projektaufbauorganisation noch auf den einzelnen Aufgaben und die sie ausführenden Stellen im Projekt, rücken bei der ablauforientierten Arbeitsgestaltung (auch Prozessgestaltung genannt) die berüchtigten »Grauzonen« zwischen den einzelnen Akteuren und Abteilungen in den Mittelpunkt – technisch gesprochen also die »Schnittstellen« zwischen Aufgabenträgern.

Sowohl für klassische als auch für agile Projekte sollten die folgenden Aspekte geklärt werden:

Aufgaben der Projektablauforganisation

- Definition von Projektschnittstellen nach außen beispielsweise gegenüber Unterauftragnehmern, Dienstleistern etc.

  Besonders relevant werden die Schnittstellen im Zuge der Projektinitiierung, da hier mögliche Verträge, Verantwortlichkeiten und Kommunikationswege festgelegt werden.
- Organisation der Projektinfrastruktur wie z.B. die Reservierung von Räumlichkeiten oder das Bereitstellen von Projektarbeitsplätzen.

  Die Organisation der Projektinfrastruktur sollte abhängig von der Teamgröße geplant werden, sodass eine optimale Projektplanung möglich ist. Doch Vorsicht: Auch wenn man nur zu dritt ist, sollte man Besprechungen nicht im Großraumbüro durchführen.
- Festlegung eines Informations- und Berichtswesens, das die verschiedenen Projektbeteiligten und definierte Schnittstellen (d.h. Informationsweitergaben) umfasst.

  Kommuniziert wird ab der ersten Minute. Daher wird auch dieser Schritt schon innerhalb der Projektinitiierung relevant.
- Festlegung von Kommunikationsstandards innerhalb des Projekts und mit etwaigen projektexternen Stakeholdern im und außerhalb des Unternehmens.

  Auch dieser Punkt ist schon während der Projektinitiierung notwendig. Hier sollte das Personalmanagement mit einbezogen werden, da unter Umständen dessen Kommunikationsinstrumente (z.B. E-Mails, Präsentationen an gezielte Adressaten, Firmen-Newsletter etc.) genutzt werden können.

»Sage mir, wie dein Projekt beginnt, und ich sage dir, wie es endet.«

Die obige Liste an Aufgaben zeigt, dass wir die grundlegende Projektablauforganisation unbedingt zu Beginn der Projektinitiierung gestalten und dann fortwährend anpassen sollten. Es werden hier Kommunikationspfade sowohl im Team als auch zu den wesentlichen Stakeholdern bestimmt und Kommunikationsregeln sowie -medien aufgestellt, die schlanke Projektabläufe ohne unnötige Abstimmungs- und Kommunikationsaufwände sowie Missverständnisse sicherstellen.

Die für unser Projekt relevanten Einzelpersonen und Gruppen (Stakeholder) kommen in der Praxis üblicherweise in verschiedenen Projektsitzungen zusammen, zu deren Durchführung sogenannte Gremien installiert werden. Auf die Festlegung der zum Projekt passenden Struktur und Arbeitsweise dieser Gremien sollte das Projektmanagement ein zentrales Augenmerk richten. Die Projektsitzungen sind zentrale Elemente eines Projektes, in denen die unterschiedlichen am Projekt beteiligten Rollen ihre spezifischen Aufgaben koordinieren und dazu miteinander kommunizieren können. Daher führen wir in diesem Unterkapitel zur Projektablauforganisation kurz die Projektrollen und -gremien ein.

2.3.2 Projektrollen

Das Strukturieren von Aufgaben und Stellen sowie die Berücksichtigung der grundsätzlich benötigten Rollen ist Teil der Projektaufbauorganisation und wurde dort schon beschrieben. In der Projektablauforganisation müssen wir die Rollen jedoch konkret den Projektpersonen zuordnen und die notwendige Koordination zwischen den Rollen im Detail vorsehen.

Rollenkonzept

Sobald die detaillierte Planung des Projektes beginnt[1], sollte deshalb für jedes Projektteam ein Rollenkonzept definiert werden. Dieses ordnet jeder benötigten Rolle, die mit Aufgaben, Rechten und Pflichten verbunden ist, mindestens einen Projektmitarbeiter zu.

Mögliche Rollen, die im Rahmen der Projekte definiert werden könnten, sind beispielsweise: Projektmanager, Softwarearchitekt, Entwickler, Tester, Qualitäts-, Änderungs- und Konfigurationsmanager sowie Systemadministrator. Natürlich ist möglich, dass Projektmitarbeiter mehrere Rollen übernehmen. In kleinen Projektteams ist dies sogar unvermeidbar. Tabelle 2–1 zeigt ein Rollenkonzept, wie es typischerweise im Projektplan dokumentiert wird.

Tab. 2–1 *Rollenkonzept im Projektplan (Beispiel)*

Rollen	**Projektmitarbeiter**			
	Abel	**Kunz**	**Meier**	**Schulze**
Projektmanagement	x			
Softwarearchitektur			x	
Entwicklung		x	x	x
Testmanagement		x		
...				

1. In der Initiierungsphase, spätestens aber in der Planungsphase.

Inkompatible Rollen

Die Vergabe der im Projekt benötigten Rollen auf die zur Verfügung stehenden Projektmitarbeiter ist in der Praxis nicht unproblematisch. Es gibt beispielsweise Rollen, die schwer von einer Person gleichzeitig ausgeführt werden können. Wenn die gleiche Person Projektmanager und auch (einziger) Softwarearchitekt ist, wie in unserem durchgehenden Fallbeispiel, wird diese Person überfordert sein, da beide Rollen in der Regel dem Arbeitsaufwand eines »Vollzeitjobs« entsprechen.

2.3.3 Projektgremien

Kurze und effektive Kommunikations- und Entscheidungswege im Projekt können mündlich und/oder schriftlich existieren. In der Praxis gibt es in der Regel beides: ein geregeltes schriftliches Berichtswesen und festgelegte Projektgremien, die sich jeweils auf einen bestimmten Aspekt konzentrieren.

Projektebenen auf verschiedenen Hierarchieebenen

Diese Gremien existieren typischerweise auf verschiedenen Hierarchieebenen. In der Reihenfolge von unteren zu oberen Hierarchieebenen finden wir typischerweise folgende Projektmanagementgremien:

- **Projektbesprechungen/Teammeetings** (täglich bis wöchentlich)
  Diese Besprechungen werden vom Projektmanager und seinem Team durchgeführt, wobei fachliche Themen, (Teil-)Projektrisiken und Projektfortschritte innerhalb der Hierarchieebene besprochen werden.
- **Projektmanagerbesprechung/-meeting** (wöchentlich)
  Diese Besprechungen sind nötig, wenn sich mehrere Teilprojektmanager untereinander abstimmen müssen. Sie werden von den einzelnen Teilprojektmanagern durchgeführt, wobei der Fokus auf der Klärung von fachlichen und organisatorischen Themen innerhalb der Hierarchieebene liegt. Es werden die Projektbeteiligten koordiniert sowie Projektfortschritte und Risiken betrachtet.
- **Lenkungsausschuss** (monatlich)
  Diese Besprechungen werden vom Projektmanagement und dem internen und externen höheren Management abgehalten. Mögliche Themen sind beispielsweise strategische Entscheidungen, finanzielle oder schwerwiegende organisatorische Probleme oder Risiken.

Die Frequenzangaben in Klammern sind natürlich nur Richtwerte. Wir wünschen jedoch unseren Lesern, dass sie nie in die Situation kommen, Projekte zu leiten, bei denen der Lenkungsausschuss mehrmals wöchentlich tagt.

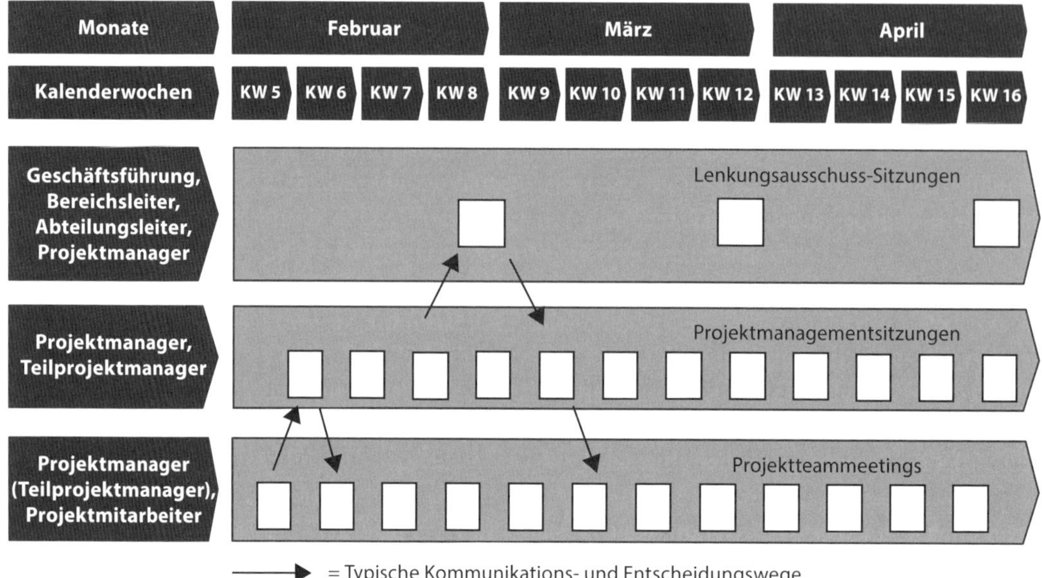

Abb. 2–6
Organisation des Projektablaufs in Bezug auf Gremieneinsatz

Abbildung 2–6 zeigt einen typischen Verlauf der Gremienaktivitäten eines Beispielprojekts.

2.4 Zusammenfassung

Die Projektaufbauorganisation beschreibt die Struktur der Aufgaben- und Stellenverteilung eines Projektes.

Die Projektablauforganisation beschreibt die für ein Projekt vorgesehenen Softwareentwicklungsprozesse samt ihren Informationsflüssen zwischen den einzelnen Aufgabenträgern und den Projektgremien. Sie ist damit stark abhängig von den Unternehmensprozessen, dem gewählten Vorgehensmodell und anderen, projektspezifischen Aspekten.[2]

Je nach Informations- und Entscheidungsbedarf der verschiedenen Stakeholder und Hierarchiestufen werden im Rahmen der Projektorganisation geeignete Gremien installiert.

2. Wir kommen später noch auf das »Prozess-Tailoring« zu sprechen.

2.5 Übungsaufgaben

1. Erklären Sie den Unterschied zwischen der Aufbau- und der Ablauforganisation.
2. Beschreiben Sie, welcher Projektorganisationsform das Fallbeispiel unseres Buches – zu Projektbeginn – am nächsten kommt.
3. Ist die Projektaufbauorganisation zu Anfang des Projektes optimal für das Projekt geeignet? Welche Vor- und Nachteile stellen sich dabei aus Ihrer Sicht im Fallbeispiel ein?
4. Welche Projektaufbauorganisationsform würden Sie für den weiteren Projektverlauf wählen? Begründen Sie Ihre Wahl!
5. Nennen Sie zwei der zentralen Aufgaben der Ablauforganisation.
6. Wieso ist es sinnvoll, Kommunikationsstandards im Rahmen der Ablauforganisation zu definieren?
7. Nennen Sie drei wichtige Projektgremien und beschreiben Sie die typischen Informations- und Entscheidungswege anhand eines von Ihnen gewählten Szenarios, in dem der Projektmanager Informationen in einem Gremium aufgreift, in einem anderen Gremium präsentiert und die dort zum Thema getroffene Entscheidung wieder im ersten Gremium kommuniziert!

3 Prozess- und Vorgehensmodelle in der Softwareentwicklung

3.1 Überblick zu Prozess- und Vorgehensmodellen

Die Art und Weise, wie ein Softwareprodukt entsteht – also wie es entwickelt wird –, hat entscheidenden Einfluss auf seine Qualität. Aus diesem Grunde gibt es eine ganze Reihe von sogenannten Vorgehensmodellen, die sich mit eben diesen Erstellungsprozessen beschäftigen.

Definition Vorgehensmodell

Vorgehensmodell

Ein Vorgehensmodell strukturiert Elemente der Softwareentwicklung inklusive des Projektmanagements zu einem Projektablauf, um die oftmals herausfordernden Projektziele möglichst effizient und effektiv zu erreichen.

Ein Vorgehensmodell soll also die Organisation von Projektabläufen über den gesamten Projektlebenszyklus regeln. Die vermutlich bekanntesten Vorgehensmodelle sind das Wasserfallmodell, das V-Modell und Scrum.

Abgrenzung zum Prozessmodell

Während man im Vorgehensmodell noch sehr viele Freiheiten hat, wie z.B. die Anforderungen im Detail erfasst werden, ist ein Prozessmodell da schon spezifischer. Die Unterscheidung zwischen Prozess- und Vorgehensmodellen hat aber etwas Akademisches, weshalb wir ab sofort nur noch von Vorgehensmodellen sprechen werden.

Vorteile von Vorgehensmodellen

Vorgehensmodelle sind im Zusammenhang mit der Projektablauforganisation zu sehen, wofür sie die Grundlage bieten. Bekannte, wohldefinierte Vorgehensmodelle im Projekt zu nutzen, hat eine Reihe von Vorteilen:

1. Sie strukturieren die Vielzahl der notwendigen Aufgaben, bieten damit eine Vorgabe für die tägliche Projektarbeit und geben eine gewisse Sicherheit, das Richtige zur richtigen Zeit zu tun.

2. Sie bilden den organisatorischen Rahmen der Projektabwicklung und erlauben – ähnlich wie eine Wegbeschreibung – eine Positionsbestimmung, wo man sich innerhalb des Projektes jeweils befindet.
3. Sie haben sich bereits in anderen Projekten bewährt.

Sequenzielle vs. agile Vorgehensmodelle

Heute gibt es eine Vielzahl bestehender Vorgehensmodelle. Die Auswahl ist also groß. Wenn man genauer hinschaut, kann man jedoch feststellen, dass es zwei grundsätzlich unterschiedliche Kategorien von Vorgehensmodellen gibt: sequenzielle und agile Vorgehensmodelle.

Wir werden in diesem Kapitel lediglich die Grundprinzipien darstellen und uns auf die in der Praxis am häufigsten anzutreffenden Vorgehensmodelle konzentrieren: das *Wasserfall-* und das *V-Modell* als Vertreter sequenzieller Vorgehensmodelle und *Scrum* als Vertreter agiler Softwareentwicklung.

Das Wasserfallmodell ist ein Phasenmodell. Es hat jedoch mittlerweile an Bedeutung verloren, weshalb es hier nur kurz erläutert wird. Scrum ist gerade sehr in Mode und ist heute das mit Abstand am weitesten verbreitete agile Vorgehensmodell. Scrum ist so wichtig, dass wir ihm einen eigenen Abschnitt gegönnt haben, in dem wir die Rollen, Prozesse und Arbeitsergebnisse von Scrum erläutern.

Prozess-Tailoring und hybride Modelle

Dieses Kapitel bietet jedoch noch mehr. In der Regel werden Vorgehensmodelle nicht einfach so »out of the box« eingesetzt, sondern an den jeweiligen konkreten Unternehmens- und Projektkontext angepasst. Man spricht dann von Prozess-Tailoring. Wie wir in Abschnitt 3.4 sehen werden, sind die heute in der Praxis anzutreffenden Vorgehensmodelle streng genommen häufig Mischungen aus sequenziellen und agilen Elementen, sodass man also meist von »hybriden Vorgehensmodellen« sprechen müsste.

3.1.1 Sequenzielle Vorgehensmodelle

Sequenzielle Vorgehensmodelle teilen die im Projekt notwendigen Aktivitäten in Phasen ein, die sequenziell, also grundsätzlich streng nacheinander, abgearbeitet werden.

Generelle Eigenschaften sequenzieller Vorgehensmodelle

Sequenzielle Vorgehensmodelle haben einige generelle Eigenschaften:

1. Sie versuchen, die oftmals bei der Entwicklung großer Softwaresysteme vorherrschende Komplexität auf ein Minimum zu reduzieren. Dies geschieht durch eine massive »Upfront«-Planung (Vorabplanung des gesamten Vorhabens) nach dem Motto: »Was auch nur irgendwie geplant werden kann, wird geplant und so bereits jetzt festgelegt.« Ziel ist es, nahezu alle offenen Punkte vor dem Beginn der Implementierung geklärt zu haben.

2. Ein Nutzerfeedback erfolgt oftmals erst in späten Projektphasen – typischerweise erst in der Testphase, wenn Teile oder das gesamte System bereits implementiert wurden. Dies bringt das Risiko mit sich, dass manche Vorgaben und Spezifikationen aus Nutzersicht womöglich nur mangelhaft umgesetzt wurden und die Nutzerakzeptanz dementsprechend sinkt, da es zu spät ist, noch größere Korrekturen durchzuführen.
3. Es liegt in der Natur sequenzieller Vorgehensmodelle, dass sie insbesondere in den frühen Phasen zunächst umfangreiche Planungs- und Definitionsdokumente erzeugen, anstatt auslieferbare Software und weitere Lieferobjekte. Es liegt somit ein dokumentenorientierter Ansatz vor (im Gegensatz zum produktgetriebenen Ansatz der agilen Vorgehensmodelle).

Wasserfallmodell

Das Wasserfallmodell ist ein sequenzielles, lineares Vorgehensmodell, das in mehrere Phasen organisiert ist (z.B. Anforderungsanalyse, Systemdesign, Implementierung). Es ist der »Klassiker« unter den Vorgehensmodellen und wurde bereits 1976 von Winston W. Royce veröffentlicht ([Royce 1970] in [Schatten et al. 2010], S. 48). Jede Phase hat vordefinierte Start- und Endpunkte mit eindeutig definierten Ergebnissen. Dabei gehen die Phasenergebnisse als bindende Vorgaben in die nächste Phase ein. Der Name »Wasserfall« kommt von der häufig gewählten grafischen Darstellung der fünf bis sechs als Kaskade angeordneten Phasen (siehe Abb. 3–1).

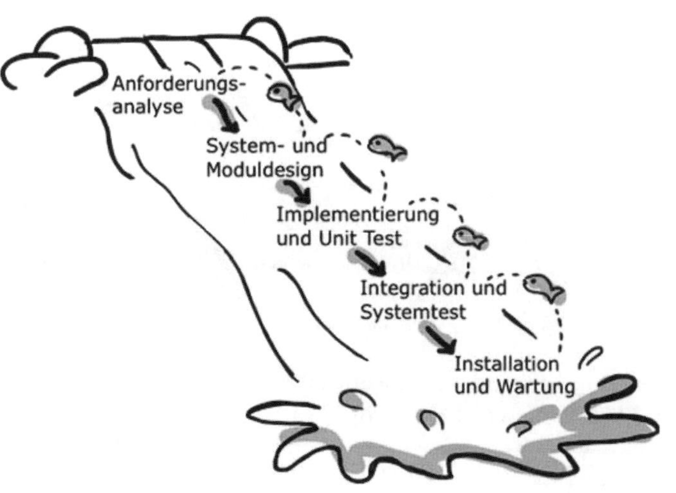

Abb. 3–1
Phasen des Wasserfallmodells

Jede Phase besitzt definierte Start- und Endpunkte mit entsprechenden Meilensteinen (zum Begriff »Meilenstein« siehe Abschnitt 5.3), die den Phasenübergang markieren. In neueren Ausführungen des Modells sind Rückkopplungen zur jeweils vorherigen Phase erlaubt, jedoch keine Sprünge über mehrere Phasen, beispielsweise vom Integrationstest zurück zur Anforderungsanalyse.

V-Modell

Das V-Modell ist eine Weiterentwicklung des Wasserfallmodells. Neben den Entwicklungsphasen gliedert das V-Modell auch die Qualitätssicherung (insbesondere die Testaktivitäten) phasenweise. Somit erweitert es das Wasserfallmodell um phasenspezifische Testmethoden.

Abbildung 3–2 zeigt die übliche grafische Darstellung des V-Modells. Es lässt sich sicherlich unschwer erkennen, woher das Modell seinen Namen hat. Auf der linken Seite finden wir alle Phasen, in denen Spezifikationen erstellt werden, beginnend mit der Spezifikation der Benutzeranforderungen, die in weiteren Phasen zu technischen Spezifikation(en) und Designspezifikationen als Implementierungsgrundlage detailliert werden. In der Spitze dargestellt ist die Implementierung. Auf der rechten Seite finden wir die einzelnen Testphasen, in denen gegen die entsprechenden Spezifikationen der jeweiligen linken Seite getestet wird. Jeder Designstufe steht somit eine Teststufe gegenüber, in der die Inhalte der Designstufe geprüft werden. Der Hintergedanke dabei ist, Abweichungen so früh wie möglich zu identifizieren, da ihre Korrektur zu einem frühen Projektstadium noch vergleichsweise kostengünstig ist.

Abb. 3–2
Das V-Modell

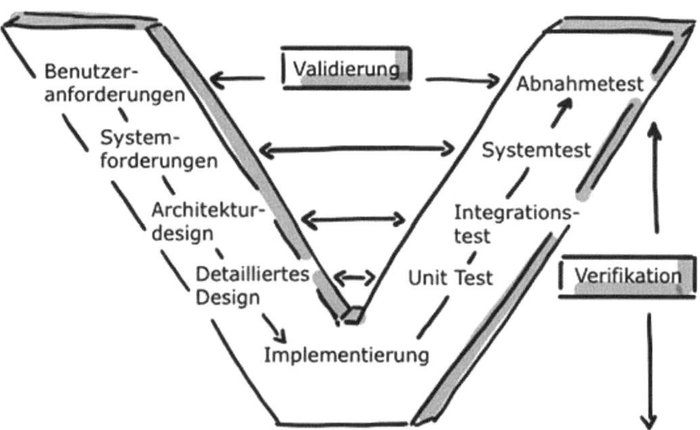

Verifikation und Validierung

In Abbildung 3–2 sind noch zwei weitere Konzepte dargestellt, die mit dem V-Modell eng verzahnt sind:

- **Verifikation** (manchmal auch Verifizierung genannt)
  Die Verifikation konzentriert sich auf die Frage: »Haben wir die Software richtig entwickelt?« »Richtig« bedeutet in diesem Zusammenhang »gemäß Spezifikation«. Es wird also geprüft, ob die implementierte Software die spezifizierten (Produkt-)Eigenschaften erfüllt.

- **Validierung**
  Bei der Validierung steht eine andere Frage im Vordergrund: »Haben wir die richtige Software entwickelt?« Das heißt mit anderen Worten: Können die Nutzerziele im Zielkontext auch umgesetzt werden?

Verifikation und Validierung werden in Kapitel 8 »Qualitätsmanagement« noch einmal eine Rolle spielen.

3.1.2 Agile Vorgehensmodelle

Grenzen sequenzieller Vorgehensmodelle

Die letzten vier Jahrzehnte der bisherigen Softwareentwicklungsgeschichte sind nicht unbedingt eine Erfolgsstory, sind sie doch eng mit Begriffen wie »Softwarekrise«, »Anwendungsstau« oder »Integrationshölle« verbunden.[1] Die bisher verbreiteten – meist sequenziellen – Vorgehensmodelle stoßen bei zunehmend komplexeren Systemarchitekturen und umfangreichen Beziehungen (Schnittstellen) zwischen einzelnen Softwareanwendungen an ihre Grenzen. Wasserfall- und V-Modell erscheinen zunehmend wenig geeignet, flexibel und schnell neue Anwendungen zu entwickeln und in die bestehenden Architekturen zu integrieren. Diesem Hintergrund verdanken die agilen Vorgehensmodelle einen Großteil ihrer heutigen Verbreitung.

Oberbegriff »agil«

»Agiles Vorgehensmodell« steht als Oberbegriff für einen flexiblen und schlanken Entwicklungsprozess. Agile Entwicklung versucht mit geringem bürokratischem Aufwand auszukommen und basiert auf einem iterativen Vorgehen.

Das Agile Manifest

Das »Agile Manifest«, das 2001 entstand, kann als Initialzündung für die Akzeptanz agiler Vorgehensmodelle angesehen werden. Wie der Name schon sagt, handelt es sich dabei um ein Manifest, in dem die Autoren ihre grundlegenden Überzeugungen darlegen. Die Vertreter des Agilen Manifests schätzen (so der Wortlaut) ...

- Individuen und Interaktionen mehr als Prozesse und Werkzeuge
- Funktionierende Software mehr als umfassende Dokumentation
- Zusammenarbeit mit dem Kunden mehr als Vertragsverhandlung
- Reagieren auf Veränderung mehr als das Befolgen eines Plans

»Agil« bedeutet jedoch nicht, dass es gar keine Dokumente und Verträge mehr geben soll. Dies stellen die Vertreter des Manifests auch explizit klar. Es geht eher um eine Gewichtung: Obwohl die Vertreter

1. »Anwendungsstau« bezeichnet den Umstand, dass das Management heute bei IT-Innovationen die notwendige Hardware recht schnell beschaffen kann, die Entwicklung der Anwendungssoftware die »Time to Market« jedoch unbefriedigend hinauszögert.

die Werte auf der rechten Seite wichtig finden, schätzen sie die Werte auf der linken Seite explizit höher ein.

Zwischenergebnisse statt abstrakter Klärung

Agile Vorgehensmodelle gehen prinzipiell davon aus, dass wesentliche Teile der Anforderungen und der Lösungsansätze zu Beginn unklar sind. Anders als sequenzielle Vorgehensmodelle haben agile Vorgehensmodelle aber nicht den Anspruch, diese Unklarheiten vor Beginn der Implementierung klären zu wollen. Stattdessen setzen sie darauf, dass sich diese Unklarheit beseitigen lässt, indem Zwischenergebnisse geschaffen werden. Anhand dieser Zwischenergebnisse lassen sich die fehlenden Anforderungen und Lösungstechniken effizienter finden als durch eine abstrakte Klärungsphase.

Ein verbreitetes agiles Vorgehensmodell ist Scrum, auf das wir uns im weiteren Verlauf dieses Kapitels konzentrieren, aber auch Kanban und das eXtreme Programming (XP) werden heute als agile Vorgehensmodelle herangezogen. Kanban ist als Ansatz zwar ursprünglich »lean« statt »agil«, diese begriffliche Differenzierung ist für die Praxis und unseren Fokus auf das »Basiswissen« aber zunächst unerheblich.

Kanban

Kanban ist ursprünglich eine Methode der Produktionsprozesssteuerung, die sich auch auf Softwareprojekte anwenden lässt. Die Aktivitäten werden anhand von sechs Praktiken gesteuert:

1. Visualisiere den Fluss der Arbeit
2. Begrenze die Menge angefangener Arbeit (sog. »Work in Progress«)
3. Messe und steuere den Fluss
4. Mache die Regeln für den Prozess explizit
5. Fördere Leadership auf allen Ebenen in der Organisation
6. Verwende Modelle, um Chancen für kollaborative Verbesserungen zu erkennen

Bei Kanban gibt es keine Iterationen. Kernstück ist das Kanban-Board, auf dem die Arbeitspakete physisch aufgepinnt oder angeklebt werden. Das Board visualisiert den Fluss der Aktivitäten bzw. Arbeitspakete durch die Spalten »offen«, »in Arbeit«, »zu prüfen«, »fertig«. Jeder Mitarbeiter zieht sich seine Aufgaben selbst, wobei darauf geachtet wird, dass nicht zu viele Aufgaben parallel in Arbeit sind.

eXtreme Programming (XP)

eXtreme Programming ist demgegenüber ein agiles und iteratives Vorgehensmodell, das aus Werten, Prinzipien und Praktiken besteht. Zu den Werten gehören Kommunikation, Einfachheit, Feedback, Mut und Respekt. Auf die Prinzipien gehen wir in Abschnitt 3.3.1 noch genauer ein. Zu den Praktiken gehören »Pair Programming«, »testgetriebene Entwicklung«, »Refactoring«, »Unit Test«, »Continuous Integration« und – unser Favorit – »keine Überstunden«.

Sowohl Kanban als auch XP haben enormen Einfluss auf Scrum genommen. Wir werden später sowohl Techniken (z.B. die Visualisierung am Board) als auch Prinzipien (z.B. räumliche Nähe) in Scrum wiederfinden.

Scrum

Der Ansatz von Scrum ist, kurz gesagt, empirisch, inkrementell und iterativ. Scrum besteht aus klar vorgegebenen Regeln. Diese Regeln definieren fünf Aktivitäten, drei Artefakte und drei Rollen, die den Kern von Scrum ausmachen. In Scrum wird neben dem Produkt auch die Planung iterativ und inkrementell entwickelt. Der langfristige Plan (das Product Backlog) wird kontinuierlich verfeinert und verbessert. Der Detailplan (das Sprint Backlog) wird nur für die jeweils nächste Iteration erstellt. Damit wird die Projektplanung auf das Wesentliche fokussiert.

3.1.3 Sequenziell oder agil? – Die Qual der Wahl

Wann sollte nun ein sequenzielles, wann ein agiles Vorgehensmodell gewählt werden? Natürlich spielt der jeweilige Kontext, also z.B. Faktoren wie Branche oder Markt- und Wettbewerbssituation des Unternehmens sowie die Größe und Art des Projektes, eine Rolle und müssen berücksichtigt werden. Die Frage lässt sich daher nicht kategorisch beantworten. Die grundsätzlichen Vor- und Nachteile sowie Eignungsbereiche der beiden sind in Tabelle 3–1 zusammengefasst:

Tab. 3–1
Vor- und Nachteile sowie Eignungsbereiche der Vorgehensmodelle [ASQF CPPM 2016]

Vorteile	Nachteile	Eignungsbereich
Sequenzieller Ansatz		
■ Reduktion von Komplexität durch Trennung von Teilaufgaben des Projektes in Phasen ■ Fokus auf externe sowie hierarchische Kontrollmöglichkeiten	■ Rückkoppelung der Nutzer erst nach Auslieferung des (Teil-)Systems ■ Trennung von Spezifikation und Implementierung kostet Zeit ■ Akzeptanz durch Nutzer eher gering ■ Hoher Planungsaufwand ■ Zusätzlicher Änderungsprozess erforderlich	■ Aufgrund umfangreicher Erfahrungen geeignet für plangetriebene Entwicklung großer, komplexer Systeme, wenn Anforderungen im Voraus eindeutig definierbar.

→

Vorteile	Nachteile	Eignungsbereich
Agiler Ansatz		
▪ Frühzeitige Nutzereinbindung, relativ hohe Erfüllung der Nutzeranforderungen ▪ Relativ kurze Entwicklungszeiten bis zu ersten Systemversionen ▪ Ansatz, der relativ früh zu ausführbarer Software gelangt ▪ Ansatz, in dem sich verändernde Anforderungen durch iteratives Design berücksichtigt werden können	▪ Kein Schwerpunkt auf vertiefter Analyse und Dokumentation zu Beginn des Projektes ▪ Ohne Eigenmotivation und entsprechender Kompetenz möglichst aller Stakeholder kaum umsetzbar ▪ Verfügbarkeit des Kunden und Endnutzers muss gewährleistet sein	▪ Eignet sich, wenn die Anforderungen vorab nicht eindeutig beschrieben werden können oder sich voraussichtlich noch oft ändern werden, wenn auf eine hierarchisch-zentralistische Projektüberwachung verzichtet werden kann und wenn auf Basis eines selbstgesteuerten Berichtswesens innerhalb der definierten Rollen gearbeitet werden kann

Mischformen

In der Praxis ist die Trennung häufig nicht so scharf. Viele der Ansätze und Methoden aus der agilen Welt werden heute als Komponenten in Projekten mit sequenziellem Vorgehen angewandt (z.B. viele der Praktiken des eXtreme Programming). Die obige Tabelle kann daher nur als erster grober Anhaltspunkt bei der Entscheidungsfindung dienen.

Dies bringt uns zum nächsten Thema: der Entwicklung, Nutzung, und Anpassung von Vorgehensmodellen an die betrieblichen und jeweils projektspezifischen Belange.

3.2 Unternehmensspezifische Softwareentwicklungsprozesse

Der erste Kontakt mit Scrum

Erinnern Sie sich an unser eingangs erwähntes Fallbeispiel mit der internen Plattformentwicklung?[2] Zunächst wurde kein Vorgehensmodell gewählt. »Es ist ja nur eine interne Entwicklung« und: »Wir wissen ja, wie man das macht.« Nachdem sich massiv Probleme einstellten, wurde im Projekt Scrum eingeführt. Am Ende stellte sich heraus, dass die Art und Weise, wie Scrum in dem Projekt und in der Organisation verwendet und »gelebt« wurde, auch für größere Aufgaben und Projekte geeignet ist.

Dies ist ein ganz typischer Verlauf, wie wir ihn in vielen Unternehmen beobachten. Er zeigt uns, dass die Nutzung von Vorgehensmodellen bei der Strukturierung komplexer Abläufe hilfreich ist (und letzt-

2. Falls nicht, finden Sie es am Ende der Einleitung dieses Buches.

lich die Produktivität von Projekten fördert) und dass die allgemeine Vorgehensweise auf das Organisationsumfeld abgestimmt werden sollte. Letzteres nennt man allgemein »Prozess-Tailoring«.

Prozess-Tailoring

Unter Prozess-Tailoring (dt. »Zuschneiden« von Prozessen) versteht man die Anpassung der Prozess- und Vorgehensmodelle an die Unternehmens- und Projektspezifika, um einen möglichst geeigneten Projektprozess sicherzustellen. [ASQF CPPM 2016]

Definition
Prozess-Tailoring

Mögliche Faktoren, an die die generischen Vorgehensmodelle angepasst werden sollten, sind:

- Branchenbegebenheiten
- Marktbegebenheiten
- Wettbewerbsbegebenheiten
- Unternehmensmentalität
- Risikobereitschaft
- Entwicklungspotenzial

Der Vorteil des Prozess-Tailorings liegt auf der Hand: Die in den allgemeinen Referenzprozessen der verschiedenen Vorgehensmodelle gelieferten »Best Practices« können mit eigenen Anforderungen angereichert werden, sodass sie für das konkrete Projekt im konkreten Unternehmensumfeld sinnvoll und zielführend sind.

Beispiel für Prozess-Tailoring

Zu abstrakt? Nehmen wir unser Fallbeispiel. Als auf Scrum umgestellt wurde, stellte sich heraus, dass eines der Prinzipien – die räumliche Nähe – nicht erfüllt werden konnte, da Teile der Entwicklung offshore erfolgen sollten. Ohne in einem Raum zu stehen, ist es aber schwierig, die Arbeitspakete am Board zu visualisieren. Es wurde daher eine Software eingeführt, die agile Entwicklung auch über Kontinente hinweg unterstützt.

Abbildung 3–3 zeigt den typischen Ablauf des Prozess-Tailorings, das immer auf (mindestens) zwei Ebenen erfolgt:

- zunächst auf Unternehmensebene (hier ist das Prozess- und Programm-Management auf Unternehmensebene für alle Projekte gefordert) und
- dann auf Projektebene (hier ist das Projektmanagement gefordert).

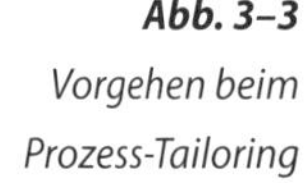

Abb. 3–3 *Vorgehen beim Prozess-Tailoring*

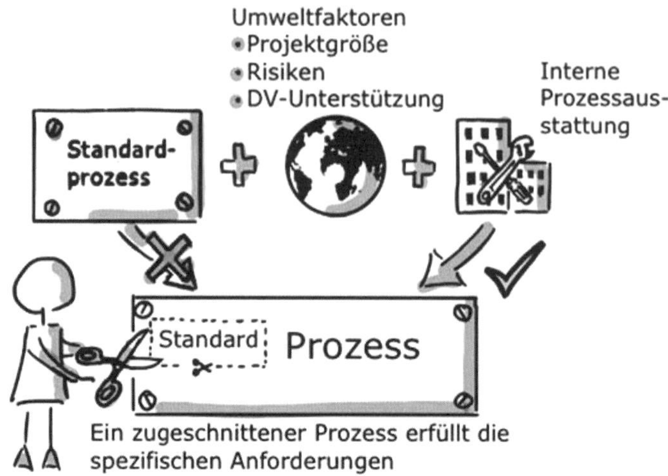

Tailoring für Methoden und Werkzeuge

Die direkte und unreflektierte Übernahme des Standardprozesses mit allen seinen Prozessparametern (linker Pfeil) ist grundsätzlich nicht zu empfehlen. Eine der vornehmsten strategischen Aufgaben des Projektmanagements besteht vielmehr darin, das Vorgehensmodell und die dazugehörigen Projektprozesse ständig zu prüfen, zu bewerten und anzupassen. Prozess-Tailoring erfolgt in enger Kommunikation mit weiteren Stakeholdern und betrifft keineswegs nur »Prozesse« im engeren Sinne: Auch Methoden, Werkzeuge und Artefakte, die im Projekt genutzt werden, müssen oft an verschiedene Faktoren angepasst sowie auch auf Unternehmensebene weiterentwickelt werden.

3.3 Agiles Vorgehensmodell am Beispiel »Scrum«

Agiles Projektmanagement zeichnet sich grundsätzlich dadurch aus, dass Kommunikation und Interaktion der beteiligten Menschen in den Vordergrund rücken. Die Grundlagen und Historie von Scrum können hier nur kurz eingeführt werden. Details werden in anderen Büchern und Schulungen vermittelt (vgl. z.B. [Wolf 2011] sowie [Beck et al. 2001]).

Der Begriff Scrum entstammt eigentlich dem Vokabular des Rugbys und bedeutet übersetzt »Gedränge«. Scrum wurde im Jahr 1995 von Ken Schwaber erstmals auf einer wissenschaftlichen Konferenz vorgestellt und zusammen mit Jeff Sutherland ausgearbeitet [Schwaber 1995].

3.3.1 Prinzipien – was agil ausmacht

Kommunikation und Interaktion vor Methoden und Prozessen

Alle agilen Vorgehensmodelle (darunter auch Scrum) teilen die Leitprinzipien, die ursprünglich für eXtreme Programming (XP) festgelegt wurden. Dazu zählen u.a.:

- Schnelles Feedback
- Erwarte (vom Team) und suche selbst stets Einfachheit
- Inkrementelle Veränderung
- Akzeptiere Veränderung
- Qualitätsarbeit
- Offene Kommunikation

Schnelles Feedback

Schnelles Feedback besagt, dass man mit schneller und ehrlicher Rückmeldung arbeitet, und zwar auf der Ebene des sich entwickelnden Produkts (insbesondere durch frühes und wiederholtes Testen!), innerhalb des Projektteams sowie in Richtung des Kunden.

Einfachheit

Erwarte und suche Einfachheit bedeutet als Prinzip, dass sowohl im Design als auch in der Umsetzung stets nach der einfachsten Lösung gesucht werden sollte, und man Dinge, die in späteren Releases geplant sind, nicht zum aktuellen Zeitpunkt angeht. Man möchte mit anderen Worten die Arbeit, die man nicht tun *muss*, eliminieren.

Veränderungen akzeptieren und inkrementell umsetzen

Die beiden Prinzipien der inkrementellen Veränderung und der Akzeptanz von Veränderungen gehen Hand in Hand und geben vor, dass Anpassungen am Produkt nach jedem Durchlauf nicht nur möglich, sondern vorgesehen und willkommen sind – und das auch in späten Projektphasen! Durch die Verbesserung in kleinen Schritten (Inkrementen) wird es möglich, schneller zu erkennen, ob die Produktentwicklung auf dem richtigen Wege ist.

Qualitätsarbeit

Qualitätsarbeit ist ein weiteres Leitprinzip und verdient auch deshalb hier eine Erklärung, weil missverständlicherweise angenommen werden könnte, dass in der agilen Welt Schnelligkeit vor Qualität gehe. Das Gegenteil ist der Fall: Qualität (im Sinne von Konformität mit den Kundenerwartungen) steht nicht zur Disposition, was u.a. durch enges und wiederholtes Kundenfeedback sichergestellt werden soll.

Offene Kommunikation

Die offene Kommunikation in alle Richtungen – sowohl im Projektteam als auch mit den Stakeholdern, über hierarchische, soziale, funktionale und örtliche Grenzen hinweg – ist wahrscheinlich das wichtigste Prinzip, ohne das erfolgreiche agile Softwareentwicklung nicht funktionieren kann. Der klassische »Software-Nerd«, der allein und allwissend programmiert und am Ende seinen Code abgibt, stirbt in der agilen Welt langsam aus. (Wir kommen in Abschnitt 3.3.7 »Scrum und agiles Personalmanagement« noch darauf zu sprechen.)

Bei Scrum lassen sich neun Grundsätze identifizieren, die in Abbildung 3–4 dargestellt sind.

Abb. 3–4 *Neun Grundsätze von Scrum*

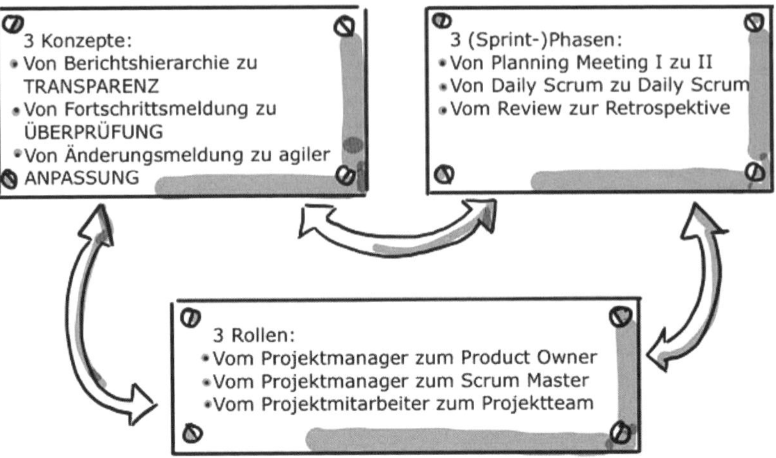

Wandel der Führungs- und Projektkultur

Die neuen Konzepte und Rollen in Abbildung 3–4 zeigen, wie sich die Führungs- und Projektkultur sowie das Grundverständnis auf dem Weg von sequenziellem zu agilem Projektgeschäft verändert. Die phasenorientierte Projektabwicklung ist gekennzeichnet von Berichtshierarchien, Fortschritts- und Änderungsmeldungen sowie einer klaren Trennung der Verantwortlichkeiten (Leitung durch einen oder mehrere Projektmanager auf der einen Ebene und Durchführung durch die Entwickler auf der anderen Ebene). Dagegen sollen in der agilen Welt Transparenz, (Selbst-)Überprüfung und schnelle Anpassung an Anforderungsänderungen die bestimmenden Prinzipien sein, was eine Integration der Projektmanagementaufgaben in andere Projektrollen bedingt.

Scrum-Phasen

Die einzigen Phasen, die Scrum kennt, sind die drei Phasen, die zu einem Sprint gehören und in denen man sich von einer Grobplanung im Sprint Planning I zu einer Feinplanung für den Sprint im Sprint Planning II bewegt, in der eigentlichen Sprint-Arbeitsphase dann tägliche Statusmeetings (Daily Scrums) durchführt, um am Ende des Sprints im Sprint-Review und in der Sprint-Retrospektive die Ergebnisse und den (Team-)Fortschritt zu bewerten.

Wir gehen im Folgenden auf jeden der neun Punkte in Abbildung 3–4 ein.

3.3.2 Konzepte – die agile Strategie

Agile Konzepte: Transparenz, Überprüfung und Anpassung

Scrum basiert auf drei wesentlichen agilen Konzepten: Transparenz, Überprüfung und Anpassung. Diese Konzepte bilden die theoretischen Säulen von Scrum[3]. Diese drei Säulen entstammen der Theorie der empirischen Prozesssteuerung. Sie besagt, dass ein komplexes System dann erfolgreich entwickelt werden kann, wenn der Stand der Lösung jederzeit transparent ist, dieser in kleinen, handhabbaren Schritten überprüft werden kann und kurzfristig angepasst wird. Dies erinnert uns beispielsweise an den Deming Cycle (PDCA)[4] und andere Konzepte des Qualitätsmanagements und der kontinuierlichen Verbesserung. Die Konzepte werden nun in Bezug auf Scrum kurz veranschaulicht:

Timeboxing und Definition of Done

- **Transparenz**
  Produktentwicklungsprozesse sind dann transparent, wenn die Prozesse und vor allem ihre Ergebnisse für denjenigen, der sie überwacht, jederzeit sichtbar sind. Das bedeutet bei Scrum konkret, dass die Laufzeit vieler Projektprozesse begrenzt wird (sog. »Timeboxing«), um deren Zwischenergebnisse zu begutachten. Es bedeutet weiterhin, dass im Voraus jeweils klar festgelegt wird, wann ein Prozessergebnis als »erledigt« anzusehen ist. Diese im Team abgestimmte Festlegung (»Definition of Done«) beinhaltet üblicherweise eben nicht nur eine programmierte Funktionalität, sondern mindestens auch erfolgreiche Tests des Codes bzw. Unit Tests anhand vorher vereinbarter Akzeptanzkriterien aus Nutzersicht.

Inspection

- **Überprüfung**
  Scrum unterscheidet sich von klassischen Vorgehensmodellen, weil bei Scrum der Projektfortschritt nicht einfach regelmäßig abgefragt und nach »oben« berichtet wird, sondern regelmäßig überprüft wird (Inspection), und zwar täglich hinsichtlich des Fortschritts und zweiwöchentlich (je nach Sprint-Länge) für das zu entwickelnde Produkt.

Adaption

- **Anpassung**
  Hiermit ist die Kultur der flexiblen Anpassung (Adaption) gemeint, die sich – immer gemessen an bisherigen oder neuen Anforderungen – ebenfalls auf nicht mehr tolerierbare Ergebnisse, Prozesse oder Methoden bezieht. Scrum schreibt vier Ereignisse für Über-

3. Scrum ist daneben auch inspiriert vom Toyota Production System (TPS) und dem daraus allgemeingültig entwickelten Lean-Management-Ansatz, (siehe [Gloger & Häussling 2011]).
4. Der Deming Cycle wurde von William Edwards Deming entwickelt und beinhaltet die Phasen »Plan«, »Do«, »Check« und »Act«, die heute im Qualitätsmanagement verbreitet sind.

prüfung und Anpassung vor: Sprint Planning, Daily Scrum, Review und Retrospektive.

3.3.3 Rollen – wer ist für was verantwortlich?

Eigenverantwortliche Teams

Ziel ist bei Scrum, Projektteams zu bilden, die sich eigenverantwortlich selbst organisieren. Scrum kennt hierfür gemäß dem Scrum Guide von Schwaber und Sutherland [Schwaber & Sutherland 2011] nur drei Rollen: den Product Owner, das Entwicklungsteam an sich und den Scrum Master. Diese Rollen zusammengenommen ergeben das gesamte sogenannte »Scrum-Team«.

Product Owner

Product-Backlog-Verantwortlicher

Der Product Owner hat die Aufgabe, das Entwicklungsziel festzulegen und das Projektbudget zu verwalten. Er definiert und priorisiert das sogenannte Product Backlog, in dem alle Aufgabenpakete festgehalten werden und für das er allein verantwortlich ist. Anders als in sequenziellen Vorgehensmodellen verteilt der Product Owner jedoch die Aufgabenpakete nicht an einzelne Teammitglieder. Dafür ist das Team selbst verantwortlich.

Die Hauptaufgabe des Product Owners besteht darin, den Geschäftswert des Projektergebnisses zu optimieren. Mit anderen Worten: Er ist für den finanziellen Erfolg der Produktentwicklung verantwortlich und sollte sich somit vordringlich als »Produktvisionär« und weniger als Projektmanager verstehen. Ein Projektmanager im klassischen Sinne (also im Sinne eines sequenziellen Vorgehensmodells) versteht sich in erster Linie als Steuerer der planmäßigen Abwicklung eines Projektes mit vorab fest definiertem Ziel. Da es dieses vorab fest und vollständig definierte Projektziel bei Scrum nicht gibt, ist auch die klassische Rolle des Projektmanagements hier nicht 1 zu 1 auf den Product Owner übertragbar, sondern auf mehrere Scrum-Rollen verteilt.

Ansprechpartner für das Team

Der Product Owner hat eine schwierige und zeitintensive Aufgabe. Er vertritt den Kunden und agiert als alleiniger, ständig verfügbarer Ansprechpartner für das Projektteam. Auf diese Weise kann er das Projektteam vor zu enger Einflussnahme des Kunden oder Managements schützen. Er muss die Produktvision entwickeln, alle Anforderungen der Stakeholder identifizieren und priorisieren, einen Releaseplan erstellen und die Releases am Ende eines jeden Sprints abnehmen oder ablehnen. Dies ist in der Regel ein »Fulltime-Job« für eine Person. Scrum verbietet es explizit, dass diese Rolle an ein Gremium delegiert wird. Ob dies in der Praxis einhaltbar ist – dazu kommen wir später noch.

Team (= Entwicklerteam)

Selbstständige und selbstorganisierende Teams

Die Rolle »Team« umfasst alle Personen, die an der Entwicklung beteiligt sind. Das Team wählt zu Beginn eines jeden Sprints selbstständig Arbeitspakete aus dem priorisierten Product Backlog, wobei Pakete immer »von oben« gezogen werden (also beginnend mit der höchsten Priorität). Es zerlegt die Arbeitspakete dann in einzelne Aufgaben (»Tasks«) und verpflichtet sich, diese bis zum Sprint-Ende zu realisieren. Scrum sieht keine Hierarchie im Team vor und empfiehlt eine Teamgröße von drei bis max. neun Personen.

Gleichberechtigte Teammitglieder

Alle Teammitglieder werden »Entwickler« genannt, auch wenn das Team interdisziplinär zusammengesetzt sein sollte. Das Team ist in höchstem Maße selbstverantwortlich und soll sich selbst organisieren. Da sich das Team als Einheit auffassen soll, ist ausdrücklich vorgesehen, dass die Teammitglieder Vollzeit im Projekt arbeiten sollen. Was in der Theorie einleuchtet, erweist sich in der Praxis oft als schwierig umsetzbar, da gerade langjährige Experten oft einen »Multi-Projektalltag« erleben. Außerdem sollte das Team über einen einheitlichen und offenen Arbeitsbereich verfügen, und zwar im physischen als auch im virtuellen Raum (= Internet). Nur dann kann es wirklich die Teamrolle gemäß Scrum erfüllen.

Scrum Master

Prozesswächter

Der Scrum Master hat die Aufgabe, ständig die Einhaltung des Scrum-Vorgehens zu überwachen. Er darf nicht Product Owner sein. Insbesondere muss er verhindern, dass der Product Owner zu viele Detailplanungsvorgaben macht oder Einfluss auf die Schätzungen und Arbeit des Teams ausübt.

Coach

Während eines Sprints schirmt der Scrum Master das Team vor neuen Anforderungen oder Umpriorisierungen des Product Owners ab, damit es in Ruhe arbeiten kann. Er ist dem Team verpflichtet und unterstützt es in Bezug auf die sinnvolle Umsetzung aller Scrum-Prozesse und Methoden während des Projektes. Er kontrolliert die Einhaltung der Prinzipien, Werte und Regeln von Scrum und hilft dem Team bei der Selbstorganisation. Er hat keine Weisungsbefugnis, sondern eher eine umfassende Coaching-Rolle, die alle Hindernisse (auch Blockaden oder »Impediments« genannt), die in Bezug auf das Team dem Projekterfolg entgegenstehen, aus dem Weg räumen soll.

Verlagerung der Verantwortung

Zu den Rollen bei Scrum können wir mit Fug und Recht festhalten, dass sie gegenüber den klassischen Ansätzen zum Teil auf den Kopf gestellt und umgestaltet werden. Führungskräfte sind im agilen Modell insbesondere nicht länger Befehlsverteiler, sondern vielmehr explizit Dienstleister gegenüber den Projektmitgliedern. Beim agilen Ansatz wird Verantwortung, Autonomie und Kompetenz »nach unten« verlagert.

Die Bedeutung und Konsequenzen dieser Rollengestaltung werden in diesem Buch noch an vielen Stellen durchscheinen, so zum Beispiel in der Projektplanung und -steuerung sowie auch im Personalmanagement.

3.3.4 (Sprint-)Phasen – der Sprint-Flow

Releases

Das zu entwickelnde Gesamtsystem wird in einzelnen Iterationen entwickelt, die man bei Scrum »Sprints« nennt. Ziel ist immer, dem Kunden am Ende eines Sprints eine neue Version der Software übergeben zu können. In der Scrum-Sprache heißen diese Versionen »Releases«.

Sprint-Dauer

Sprints haben bei Scrum eine gleichbleibende Dauer von üblicherweise 2–4 Wochen.[5] »Gleichbleibend« ist in diesem Zusammenhang wichtig. Die Sprint-Länge kann zwar im Verlauf des Projektes angepasst werden, sollte jedoch so konstant wie möglich gehalten werden.

Grundsätzlich sollen gemäß dem »Timeboxing«-Prinzip auch alle vorgeschriebenen Meetings bei Scrum eine maximale Dauer haben (also Sprint Planning, Daily Scrums, Sprint-Review und Sprint-Retrospektive). Jeder Sprint läuft in drei Phasen ab, die in Abbildung 3–5 dargestellt sind. Er beginnt mit der Sprint-Planung, gefolgt von der Sprint-Arbeitsphase und endet mit dem Sprint-Review und der Retrospektive. Während der Arbeitsphase darf ein Scrum-Team nicht von außen gestört werden soll.

Pull-Prinzip

In den Iterationen werden die Arbeitspakete nach dem Pull-Prinzip verteilt. »Das Team kann als einzige Instanz entscheiden, wie viel Arbeit und Produktteile es innerhalb eines Sprints liefern kann. Das Team hat die Kontrolle darüber, was es zu tun bekommt« [Gloger & Häussling 2011, S. 14]. Bevor der erste Sprint beginnen kann, muss natürlich wenigstens grob geklärt sein, worauf die Entwicklung hinaus laufen soll. Dazu dient vor allem das sogenannte Product Backlog.

Product Backlog

Zu Beginn eines Scrum-Projektes muss der Product Owner die Vision mit einer kurzen Beschreibung des Produktes, der grundlegenden Architektur und des Entwurfs (»high level design«) beschreiben. Außerdem findet eine grobe Aufwandsschätzung statt und es wird ein Zeitplan für mögliche Releases aufgestellt. Danach sollte entschieden werden, ob das Projekt in den ersten Sprint gehen soll.

Sobald diese Business-Entscheidung gefällt ist, wird das Product Backlog vom Product Owner erstellt (ggf. mit weiteren Stakeholdern,

---

5. Hier finden wir das Konzept des »Timeboxing« aus Abschnitt 3.3.2 wieder.

insbesondere dem Kunden). Dafür werden meistens sogenannte User Stories gesammelt und priorisiert. Wie wir gleich noch sehen werden, sind User Stories auf eine bestimmte Art und Weise formulierte Anforderungen. Scrum schreibt die Verwendung von User Stories allerdings nicht vor. Der Scrum Guide erwähnt lediglich allgemein »Product Backlog Items«.

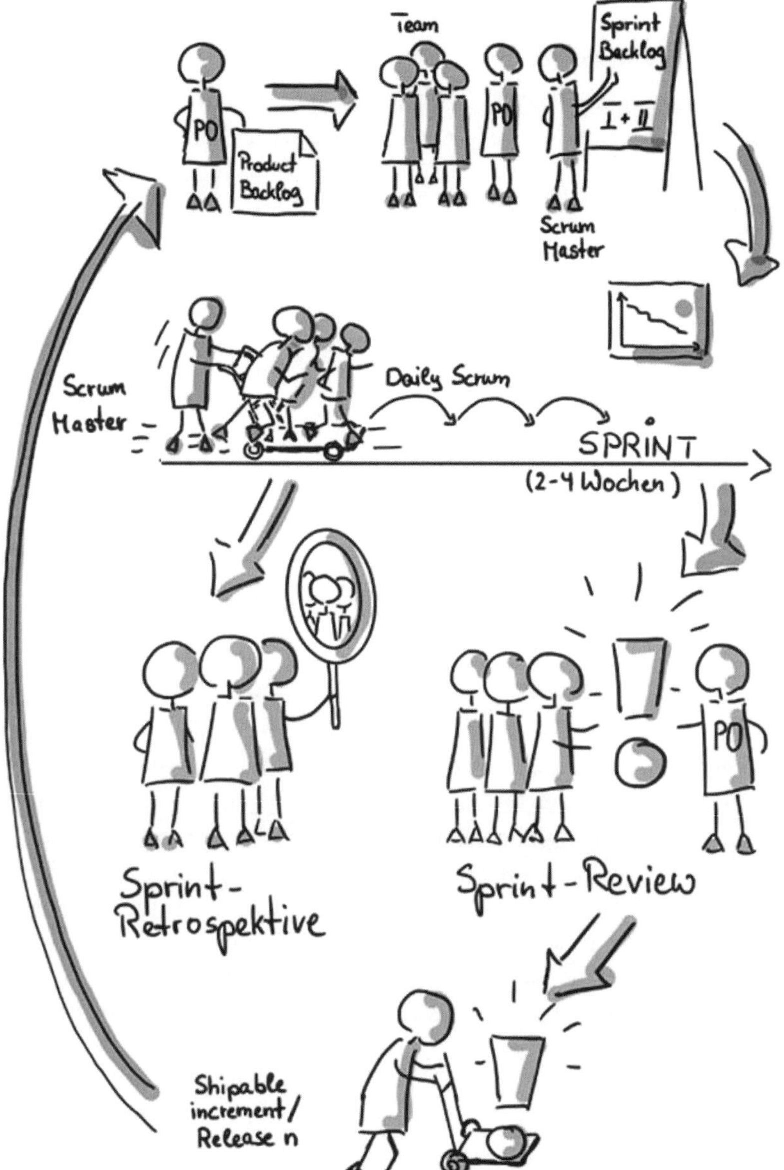

Abb. 3–5
Sprint-Flow: Ablauf eines Sprints und die wichtigsten Artefakte

Drei Sprint-Phasen

Erst, wenn das Product Backlog einige hinreichend geklärte Items enthält, kann der erste Sprint beginnen. Jeder Sprint gliedert sich in drei Phasen (siehe Abb. 3–5):

- **Sprint Planning**

  Sprint Planning I und II

  Die Sprint-Planungsphase sieht mindestens ein, meistens aber zwei Planungssitzungen (Sprint Planning I und II) vor. Im Sprint Planning I wird vom Team entschieden, welche User Stories aus dem Product Backlog in diesem Sprint bearbeitet werden sollen (Festlegung des Sprint Backlog).

- **Sprint-Arbeitsphase**

  Daily Scrum

  Während der Arbeitsphase, in der die Entwicklungsziele umgesetzt werden, trifft sich das Team täglich zum sogenannten »Daily Scrum«. In diesem kurzen Treffen gibt jedes Teammitglied ein kurzes Resümee des Vortages ab, informiert das Team über die geplanten Tätigkeiten des aktuellen Tages und spricht etwaige Störfaktoren an. Das Daily Scrum ist time-boxed (also zeitlich begrenzt) und sollte 15 Minuten nicht überschreiten. Damit es nicht zu gemütlich wird, wird es (insbesondere für die lokalen Teammitglieder) im Stehen durchgeführt, weshalb es auch unter dem Namen »Daily Stand-up« bekannt ist. Der Scrum Master moderiert ggf. das Daily Scrum und nimmt sich der Störfaktoren an. Der Product Owner besitzt in der Sprint-Arbeitsphase keinerlei Handlungsmacht.

- **Sprint-Review und -Retrospektive**

  Shippable increment

  Das Ergebnis des Sprints ist immer ein auslieferbares Inkrement (»shippable increment«) bzw. ein Release, das die Summe aller bislang fertiggestellten Inkremente umfasst. Die neu entwickelten Funktionalitäten werden am Ende des Sprints dem Product Owner (und ggf. weiteren Stakeholdern) in einem Sprint-Review präsentiert und von diesem abgenommen. Natürlich kann es auch vorkommen, dass der Product Owner die Ergebnisse nicht abnimmt. In diesem Fall muss im nächsten Sprint nachgearbeitet werden.

  Kontinuierliche Verbesserung

  Nach dem Sprint-Review wird in einer Sprint-Retrospektive analysiert, was im Projekt während des nächsten Sprints alles noch verbessert werden kann. Hier kann das Team Verbesserungswünsche äußern, die sowohl die Organisation als auch die Prozesse betreffen können. Beispielsweise kann das Team bewirken, dass der Kollege vom Gang gegenüber nun doch im Teamraum Platz findet oder dass die Sprint-Länge verkürzt werden sollte. Es gehört zu den Aufgaben des Scrum Masters, diese Wünsche dann auch umzusetzen.

3.3.5 Scrum-Meetings

Sprint-Planungssitzungen

Die Sprint-Arbeitsphase beginnt mit der Sprint-Planung. Diese besteht gemäß [Schwaber & Sutherland 2011, S. 9–10] aus zwei Meetings, dem Sprint Planning I und II.

Tab. 3–2
Übersicht über das Sprint Planning I

Eckdaten Sprint Planning I	
Ziel	Planung der Iteration
Dauer	5 % der Sprintl-Länge
Thema	»Was soll entwickelt werden?«
Teilnehmer	Product Owner, Scrum Master, Team (evtl. spätere Nutzer)
Inhalt	■ Sprint-Ziele definieren ■ Der Product Owner zeigt priorisierte Stories ■ Team schätzt Stories ■ Team selektiert Stories für den Sprint
Output	Sprint Backlog

Unterschiedlicher Fokus der zwei Planungssitzungen

Während beim Sprint Planning I im Vordergrund steht, »was« im vorliegenden Sprint bearbeitet werden soll (also welche User Stories aus dem Product Backlog ausgewählt werden und wie viel Aufwand voraussichtlich für jede User Story anfallen wird), steht im Mittelpunkt von Sprint Planning II die Frage, »wie« im Sprint vorgegangen werden soll, d.h., welche Aufgaben sich aus den einzelnen User Stories ergeben und wie viel Zeit diese Aufgaben erfordern.

Das Planungsspiel

Für die Aufwandsabschätzung nutzt das Scrum-Team eine besondere spielerische Schätzmethode: das sogenannte Planungsspiel (besser bekannt unter dem Namen »Planning Poker«), auf das wir in Kapitel 5 noch genauer eingehen werden.

Tab. 3–3
Übersicht über das Sprint Planning II

Eckdaten Sprint Planning II	
Ziel	Planung der Iteration
Dauer	5 % der Sprint-Länge
Thema	»Wie soll entwickelt werden?«
Teilnehmer	Scrum Master, Team
Inhalt	■ Tasks definieren ■ Tasks schätzen
Output	Aktualisiertes Sprint Backlog

Commitment

Das Ergebnis des Sprint Planning II ist somit ein aktualisiertes Sprint Backlog, eine korrigierte Vorhersage zu den Sprint-Zielen und damit verbunden ein Versprechen (»Commitment«) des Teams dem Product Owner gegenüber.

Stand-up-Meeting

Synonym »Daily Scrum«

In der eigentlichen Sprint-Arbeitsphase sind lediglich tägliche »Stand-up«-Meetings (»Daily Scrums«) vorgeschrieben.

Tab. 3–4
Übersicht über das Daily Scrum

Eckdaten Daily Scrum	
Ziel	Kommunikation im Team
Dauer	max. 15 Minuten
Thema	»Was habe ich gestern erreicht? Was habe ich für heute vor? Was brauche ich dafür?«
Teilnehmer	Scrum Master, Team
Inhalt	▪ durchgeführte und geplante Tätigkeiten ▪ behindernde Umweltfaktoren
Output	keiner (reiner Informationsaustausch)

Sprint-Review

Abnahme der Sprint-Ergebnisse

Zum Ende der festgelegten Zeit für die Arbeitsphase (2–4 Wochen) beruft der Scrum Master eine Sprint-Review-Sitzung ein. Das Team präsentiert in diesem Sprint-Review dem Product Owner und ggf. weiteren Stakeholdern die Ergebnisse des Sprints, wie sie im »Sprint Backlog« zu Beginn des Sprints im Sprint Planning I festgelegt und im Sprint Planning II bestätigt wurden. Wichtig: Nicht getestete oder instabile Funktionalitäten werden nicht gezeigt und gelten als nicht geliefert, denn sie erfüllen nicht die »Definition of Done«![6]

6. Die »Definition of Done« wurde in Abschnitt 3.3.2 erläutert.

Tab. 3–5
Übersicht über das Sprint-Review

Eckdaten Sprint-Review	
Ziel	Feedback zum Inkrement
Dauer	2,5 % der Sprint-Länge
Thema	»Was haben wir geschafft?«
Teilnehmer	Team, Scrum Master, Product Owner (evtl. auch andere Stakeholder wie Kunde oder spätere Nutzer)
Inhalt	■ Systemdemo ■ Revision gemäß den Sprint-Zielen ■ Review des Release-Burndown-Charts ■ Einholen Kundenfeedback ■ Definition der Änderungen für nächsten Sprint
Output	Sprint-Backlog-Review-Liste

Die ersten Sprints

Die Forderung nach dem »shippable increment« ist insbesondere beim ersten Sprint und größeren Scrum-Projekten mit umfangreichen Entwicklungsumgebungen und Architekturen in der Praxis kaum zu erfüllen, da oftmals nach zwei Wochen erst die projektinternen Entwicklungsplattformen installiert und konfiguriert werden konnten. Dies schmälert jedoch nicht die Sinnhaftigkeit der »shippable increment«-Vorgabe auch für die ersten Sprints, da die Aufwände nun transparent sind. So wird der nur allzu menschlichen Versuchung vorgebeugt, dass sich Entwickler wochenlang mit dem Aufbau komplexer technischer Entwicklungsumgebungen beschäftigen, anstatt zu beginnen, Funktionalitäten zu implementieren.

Sprint-Retrospektive

Das Sprint-Review ist nicht zu verwechseln mit der »Sprint-Retrospektive«. Die Sprint-Retrospektive wird durchgeführt, um Verbesserungspotenziale im Scrum-Projekt insgesamt zu analysieren. Hier kommt das oben eingeführte Konzept der Anpassung nicht nur produktbezogen (Review), sondern prozessbezogen zum Tragen.

Tab. 3–6 Übersicht über die Sprint-Retrospektive

Eckdaten Sprint-Retrospektive	
Ziel	Verbesserung der Teamarbeit
Dauer	5% der Sprint-Länge
Thema	»Was können wir besser/einfacher machen?«
Teilnehmer	Scum Master, Team, optional der Product Owner
Inhalt	■ Vorgaben erläutern ■ Datenerhebung (subjektiv/objektiv) ■ Analyse (root causes) ■ Action Items ■ Vereinbarungen für den nächsten Sprint ■ persönliche Sichten ■ Beziehungen im Team/nach außen ■ Prozesse, Sitzungen, Werkzeuge
Output	Verbesserungsliste (»Impediment Backlog«)

Velocity

In der Retrospektive kann das Team seine Entwicklungsgeschwindigkeit bestimmen, also die Anzahl von Arbeitspaketen (oder allgemeiner »Story Points«, siehe unten), die es pro Sprint schafft. Man spricht hier von der sogenannten »Velocity«.

Impediment Backlog

Die Sprint-Retrospektive hat enorme Bedeutung für die Lernprozesse und Autonomie des Scrum-Teams. Teams, die die Retrospektive bewusst nutzen, um ihre »Velocity« systematisch von Sprint zu Sprint zu erhöhen, können signifikant höhere Produktivität und Qualität erreichen als andere Projektteams. Hierzu kann ein »Impediment Backlog« (was im Deutschen in etwa »Liste der Behinderungen« heißt) als Artefakt verwendet werden, das zu Beginn des nächsten Sprints mit berücksichtigt werden kann.

3.3.6 Scrum-Artefakte

In diesem Abschnitt wollen wir die wichtigsten Scrum-Artefakte[7] von der Produktvision bis zum Scrum-Taskboard konkret und mit Beispielen behandeln, denn ganz ohne Dokumente und Materialien geht es auch in der agilen Softwareentwicklung nicht!

7. »Artefakte« nennt man alle Dokumente und Materialien, die im Verlaufe des Entwicklungsprozesses eines Softwareproduktes erstellt werden (für eine detailliertere Darstellung siehe [Jacobson et al. 1999]).

Produktvision

Produktvision als Projektziel

Die Produktvision kann als Motivation und zugleich auch als Business Case für das zu entwickelnde Softwareprodukt angesehen werden. Sie wird durch den Product Owner erstellt, wobei aber in der Regel umfangreicher Kundeninput notwendig ist. Die Produktvision zählt zwar nicht zu den im Scrum-Standard geforderten Artefakten, ist aber ein sehr wichtiges Dokument, da das Scrum-Team und alle Stakeholder die Vision als Projektziel verstanden und anerkannt haben sollten.

- **Produktvision:**
  - Als IT-Dienstleister in der Industrie wollen wir eine Grafikplattform für alle internen Projekte bieten, die Grafikfunktionen und reibungslose, automatisierte Grafikverarbeitung in der Produktentwicklung benötigen.
- **Geschäftswert:**
  - Moderne Grafikfunktionen für alle Produkte und verbesserte Wiederverwendbarkeit und damit beschleunigte »Time to Market« in unseren Kundenprojekten und eigenen Produkten

Abb. 3–6 *Beispiel einer Produktvision*

User Stories

User Stories sind von Kunden oder Stakeholdern des Projektes beschriebene Anforderungen an das Softwareprodukt mit einem Mehrwert aus Nutzersicht, die möglichst konkret aufgeschrieben werden. Sie werden ganz bewusst in Alltagssprache formuliert. Sie sollten in der Form von Aussagen mit vorgegebener Struktur formuliert sein:

Schablone für User Stories

- »Als [Benutzertyp]
- möchte ich [Funktion],
- damit [Nutzen]«

Teil des Konzepts der User Stories ist, dass zu einer User Story jeweils auch Akzeptanzkriterien sowie geeignete Testfälle definiert werden, um die Umsetzung der User Stories später möglichst genau beurteilen zu können. »Definition of Done« und »Test Driven Development« sind hier die zugrunde liegenden agilen Methoden.

Gemäß unserem Projektbeispiel ergäbe sich als eine mögliche User Story: »Als Produktmanager möchte ich die Gouraud-Shading-Funktion nutzen können.«

Product Backlog

Das Product Backlog wird vom Product Owner angelegt und kontinuierlich weiterentwickelt, d.h., es werden üblicherweise ständig neue Inhalte hinzugefügt und die bestehenden Inhalte neu priorisiert. Das Product Backlog ist also eine Sammlung aller (bislang) bekannten

Anforderungen an das System. Es enthält allgemein gesprochen Backlog Items, meist in Form von User Stories.

»First things first«: von Epics zu User Stories

Die User Stories kommen ursprünglich aus dem eXtreme Programming. Scrum ist in der Hinsicht recht flexibel und macht keine Vorschriften, wie das Product Backlog aussehen soll. Die Anforderungen könnten daher auch in anderer Struktur und nach anderen Regeln im Product Backlog eingetragen werden. Neben User Stories kann es auch sogenannte Epics enthalten.

Epics sind Anforderungsbeschreibungen, die mehrere User Stories zusammenfassen, da sie zu umfangreich sind, um in einer einzigen User Story erschöpfend beschrieben werden zu können. Ein Epic hat oft eine derart große Funktionalität, dass es zu viel Aufwand für einen einzelnen Sprint erfordert. Daher wird es meistens zu einem späteren Zeitpunkt in mehrere User Stories aufgeteilt.

Abb. 3–7
Beispiel eines Product Backlog

Nr.	Prio.	User Story	Akzeptanzkriterien	Story Points	Geschäftswert
01	Hoch	Als Produktmanager möchte ich die Gouraud-Shading-Funktion nutzen können	Gourad-Shading-Funktion ist implementiert und per Unit Test getestet	9	12
02	…				

Abbildung 3–7 zeigt einen Eintrag im Product Backlog aus unserem Beispielprojekt. Zu einem Product-Backlog-Eintrag gehören neben seiner kurzen Beschreibung und den oben bereits besprochenen Akzeptanzkriterien eine Schätzung des dazugehörigen Aufwands (in sog. »Story Points«, die wir später noch erklären) und der Geschäftswert.

Priorisieren der User Stories

Wie kann nun entschieden werden, welche User Stories wichtig sind und zuerst implementiert werden und welche in späteren Sprints? Die Antwort lautet: Indem sie vom Product Owner nach ihrem Geschäftswert priorisiert werden und dadurch als Konsequenz eine Abarbeitungsreihenfolge für die kommenden Sprints erhalten.

Sprint Backlog

Zerlegung in Tasks

Sobald die User Stories des Product Backlog entsprechend ihrer Priorisierung zur Bearbeitung für den kommenden Sprint vom Entwicklerteam ausgewählt werden, entsteht das Sprint Backlog. Vom Team werden aus den Sprint Backlog Items »Tasks« für die eigentliche Sprint-Arbeit abgeleitet. Ein Task wird zur Implementierung immer von einem Teammitglied gemäß dem Pull-Prinzip gezogen und durchläuft einen geregelten Workflow von »Offen/ToDo« bis »Fertig/Done«.[8]

Nur das Projektteam entscheidet, welche Backlog Items es im folgenden Sprint bearbeiten will. Schließlich weiß das Team am besten, welche Tasks dafür erforderlich sind und wie lange es dafür brauchen wird. Es darf daher nicht überstimmt werden.

User Story Nr.	Task Nr.	Aufgaben	Schätzung (Stunden)	Bearbeiter
01	03	Spezifikation lesen und mit Story abgleichen	4	Hinz
01	04	Design verfeinern	6	Hansen
...				

Abb. 3–8
Beispiel eines Sprint Backlog

Sprint-Burndown-Chart

Visualisierter Sprint-Fortschritt

Ein Sprint-Burndown-Chart verdeutlicht den verbleibenden Aufwand im Sprint. Er zeigt den idealen Trend und die tatsächliche Arbeitslastverteilung aller Tasks im bisherigen Sprint-Verlauf. Das Sprint-Burndown-Chart sollte einmal pro Tag aktualisiert werden, damit permanent der Fortschritt visualisiert werden kann. Es setzt gleich zwei agile Konzepte um: Transparenz und Überprüfung.

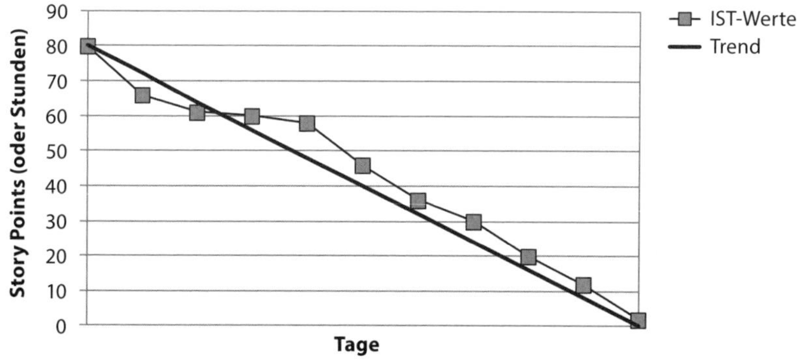

Abb. 3–9
Beispiel eines Sprint-Burndown-Charts

Story Points

Beide Burndown-Charts (auch das Release-Burndown-Chart unten) können die Einheit »Stunden« verwenden. Scrum kennt sogenannte »Story Points«. Das sind mehr oder weniger willkürlich festgelegte Einheiten, die von den Entwicklern dazu verwendet werden, die Größe einer User Story einzuschätzen.

8. Die genauen Begriffe können natürlich je nach Projekt variieren.

Der verbleibende Aufwand wird üblicherweise in Story Points abgetragen, die gegenüber Stunden den Vorteil haben, dass sie die Aufgabengröße, man kann auch sagen Komplexität, einer User Story beziffern, und zwar zeitunabhängig. Denn ein erfahrenes Entwicklerteam implementiert eine User Story womöglich in der Hälfte der Zeit im Vergleich zu einem anderen, relativ unerfahrenen Team.

Diese Entwicklungsgeschwindigkeit kommt bei Scrum durch eine andere wichtige Größe ins Spiel, nämlich durch die sogenannte »Velocity«, die Entwicklungsgeschwindigkeit eines Scrum-Teams. Das Burndown-Chart in der Abbildung 3–9 verdeutlicht den idealen, linearen Abarbeitungstrend als Linie von initial im Sprint Planning II geschätzten 80 noch zu bearbeitenden Story Points am ersten Tag des Sprints bis hin zu null noch zu bearbeitenden Story Points am letzten Tag rechts unten. Der Verlauf zeigt, dass die Story Points in den ersten zwei Tagen zunächst schneller abgearbeitet wurden, als der lineare Verlauf vorgibt, man ab dem dritten Tag aber leicht hinter dem linearen Planverlauf zurückblieb.

Visualisierter Projektfortschritt

Das Release-Burndown-Chart zeigt, wie schnell das Team das Product Backlog abarbeitet. Es zeigt dadurch auch auf, wie viele Sprints bis zum Projektende voraussichtlich noch nötig sind.

Abb. 3–10 *Beispiel eines Release-Burndown-Charts*

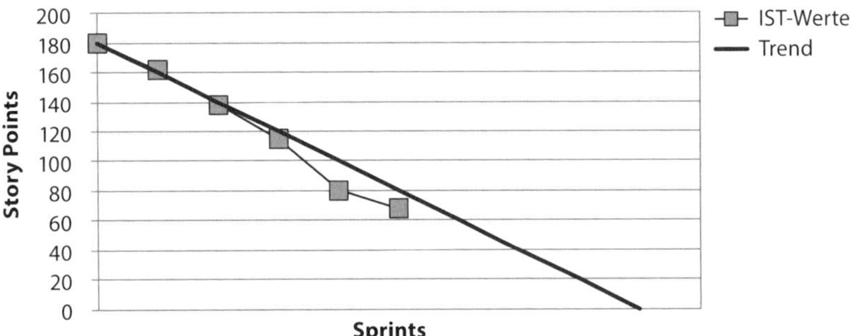

Scrum-Taskboard

Das Product Backlog und das Sprint Backlog sind »lebende« Dokumente. Sie sollten täglich aktualisiert werden. Insbesondere für das tägliche Verwalten des Sprint Backlog bietet sich eine Visualisierungsform an, die man Taskboard nennt, die aber von Scrum nicht explizit vorgeschrieben ist.

Abbildung 3–11 zeigt hierzu eine Taskboard-Variante mit den in der Regel üblichen vier Spalten. Die erste Spalte zeigt (mindestens) die User Stories des aktuellen Sprints aus dem Product Backlog (bei kleinen Projekten manchmal auch das gesamte Product Backlog). Die zweite Spalte zeigt die in diesem Sprint noch nicht erledigten und noch nicht in Bearbeitung befindlichen Tasks, die dritte Spalte die in Arbeit befindlichen Tasks und die vierte Spalte die erledigten Tasks. In der Praxis bieten sich bei Projektteams an einem Ort haptische Taskboards als Pinnwände an, während es für örtlich verteilte Teams bereits eine große Zahl an Softwaretools gibt, die die Arbeit mit digitalen Tasksboards realisieren (»Drag & Drop« von Karten etc.).

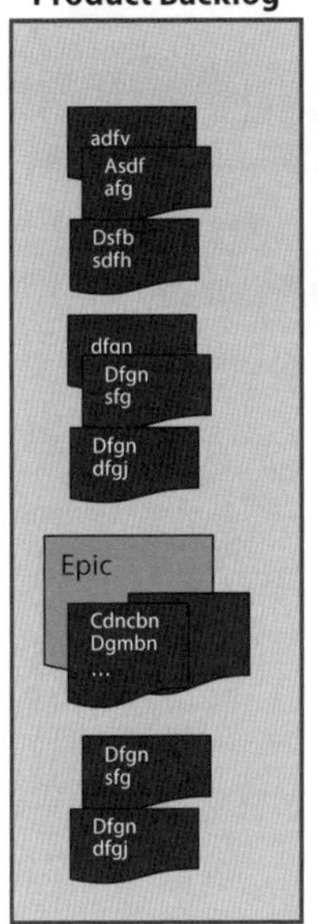

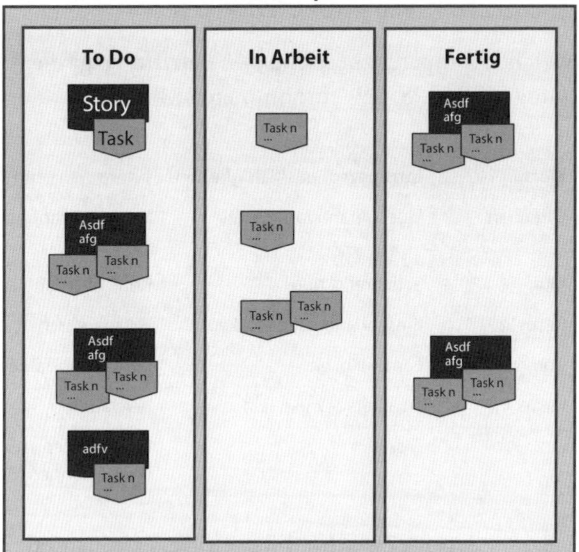

Abb. 3–11
Beispiel eines Scrum-Taskboards

Aufbau des Scrum-Taskboards

Das Scrum-Taskboard kann während der Daily Scrums zur Visualisierung verwendet werden und dient der Transparenz für alle.

3.3.7 Scrum und agiles Personalmanagement

Wir stellten bereits fest, dass agile Vorgehensmodelle die Verteilung der Projektmanagementarbeit von Grund auf neu vornehmen, man kann auch sagen umkehren.

Agilität ändert den Umgang mit Mitarbeitern.

»Agilität [fordert] einen vollkommen anderen Umgang mit Mitarbeitern von der Rekrutierung bis zur Trennung, und ein auf Vertrauen basierendes Verständnis von Führung« [Gloger 2013, S. 188]. Jeder Einzelne im Scrum-Team übernimmt Verantwortung für Projektmanagementaufgaben. Zum anderen fordern Scrum-Teams Mitarbeiter, die bereit sind, Verantwortung für viele der in diesem Buch beschriebenen Themenblöcke und Projektaktivitäten zu übernehmen und fähig sind, sich selbst zu organisieren.

Anforderungen an Scrum-Teammitglieder

Kommunikation, Interaktion und soziale Kompetenz haben in Projekten generell eine hohe Bedeutung, in agil abgewickelten Projekten sind sie jedoch überlebenswichtig. Wir werden darauf noch ausführlich in Kapitel 10 »Personalmanagement« eingehen. In diesem Kapitel beschränken wir uns daher auf zwei Hinweise:

- Alle Teammitglieder sollten sich stark mit den agilen Werten, Prinzipien und Vorgehensweisen identifizieren.
- Sie sollten darüber hinaus ein hohes Maß an kommunikativen und sozialen Kompetenzen aufweisen.

Welche Kompetenzbereiche dies betrifft, zeigt die folgende Tabelle, die [Gloger 2013, S. 29] entnommen ist.

Tab. 3–7 *Erfolgsfaktoren für Scrum im Personalmanagement*

Werte	Intrapersonelle Fähigkeiten	Interpersonelle Fähigkeiten
Offenheit	Eigenverantwortlichkeit	Kommunikationsfähigkeit und -willigkeit
Mut	Selbstreflektion	Kritik üben und annehmen können
Respekt	Entscheidungsfreudigkeit	Hilfsbereitschaft
Commitment	Lernwilligkeit	Delegationsfähigkeit
Fokus	Qualitätsbewusstsein	Vertrauen
	Disziplin	Gemeininteressen über Eigeninteressen stellen können

3.3.8 Scrum: Zwischenbilanz eines Erfolgsmodells

Hoher Verbreitungsgrad (> 50 %)

Scrum kann als »Erfolgsmodell« unter den Vorgehensmodellen für Softwareentwicklungsprojekte angesehen werden, denn es hat sich als der »agile Standard« in der Praxis etabliert. Tabelle 3–8 fasst die Angaben mehrerer Quellen und Studien aus dem Zeitraum 2014–2016 zusammen, die Scrum fast ausnahmslos eine Verbreitung von mehr als 50 % attestieren. Das verbreitetste sequenzielle Modell ist demnach das V-Modell.

Tab. 3–8 *Verbreitung agiler Vorgehensmodelle*

Vorgehensmodell	Geschätzte Verbreitung[a]
Scrum	60
V-Modell & andere[b]	10
Lean/Kanban	10
Wasserfall	5
RUP	5
XP	3
Scrumban	1
Andere	6
Summe	**100**

a. Quelle: eigene Schätzung, deutschsprachiger Raum
b. V-Modell, V-Modell 97, V-Modell XT, Schweiz (HERMES), Österreich Bund und W-Modell

Gründe für den Erfolg von Scrum

Warum ist Scrum so erfolgreich? Nun, Scrum spricht als Managementrahmenwerk (im Gegensatz zu RUP[9], eXtreme Programming oder Feature Driven Development, die zum Teil sehr technisch ausgelegt sind) nicht nur Informatiker und Entwickler an, sondern auch die anderen Stakeholder heutiger Produktentwicklungen. Da Scrum viele erfolgreiche Elemente aus diesen anderen Vorgehensmodellen übernommen hat, bündelt es deren Vorteile. Deshalb setzte es sich zum »De-facto-Standard« der agilen Software-Entwicklung durch. Außerdem wertet es die Bedeutung des Teams als wertschöpfende Einheit stark auf.

Dennoch ist es auch eine Tatsache, dass die »sequenziellen« Vorgehensmodelle ebenfalls nicht »stehen« geblieben sind. Viele der Ansätze und Methoden aus der agilen Welt werden heute auch in Projekten mit sequenziellem Vorgehen angewandt, so z.B. viele Praktiken des eXtreme Programming (XP).

Keine Pauschalregel

Ein Abwägen bei der Wahl des für ein Projekt geeigneten Vorgehensmodells sollte daher heute nicht mehr mit Pauschalregeln oder im »Schwarz-Weiß«-Ausschlussverfahren durchgeführt werden. Wir wollen daher diesen Abschnitt mit einer kurzen Aufzählung der bekanntesten Vor- und Nachteile von Scrum beenden.

9. RUP steht für »Rational Unified Process«, ein iteratives, aber nicht agiles Vorgehensmodell.

Vorteile von Scrum

- Das Team trägt die volle Verantwortung für das Endprodukt – dies fördert in der Regel die Motivation jedes Einzelnen.
- Daily Scrums erhöhen den Fokus auf Scrum-Ziele, hierdurch wird der Wirkungsgrad des Teams erhöht, und die sogenannte »Blindleistung« verringert.
- Das auslieferbare Produkt am Ende eines jedes Sprints ermöglicht rasches und messbares Kundenfeedback ...
- ... und beschleunigt so die Produktentwicklung.
- Durch klare Regeln und vorgeschriebene Elemente ist das Vorgehen relativ leicht erlernbar und gut strukturiert.
- Scrum bietet hohe Planungssicherheit trotz Flexibilität: Durch Transparenz, Inspektion und Anpassung in kurzen Zyklen minimieren sich für den Kunden die Risiken – wieder im Vergleich zu anderen Vorgehensmodellen.

Nachteile von Scrum

- Bei großen Teams oder vielen Teilprojekten ergibt sich bei Scrum die Gefahr zu starker Dezentralisierung, also Verselbstständigung der Teilprojekte ohne Gesamtsicht. Ansätze wie z.B. »Scrum of Scrum« können hier zum Teil Abhilfe schaffen, müssen aber erst erlernt werden.
- Der Product Owner muss über das gesamte Projekt zur Verfügung stehen, dies kann zum Engpass werden.
- Scrum-Projekte entwickeln eine hohe Abhängigkeit vom Engagement und den Kompetenzen der Schlüsselrollen, wie dem Product Owner oder dem Scrum Master.

Fazit

Zusammenfassend können wir zur Bewertung von Scrum – sowohl im Vergleich zu anderen agilen als auch zu den sequenziellen Vorgehensmodellen – festhalten, dass Scrum es bezüglich der Aufgaben des Projektmanagements ermöglicht:

- Risiken frühzeitiger zu erkennen,
- Nutzeranforderungen besser umzusetzen und aufzunehmen,
- Verantwortung und Befugnisse einem jedem Teammitglied in Eigenverantwortung zu übergeben.

Agile Vorgehensmodelle sind im Allgemeinen dann geeignet, wenn Teams ohne hierarchische oder zentrale Überwachung arbeiten können und sollen, und wenn Systeme und Produkte entwickelt werden sollen, deren Anforderungen im Voraus nicht vollständig oder überwiegend bekannt sind.

Scrum of Scrum

Durch Skalierungsmethoden (z.B. »Scrum of Scrum«) ist Scrum heute grundsätzlich für alle Teamgrößen und Projektgrößen, bei denen die Anforderungen zu Beginn kaum bekannt sind, geeignet. Die in vielen Lehrbüchern noch nach der Jahrtausendwende verbreitete Aussage, Scrum eigne sich neben anderen Faktoren lediglich für Kleinprojekte, ist heute schlichtweg überholt.

Dennoch bleiben Branchen und Bereiche, in denen aufgrund der hohen Sicherheitsrelevanz der Systeme und entsprechend hoher gesetzlicher Regulierung der Produktentwicklung Elemente des V-Modells zum Teil fest vorgeschrieben sind.

3.4 Die Praxis hybrider Vorgehensmodelle

Wie wir im vorigen Abschnitt gesehen haben, ist Scrum weit verbreitet. Bei genauerer Betrachtung der Studiendaten zeigt sich allerdings, dass kaum ein Unternehmen Scrum oder ein anderes agiles Vorgehensmodell komplett und in Reinform bei sich etabliert hat. Viele Unternehmen möchten heute offensichtlich die Früchte der agilen Produktentwicklung nicht missen, und haben daher Teile agiler Ideen eingeführt, ohne die bewährten Vorteile der sequenziellen Vorgehensmodelle komplett »über Bord« zu werfen. Anders ausgedrückt: Ein rein agiles Umfeld werden wir nur selten vorfinden.

»Agil« ist kein Allheilmittel

Außerdem sind agile Vorgehensmodelle auch kein Allheilmittel, und fordern – wie wir oben besprochen haben – den handelnden Menschen einiges an Kompetenzen und Engagement ab. Um es mit den Worten von Ken Schwaber [Schwaber 2006] zu sagen:

> »... *However, Scrum works with idiots. You can take a group of idiots, that maybe didn't even go to school, don't understand computer science, don't understand software engineering techniques, hate each other, don't understand the business domains, have lousy engineering tools and uniformly, they will produce ›crap‹ every increment. This is good! You want to know where you are at the end of every iteration.*«

Anders gesagt: Auch wenn die eingesetzten Mitarbeiter suboptimal qualifiziert sind und sich gegenseitig hassen, funktioniert Scrum in einer Hinsicht immer noch: Das Management weiß frühzeitig, dass es keinen Projektfortschritt gibt.

Die wahren Potenziale agiler Vorgehensmodelle kommen jedoch nur dann zur Geltung, wenn die Führungskultur und der Reifegrad der

Organisation mit diesen agilen Ansätzen im Einklang steht (siehe auch Kapitel 11 »Reifegradmodelle«).

Mischformen sind üblich

Hier sind viele Unternehmen und Organisationen noch in einem Veränderungsprozess und suchen daher nach Mischformen für die Durchführung ihrer Projekte.

Abb. 3–12
Agiles Vorgehen eingebettet in klassische Projektphasen

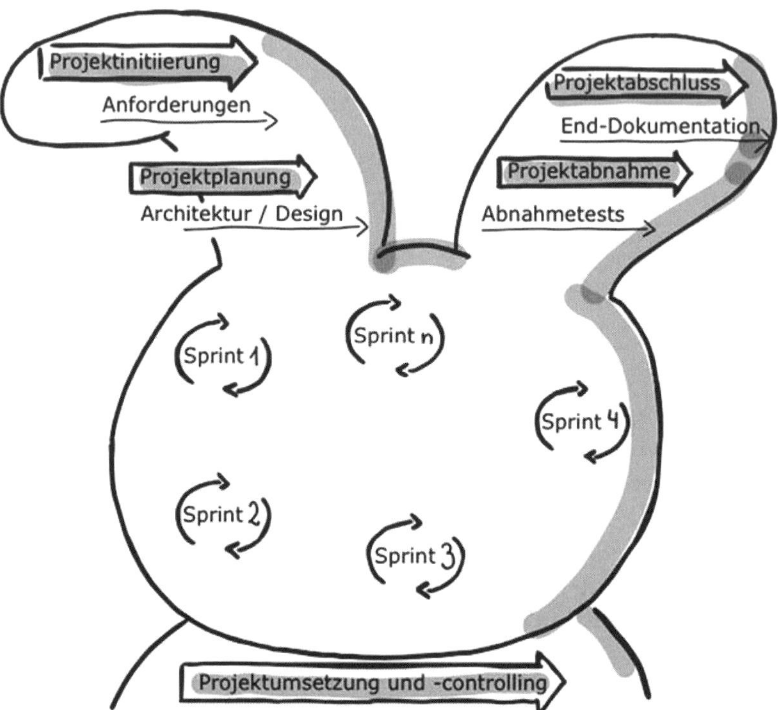

Diese Mischformen sind meist Varianten des sogenannten »Angsthasenmodells«, das im angloamerikanischen Raum auch als »Water-Scrum-Fall« bekannt ist (siehe Abb. 3–12): Hier wird das V-Modell mit Scrum kombiniert, indem die oberen Phasen sequenziell und nur die unteren Phasen agil abgewickelt werden. Meist beginnt die agile Abwicklung im detaillierten Design und endet, nachdem die Unit Tests abgeschlossen sind. Dennoch muss eines klar sein: Es handelt sich hier nicht mehr um ein agil oder nach Scrum durchgeführtes Projekt, und genau die Vorteile, die Scrum durch seine Konzepte der Transparenz, Inspektion und Anpassung bietet, werden hier aufgrund von Ängsten oder Bedenken zugunsten einer Upfront-Planung und eines Upfront-Architektur-Designs sowie nachgelagerter und sequenzieller Integrations-, System- und Abnahmetestphasen geopfert.

3.5 Zusammenfassung

In diesem Kapitel ging es um Prozess- und Vorgehensmodelle und wie sie Erfahrungswerte, Methoden und Werkzeuge für die effiziente Durchführung von Softwareentwicklungsprojekten bieten. Wir unterscheiden dabei grundsätzlich zwischen sequenziellen und agilen Vorgehensmodellen.

Sequenzielle Vorgehensmodelle reduzieren die Komplexität im Projekt durch Trennung von Teilaufgaben des Projektes in Phasen und sehen grundsätzlich externe sowie hierarchische Kontrollmöglichkeiten vor.

Agile Vorgehensmodelle bieten demgegenüber durch den inkrementellen Ansatz eine Minimierung von Risiken und die Erhöhung der Produktakzeptanz.

Ein besonders beliebtes agiles Vorgehensmodell ist Scrum. Es folgt den agilen Prinzipien. Wichtige Elemente sind das iterative Vorgehen (Sprints statt Phasen), die User Stories (statt detailliert ausformulierter Anforderungen) und der schlanke Ansatz, der sich auch in den eingesetzten Methoden, z.B. bei der Aufwandsschätzung, widerspiegelt (Stichwort »Planning Poker«).

Vorgehensmodelle sollten in jedem Fall im Rahmen des Prozess-Tailorings an die jeweils spezifischen Unternehmens- und Projektanforderungen angepasst werden.

Neben der Wahl und Anpassung des allgemeinen Vorgehensmodells und spezifischer Prozessmodelle, die zusammen vereinfacht gesagt das WIE des Gesamtprozesses zur Softwareentwicklung beschreiben, sind immer auch spezielle Anforderungen, Standards und Normen zu beachten, die das WAS vorgeben – also insbesondere welche Methoden und Dokumente benutzt und erstellt werden müssen. Scrum beschreibt zum Beispiel keine Dokumente, die aber trotzdem erstellt werden müssen, wenn es ein Prozess oder eine Norm fordert.

3.6 Übungsaufgaben

1. Welches sind die wesentlichen Unterschiede sequenzieller und agiler Vorgehensmodelle?
2. Welche Schwächen weisen sequenzielle Vorgehensmodelle auf? Wie werden diese in agilen Vorgehensmodellen umgangen?
3. Nennen und erklären Sie jeweils zwei Vor- und Nachteile von sequenziellen und agilen Vorgehensmodellen.
4. Welche Voraussetzungen sollten für den Einsatz eines inkrementellen Ansatzes erfüllt sein?
5. Ordnen Sie die folgenden Modelle den sequenziellen oder agilen Vorgehensmodellen zu: Scrum, Wasserfallmodell, V-Modell, Kanban, eXtreme Programming.
6. Nach welchen Kriterien sollte sich das Prozess-Tailoring eines Vorgehensmodells für ein gegebenes Unternehmen und Projekt richten?
7. Erklären Sie, wieso ein »Prozess-Tailoring« in jedem Projekt durchgeführt werden sollte.
8. Nennen und erklären Sie drei Leitprinzipien agiler Systementwicklung.
9. Neben agilen Leitprinzipien liefern agile Vorgehensmodelle auch typische Elemente. Nennen Sie diese.
10. Erläutern Sie kurz die Grundideen der agilen Systementwicklung nach Scrum.
11. Welche drei wesentlichen Rollen definiert Scrum? Beschreiben Sie die Aufgaben und Rechte einer Rolle Ihrer Wahl!
12. Skizzieren Sie den Scrum-Prozess und erklären Sie dabei die wesentlichen Phasen.
13. Nennen und erklären Sie die Aufgaben und Resultate des »Sprint Planning I und II«.
14. Welche Vorteile verspricht das Durchführen eines »Daily Scrum«?
15. Nennen und erklären Sie die Aufgaben und Resultate des »Sprint-Reviews«.

4 Projektinitiierung

4.1 Was passiert jetzt? – Aktivitäten der Projektinitiierung

Wann beginnt ein Projekt?

Wann beginnt ein Projekt? Diese Frage lässt sich in der Regel nicht so eindeutig beantworten. Am Anfang steht stets eine Kundenanfrage, eine neue Produkt- oder Geschäftsidee, ein Änderungswunsch hinsichtlich eines bestehenden Szenarios oder eine interne Anfrage, ob es nicht möglich wäre, etwas zu entwickeln. Häufig handelt es sich hier noch um eine Vision und weniger um konkrete Ziele.

Im Verlauf der daraus resultierenden Diskussionen kommt irgendwann der Punkt, ab dem Klarheit darüber herrscht, dass etwas getan werden sollte und entstehende Aufwände akzeptiert werden. Die offizielle Definition in der Projektmanagementnorm ISO 21500 besagt, dass »ein Projekt beginnt, wenn die durchführende Organisation die Prozesse abgeschlossen hat, die erforderlich sind, das neue Projekt in Auftrag zu geben«. Über die genaue Art dieser Prozesse gibt die Norm keine Auskunft, da diese stark von der Projektorganisation und dem angestrebten Vorgehensmodell abhängen. Es kann sich dabei ebenso um einen Beschluss in einer Besprechung wie um eine offizielle Beauftragung handeln.

Projektstartphase

Ab diesem Moment beginnt die erste Phase des Projektes, die wir im Einklang mit besagter Norm »Projektinitiierung« nennen. In der Literatur ist auch der Begriff »Projektstart« verbreitet, der jedoch missverständlich ist. »Projektstart« lässt an einen Startschuss, z. B. im Rahmen eines Kick-off-Treffens denken. Die offizielle Bekanntgabe des Projektbeginns ist jedoch nur eine von vielen Aktivitäten der Projektinitiierungsphase. Tatsächlich dient die Initiierungsphase im Wesentlichen zu Folgendem:

1. Hinreichend Informationen zusammenzutragen, um Chancen und Risiken des Projektes zu identifizieren und fundiert bewerten zu können.

2. Ausreichend Klarheit über die Anforderungen zu erhalten, um mit der Projektdurchführung (also der Planung und später auch der Umsetzung des Projektes) beginnen zu können.
3. Vertragliches zu klären
4. Das Vorgehensmodell zu klären
5. Die erforderlichen Ressorcen zu beschaffen

4.1.1 Chancen und Risiken ermitteln und abwägen

Streng genommen ist also noch nicht einmal sicher, dass es am Ende der Initiierungsphase wirklich zu einer Umsetzung der initialen Idee kommen wird. Es kann sich nämlich durchaus herausstellen, dass es technische Schwierigkeiten gibt, die nicht mit sinnvollem finanziellem Aufwand überwunden werden können. Sollten Zweifel an der Umsetzbarkeit der Anforderungen bestehen, bietet sich die Entwicklung eines Prototyps an.

Prototypen

Neben der Machbarkeitsstudie dienen Prototypen auch zur Klärung von Anforderungen, z.B. hinsichtlich der grafischen Benutzeroberfläche (engl.: »Graphical User Interface«, kurz: GUI). Dabei muss es sich nicht einmal um ein Stück programmierte Software handeln. Auch mit Präsentationen oder HTML-Seiten lässt sich der optische Eindruck bereits recht gut »erlebbar« machen (inklusive »Click-Erlebnis« dank Hyperlinks). Wer einen GUI-Prototyp in Erwägung zieht, sollte sich im Internet schlau machen. Es gibt eine Reihe kommerzieller und frei verfügbarer Hilfswerkzeuge für Webapplikationen, Mobile Apps und »klassische« Desktop-Applikationen. Da sich der Markt rasant ändert, hat es wenig Sinn, hier genauer auf einzelne Werkzeuge einzugehen.

Finanzielle und strategische Projektmotivation

Neben der technischen Machbarkeit gibt es noch eine Reihe anderer Kriterien, die für oder wider ein Projekt sprechen können. Vorneweg stellt sich immer die finanzielle Frage: Was wird uns die Entwicklung und Produktion kosten? Wie viel Gewinn können wir erwarten bzw. wie hoch mögen die Einsparungen ausfallen? Es gibt aber auch andere, eher strategische Überlegungen: Öffnet sich uns mit diesem Produkt ein neuer Markt bzw. gewinnen wir einen Vorsprung vor unseren Mitbewerbern? Dies kann den Ausschlag geben, ein Projekt auch dann durchzuziehen, wenn der finanzielle Aufwand den kurzfristig zu erwartenden Gewinn deutlich übersteigt. In dem Fall handelt es sich um eine Investition in die Zukunft, wobei Chancen und Risiken gut abgewogen werden sollten. Schließlich kann es auch sein, dass wir nicht wirklich eine Wahl haben, z.B. wenn sich die Gesetzeslage geändert hat und wir unser Produkt an die neuen Vorgaben anpassen müssen.

Beginn des Risikomanagements

Mit der Projektinitiierungsphase beginnt auch das Risikomanagement, auf das wir in Kapitel 9 noch genauer eingehen werden. Laut Projektmanagementnorm ISO 21500 beginnt die Risikoermittlung zwar erst in der Projektplanungsphase, die Realität sieht jedoch anders aus. Bereits in der Initiierungsphase werden Risiken identifiziert und bewertet sowie Gegenmaßnahmen angedacht. Das Vorgehen ist zu diesem frühen Zeitpunkt im Projektverlauf allerdings noch nicht so systematisch, wie wir es später in Kapitel 9 sehen werden. Dies liegt unter anderem daran, dass noch nicht alle Informationen für eine detaillierte Risikoanalyse vorliegen (z.B. die Anforderungsspezifikation).

4.1.2 Informationen für die Projektdurchführung beschaffen

Go-/No-Go-Entscheidung

Im Verlauf der Projektinitiierungsphase kommt der Moment, an dem die Entscheidung für oder gegen die weitere Durchführung fällt. Spätestens jetzt sollten hinreichend viele Informationen vorliegen, damit ein Kernteam mit der Arbeit beginnen kann. Allerdings ist der Übergang zwischen der Initiierungs- und der Planungsphase häufig fließend. Eine der ersten Aufgaben des Kernteams kann darin bestehen, genau diesen Punkt zu klären, d.h. die Anforderungen zu ermitteln.

Projektziele

Während die detaillierten Anforderungen möglicherweise erst in der Planungsphase vollständig erfasst werden, sollten die Projektziele bereits in der Initiierungsphase klar ausgearbeitet werden. Obwohl allgemein bekannt ist, dass viele Projekte an unklaren Zielen scheitern, wird die Zieldefinition oft stiefmütterlich behandelt, gemäß dem Motto: »Wir wissen doch alle, was wir wollen.« Leider stimmt das aber in der Regel nicht. Ziele, die nicht schriftlich festgehalten werden, sind weder greifbar noch nachweislich abgestimmt. Da das menschliche Gehirn die Eigenschaft hat, fehlende Informationen durch bereits Bekanntes zu ergänzen, kommt es zu impliziten Annahmen, die sich dann später als falsch herausstellen können. Besonders unglücklich ist, wenn verschiedene Stakeholder unterschiedliche oder gar widersprüchliche Annahmen getroffen haben und dies erst beim Abnahmetest entdeckt wird.

Interne Kunden

Zunächst gilt es also, in enger Absprache mit dem Kunden gemeinsam die Ziele zu klären. Der »Kunde« muss dabei nicht unbedingt ein externer Kunde sein. Auch der Produktmanager aus der internen Marketingabteilung oder eine andere Geschäftseinheit der eigenen Firma zählt in diesem Zusammenhang als Kunde. Im ersten Fall vertritt der Produktmanager eine Vielzahl von Endkunden, die gar nicht alle erreichbar wären, im zweiten Fall wird das Projekt vermutlich durch einen internen Bedarf ausgelöst. Wichtig ist, dass die Projektziele eindeutig geklärt werden. Der Produktmanager muss daher die Ziele seiner Endkunden genau kennen.

Abb. 4–1
Klärung der Ziele in der Projektinitiierungsphase

Abbildung 4–1 zeigt die Abstufung zwischen den strategischen Überlegungen und der globalen Vision, die das Projekt auslöst, den konkret(er)en Zielen, die in der Projektinitiierungsphase festgeschrieben werden und den detaillierten Anforderungen, die entweder noch in der Projektinitiierung oder später in der Planungsphase abgeleitet werden.

Umgang mit Anforderungen

Die Art und Weise, wie diese Anforderungen ausgearbeitet und dokumentiert werden, hängt vom gewählten Vorgehensmodell ab. Aus sequenziellen Vorgehensmodellen kennen wir die klassische Anforderungsspezifikation. Es besteht der Anspruch, dass (nahezu) alle Anforderungen vorab erfasst, analysiert, dokumentiert und abgestimmt sein sollten. Da jedoch immer davon auszugehen ist, dass sich Anforderungen im Projektverlauf ändern werden, sollte bereits zu Beginn des Projektes ein Änderungsprozess aufgesetzt werden. Spät identifizierte neue oder geänderte Anforderungen (engl.: »late requirements«) stellen ein erhebliches Projektrisiko dar, dessen Auftrittswahrscheinlich problemlos mit 100 % angesetzt werden kann. Daher ist es wichtig, bereits Mechanismen zu etablieren, wie mit solchen späten Änderungsanforderungen umgegangen wird.

Agile Vorgehensmodelle sind da besser aufgestellt. Hier genügt es, zunächst nur die Anforderungen in Form von User Stories zu erfassen, die für das erste Release definiert sein müssen.

Der Änderungsprozess muss spätestens in der Projektplanungsphase dokumentiert und abgestimmt sein, bei Projekten mit externen Kunden sogar schon zum Ende der Projektinitiierungsphase, da der Umgang mit Änderungswünschen Teil der vertraglichen Vereinbarungen sein sollte.

4.1.3 Vertragliches klären

Für Projekte mit offizieller Beauftragung durch einen Kunden ist es offensichtlich, dass ein Vertrag aufgesetzt werden muss. Doch auch bei internen Projekten gibt es möglicherweise Vertragliches mit Partnern, Zulieferern und/oder Dienstleistern zu klären. Insgesamt sollten die nachfolgenden Punkte unmissverständlich geklärt werden.

Lieferumfang

Klare Abgrenzung

Der Lieferumfang umfasst sämtliche Hardware, Software und Dokumente, die vom Auftragnehmer an den Auftraggeber geliefert werden, sowie ggf. Dienst- oder Serviceleistungen. Da es erfahrungsgemäß immer wieder zu unterschiedlichen Interpretationen des Lieferumfangs kommt, ist es wichtig, das Projekt klar abzugrenzen. Im Vertrag sollte daher nicht nur stehen, was gemacht wird, sondern auch, was nicht Teil der Vereinbarung ist.

Meilensteine

Kaum ein Projekt ist so klein bzw. so kurzfristig, dass es ohne Zwischenlieferungen auskommt. In sequenziellen Vorgehensmodellen ist typischerweise einer der ersten Meilensteine die Freigabe der Anforderungsspezifikation. In agilen Vorgehensmodellen stellt jedes Sprint-Ende einen Meilenstein dar. Es sollte klar sein, welches Lieferobjekt zu welchem Meilenstein erwartet wird und wie die Abnahme der (Zwischen-)Lieferung erfolgt (z.B. durch Review der Spezifikationsdokumente oder Durchführung von Abnahmetests).

Abnahmekriterien

In agilen Projekten kann die Abnahme der Sprint-Ergebnisse im Sprint-Review vertraglich bindende Bedeutung haben. Voraussetzung ist jedoch, dass der Auftraggeber tatsächlich eng in die agile Vorgehensweise eingebunden ist. In diesem Fall sollte das gewählte Vorgehensmodell und die daraus resultierende Verpflichtung des Auftraggebers klar vertraglich vereinbart werden. In der Praxis gibt es häufig

Projekte, die zwar intern agil abgewickelt werden, in denen jedoch nicht nach jedem Sprint an den Endkunden geliefert wird. In diesem Fall wird der Kunde durch einen internen Product Owner (z.B. den Produktmanager) vertreten. Für die externen Lieferungen sollten dann analog zu sequenziell abgewickelten Projekten zusätzliche Abnahmekriterien definiert werden.

Kosten

Abwicklungsmodelle

Dieser Punkt fasst alle finanziellen Aspekte zusammen. Er ist dabei eng mit den zwei vorherigen Punkten verzahnt.[1] Es gilt zu klären, wann wie viel für welche Leistung bezahlt wird und wie die Zahlungskonditionen sind. Generell gibt es zwei Abwicklungsmodelle: das Festpreisangebot oder die Abwicklung nach Aufwand. Dabei richtet sich der Festpreis in sequenziellen Vorgehensmodellen üblicherweise am funktionalen Umfang, während sich der »agile Festpreis« an der Anzahl der Lieferobjekte und/oder der Zeit orientiert.

Üblicherweise werden Zahlungen an Meilensteine gekoppelt. Die Abnahmekriterien der für die Meilensteine definierten Lieferungen dienen gleichzeitig als Messung, ob die Leistung korrekt und im gewünschten Umfang erbracht wurde (und somit bezahlt werden sollte).

Kommunikation

Ansprechpartner und Kommunikationswege

Neben den organisatorischen und technischen Ansprechpartnern beider Vertragspartner sollten auch die Kommunikationswege klar geregelt werden. Reicht eine E-Mail als Schriftakt oder muss mindestens ein Fax geschickt werden, wenn z.B. zu erwartende Mehraufwände oder Terminverschiebungen kommuniziert werden sollen? Wie erfolgt der regelmäßige Informationsaustausch? In den meisten Projekten wird eine wöchentliche Statusbesprechung per Telefon- oder Webkonferenz etabliert. Diese sollten jedoch durch regelmäßige Treffen vor Ort ergänzt werden, da ein engerer Kontakt die Kommunikation erheblich vereinfacht und eine Vertrauensbasis schafft.

Reporting

Überwachung durch Metriken

Terminverzögerungen und Mehraufwände werden umso schlimmer, je später sie kommuniziert werden, da dem betroffenen Kunden weniger Gelegenheit gegeben wird, sich auf die Änderung einzustellen. Daher sollte vertraglich geklärt werden, welche Indikatoren in welchen Ab-

---

1. Gemeinsam bilden die drei Punkte das klassische Dreieck aus Umfang/Inhalt, Termin und Kosten/Budget.

ständen überwacht und kommuniziert werden sollten. Typischerweise legen die Vertragspartner hierfür eine Reihe von Metriken fest. Neben Kosten und Terminen sollten auch Metriken zur Messung des funktionalen Umfangs und dessen Qualität erfasst werden. Hier bieten sich Metriken zu umgesetzten Anforderungen/User Stories und zu neuen/bearbeiteten Fehlerberichten an.

Umgang mit Änderungen

Beispiel »Berliner Flughafen«

Es hat keinen Sinn, die Augen vor der Tatsache verschließen zu wollen, dass es zu Änderungswünschen kommen wird. Änderungen sind jedoch speziell bei sequenziellen Vorgehensmodellen und bei Festpreisangeboten ein beträchtliches Projektrisiko. Besonders eindrucksvoll illustriert dies ein Buch des Architekten Meinhard von Gerkan über Planung und Bau des Flughafens Berlin Brandenburg »Willy Brandt« [Gerkan 2013]. Laut von Gerkan ist es bei Großbauprojekten durchaus üblich, zunächst mit einer relativ niedrigen Schätzung das Projekt zu beginnen und Erweiterungen des Projektumfangs über Änderungsanträge abzuwickeln. Im Verlauf des berühmt-berüchtigten Berliner Flughafenprojektes waren die Änderungen jedoch so zahlreich und die dadurch verursachten Eingriffe in die Planung so schwerwiegend, dass es zum Desaster kam.

Jedes Projekt sollte daher von Anfang an eine Regelung treffen, wie mit Änderungen umgegangen wird. Wer entscheidet, was noch aufgenommen wird und was nicht? Nach welchen Kriterien wird entschieden? Wie werden Änderungsanforderungen dokumentiert? Es gilt, einen gangbaren Mittelweg zwischen totaler Verweigerung (»war nicht Teil des Auftrages, machen wir nicht«) und einer kritiklosen »Hörigkeit« dem Kunden gegenüber zu finden. Idealerweise legt der Vertrag fest, nach welchen Kriterien die Vertragspartner gemeinschaftlich entscheiden, ob bzw. zu welchen Rahmenbedingungen eine Änderung durchgeführt werden soll oder nicht.

Definition von und Umgang mit gravierenden Abweichungen

Unter »Abweichungen« verstehen wir alle Punkte, in denen die Realität von dem vertraglich bereits vereinbarten Zustand »abweicht«. Dies können Terminverschiebungen, Mehrkosten oder fehlerhafte/fehlende Funktionalität sein. Im Gegensatz zu Änderungswünschen ist die Verhandlungsposition des Auftragnehmers bei Abweichungen eher schlecht. Es hilft jedoch auch dem Auftraggeber in diesem Fall nicht viel, sich auf den Standpunkt zu stellen, dass es keine Abweichungen geben darf. Stattdessen sollte vertraglich geregelt werden, wie beide (d.h. Auftraggeber und -nehmer) gemeinsam konstruktiv eine Lösung finden können.

»Gravierend« muss definiert werden.

Jetzt ist nicht jeder kleine Softwarefehler gleich eine Gefahr für das Gesamtprojekt. Auch kleinere Terminverschiebungen können möglicherweise später wieder abgefangen werden. Daher sollten die Vertragspartner zunächst einmal festlegen, ab wann eine Abweichung so gravierend ist, dass überhaupt Handlungsbedarf besteht. Hier können die weiter oben erwähnten Metriken als Messlatte dienen, indem z.B. ein Ampelsystem festgelegt wird. Sobald ein definierter Schwellenwert erreicht wird, geht die Ampel zunächst auf »Gelb«, bei Überschreitung der zweiten Schwelle dann auf »Rot«. Gelb kann beispielsweise bedeuten, dass die Gefahr einer gravierenden Abweichung besteht, während Rot anzeigen kann, dass die gravierende Abweichung eingetreten ist bzw. mit Sicherheit eintreten wird.

Schuldzuweisungen vermeiden

Die Festlegung klarer Kriterien verhindert, dass es später zu unnötigen Schuldzuweisungen und möglicherweise zu finanziellen Forderungen kommt (nach dem Motto: »Ihr habt nicht früh genug Bescheid gesagt«). Ziel ist ja schließlich, eine partnerschaftliche Beziehung aufzubauen und das Projekt für alle Beteiligten erfolgreich abzuwickeln. In der Praxis wird diese Klärung des Begriffs »gravierend« leider häufig vernachlässigt. Dies führt dazu, dass die Ampelfarbe eher subjektiv eingeschätzt wird und es zu Missverständnissen kommen kann.

4.1.4 Vorgehensmodell festlegen

Die Wahl des Vorgehensmodells beeinflusst alle weiteren Projektphasen und muss daher noch innerhalb der Projektinitiierungsphase stattfinden. Wie bereits erwähnt, kann es sogar sinnvoll sein, das Vorgehensmodell vertraglich zu verankern.

Wechsel im Projekt vermeiden

In Kapitel 3 haben wir bereits die Vor- und Nachteile sequenzieller und agiler Vorgehensmodelle diskutiert. Der Projektmanager muss diese nun gegeneinander abwägen und sich auf ein konkretes Modell festlegen. In diesem Zusammenhang möchten wir davor warnen, das Vorgehensmodell vorschnell zu wechseln. Agile Vorgehensmodelle erfordern geschulte und motivierte Mitarbeiter, einen (wirklich) verfügbaren Product Owner (bei Scrum) und generell ein Umdenken auch auf Managementebene. Es ist also keine gute Idee, mitten im Projekt auf agil umzustellen, wenn die Beteiligten mit der neuen Vorgehensweise nicht bereits vertraut sind. Ebenso ist es kontraproduktiv, beispielsweise nach einigen Sprints wieder auf die sequenzielle Vorgehensweise zurückzugehen, weil sich »agil nicht bewährt hat«. Ein Projekt braucht Kontinuität. Jeder Wechsel, auch innerhalb des gleichen Ansatzes (sequenziell oder agil), ist eine Störung, die durch eine überlegte Auswahl im Vorfeld vermieden werden kann.

Daher gilt es, während der Projektinitiierung alle Aspekte zu analysieren und abzuwägen und dann das Vorgehensmodell mit allen seinen projektspezifischen Anpassungen klar festzulegen.

4.1.5 Ressourcen beschaffen

Am Ende der Projektinitiierung sollte das Projekt startklar sein. Dazu gehört auch, dass zumindest das Kernteam benannt und für das Projekt freigestellt ist, genügend Arbeitsplätze vorhanden sind und die erforderliche Infrastruktur bestellt wurde (z. B. Server oder Hardware-Testsysteme). Möglicherweise sollten auch zusätzliche Mitarbeiter eingestellt oder Lieferanten bzw. Dienstleister beauftragt werden.

Auf die verschiedenen Aspekte der Personalauswahl werden wir in Kapitel 10 genauer eingehen. An dieser Stelle daher so viel: Der Projektmanager muss den Bedarf bestimmen und in enger Zusammenarbeit mit der Personalabteilung seiner Organisation dafür sorgen, dass er geeignete (sprich: qualifizierte und verfügbare) Mitarbeiter erhält.

Beschaffung von Dienstleistungen

Die Art und Weise der Beschaffung von Dienstleistungen hängt stark von der jeweiligen Organisation ab. Viele, meist größere Firmen haben Prozesse etabliert, wie Lieferanten ausgewählt, beauftragt und bewertet werden. In diesem Fall muss sich der Projektmanager mit dem Einkauf seiner Organisation auseinandersetzen, seinen Bedarf klar definieren und sicherstellen, dass auch wirklich das Richtige bestellt wird. In kleineren Firmen kann der Projektmanager möglicherweise die Lieferanten bzw. Dienstleister selbst auswählen und beauftragen. Hier spielt dann wieder der Punkt »Vertragliches klären« (Abschnitt 4.1.3) eine Rolle.

4.2 Projektdefinition und Projektauftrag

Offizieller Projektauftrag

Als Ergebnis der Projektinitiierung wird ein Projektauftrag erteilt. Es handelt sich dabei um ein oder mehrere offizielle Dokumente mit dem Zweck (nach ISO 21500), das Projekt (oder eine neue Phase des Projektes) offiziell zu genehmigen, den Projektmanager mit seinen Verantwortlichkeiten und Befugnissen festzulegen sowie Ziel, Budget, erwartete Lieferobjekte und andere geschäftliche Erfordernisse (z. B. Zieltermin) zu dokumentieren.

Inhalte der Projektdefinition

Der dritte Punkt entspricht der Projektdefinition und dokumentiert die Ergebnisse der Aktivitäten der Projektinitiierung (siehe Abschnitt 4.1). Sie hat das Ziel, unter allen Stakeholdern ein einheitliches

Verständnis für das Projekt zu schaffen. Inhaltlich enthält die Projektdefinition u.a. folgende Punkte:

- **Projektmotivation**
  Dieser Abschnitt benennt die unternehmerischen Gründe, warum das Projekt in Angriff genommen wird (z.B. Wirtschaftlichkeit). In Abbildung 4–1 wurde die Projektmotivation als »Vision/Strategie« dargestellt. Für die Stakeholder ist es wichtig, die Motivation zu kennen, um im Zweifelsfall später richtig (also im Sinne des Unternehmens) entscheiden zu können.
- **Quantifizierbare Projektziele**
  Dieser Punkt legt die Messlatte fest, an der später der Erfolg des Projektes gemessen wird. Hier finden wir die drei Aspekte Kosten, Termine und Qualität, die gerne in Form eines Dreiecks dargestellt werden. Für Kosten und Termine ist es relativ leicht, quantifizierbare Ziele festzulegen. Um die Qualität messen zu können, müssen Abnahmekriterien definiert werden. Hier finden wir auch die Metriken wieder, die bereits im Zusammenhang mit dem Reporting in Abschnitt 4.1.3 diskutiert wurden.
- **Liste der Stakeholder**
  Wenn Stakeholder vergessen werden, wird sich das früher oder später im Projekt bemerkbar machen.

  Die Liste der Stakeholder sollte daher gründlich gepflegt werden, zumal sie ein wichtiger Input für die Anforderungsanalyse ist. Allerdings müssen nicht alle einzelnen Personen namentlich aufgelistet werden, sondern nur alle Rollen vertreten sein. Tabelle 4–1 zeigt die Stakeholder-Liste unseres Beispielprojektes.

Tab. 4–1
Stakeholder-Liste (Beispiel)

Name	Position	E-Mail	Tel.	Domaine/ Expertise	Verfügbarkeit	Interview	durchgeführt
Benjamin Boss	Abteilungsleiter	bboss@ meinefirma.com	4565	Linie der Plattformprojekte	im Sekretariat fragen	angefragt	
Maria Musterfrau	Projektmanager	mmusterfrau@ meinefirma.com	2677	abhängiges Kundenprojekt 1	?	tbd	
Ramakrishna Maier	Produktmanager	rmaier2@ meinefirma.com	7249	Marketing/ Vertrieb	Mo und Do ab 15:00 Uhr	15/08/2016 15:30-17:30	x
Dr. Wilhelm Will-Haben	Projektmanager	wilhelm.will-haben@ kunde.com	01234-999620	Kunde für Vorprojekt	KW34 im Haus	25/08/2016 10:00-12:00	

→

Name	Position	E-Mail	Tel.	Domaine/ Expertise	Verfüg-barkeit	Interview	durch-geführt
Ernst Streng	Assessor	ernst.streng@ kunde.com	01234-999852	Qualitäts-sicherung Kunde	Urlaub bis KW36	tbd	
Natasha Yarovna	Qualitäts-manager	nyarovna@ meinefirma.com	7332	Qualitäts-sicherung im Haus	Mo–Do von 8:00–15:00 Uhr	10/08/2016 9:00-11:00	x
Siegfried Sorglos	Functional Safety Manager	ssorglos@ meinefirma.com	5104	BU Safety Management	ab KW 36 Di–Do vormittags	06/09/2016 9:00-11:00	
...	...	...	...	...	...	...	...

- **Entwicklungsplan**
  Der Entwicklungsplan enthält die Beschreibung des geplanten Vorgehens und kann grob in drei Aspekte gegliedert werden:
  - Prozesse (Vorgehensmodell, Rollen und Aufgaben, Umgang mit Änderungen, Kommunikation, Reporting etc.)
  - Planung (wesentliche Meilensteine, grobe Terminplanung, grobe Budgetierung)
  - Ergebnisse (alle Lieferobjekte wie Code, Handbuch, Installationsanweisung, aber auch Spezifikationen und Entwicklungsdokumentation)
- **Anforderungsspezifikation**
  Die Dokumentation der Anforderungen an das zu entwickelnde Produkt, soweit sie bereits bekannt sind. Dieser Punkt wurde in Abschnitt 4.1.2 bereits diskutiert.
- **Vorbedingungen und Annahmen**
  Alle Vor- und Randbedingungen und alle getroffenen Annahmen, z.B. hinsichtlich der Verfügbarkeit von Personen oder der technischen Auslegung von Schnittstellen sollten festgehalten werden, damit allen Beteiligten klar ist, in welchem Rahmen sich das Projekt bewegt. Dazu gehört auch, dass die identifizierten Chancen und Risiken dokumentiert werden.
- **Projektorganisation und Projektteam**
  Welche Projektorganisationsform wurde beschlossen? Wer wird im Projektteam mitarbeiten?

Zustimmung der Stakeholder

Natürlich werden sich viele dieser Punkte später ändern. So kann das Projektteam zunächst nur ein Kernteam sein. Auch die Planung wird sich bei genauer Betrachtung noch mehrfach ändern. Entscheidend ist jedoch, dass alle Stakeholder den Inhalten der Projektdefinition zustimmen und dass die allgemeine Zielrichtung von allen verstanden und akzeptiert ist. Um dies zu erreichen, müssen die Stakeholder tatsächlich eingebunden werden. Hier hat sich die Durchführung eines Projektstart-Workshops bewährt.

Es ist kein Zufall, dass viele der genannten Punkte bereits im Abschnitt 4.1.3 »Vertragliches klären« angesprochen wurden. Tatsächlich kann die Projektdefinition Bestandteil eines Vertrages sein. Zumindest erhält sie mit Erteilung des Projektauftrages quasi den Charakter eines Vertrages innerhalb der Organisation.

4.3 Vertragsgestaltung – nicht nur lästiges Beiwerk!

Vertragsformen

Damit die verschiedenen, an einem Projekt beteiligten Parteien erfolgreich zusammenarbeiten können, muss die genaue Art und Weise der Zusammenarbeit verbindlich und ggf. auch vertraglich geregelt sein. In Abschnitt 4.1.3 sind wir bereits darauf eingegangen, welche Punkte in einen solchen Vertrag gehören. In diesem Abschnitt wenden wir uns der Frage zu, welche Vertragsform im jeweiligen Zusammenhang geeignet ist. Dabei geht es uns um Verträge, in denen der Projektmanager als Auftraggeber agiert, sich also externe Unterstützung für sein Projekt einkauft. Generell unterscheiden wir vier Formen:

- **Vergabe an Generalunternehmer**
  Die Idee des Generalunternehmers kommt ursprünglich aus dem Baugewerbe. Der Auftraggeber beauftragt den Generalunternehmer, der die ihm übertragene Aufgabe vollständig in Eigenregie übernimmt und ein fertiges Produkt (im Baugewerbe das schlüsselfertige Gebäude) liefert. Der Auftraggeber kann sich eine Reihe von Einflussmöglichkeiten offenhalten, die Grundidee ist aber, dass der Generalunternehmer die Organisation und damit auch die Verantwortung für die Entwicklung übernimmt. Wer also verhindern will, dass der Generalunternehmer schlecht qualifizierte, aber dafür billige Subunternehmer einspannt, sollte die Auswahlkriterien und -verfahren vertraglich regeln.

  Der wesentliche Vorteil der Vergabe an einen Generalunternehmer liegt darin, dass es genau einen Ansprechpartner gibt. Außerdem sichert der Generalunternehmer Termin und Kosten vertraglich zu und übernimmt die Gewährleistung. Nachteil ist, dass der Auftraggeber verhältnismäßig wenig Einblick in den Fortschritt hat. Schließlich verhindern selbst vereinbarte Konventionalstrafen nicht zwangsläufig einen Terminverzug.

Die Vergabe an einen Generalunternehmer ist besonders dann sinnvoll, wenn das erforderliche Know-how in der eigenen Firma nur schwach ausgeprägt oder gar nicht vorhanden ist.

- **Einbindung von Subunternehmern**
  Will der Auftraggeber nur Teile des Projektes auslagern, bietet sich eher die Einbindung von Subunternehmern an. Hier gibt es zwei Formen: den Werkvertrag und den Dienstvertrag. Im Werkvertrag wird die Lieferung eines »Gewerkes« vereinbart. Dies kann z.B. ein Bauteil oder eine Softwarekomponente sein. Wie der Subunternehmer das Gewerk erstellt, bleibt prinzipiell ihm überlassen (so es nicht vertraglich anders geregelt wird). Im Gegensatz dazu wird im Dienstvertrag eine Leistung vereinbart, ohne dass zwangsläufig eine Erfolgsgarantie besteht. Dienstverträge werden nach Aufwand entlohnt, Werkverträge in der Regel gemäß vereinbartem Festpreis.
- **Externe Mitarbeiter**
  Externe Mitarbeiter helfen, das Projektteam nach Bedarf aufzustocken oder spezielle Kompetenzen in das Projekt zu holen. Viele Firmen arbeiten daher mit selbstständigen Externen oder »kaufen« sich Mitarbeiter in Arbeitnehmerüberlassung oder per Dienstvertrag ein. Externe Mitarbeiter benötigen einen Arbeitsplatz, Zugangskarte etc., sind dafür vor Ort und von anderen, internen Teammitgliedern praktisch nicht mehr zu unterscheiden.
- **Kooperation in Konsortien**
  Die Kooperation in Konsortien bietet sich an, wenn der Projektumfang oder das Geschäftsrisiko von einer Firma allein nicht gestemmt werden kann. Im Konsortium schließen sich gleichberechtigte Partner zusammen. Gemeinsam benennen sie einen Konsortialführer, der als Primus inter Pares die Schnittstelle zum Auftraggeber bildet. Je nach Aufgaben- und Risikoverteilung übernehmen die einzelnen Partner mehr oder weniger viel Haftung, was im Vertrag klar zu regeln ist. Nach außen wirkt der Konsortialführer wie ein Generalunternehmer, wobei der Auftraggeber von der Existenz des Konsortiums wissen kann (aber nicht muss).

Die detaillierte Vertragsgestaltung, die ausgetauschten Dokumententypen und die darin gesetzten Schwerpunkte sind individuell von Projekt zu Projekt unterschiedlich. Das gewählte Vorgehensmodell hat dabei einen starken Einfluss.

Lasten- und Pflichtenheft

Eine klassische Vertragsgrundlage sind Lastenheft und Pflichtenheft. Das Lastenheft enthält die Wünsche des Auftraggebers, während das Pflichtenheft der verbindlichen Zusage des Auftragnehmers entspricht. Idealerweise enthält das Lastenheft noch keine technischen

Lösungen, sondern die übergeordneten Kundenanforderungen – also was getan werden soll und warum. Das Pflichtenheft übersetzt die Lastenheftanforderungen dann in Pflichtenheftanforderungen, die darlegen, wie das gewünschte Ziel erreicht werden soll. In der Praxis ringen jedoch viele Projekte entweder mit detaillierten Lastenheftanforderungen oder mit zu allgemeinen Pflichtenheftanforderungen. Im ersten Fall wird der Auftragnehmer der Möglichkeit beraubt, eine andere, möglicherweise günstigere Lösung zu wählen. Im zweiten Fall unterbleibt häufig die Detaillierung ganz, was im weiteren Projektverlauf zu Problemen führen kann. Ein weiterer Nachteil dieser Vertragsform ist, dass Änderungen in der Regel nicht vorgesehen sind.

Agile Vertragsform

Im Gegensatz dazu liegt der Schwerpunkt in agilen Vorgehensmodellen und bei serviceorientierten Dienstleistungen neben der groben Zieldefinition auf der vertraglichen Festlegung folgender Punkte:

- Abgestimmte (!) Vorgehensweise, insbesondere hinsichtlich der Priorisierung von Arbeitspaketen
- Kommunikationswege und -formen
- Umgang mit Änderungen und Abweichungen

Um eine gewisse Planungssicherheit zu erreichen, müssen auch in agilen Projekten Randbedingungen festgelegt werden. Dazu gehören die Systemarchitektur oder zumindest die grundsätzlichen Prinzipien derselben sowie üblicherweise eine Minimalgarantie, dass ausgewählte User Stories implementiert werden.

Pflichten und Befugnisse

Unabhängig vom Vorgehensmodell müssen Pflichten, Befugnisse, Entscheidungsprozesse und Eskalationswege klar definiert werden. Insbesondere ist es wichtig, die Mitwirkungspflicht des Auftraggebers klarzustellen und abzustimmen. Selbst der Generalunternehmer wird Auskunft und vor allem zeitnahes Feedback benötigen. Wenn der Projektleiter entgegen ursprünglicher Abmachung wochenlang auf das Review einer Spezifikation durch den Kunden warten muss, läuft definitiv etwas schief.

4.4 Anforderungsanalyse – ohne geht es nicht!

Bedeutung der Anforderungsanalyse

Unklare und fehlende Anforderungen stellen in späteren Projektphasen erhebliche Risiken dar. Leider hat sich diese Erkenntnis noch immer nicht allgemein durchgesetzt. Selbst Firmen, die es eigentlich aus leidvoller Erfahrung besser wissen müssten, tappen immer wieder in die gleiche Falle und beginnen die Implementierung ohne klar ausformulierte und hinreichend detaillierte Anforderungen. Meist existiert zwar ein Lastenheft. Dieses ist jedoch zu allgemein, um als Vorgabe bzw. als Messlatte für Umsetzung und Qualitätssicherung zu dienen. Irgendwann kommt dann der Zeitpunkt, wo sich die Frage stellt, wie weit die Umsetzung eigentlich gediehen ist. Ohne ausformulierte Anforderungen ist der Fortschritt jedoch schwer messbar. Auch die Frage, ob das entwickelte Produkt tut, was es soll, lässt sich ohne präzise Vorgaben nicht beantworten. Mit anderen Worten: Ohne Anforderungen befindet sich das Projekt im völligen Blindflug, bis es eines Tages mehr oder weniger unsanft landet.

Auch agile Projekte benötigen ein belastbares Product Backlog.

Die Analyse der Anforderungen an das zu erstellende System muss daher bereits während der Projektinitiierung in Angriff genommen werden. Dies gilt übrigens auch für agile Vorgehensmodelle, denn schließlich braucht man auch in Scrum ab der ersten Iteration ein belastbares Product Backlog. Das bedeutet nicht, dass alle Anforderungen am Ende der Projektinitiierung bekannt sein müssen, wohl aber, dass klar ist, wohin die Reise gehen soll und welche Stakeholder am Projekt beteiligt sind. Die genaue Ausarbeitung kann auch im Verlauf der Projektplanung erfolgen. In sequenziellen Vorgehensmodellen benennt der Projektmanager üblicherweise einen dedizierten Anforderungsingenieur. In agilen Vorgehensmodellen übernimmt der Product Owner diese Aufgabe.

Funktionale vs. nicht funktionale Anforderungen

Beiden sollte jedoch klar sein, dass Anforderungsanalyse mehr ist als ein paar funktionale Anforderungen im Alleingang zu Papier zu bringen. Anforderungsanalyse ist ein strukturierter Prozess, bei dem alle Stakeholder involviert sein müssen. Außerdem gibt es neben den (offensichtlichen) funktionalen Anforderungen auch nicht funktionale Anforderungen. Darunter versteht man Qualitätsanforderungen an die Leistungsfähigkeit (Stichwort: Performance), Sicherheit, Testbarkeit, Wartbarkeit etc. sowie technische und organisatorische Randbedingungen. Zu den technischen Randbedingungen gehört beispielsweise die Vorgabe einer Programmiersprache. Organisatorische Randbedingungen können die geforderte Konformität zu einem Gesetz oder einem Standard ebenso wie ein gesteckter finanzieller Rahmen oder ein zwingender Termin für die Verfügbarkeit sein. Nicht funktionale Anforderungen können extrem wichtig für die Systemarchitektur sein. Wer sie vernachlässigt, baut auf Sand. Hilfestellung liefert hier die internationale Norm ISO/IEC 25000 (früher ISO 9126).

Stakeholder-Interviews

Die bekannteste Ermittlungstechnik für Anforderungen ist sicherlich das Stakeholder-Interview, in dem die Stakeholder nach ihren Bedürfnissen gefragt werden. Dabei ist es wichtig, offene Fragen zu stellen und Wünsche von Anforderungen zu trennen. Viele Interviewpartner neigen nämlich dazu, technische Lösungen als Anforderungen zu präsentieren. Daher sollte der Anforderungsermittler weniger nach dem Weg als vielmehr nach dem Ziel fragen.

Unterbewusste und unbewusste Anforderungen

Befragungstechniken wie Interviews oder Fragebögen stoßen an ihre Grenzen, wenn es darum geht, unterbewusste oder unbewusste Anforderungen zu erfassen. Unterbewusste Anforderungen sind Anforderungen, die der Stakeholder so selbstverständlich voraussetzt, dass er gar nicht mehr darauf kommt, sie explizit zu erwähnen. Hier helfen Beobachtungstechniken, bei denen der Anforderungsermittler zuschaut oder sich gar selbst in das Aufgabengebiet einarbeitet. Unbewusste Anforderungen sind Anforderungen, von denen der Stakeholder gar nicht wusste, dass er sie haben könnte. Im Anforderungsmanagement spricht man von »Begeisterungsfaktoren«. Zur Ermittlung solcher Anforderungen existiert eine Reihe von Kreativitätstechniken.

Dokumentenbasierte Techniken

Schließlich gibt es noch die Möglichkeit, den Blick in die Vergangenheit oder auf die Konkurrenz zu richten. Dokumentenbasierte Ermittlungstechniken richten ihr Augenmerk daher auf Anforderungsspezifikationen des Vorgängerproduktes, Benutzerhandbücher des Konkurrenzproduktes und andere Dokumente, aus denen sich Anforderungen an das neue Produkt herauslesen lassen.

Anforderungsmanagement will gelernt sein.

Wer Anforderungen ermittelt, dokumentiert und verwaltet, sollte sich vorher intensiver mit dem Thema auseinandersetzen. Es existieren eine Reihe von Schulungen (z.B. der IREB® Certified Professional for Requirements Engineering – Foundation Level) und Lehrbüchern (z.B. [CPRE]), deren Inhalt wir in diesem Abschnitt nur knapp angerissen haben.

Der genaue Prozess der Anforderungsanalyse kann je nach Unternehmen und Projekt sehr unterschiedlich aussehen. Den Einfluss des Vorgehensmodells haben wir ja bereits diskutiert. Es lassen sich jedoch etliche Erfolgsfaktoren benennen, die für alle Projekte gelten und die sich der Projektmanager permanent vor Augen führen sollte:

Erfolgsfaktoren der Anforderungsanalyse

- Anforderungen müssen hinreichend klar, dokumentiert und abgestimmt sein. Sind sie es nicht, wird es fast zwangsläufig im späteren Projektverlauf zu Diskussionen und unschönen Überraschungen kommen. Selbst in agilen Vorgehensmodellen muss der Product Owner sich mit allen Stakeholdern auf eine einheitliche Lesart einigen. Hilfestellung zur Dokumentation liefert die Norm ISO/IEC/IEEE 29148:2011.
- Anforderungen müssen eindeutig priorisiert sein. Dies erfolgt in agilen Projekten im Rahmen des Backlog Grooming.[2] Hier wird die Priorisierung durch die Reihenfolge der Items vorgegeben. In sequenziellen Vorgehensmodellen wird die Priorität üblicherweise als Attribut geführt.

2. »Backlog Grooming« bezeichnet die gemeinsame Aktivität des Teams und des Product Owners, das Product Backlog zu sichten, zu bereinigen und zu priorisieren.

- Stakeholder müssen ausreichend involviert sein (als Inputgeber und Reviewer). Dies klingt offensichtlich, ist aber häufig nicht der Fall, weshalb dann Projekte aus dem Ruder laufen. Daher ist es wichtig, dass zum Ende der Projektinitiierung eine vollständige Liste der Stakeholder vorliegt.
- Der gesamte Produktlebenszyklus muss berücksichtigt werden (auch Wartung, Deinstallation etc.). Hier hilft es, alle Anwendungsfälle (engl.: Use Cases) zu betrachten. Dazu ein Beispiel aus dem Wikipedia-Artikel »Änderungsanforderung«[3], das wunderbar illustriert, was passiert, wenn nicht alle Anwendungsfälle berücksichtigt werden: »Beim Test eines Mautsystems wird festgestellt, dass der Kilometerzähler rückwärtsläuft, wenn das Fahrzeug aufgrund einer Baustelle auf der Gegenfahrbahn fährt«.
- Schnittstellen und Abgrenzung müssen geklärt sein.

Wie bereits erwähnt, kann der Projektmanager die Stakeholder- und Anforderungsanalyse an einen dedizierten Anforderungsingenieur delegieren, muss jedoch kontinuierlich ein Auge auf den Fortschritt haben und ggf. vermittelnd eingreifen.

4.5 Die weichen Faktoren – erforderliche Soft Skills

Natürlich gehört es zum technischen Werkzeugkasten eines Projektmanagers, die verschiedenen Formen der Vertragsgestaltung und Methoden der Anforderungsanalyse zu kennen. Mindestens genauso, wenn nicht sogar noch wichtiger sind jedoch die sogenannten »Soft Skills«. Ein Projektmanager muss gut verhandeln können, sicher auftreten und geschickt kommunizieren. Gerade während der Projektinitiierung gehen die Meinungen der einzelnen Stakeholder über die genaue Umsetzung des Projektes oft weit auseinander. Hier gilt es zu vermitteln. Im folgenden Abschnitt gehen wir daher auf diese »weichen Faktoren«, wie Soft Skills auch genannt werden, genauer ein.

4.5.1 Verhandlungsgeschick

Für den Projektmanager ist die Projektinitiierung geprägt durch Verhandlungen auf allen Ebenen: mit Kunden, Partnern, Dienstleistern und Zulieferern, aber auch innerhalb der eigenen Firma. Zum einen muss er Mitarbeiter aus anderen Abteilungen »loseisen«, zum anderen benötigt er möglicherweise Zulieferungen oder Unterstützung, sei es vom Einkauf, der Personalabteilung oder der Hardwareentwicklung.

3. Stand: 03.04.2016.

Verhandlungsgeschick gehört daher zu den wichtigsten Soft Skills, die der Projektmanager in dieser Projektphase besitzen sollte. Tabelle 4–2 zeigt einige Grundsätze diplomatischer Gesprächsführung, die zu kennen in Verhandlungen nützlich ist und die man erlernen kann.[4]

Tab. 4–2
Grundsätze der diplomatischen Verhandlung

Grundsatz	Erläuterung
Smalltalk pflegen	Wer mit der Tür ins Haus fällt, eckt an. Instinktiv beginnen wir daher Gespräche oft mit harmlosem Smalltalk. Doch so harmlos dieses »Vorgeplänkel« sein mag – es ist immer gut, wenn sich zwischen den Gesprächspartnern auch eine gewisse persönliche Beziehung aufbaut. Es mag seltsam klingen, aber verbindende Merkmale wie Kinder im gleichen Alter »binden« tatsächlich.
Seine eigenen Ziele kennen	Machen Sie sich vorher klar, was Sie erreichen wollen und wo Ihre Schmerzgrenze liegt. Im Gespräch sind Sie möglicherweise nicht schnell genug im Kopf, um zu entscheiden, ob ein Vorschlag noch akzeptabel ist oder nicht. Bereiten Sie sich daher gut vor und legen Sie sich neben der (für Sie) optimalen Lösung auch mögliche Alternativszenarien zurecht, mit denen Sie ebenfalls leben können.
Den anderen reden lassen	Wer redet, gibt zwangsläufig Informationen preis. Lassen Sie deshalb den anderen reden. Wenn Sie selber sprechen, antworten Sie nur ganz konkret auf die Frage. Soll der Gegenüber doch selbst darauf kommen, dass Sie möglicherweise gar keinen anderen Zulieferer gefunden haben. Stellen Sie Fragen, die das Gespräch in die gewünschte Richtung lenken. Vor allem aber, unterbrechen Sie nie Ihren Gesprächspartner. Wenn Sie das tun, geben Sie unnötig einen Vorteil auf. Je deutlicher Sie Ihrem Gesprächspartner vermitteln, dass Sie das Gesagte interessiert, desto länger wird er oder sie reden. Kopfnicken, gemurmelte Bestätigungen, Blickkontakt und kurze Nachfragen gehören zu den Techniken des sogenannten »aktiven Zuhörens«.
Genau zuhören	Hören Sie genau zu, was Ihr Gegenüber sagt. Achten Sie auch auf die Körpersprache und alles, was zwischen den Zeilen bzw. nicht gesagt wird. Machen Sie sich ganz genau bewusst, was gesagt wurde und was Sie aus Ihrem eigenen Erfahrungsschatz hinzu interpretiert haben könnten. Letzteres kann nämlich völlig falsch sein. Im Zweifelsfall fragen Sie nach. Das hat auch den Vorteil, dass wieder der andere redet.
Die Dinge sich entwickeln lassen	Versuchen Sie nicht, mehrere Etappen auf einmal zu überwinden. Verhandlungen brauchen Zeit. Wenn Sie alle Argumente zu Beginn bringen, geht Ihnen schnell die Munition aus. Sehen Sie es als Besteigung eines Berggipfels: Schritt für Schritt, ohne Hast.

→

4. Die Tabelle wurde durch folgenden Internetartikel inspiriert: *www.nebenjob.de/erfolgstipps/erfolgstipps2.html* (abgerufen am 01.04.2016).

Grundsatz	Erläuterung
Selbstbewusst und kongruent auftreten	Je weniger Sie sich verstellen und je mehr Sie Selbstsicherheit ausstrahlen, desto authentischer und überzeugender kommen Sie an. Schauen Sie Ihren Gesprächspartner fest in die Augen. Versuchen Sie nicht, den harten Geschäftsmann zu spielen, wenn das nicht Ihre Natur ist, aber lassen Sie sich auch nicht einschüchtern. Es gäbe keine Verhandlung, wenn Sie nicht etwas zu bieten hätten, was Ihr Gegenüber gerne haben möchte.
Sachlich bleiben	Wer brüllt, hat verloren. Lassen Sie sich also nicht aus der Reserve locken. Sollte Ihr Gegenüber diesen Ratschlag nicht beherzigen, bleiben Sie sachlich. Seien Sie aber auch nicht nachtragend. Auch das gehört zum »sachlich sein« dazu. Ich-Botschaften helfen, emotionale Reaktionen zu minimieren. »Sie haben gerade gesagt, dass ...« hört sich einfach anders an als »Ich habe gehört, dass ...« – besonders, wenn der zweite Halbsatz emotional belastet ist.
Win-win-Lösung suchen	Suchen Sie nach einer Lösung, von der beide Seiten profitieren. Dazu müssen Sie die Bedürfnisse des anderen verstehen, wozu Sie wiederum den anderen reden lassen und selbst aufmerksam zuhören müssen. Auch hier hilft es, sich gründlich vorzubereiten. Für die weitere Zusammenarbeit ist es von Vorteil, wenn beide Verhandlungspartner mit der Lösung zufrieden sind.

4.5.2 Selbstbewusstsein und Entscheidungsfreudigkeit

Schwierigkeiten in Verhandlungen

Gerade in Verhandlungen stehen Projektmanager häufig vor der Schwierigkeit, dass sie nicht recht wissen, wie weit ihre Entscheidungsbefugnis tatsächlich geht. Hinzu kommt, dass nicht jeder Mensch wirklich gerne Entscheidungen trifft. Es gibt also drei mögliche Szenarien, die eine Entscheidung verhindern können:

1. Der Projektmanager besitzt nicht die erforderliche Befugnis.
2. Der Projektmanager besitzt die erforderliche Befugnis, traut sich aber nicht.
3. Der Projektmanager traut sich nicht, weil er nicht sicher ist, ob er die erforderliche Befugnis hat.

Je nach Szenario sind unterschiedliche Maßnahmen erforderlich. Im ersten Fall muss die Entscheidung entweder durch den Vorgesetzten getroffen werden oder, besser noch, der Projektmanager hierfür befugt werden. Der zweite Fall ist schwieriger. Hier können Trainingsmaßnahmen und vor allem ein starker Rückhalt durch den Vorgesetzten helfen. Der dritte Fall wäre absolut vermeidbar, kommt aber leider in der Praxis durchaus vor. Hier muss der Projektmanager selbst Klarheit schaffen und im Zweifelsfall die Dokumentation seiner Entscheidungsbefugnis im Projektauftrag einfordern.

4.5.3 Kommunikationsfähigkeit

Neben Verhandlungsgeschick und Selbstbewusstsein benötigt der Projektmanager in der Projektinitiierungsphase Moderations- und Kommunikationsfähigkeiten. Es gilt, ggf. Workshops zu moderieren und zu dokumentieren sowie die Ergebnisse in alle Richtungen zu kommunizieren und Rückmeldungen einzuholen. Abbildung 4–2 stellt die Kommunikationsrichtungen im Projekt dar:

- nach innen, z.B. im Zuge einer Kick-off-Veranstaltung mit dem Projektteam,
- nach oben im Rahmen von Managementpräsentationen und
- nach außen, z.B. mit dem Kunden, aber auch mit Partnern, Dienstleistern oder Zulieferern.

Kommunikation ist Senden und Empfangen.

Dabei geht es nicht nur darum, gut zu senden, sondern auch darum, empfangen zu können. Der Projektmanager sollte sich darüber im Klaren sein, dass sein Projektteam ein Bedürfnis nach Hintergrundinformationen hat. Wozu dient unsere Arbeit? Ist der Kunde mit dem, was er bekommen hat, zufrieden? Welche Pläne gibt es, die offensichtliche Arbeitsüberlast auszugleichen? Dies sind Fragen, die im Team diskutiert werden und die die Aufmerksamkeit vom eigentlichen Ziel ablenken können. Wir werden darauf in Kapitel 10 noch genauer eingehen.

Fehlertolerante Kultur schaffen

Es ist wichtig, von Beginn an eine offene, fehlertolerante Projektkultur zu schaffen. Projekte, in denen Fehler vertuscht und Abweichungen erst so spät wie möglich mitgeteilt werden, sind nur schwer steuerbar. Wenn ein Mitarbeiter mehrmals hintereinander »bin praktisch fertig« berichtet, dann hat diese Aussage ganz offensichtlich keine große Aussagekraft. Doch auch für den Kunden sind spät kommunizierte Terminverschiebungen oder Mehrkosten ein Problem. Es hilft also nichts, vor Problemen den Kopf in den Sand zu stecken.

Abb. 4–2
Kommunikation in alle Richtungen

4.5.4 Moderation und Visualisierungstechniken

Während Kommunikation ein Grundthema ist, das sich durch den gesamten Projektverlauf durchzieht, ist Moderationsfähigkeit im Rahmen von Workshops besonders zu Projektbeginn und in Krisenzeiten gefordert, z.B. zur Festlegung der Projektdefinition, zur Risikoanalyse oder zur Lösungsfindung bei Konflikten oder Problemen. Der Projektmanager sollte daher Grundkenntnisse der Moderation besitzen und komplexe Zusammenhänge visualisieren können.

Anstatt diese jedoch hier einzeln vorzustellen, wollen wir lieber ein konkretes Beispiel betrachten. Wie hätte der Projektstart-Workshop für unser Grafikplattform-Projekt aussehen können?

In unserem fiktiven Workshop steht eine Frage im Vordergrund: »Was muss die Plattform können?« Vorabgespräche haben dem Projektmanager schon gezeigt, dass die Ansichten hierzu weit auseinandergehen. Der Workshop verspricht also, nicht ganz einfach zu werden. Außerdem kennt der Projektmanager die Teilnehmer und weiß, dass manche davon in Besprechungen eher still sind.

Kärtchentechnik

Er beschließt also, zunächst Moderationskärtchen einzusetzen, da diese helfen, alle Teilnehmer einer Gruppe einzubeziehen. Alle Teilnehmer schreiben ihre Ideen, Einwände, Vorschläge oder was immer gerade diskutiert wird auf Moderationskärtchen. Diese werden zunächst unsortiert an die Pinnwand gehängt, damit alle einen Überblick haben. In einem zweiten Schritt werden die Kärtchen dann an der Pinnwand thematisch geordnet (»geclustert«) und mit Überschriften versehen.

Flussdiagramme

Als es um die Reihenfolge von Funktionsaufrufen geht, drohen alle Teilnehmer den Überblick zu verlieren. Jeder hat einen Ablauf im Kopf, kann diesen jedoch nur schwer der Gruppe vermitteln. Da bietet es sich an, Flussdiagramme zur Darstellung von Abläufen einzusetzen.

Flussdiagramme sind allgemein bekannt. Den meisten Projektmanagern ist jedoch weniger bewusst, dass man sie auch mit Kärtchen an der Pinnwand erarbeiten kann. Das Ergebnis mag auf den ersten Blick eher unprofessionell aussehen; tatsächlich wird die Diskussion mit echten Kärtchen jedoch viel lebhafter und kreativer geführt, als dies mit professioneller Software der Fall wäre. Flussdiagramme als Visualisierungstechnik bieten sich auch dann an, wenn in bestehenden Abläufen Optimierungspotenzial gesucht werden soll.

Brainstorming

Eine der bislang identifizierten Anforderungen lautet: »Die Benutzeroberfläche soll modern aussehen.« Das ist dem Projektmanager nun doch zu ungenau. Was heißt denn »modern« für die Teilnehmer? Vielleicht bietet sich hier ja sogar die Gelegenheit, wirklich kreative Ideen zu entwickeln.

Die wohl bekannteste Kreativitätstechnik ist das Brainstorming. Allen Teilnehmer des Workshops werfen sich Ideen an den Kopf, wie die Plattform aussehen könnte. »Spinnen« – d.h. offensichtlich unsinnige Vorschläge einzubringen – ist explizit erlaubt, negative Kritik hingegen explizit verboten. Alle Vorschläge werden ohne Wertung notiert und erst später die Spreu vom Weizen getrennt. Die Grundidee besteht darin, dass die Teilnehmer sich gegenseitig aufstacheln, kreative Vorschläge zu bringen.

»Kopfstandmethode«

Unser Projektmanager möchte vor allem vermeiden, dass die Plattform an den Bedürfnissen des Anwenders vorbei entwickelt wird. Daher stellt er eine absurd klingende Frage: »Wie stellen wir es an, dass niemand mit der Plattform klarkommt?« und lässt die Gruppe dazu »brainstormen«. Diese Methode ist auch unter den Namen »Umkehrmethode«, »Kopfstandmethode« oder »Brainstorming paradox« bekannt. Sie eignet sich gut, um Risiken zu identifizieren. Die Regeln sind exakt dieselben wie beim Brainstorming.

Mindmap

Um die Ergebnisse des Brainstormings zu strukturieren, nutzt unser Projektmanager Mindmaps. Mindmaps gehören heute zum Standardrepertoire eines jeden Managers. Gut vorbereitet, können sie auch als Checkliste oder Agenda eines Workshops dienen und im Verlauf der Diskussion mit Leben befüllt werden. Idealerweise lässt sich die Mindmap später in eine Textdatei ausleiten, was die Erstellung eines formalen Abschlussberichtes (z.B. für den Kunden) erheblich vereinfacht.

Punktabfrage

Gegen Ende des Workshops sollen die Anforderungen priorisiert werden. Obwohl die letzte Pause noch nicht lange her ist, wirken die Teilnehmer müde. Die zehn wichtigsten Anforderungen sind noch recht leicht zu identifizieren, aber die Feinabstimmung gestaltet sich zäh. Unser Projektmanager greift daher zur Punktabfrage, mit deren Hilfe er innerhalb kürzester Zeit und mit wenig Aufwand ein Stimmungsbild der Gruppe abgreifen kann. Alles was er dafür benötigt, sind ausreichend Klebepunkte und ein Flipchart.

Da es zehn Anforderungen sind, erhält jeder Teilnehmer 6 Klebepunkte.[5] Die Teilnehmer können jetzt entscheiden, ob sie ihre Punkte verteilen oder alle Punkte für ein Thema in die Waagschale werfen.

To-do-Liste

Wie bei jeder Besprechung ist es auch bei Workshops wichtig, zu einem Abschluss zu kommen und klar die nächsten Schritte zu identifizieren. Unser Projektmanager legt daher eine klassische To-do-Liste am Flipchart an. So hält er für alle sichtbar fest, wer was bis wann zu erledigen hat.

4.6 Zusammenfassung

Dieses Kapitel behandelte die erste Phase eines Projektes, die Projektinitiierung. Ziel dieser Phase ist, Chancen und Risiken des Projektes zu identifizieren und zu bewerten, eine Entscheidung für oder wider die Durchführung zu fällen, ggf. die erforderlichen Informationen für die weitere Durchführung zu beschaffen und Vertragliches zu regeln.

Die Projektdefinition ist Bestandteil des schriftlichen Projektauftrages. Sie enthält Informationen über die Projektmotivation und -ziele, die Stakeholder, den Entwicklungsplan, die zu implementierenden Anforderungen (soweit bekannt), Vorbedingungen und Annahmen sowie die Projektorganisation.

Es gibt eine Reihe unterschiedlicher Vertragsformen, die alle schriftlich geregelt sein sollten. Ein Vertrag legt neben den inhaltlichen Punkten die Vorgehensweise insbesondere hinsichtlich der Priorisierung von Arbeitspaketen, die Kommunikationswege und -formen und den Umgang mit Änderungen und Abweichungen fest.

Für die Anforderungsanalyse gibt es eine Reihe von Ermittlungstechniken, die jedoch den Rahmen dieses Buches sprengen.

Die »weichen Faktoren«, also die Soft Skills, spielen in der Projektinitiierung eine wichtige Rolle.

5. Die allgemeine Formel für die Anzahl der Klebepunkte pro Teilnehmer lautet: Anzahl der Themen/2 + 1= Anzahl der Punkte pro Teilnehmer.

4.7 Übungsaufgaben

1. Erklären Sie die Bedeutung der Projektinitiierung.
2. Nennen und erklären Sie drei wesentliche Aktivitäten der Projektinitiierung.
3. Erklären Sie, wieso für den Projektmanager Verhandlungs-, Moderations- und Kommunikationsgeschick während der Projektinitiierung erforderlich sind.
4. Nennen und erklären Sie drei Aspekte, die im Rahmen der Projektdefinition erfasst werden sollten.
5. Erklären Sie, wieso der Umgang mit Subunternehmen oder externen Mitarbeitern vertraglich festgehalten werden sollte.
6. Welche Aspekte sollten in jedem Fall vertraglich festgelegt werden? Wie können Sie diese Aspekte in agilen Vorgehensmodellen vertraglich festhalten?
7. Erklären Sie mögliche Konsequenzen, die sich aus einer nicht systematischen Anforderungsanalyse ergeben.

5 Projektplanung

5.1 Zur Bedeutung der Planung

> *»Wer den Hafen nicht kennt, in den er segeln will,*
> *für den ist kein Wind der richtige.«*
>
> *(Lucius Annaeus Seneca, 4 v.Chr. bis 65 n. Chr.)*

Manchmal müssen Weisheiten nicht neu sein, um zu helfen, auch wenn es sich um die Beantwortung moderner Fragestellungen handelt. Die Erkenntnis, dass man sich eine Route zurechtlegen muss, um sicherzustellen, dass man dort ankommt, wohin man sich die Zielflagge gesteckt hat, ist also schon seit der Antike bekannt und niedergeschrieben.

Gründe fehlender Planung

Neben den Problemen, die sich durch fehlende oder zu schlechte Anforderungen automatisch einstellen, wird eine fehlende saubere Planung unweigerlich in einem Zustand enden, der allgemein gefürchtet ist, leider jedoch regelmäßig betreten wird: das Chaos.

Wenn all dies schon so lange bekannt und wenn das Chaos so gefürchtet ist, warum enden so viele Projekte in diesem Zustand? Dafür könnte es zwei Gründe geben:

- Die Verantwortlichen sind unerfahren und wissen nicht, welche Schritte sie unternehmen müssen, um ihr Projekt in geordnete Bahnen zu lenken.
- Oder schlimmer: Es sind die sogenannten »Helden« am Werk.

»Helden« im Projektmanagement

Bei Letzteren handelt es sich um jene Spezies, die sich in ungeordneten und somit nicht messbaren Verhältnissen einrichten – weil sie dann durch Ad-hoc-Maßnahmen auf sich aufmerksam machen können oder weil sie sich schlicht und einfach messbaren Zuständen verweigern.

In einem derartigen Umfeld wird sich kein sauberes Projektmanagement einstellen. Verlässliche Projektergebnisse können hier jedenfalls nicht prognostiziert werden.

Wissen, wohin die Reise geht

Projektmanagement zu betreiben heißt, sich auf eine Arbeitsweise einzulassen, die es erlaubt, jederzeit Aussagen über den Zustand des Projektes und seinen voraussichtlich weiteren Verlauf wagen zu können. Wer sich in chaotischen Zuständen einrichtet, lebt im Tagesgeschäft. Ein geplantes Vorgehen findet nicht statt.

Eine Aussage, die man aus diesem Umfeld gerne hört, ist: »Irgendwie haben wir es noch immer geschafft.« Das ist die Einstellung desjenigen, der aus dem 20. Stockwerk springt, und dann, wenn er am zehnten Stockwerk vorbeikommt, zufrieden feststellt, dass bisher alles gut gegangen ist. Jeder wird einsehen, dass es nicht nach einem geplanten Vorgehen klingt, sich während des Absturzes zu überlegen, mit welcher Strategie man den Aufprall überleben will. Man könnte es gar als töricht bezeichnen. Nichts wird dadurch richtiger, dass man es jahrelang falsch macht.

Folgen fehlender Planung

Was wird also in der Realität passieren, wenn man versucht, Projekte aus dem Tagesgeschehen heraus zu betreiben? Wahrscheinlich wird etwas ausgeliefert werden, jedoch

- müssen unter Umständen Umfänge gestrichen werden,
- müssen Teamgrößen in späten Phasen erhöht werden,
- wird das Budget überschritten werden,
- wird die Qualität – zumindest die bestimmter Anteile – nicht den Erwartungen entsprechen,
- wird das Projektteam verbrannt.

> *Nicht diejenigen sind die Helden, die versuchen, das Chaos zu beherrschen, sondern die, die es verhindern!*

Um es vorwegzunehmen: Dies gilt sowohl für sequenzielle als auch für agile Vorgehensweisen.

Ohne Projektplanung kein Projektcontrolling!

Die fundierte Projektplanung spielt eine zentrale Rolle im Projektmanagement, wenn es darum geht, für ein sauberes Projektcontrolling gerüstet zu sein. Ihre Bedeutung kann nicht genug betont werden! Ohne Projektplanung kann es kein Projektcontrolling geben.

Projektplanung ist eine Investition in die Zukunft.

Über eines sollten wir uns im Klaren sein: Projektplanung kostet Zeit und somit Geld. Sie auszulassen oder nicht mit der gebotenen Sorgfalt durchzuführen, wird jedoch mit Sicherheit um ein Vielfaches teurer! Was man in frühen Phasen eines Projektes versäumt, kann später kaum noch (oder falls doch, nur lückenhaft und mit vielfachem Aufwand) aufgeholt werden – von den resultierenden Problemen einmal ganz abgesehen. Die Schritte zum richtigen Zeitpunkt durchzuführen ist dagegen eine verhältnismäßig preiswerte Angelegenheit.

Jedes Projekt benötigt seine eigene Planung.

Kein Seefahrer würde in See stechen, ohne vorher die Route zu planen! Wie sollte er sonst unterwegs feststellen können, dass er vom Kurs abgewichen ist, um dann eine Kurskorrektur einzuleiten? Wer nun behauptet, dieser Vergleich hinke, da erfahrene Kapitäne bekannte Routen nicht mehr planen müssten, vergisst, dass per Definition kein Projekt einem anderen gleicht. Es gibt also keine bekannte Route für unseren Seefahrer, die er nutzen könnte.

Im Folgenden sollen die einzelnen Schritte einer fundierten Projektplanung sowie deren Bedeutung beschrieben werden. Nicht jeder Schritt muss in gleicher Ausprägung für jedes Projekt durchgeführt werden, jedoch hat jeder seine eigene wichtige Bedeutung und keiner sollte ganz ausgelassen werden.

5.2 Die Festlegung des Projektumfangs

Aktualisierung der Projektdefinition

In der Initiierungsphase eines Projektes wurde eine Projektdefinition erstellt. Sie diente als Entscheidungsgrundlage und Input für die darauffolgenden Schritte und enthielt alles, was zum damaligen Zeitpunkt bekannt war. Wenn wir nun die Planung für unser Projekt beginnen, sollte zunächst geprüft werden, ob die Projektdefinition immer noch aktuell ist oder ob sie einer Aktualisierung bedarf. Dies wird umso wichtiger, je mehr Zeit zwischen dem Erstellen der Projektdefinition und dem Beginn der Planung verstrichen ist. Nur so können wir nachfolgend nach bestem Wissen und Gewissen ausschließen, dass keine verbleibenden Lücken im Verständnis unseres Projektes existieren, dass uns also der Umfang des Projektes klar vorliegt.

Konsistenz der Dokumente

Alle Projektdokumente – und hier machen die Dokumente, die in der Planungsphase entstehen, keine Ausnahme – müssen untereinander konsistent sein. Finden sich hier Abweichungen, ist nicht vorherzusehen, aufgrund welchen Inhalts Entscheidungen getroffen werden.

Aus den aktuellen Informationen, die wir der Projektdefinition und den Projektzielen entnehmen können, muss aus Gründen, die später erläutert werden, ein grober Fahrplan für unser Projekt erstellt werden.

5.3 Die Meilensteinplanung – wozu?

Zunächst einmal muss sichergestellt werden, dass der zeitliche Rahmen, den wir ermitteln, mit dem übereinstimmt, den unsere Auftraggeber – egal ob intern oder extern – vor Augen haben. Findet dies nicht statt, sind die ersten großen Probleme vorprogrammiert. Wir tun also gut daran, Wegmarkierungen zu definieren, anhand derer wir das zeitliche gemeinsame Verständnis mit unseren Stakeholdern überprüfen können.

Die Wegmarkierungen, die wir im Projektmanagement einsetzen, nennen wir Meilensteine (engl.: Milestones). Sie markieren wichtige Ereignisse im Projektverlauf und unterteilen das Projekt in sinnvolle Abschnitte.

Definition
Meilenstein

Meilenstein

Ein Meilenstein ist ein Ereignis von besonderer Bedeutung im Projektmanagement.

Meilensteine beschreiben nicht nur Lieferungen, sondern auch Übergänge der Projektphasen und interne Qualitätsreviews. Typische Hauptmeilensteine sind Projektbeginn, Beginn der Implementierung, erste Lieferung etc. Daneben gibt es auch Meilensteine, die mehr der internen Koordination dienen wie der Verfügbarkeit bestimmter Komponenten.

Meilensteine haben eine wichtige Funktion. Einerseits helfen sie, Risiken von Fehlentwicklungen zu minimieren, indem sie eine Überwachung des Projektfortschritts erzwingen. Andererseits – und das sollte nicht unterschätzt werden – ermöglichen sie Erfolgserlebnisse für die Mitarbeiter.

Meilensteine geben einem Projekt eine zeitliche Struktur und erleichtern die Abstimmung und Kommunikation mit den Stakeholdern. Sie können jedoch noch mehr, wie wir bei der Fortschrittsüberwachung sehen werden.

Meilensteinplan

Sind die Meilensteine identifiziert, stellt sich die Frage nach der Dokumentation. Wir brauchen eine Meilensteinplanung und die einfachste Form eines Meilensteinplans ist eine Liste, wie sie in Abbildung 5–1 dargestellt ist.

	A	B	C	D	E
1	**Meilensteine**				
2		Abgestimmtes Lastenheft	06.01.2017		
3		Projektstart Workshop	25.01.2017		
4		Beauftragung durch Kunden	18.01.2017		
5		Abschluss Systemanforderungen	21.02.2017		
6		Abschluss Softwareanforderungen	16.03.2017		
7		Abschluss Hardwareanforderungen	16.03.2017		
8		Designfreeze A-Sample	11.07.2017		
9		PreRelease A-Sample	21.07.2017		
10		Release A-Sample	30.07.2017		
11		Designfreeze B-Sample	19.11.2017		
12		PreRelease B-Sample	14.12.2017		
13		Release B-Sample	21.12.2017		
14		Designfreeze C-Sample	01.02.2018		
15		PreRelease C-Sample	07.03.2018		
16		Release C-Sample	16.03.2018		
17		Q1-Gate	12.02.2107		
18		Q2-Gate	15.07.2017		
19		Q3-Gate	03.10.2017		
20		Q4-Gate	20.11.2017		

Abb. 5–1
Dokumentation der Meilensteine in einer Liste

Hier ist die Information belastbar dokumentiert, kann mit den Stakeholdern abgestimmt werden und steht jederzeit zur Verfügung. Problematisch ist aber, dass die Meilensteine separat niedergeschrieben sind und keinerlei Verknüpfung zu den weiteren Planungsdaten existiert. Es besteht hier die Gefahr einer Nebenläufigkeit der Liste. Für Überprüfungen und Abstimmungen muss im Bedarfsfall immer manuell ein Abgleich mit anderen Informationen (z.B. der Verfügbarkeit von Mitarbeitern) erfolgen, was jedoch Aufwand bedeutet und die Gefahr von Fehlern birgt.

Meilensteintrends als Liste

Eine Erweiterung der listenbasierten Meilensteinplanung ermöglicht es, einen Trend über Meilensteine aufzuzeichnen (siehe Abb. 5–2). Hier liegt der Schwerpunkt der Aussage eher auf der zeitlichen Entwicklung der Termine.

Es ist also mehr Information in der Liste enthalten. Das Problem der fehlenden Verknüpfung zu den weiteren Planungsdaten bleibt jedoch bestehen.

Abb. 5–2
Meilensteine als Trend

	A	B	C	D	E	F
1	**Meilensteine**		**01.03.2017**	**01.04.2017**	**01.05.2017**	**01.06.2017**
2		Abgestimmtes Lastenheft	06.01.2017	06.01.2017	06.01.2017	
3		Projektstart Workshop	25.01.2017	25.01.2017	25.01.2017	
4		Beauftragung durch Kunden	18.01.2017	18.01.2017	18.01.2017	
5		Abschluss Systemanforderungen	21.02.2017	21.02.2017	21.02.2017	
6		Abschluss Softwareanforderungen	16.03.2017	16.03.2017	16.03.2017	
7		Abschluss Hardwareanforderungen	16.03.2017	16.03.2017	16.03.2017	
8		Designfreeze A-Sample	11.07.2017	11.07.2017	11.07.2017	
9		PreRelease A-Sample	21.07.2017	21.07.2017	21.07.2017	
10		Release A-Sample	30.07.2017	30.07.2017	30.07.2017	
11		Designfreeze B-Sample	19.11.2017	19.11.2017	19.11.2017	
12		PreRelease B-Sample	14.12.2017	14.12.2017	14.12.2017	
13		Release B-Sample	21.12.2017	21.12.2017	01.02.2018	
14		Designfreeze C-Sample	01.02.2018	01.02.2018	01.02.2018	
15		PreRelease C-Sample	07.03.2018	07.03.2018	07.03.2018	
16		Release C-Sample	16.03.2018	16.03.2018	16.03.2018	
17		Q1-Gate	12.02.2107	12.02.2107	12.02.2107	
18		Q2-Gate	15.07.2017	15.07.2017	15.07.2017	
19		Q3-Gate	03.10.2017	03.10.2017	03.10.2017	
20		Q4-Gate	20.11.2017	20.11.2017	20.11.2017	

In Abbildung 5–2 sehen wir, wie in regelmäßigen Abständen der Meilensteintermin neu bewertet wurde. Die Aufzeichnung eines Meilensteintrends dient als Input für eine Fortschrittskontrolle auf Projektebene. Dazu jedoch später mehr.

Wie kann also eine Verknüpfung der Meilensteine zu den weiteren wesentlichen Planungsdaten am einfachsten stattfinden? Indem beide beispielsweise im selben Dokument gespeichert und dort verknüpft werden! Hierfür bietet sich die Aktivitätenzeitplanung an, die – wie wir später sehen werden – im Projektmanagement unerlässlich und eng mit dem sogenannten Projektstrukturplan verzahnt ist.

Definition
Projektstrukturplan (PSP)

Projektstrukturplan (PSP)

Der Projektstrukturplan (PSP) dient dazu, ein Bild eines Projektes auf Basis seiner Lieferobjekte zu entwerfen. Sinn des Projektstrukturplans ist es, alle Lieferobjekte zu identifizieren und zu verhindern, dass Komponenten und Arbeitspakete übersehen werden.

Definition
Aktivität

Aktivität

Der PSP definiert auf unterster Ebene die Arbeitspakete, aus denen die Aktivitäten abgeleitet werden, die geschätzt und detailliert ausgeplant werden müssen. Die ausgeplanten Aktivitäten bilden als kleinste Einheit später die Basis für die Projektkontrolle.

Aktivitäten haben eine Länge und werden abhängig von verschiedenen Einflussfaktoren über die Zeit angeordnet. In der sequenziellen Welt geschieht dies typischerweise in einer der Umsetzung vorangestellten Planungsphase (wir nennen dies Upfront-Planung), wohingegen in der agilen Welt eine Identifikation und Planung von Aktivitäten nur für einen sehr kurzen Zeitraum (einer Iteration) geschieht. Hier unterscheiden sich auch die Möglichkeiten grundlegend, Meilensteine gemeinsam mit Aktivitäten zu planen.

5.3.1 Meilensteinpläne in der sequenziellen Welt

Netzpläne

In den frühen Jahren der Softwareprojekte wurde nach einer Methode gesucht, Aktivitäten und zugehörige Meilensteine grafisch zu dokumentieren. Aufgrund einer geringeren Komplexität und eines deutlich kleineren Umfangs im Vergleich zu heutigen Softwarelösungen war es damals möglich, auf eine Technik zurückzugreifen, die aus dem allgemeinen Projektmanagement bekannt war: die Netzpläne.

In Netzplänen wird jede Aktivität (auch Knoten oder Vorgang genannt) durch einen Kasten dargestellt, der zu der Aktivität gehörige Parameter enthält. Es sind dies der früheste und der späteste Startpunkt, der früheste und der letztmögliche Endzeitpunkt, der Puffer und die Dauer der Aktivität. Netzpläne dienen der Anordnung von Aktivitäten abhängig von äußeren Rahmbedingungen und internen Abhängigkeiten und erlauben die Darstellungen von Abarbeitungspfaden, indem die Vorgänge in eine Beziehung gebracht werden.

Grenzen der Netzplantechnik

Um Netzpläne sinnvoll einsetzen zu können, sollte der Umfang der Aktivitäten überschaubar bleiben und ihre Längen jeweils groß genug sein. Ansonsten werden die Pläne derartig unübersichtlich, dass der Überblick verloren geht. Bis heute werden Netzpläne gerne im Bausektor eingesetzt, wenn zum Beispiel die Aktivitäten des Baus eines Stockwerkes in der notwendigen Sequenz geplant werden müssen.

In Softwareprojekten ist die Netzplantechnik an ihre Grenzen gestoßen. Die Aufgabenstellungen sind zu komplex, die Anzahl der Aktivitäten und die Abhängigkeiten untereinander zu hoch und ihre Länge zu kurz, um Netzpläne sinnvoll nutzen zu können. Eine übersichtliche Darstellung ist hier schlicht und ergreifend nicht mehr gegeben, zumal alle Knoten die gleiche Größe haben und die Dauer abgelesen werden muss. Dies erschwert eine einfache und schnelle Interpretation der Gesamtsituation enorm.

Gantt-Charts

In Projekten, die in einem sequenziellen Umfeld laufen, konnte jedoch auf eine andere, für Softwareprojekte besser geeignete Technik zurückgegriffen werden, die bereits seit dem frühen zwanzigsten Jahrhundert bekannt war. Das von Henry L. Gantt ab 1910 entwickelte und nach ihm benannte Balkendiagramm erwies sich hier als sehr gut geeignet, um eine kleinteilige Planung transparent darzustellen. Heute findet sich eine Vielzahl von Softwarewerkzeugen, die die Nutzung der sogenannten Gantt-Charts sehr gut unterstützen. Nebenbei bemerkt erlauben die meisten dieser Werkzeuge auch eine Darstellung in Netzplantechnik.

Balkendiagramme werden wir im Rahmen der Aktivitätenzeitplanung im sequenziellen Umfeld noch genauer betrachten, für die Beantwortung der Frage nach einer gemeinsamen Dokumentation und Planung der Meilensteine mit den übrigen Planungsdaten liefern sie uns hier aber schon einmal eine elegante Lösung.

Meilensteine sind Aktivitäten der Länge null.

Gantt-Charts erlauben die Dokumentation von Meilensteinen, indem sie sich einfach einer anderen Definition bedienen: Meilensteine sind Aktivitäten der Länge null. Es ist also möglich, im Gantt-Chart eine Aktivität einzufügen, ihr die Länge null zu geben und ab diesem Moment wird sie von den gängigen Werkzeugen als Meilenstein in Form einer Raute dargestellt (siehe Abb. 5–3). Auf diese Weise ist es möglich, die Meilensteine in das gemeinsame Gantt-Chart einzupflegen und mit weiteren Planungsdaten wie Aktivitäten in eine Anordnungsbeziehung zu bringen. Dies bedeutet auch, dass die Aktivitäten ihren jeweiligen Meilensteinen zugeordnet werden können. Es ist somit nicht mehr notwendig, die Informationen manuell abzugleichen.

Abb. 5–3 *Meilensteine im Gantt-Chart*

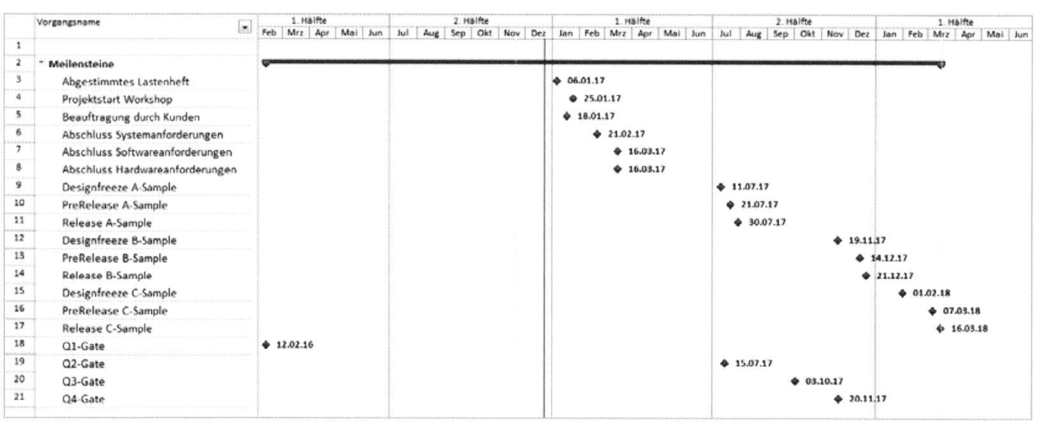

5.3.2 Meilensteinpläne im agilen Umfeld

Bekanntermaßen gibt es im agilen Umfeld keine Upfront-Planung auf Aktivitätenebene. Doch wie verhält es sich mit den Meilensteinen?

Zeitliche Reihenfolge im Product Backlog

Das zentrale Dokument, um in agilen Vorgehensmodellen – allen voran Scrum – einen Blick in die Zukunft werfen zu können, ist das Product Backlog. Hier liegen die bereits bekannten Stories[1] priorisiert vor und ordnen sich somit in einer zeitlichen Reihenfolge an. In welcher Form ein Product Backlog gepflegt wird, ist von Scrum nicht vorgeschrieben. Manche Projektteams bevorzugen die Nutzung eines haptischen Boards mit Zetteln an einer Wand, andere (vor allem dann, wenn ein Projekt eine gewisse Größe überschreitet) setzen auf den Einsatz eines Softwarewerkzeugs.

Definition *User Story*

User Story

User Stories werden in agilen Vorgehensmodellen zur Anforderungsspezifikation durch die späteren Nutzer des Systems eingesetzt.

Übergeordnete Meilensteinplanung

Man muss bedenken, dass eine Meilensteinplanung in der Regel im Projekt eine übergeordnete Rolle spielt und teilweise von Mitarbeitern übernommen wird, die sich nicht unbedingt im agilen Kontext befinden. Nehmen wir zum Beispiel einen Gesamtprojektleiter. Dieser hat eine gemeinsame Planung mit internen oder externen Stakeholdern abzustimmen, die nicht selten plangetrieben, also sequenziell arbeiten. Hier ergibt sich wieder das Problem der Verknüpfung der Meilensteine mit anderen Planungsinformationen – im vorliegenden Fall mit den Stories. Ohne passende Verknüpfung besteht eine große Gefahr, dass es zu Abstimmungsproblemen und Fehlplanungen kommt.

Planungsinformationen zusammenhalten

Hier ist dringend anzuraten, dass die übergeordneten Rollen ihre Meilensteinplanung im gleichen Werkzeug durchführen, das auch vom Product Owner für die Pflege des Product Backlog genutzt wird. Die meisten Softwaretools ermöglichen eine Strukturierung des Product Backlog, um eine Releaseplanung zu realisieren. Definiert man, dass die Meilensteine als Releases geführt werden, hat man eine wunderbar schlanke Lösung, die keinen Toolbruch verursacht und a priori konsistent ist.

Doch was ist mit Product Backlogs, deren Stories sich in Form von Karten oder Zetteln an der Wand befinden? Niemand hindert uns, ein haptisches Board an der Wand nach zeitlichen Abschnitten zu struktu-

1. User Stories wurden in Kapitel 3 bereits erläutert. Ab sofort sprechen wir jedoch nur noch von »Stories«. Die beiden Begriffe sind synonym.

rieren, zumal dies ohnehin für die Releaseplanung notwendig sein wird. Die Stories dann unter Berücksichtigung der Releases zu priorisieren, ist für erfahrene Product Owner ein Teil der täglichen Arbeit.

Übergeordnete Gesamtplanung

Schwierig wird es, wenn eine übergeordnete Gesamtplanung auf die Verknüpfung zu den Inhalten der Meilensteinabschnitte angewiesen ist. Hier ist eine sehr engmaschige und disziplinierte Kommunikation notwendig. Die Gefahr von Fehlern bleibt leider. Das ist eine Konsequenz der Verzahnung – und manchmal muss man halt mit Konsequenzen leben.

5.4 Big Picture – welche Struktur hat das Projekt?

Jedes Projekt – egal wie komplex, wie groß oder kompliziert es ist – muss sich in Form einer übersichtlichen Darstellung abbilden lassen. Das gilt für die Entwicklung einer kleinen Webapplikation genauso, wie es für die Apollo-Mission zur Realisierung der Mondlandung galt. Zugegeben, die Bilder werden unterschiedlich komplex sein und wohl auch nicht die gleiche Größe aufweisen, jedoch können beide Projekte strukturiert dargestellt werden. Fühlen sich beteiligte Personen außerstande, diese Struktur vollständig aufzuzeichnen, ist dies ein Alarmzeichen.

Der Projektstrukturplan

Vollständigkeit

Wir brauchen also etwas, das wir im Fachjargon den Projektstrukturplan nennen (auch PSP oder Work Breakdown Structure). Er entsteht aus allen Informationen, die in bisherigen Schritten gesammelt wurden. Kombiniert man diese Informationen, liegen alle Erkenntnisse vor: Was unser Projekt ausmacht, was die Herausforderungen sind, welchen Umfang es hat und was letztendlich geliefert werden muss. Anforderungen, Projektziele und die Ergebnisse der Meilensteinplanung sowie eventuelle Annahmen führen zu einem Big Picture unseres Projektes, einem Überblick dessen, was im Zuge des Projektes alles gestemmt werden muss. Fehlen einzelne Informationen, kann der Projektstrukturplan nicht vollständig beschrieben werden und das Big Picture ist unvollständig.

Einen Projektstrukturplan zu erstellen, ist nicht sehr aufwendig. Das Kosten-Nutzen-Verhältnis ist hier sehr gut. Ein Workshop von wenigen Stunden mit versiertem Personal liefert für kleinere Projekte meist schon sehr gute Ergebnisse, die in späteren Phasen aktualisiert oder verfeinert werden können. Die Workshop-Teilnehmer verfolgen hierbei meist einen Top-down-Ansatz, bei dem das Projekt von oben her nach unten aufgebrochen wird.

Inhalt des Projektstrukturplans

Ein Projektstrukturplan setzt sich aus dem zusammen, was wir die Liste der Lieferobjekte des Projektes nennen. Gemeint sind hier Arbeitspakete, die Aufwände erzeugen und einer Planung bedürfen. Doch Vorsicht, der Name ist irreführend! Es handelt sich hierbei nicht nur um Objekte, die direkt Bestandteil einer Lieferung sind, also rein funktionalen Charakter haben. Schließlich sind indirekt immer alle an der Erstellung der Lieferobjekte beteiligt. Wir werden in der Lieferung wohl nichts finden, was direkt mit »Qualität« überschrieben ist. Fehlt jedoch die Qualität in den gelieferten Features, wird die Lieferung sicher genauso verweigert werden, als wenn die Features fehlten.

Arbeitspakete ohne rein funktionalen Charakter

Ähnlich verhält es sich mit Arbeitspaketen, die wir für das Projektmanagement, das Konfigurationsmanagement und so weiter planen. Sobald wir Mitarbeiter für die Arbeitspakete einplanen müssen, sind die Arbeitspakete Bestandteil des Projektstrukturplans. Was nicht in der Darstellung zu finden ist, ist per Definition nicht Bestandteil des Projektes.

Sinn des PSP

Sinn dieses Schrittes ist es, sicherzustellen, dass nichts in dem Projekt vergessen wird. Hält man die oben beschriebene Regel ein und beteiligen sich kompetente Mitarbeiter an der Erstellung des PSP, haben wir vor Augen, was das Projekt leisten muss. Deswegen ist es auch wichtig, den PSP einem Review zu unterziehen.

Darstellung des PSP

Grundregeln der Darstellung

Es gibt verschiedene Möglichkeiten, einen Projektstrukturplan darzustellen. Einige Grundregeln gelten jedoch für alle möglichen Formen:

- Die Darstellung sollte eine grafische Repräsentation sein.
- Wie dem Namen schon entnommen werden kann, handelt es sich um eine strukturierte, hierarchische Darstellung.
- Die Struktur sollte immer so weit heruntergebrochen werden, bis die Elemente auf unterster Ebene überblickt werden können. Man spricht hier von Features oder auch (je nach Kontext) von Komponenten.
- Der Projektstrukturplan zeigt eine sehr grobe und vorläufige Architektur auf.

Darstellung als Baumstruktur

Sehr verbreitet ist die Darstellung in einer Baumstruktur, aber auch Mindmaps können übersichtliche Ergebnisse liefern. Um die Theorie zu verlassen, wollen wir hier einmal einen Projektstrukturplan für unser Projektbeispiel erstellen, der eine normale Baumstruktur nutzt. Das Ergebnis ist in Abbildung 5–4 dargestellt. Der Startknoten ist unser Projekt selbst. Darunter befinden sich als Säulen die einzelnen Domänen mit ihren Komponenten. (Selbstverständlich erhebt dieses Beispiel keinen Anspruch auf Vollständigkeit.)

In Abbildung 5–4 wurde eine Baumstruktur mit einer objektorientierten Gliederung gewählt, bei der die Liefergegenstände im Vordergrund stehen. Die alternative Baumdarstellung mit funktionsorientierter Gliederung, bei der die Organisation oder die ausführenden Organe im Vordergrund stehen, ist eher selten, mag aber in Einzelfällen sinnvoll sein.

Abb. 5–4 *Beispiel eines Projektstrukturplans in Baumstruktur*

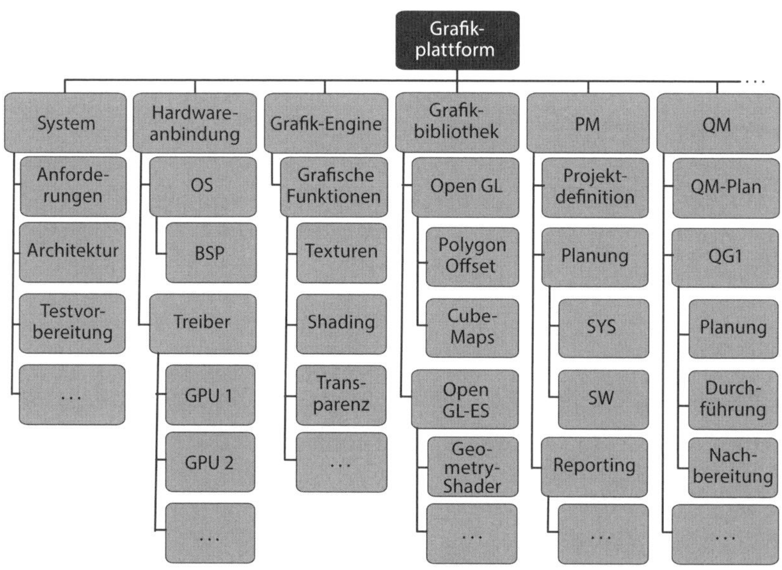

In Abbildung 5–4 kann man sehr gut sehen, dass es den Teilnehmern gelungen ist, eine einfache Struktur darzustellen, die sich in einer späteren Architektur widerspiegeln kann.

Komponentengedanken bei der Zerlegung in Arbeitspakete

Die Knoten auf unterster Ebene (also Knoten, die keine weitere Verzweigung mehr nach unten besitzen) stellen die Arbeitspakete dar, die Ressourcen benötigen und einer Planung bedürfen. Hier entstehen die Aufwände. Aus Gründen des Aufwands und der Übersicht sollten die Arbeitspakete auf unterster Ebene nicht zu detailliert ermittelt werden. Beachten Sie hier den Komponentengedanken!

Aufwandsabschätzung auf Basis des PSP

Generell sollte es möglich sein, auf Ebene der Arbeitspakete eine Schätzung vorzunehmen. Aufwandsschätzungen auf Arbeitspaketebene sind sehr oft nötig, wenn der Projektstrukturplan für eine Angebotserstellung herangezogen wird. Die Angebotserstellung findet üblicherweise in einer sehr frühen Phase der Planung statt und muss unter Umständen schnell gehen. Für eine Schätzung auf Aktivitätenebene bleibt meist nicht ausreichend Zeit.

Aufgrund des geringen Detaillierungsgrades wird dies jedoch zu relativ groben und ungenauen Schätzungen führen, die auf Basis der

Aktivitäten später verfeinert werden müssen. Die Pakete sind einfach noch zu groß, um eine vergleichbare Genauigkeit mit Schätzungen auf Aktivitätenebene zu erreichen. In letzter Konsequenz heißt das aber auch, dass uns klar sein muss, dass wir Abweichungen vorfinden werden, wenn wir später detaillierter schätzen.

Aus diesem Grund müssen Annahmen und Ausschlüsse, die zur Erstellung des Projektstrukturplans geführt haben, dokumentiert werden und in das Angebot eingehen.

PSP und Agilität

Welchen Nutzen ziehen wir aus einem Projektstrukturplan im Bereich agiler Modelle? Einen ganz erheblichen! Betrachten wir den Projektstrukturplan aus unserem Beispiel, so stellen wir fest, dass wir aus den Arbeitspaketen auf unterster Ebene direkt Informationen in das Product Backlog überführen können. Entweder – für den Fall, dass sie detailliert genug sind – übernehmen wir die Pakete gleich als Stories oder – falls sie sich als Cluster von Stories herausstellen – als Epics. In diesem Fall findet eine Detaillierung erst im Product Backlog statt.

In unserem Beispiel könnte das »Shading« als Story in das Product Backlog übernommen werden. Das Arbeitspaket »Texturen« entspricht eher einem Epic, da hier damit zu rechnen ist, dass die einzelnen Texturen noch in einzelne Stories aufgebrochen werden können.

Beim Einsatz sequenzieller Modelle ist dies sehr ähnlich. »Shading« könnte als Arbeitspaket in einer Aktivitätenzeitplanung als Überbegriff oder Cluster der zugehörigen Aktivitäten dienen, »Texturen« müsste noch weiter unterteilt werden.

Alternativen zur grafischen Darstellung

Muss ein Projektstrukturplan immer in Form einer Grafik dokumentiert sein? Unsere erste Regel betont dies. Schließlich soll die Übersicht sichergestellt werden. Für den Fall, dass die Übersicht nicht leidet, ist es jedoch auch möglich, den Projektstrukturplan direkt als Hierarchie in Form von Überschriften im Gantt-Chart einzutragen. Sind Softwareprojekte nicht besonders umfangreich, ist dies durchaus ein gangbarer Weg.

Wichtig ist, dass jeder Bestandteil des PSP einen eindeutigen Bezeichner hat, auf den sich alle anderen Dokumente (z.B. Aktivitätenzeitplanung) beziehen.

5.5 Der Weg zu realistischen Aufwänden

Software wird in der Entwicklung »produziert«.

In Softwareprojekten werden die Kosten durch *einen* Hauptfaktor erzeugt: die Entwicklungsaufwände. Softwareentwicklung ist die einzige Disziplin, in der bereits während der Entwicklung das Produkt entsteht – einzig dadurch, dass der Code in der gebotenen Qualität geschrieben oder generiert und dann getestet wird. In der Hardwareentwicklung ist dies anders. Hier werden zunächst die Architektur und das Design entwickelt, die dann als Eingangsgrößen für die eigentliche Hardwareproduktion dienen.

Es sind also keine Fertigungsmitarbeiter, Produktionsstraßen oder -automaten notwendig, um Software zu produzieren. Wir können somit eine denkbar einfache Formel aufstellen, um zu ermitteln, welche Kosten unser Softwareprodukt in der Herstellung verursachen wird: *Der Großteil der Kosten für ein Softwareprodukt entsteht durch die Personalaufwände in Entwicklung und Test.*

Die Umrechnung der Personalaufwände in Kosten ist in der Regel sehr einfach, da feste Stundensätze existieren. Es ist also klar, was eine Arbeitsstunde für eine bestimmte Rolle oder Person kostet. Somit stellt sich nur noch die Frage nach der Höhe der Personalaufwände!

Auswirkung abweichender Schätzungen

Um es vorwegzunehmen: Hier zeigt sich, wer sein Handwerk beherrscht. Abweichungen von 20 % bei der Aufwandsermittlung mögen bei einem Softwareprojekt mit einem Gesamtumfang von 10.000 Euro schmerzlich sein, bei einem Gesamtvolumen von einer Million können sie in die Katastrophe führen. Offensichtlich ist es daher sinnvoll, sich mit dem Thema zu beschäftigen, es ernst zu nehmen und die Schätzungen mit der gebotenen Sorgfalt durchzuführen.

Schätzungen sind nur Schätzungen.

Es gibt verschiedene Methoden, die Aufwände von Arbeitspaketen oder Aktivitäten zu ermitteln. Manche erfordern erfahrenes Personal, andere statistisch hinterlegte historische Daten. Eines haben sie alle jedoch gemeinsam, und darüber sollte man sich im Klaren sein: Es handelt sich dabei um Schätzungen und *Schätzungen sind nur Schätzungen*! Wer mathematische Genauigkeit erwartet, muss leider enttäuscht werden. Glücklicherweise gibt es Möglichkeiten, gut damit umzugehen! Wir werden später darauf zurückkommen.

Erfahrung der Entwickler berücksichtigen

Zuvor jedoch noch ein Hinweis: Da unterschiedliche Aufgabenstellungen unterschiedliche Herausforderungen bedeuten, die wiederum unterschiedlich gelöst werden können, ist es leider nicht möglich, einfach nur von »Personalaufwänden« zu sprechen. Betrachten wir dazu ein Beispiel.

Es ist zu erwarten, dass die Entwicklung einer Webseite mit 1000 Zeilen HTML5-Code einfacher und schneller zu bewältigen ist als 1000 Zeilen C-Code für einen I^2S-Treiber[2], der auf einem Embedded-Betriebssystem zum Einsatz kommt. Zum einen wird die anspruchsvollere Aufgabe länger dauern und somit höhere Aufwände erzeugen, zum anderen stellt sich auch die Frage nach den verfügbaren Skills. Ein erfahrener Treiberentwickler wird nicht unbedingt die besten Voraus-

2. I^2S steht für »Inter-IC Sound« und bezeichnet die Audiodaten-Schnittstelle zwischen zwei integrierten Schaltkreisen (engl.: Integrated Circuits – IC).

setzungen für die Entwicklung einer Webseite mitbringen und umgekehrt. Zu wissen, wie lange typischerweise die Entwicklung eines Arbeitspaketes dauert, ist also die eine Seite der Medaille, ob auf erfahrene Mitarbeiter zurückgegriffen werden kann die andere. Dies muss in der Aufwandsabschätzung berücksichtigt werden.

Bedarf lässt sich dem PSP entnehmen.

Unserem Projektstrukturplan können wir sehr gut entnehmen, nach welchen geforderten Fertigkeiten wir unsere Teams zusammenstellen müssen und natürlich auch, wie viel Personal notwendig sein wird. In unserem Beispiel könnte es sein, dass wir aus Erfahrung wissen, dass die Implementierung der Treiber für die GPU1[3] durch einen einzigen Mitarbeiter durchgeführt werden kann, für die Texturen jedoch sicher 2 Mitarbeiter nötig sein werden.

5.5.1 Wie schätzen wir?

Die Welt der Schätzverfahren teilt sich in Methoden, die auf Expertenwissen basieren, und solche, die sehr gut gepflegte historische Datenbanken erfordern. Hinzu kommen sogenannte fortgeschrittene Methoden – die für spezielle Einsatzzwecke entwickelt wurden. Jedes Verfahren hat seine Berechtigung. Welches letztendlich zum Einsatz kommt, hängt von den Eingangsvoraussetzungen und dem Umfeld ab.

Was schätzen wir?

Bevor wir jedoch beginnen, stellt sich die Frage: Was schätzen wir? Die Ergebnisse von Schätzungen sind immer Aufwände. Im Softwareprojektmanagement schätzen wir niemals Kosten, Zeitspannen oder die Dauer eines Arbeitspaketes. Diese Parameter ergeben sich in späteren Phasen der Planung.

5.5.2 Größenschätzungen

Analogie zum Bausektor

Bei Größenschätzungen werden nicht einzelne Pakete geschätzt, sondern gepflegte Daten zurate gezogen, um auch auf Basis großer Pakete recht gute Ergebnisse zu erzielen. Das Vorgehen ist ähnlich wie im Bausektor, wo nicht einzelne Steine, Stahlmatten und jede Schaufel Beton gezählt werden, sondern aufgrund von dokumentierten Erfahrungswerten beziffert werden kann, was ein Kubikmeter umbauter Raum kosten wird. Selbstverständlich erfordert dies eine Unterscheidung nach verschiedensten Parametern. Abhängig von Materialen und Lage werden sich unterschiedliche Werte ergeben. Es ist leicht einzusehen, dass ein Kubikmeter Fahrradschuppen einen anderen Preis hat als ein Kubikmeter nobel ausgebauten Dachgeschosses.

3. Gemeint ist einer der beiden Grafiktreiber (engl.: Graphics Processing Unit – GPU).

Größenschätzungen für Software

In Softwareprojekten kommen Größenschätzungen vor allem dann zum Einsatz, wenn für eine hohe Anzahl von Arbeitspaketen in kurzer Zeit Zahlen vorliegen müssen, beispielsweise um ein Angebot zu erstellen. Auch hier muss eine Größe ermittelt werden, die zur Bewertung herangezogen wird. Für die Software existieren theoretisch einige Möglichkeiten, wie zum Beispiel die Anzahl der zu erwartenden Codezeilen, der Eingabemasken und anderer Schnittstellen oder der wiederverwendbaren Bausteine. Diese Anzahl wird mit einem Erfahrungswert multipliziert und so der geschätzte Aufwand ermittelt.

Voraussetzungen für Größenschätzungen

Oft genug passieren aber genau hier die Fehler bei der Einschätzung. Wie viele Zeilen Code werden es denn tatsächlich werden? Sind wir jedoch in der Lage, zu sagen, dass:

- ein GPU-Treiber bei uns typischerweise 2800 unkommentierten Codezeilen entspricht,
- wir wissen, was eine Codezeile an Aufwand bedeutet,
- die High-Level-Schnittstelle zur Verfügung steht,
- nach unserem Kenntnisstand ein erfahrener Treiberentwickler verfügbar ist,
- die Spezifikation der GPU vorliegt und die Technik uns nicht neu ist und
- alle weiteren Rahmenbedingungen erfasst sind,

dann können wir tatsächlich eine Aussage wagen. Allerdings bleibt die Frage nach den Risiken. Wie groß ist die Wahrscheinlichkeit, dass oben stehende Annahmen eintreffen? Falls sie eintreffen, welche Abweichung ergeben sich daraus?

Größenschätzungen in Scrum

Wenn in Scrum die Aufwände für ganze Stories im Product Backlog geschätzt werden, handelt es sich genaugenommen um Größenschätzungen, da diese Schätzungen genau die Kriterien hierfür erfüllen. Zum einen sind die Stories in der Regel zu groß für exakte Schätzungen. Zum anderen ziehen die Teams Vergleichsgrößen für die Bewertung heran. Letzten Endes sind sich alle Beteiligten der relativen Ungenauigkeit auch bewusst.

Vorsicht ist geboten!

Größenschätzungen müssen auf qualitativ und quantitativ verlässlichen und gepflegten historischen Daten basieren. Bei Scrum ermittelt das Team regelmäßig seine eigene »Velocity«. In sequenziellen Vorgehensmodellen müssen Erfahrungswerte gesammelt und für Folgeprojekte zur Verfügung gestellt werden.

Genau aus diesem Grund sollte mit Größenschätzungen vorsichtig umgegangen werden, zumal sie in Softwareprojekten immer dann eingesetzt werden, wenn ohnehin Zeitdruck herrscht.

Nochmals: Schätzungen von großen Paketen werden immer ungenauere Werte liefern als solche von kleineren.

5.5.3 Expertenschätzungen

Doch was nützt uns die Erkenntnis, dass kleinere Arbeitspakete bessere Schätzwerte liefern, wenn wir nur große Arbeitspakete vorliegen haben? Streng genommen ist es weniger eine Frage zwischen groß und klein als vielmehr zwischen grob und detailliert. Es ist einsichtig, dass bei detaillierten Paketen mehr Informationen zur Verfügung stehen, die in die Schätzung eingehen können.

Prinzip der Expertenschätzung

Genau auf diese Informationen kommt es bei Expertenschätzungen an. Expertenschätzungen basieren darauf, Personen mit der Schätzung zu beauftragen, die die Aufwände aufgrund von Erfahrungen beziffern können. Im Grunde geht es um das »Bauchgefühl« der Experten. Will man also sicherstellen, dass die Schätzungen möglichst exakte Ergebnisse liefern, muss eine Detaillierung stattfinden.

In sequenziellen Vorgehensmodellen könnten die Lieferobjekte (also die unterste Ebene des PSP) als Features in unsere Planung aufgenommen und dort als Sammelbegriff oder Überschrift eingesetzt werden, bevor sie danach in Aktivitäten aufgebrochen werden. Abbildung 5–5 zeigt diesen Vorgang schematisch.

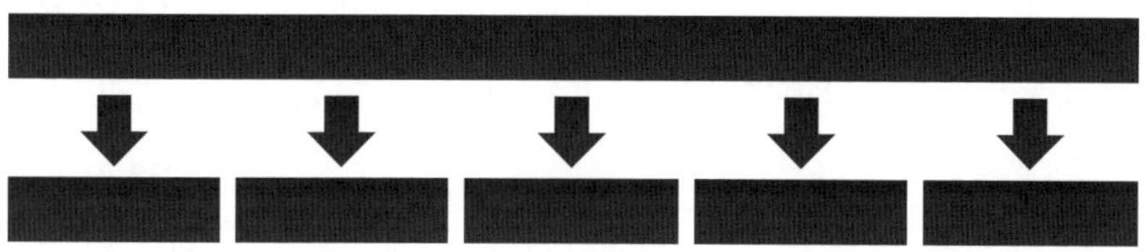

Abb. 5–5 *Aufbrechen der Features in Aktivitäten*

Aufbrechen in »schätzbare« Aktivitäten

In Abbildung 5–6 wurden die Lieferobjekte aus dem Projektstrukturplan in ein Projektmanagementwerkzeug übertragen und finden sich dort im Gantt-Chart wieder. Auch hier werden sie in Aktivitäten aufgebrochen und direkt im Gantt-Chart dokumentiert. Abgesehen davon, dass wir auf diese Weise Informationen zusammenhalten, hat diese Darstellung einen weiteren Vorteil: Die Aktivitäten werden später im Rahmen der Aktivitätenzeitplanung genutzt, um sie über die Zeit anzuordnen.

Aktivitäten sind die kleinste Einheit im Projektmanagement, auf der eine Fortschrittsüberwachung stattfindet. Gleichzeitig haben sie die perfekte Größe für eine Expertenschätzung, da sie von den Experten in der Regel sehr gut beurteilt werden können.

Welche Größe ist ideal?

Natürlich werden die Schätzungen immer genauer, je kleiner die Aktivitäten sind. Gleichzeitig steigt aber auch der Aufwand enorm, speziell wenn sehr viele Aktivitäten geschätzt werden müssen. Aus diesem Grund müssen wir abwägen. Werte von wenigen Tagen bis maximal zwei Wochen liefern sicher noch sehr gute Ergebnisse hinsichtlich der Schätzwerte und des späteren Monitorings. Zudem hält sich die Mühe für die Schätzungen im Rahmen. Je innovativer das Thema oder je weniger Erfahrung damit vorliegt, desto detaillierter sollten die Aktivitäten für dieses Feature aufgebrochen werden.

Abb. 5–6
Detaillierte Features im Gantt-Chart

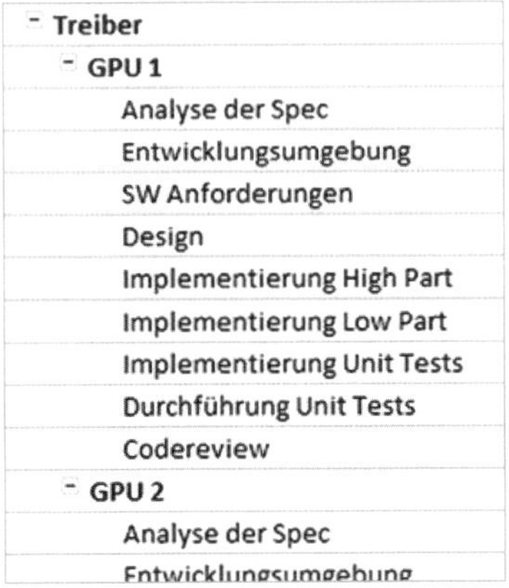

- Treiber
  - GPU 1
    - Analyse der Spec
    - Entwicklungsumgebung
    - SW Anforderungen
    - Design
    - Implementierung High Part
    - Implementierung Low Part
    - Implementierung Unit Tests
    - Durchführung Unit Tests
    - Codereview
  - GPU 2
    - Analyse der Spec
    - Entwicklungsumgebung

Expertenschätzungen folgen diesen generellen Regeln:

Regeln für Expertenschätzungen

- Schätzungen sind nur Schätzungen! Existieren viele kleine Aktivitäten, mitteln sich die Fehler aus.
- Schätzen erfordert Erfahrung! Mitarbeiter sollten Zeit erhalten, dies zu lernen.
- Schätzungen sollten NIE nur von einer Person durchgeführt werden! Mehrere Experten sollten sich auf einen Wert für eine Aktivität einigen.
- Schätzungen sollten möglichst immer von den späteren Bearbeitern durchgeführt werden.
- Expertenschätzungen sind Bottom-up-Schätzungen.

Grenzen der Expertenschätzungen

Generell kann man sagen, dass Expertenschätzungen darauf basieren, dass versiertes Personal auf Erfahrung zurückgreifen kann, wenn eine bekannte Technologie ausgewertet werden muss. Handelt es sich für die Mitarbeiter oder die Organisation um eine komplett neue Materie, wird auch eine Expertenschätzung sehr unzuverlässige Ergebnisse liefern. Müssen wir die Aufwände ermitteln, ist sie dennoch den anderen in diesem Buch beschriebenen Methoden vorzuziehen. Die Ungenauigkeit der Ergebnisse ist dann der Unsicherheit geschuldet. Dessen müssen wir uns bewusst sein.

Die Delphi-Methode

Ein etabliertes Verfahren zur Expertenschätzung ist die Delphi-Methode. Hierbei handelt es sich um ein festgelegtes Vorgehen, in dem zum Beispiel die Moderator-Rolle beschrieben ist. Der Moderator bereitet die Aktivitäten vor, verteilt sie an die Experten, die getrennt und anonym schätzen. Die Ergebnisse werden danach vom Moderator zusammengeführt und den Experten vorgestellt. Falls es Abweichungen gibt, muss der Moderator eine Einigung herbeiführen und ggf. eine zweite Schätzrunde einberufen

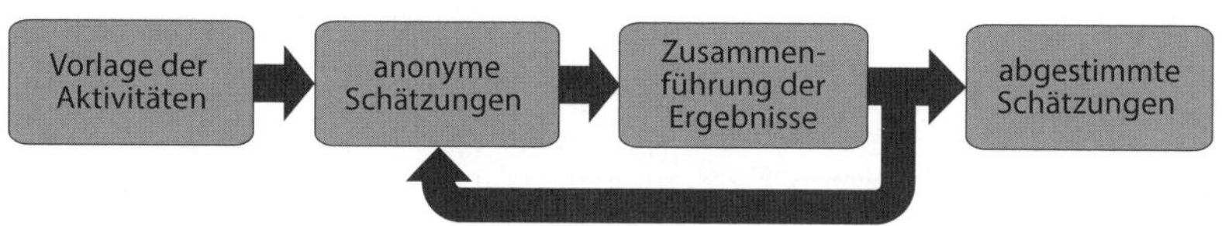

Abb. 5–7
Ablauf einer Delphi-Schätzung

Diese Methode ist recht formal und aufwendig, zwingt jedoch zu einer gewissen Disziplin und liefert in jedem Fall abgestimmte Schätzwerte.

Die informelle Expertenschätzung

Wenn es nicht ganz so formal sein soll – oder wenn es die Situation nicht zulässt –, kann man auch auf eine sehr weit verbreitete Methode zurückgreifen, die die Arbeitsweise der Delphi-Methode nutzt. Wir nennen sie die informelle Expertenschätzung. Hier gibt es keine Regeln für eine formale Beschreibung der zu schätzenden Aktivitäten und bis auf die Experten werden keine festgelegten Rollen genannt. Allerdings müssen auch hier die oben beschriebenen, generellen Regeln beachtet werden, um verlässliche Ergebnisse zu erzielen. Die informelle Expertenschätzung ist nicht nur aufwandsärmer, sie ist auch schlanker und schneller als die Delphi-Methode.

Planning Poker

Traditionell wurden die hier beschriebenen Expertenschätzungen für sequenzielle Vorgehensmodelle eingeführt, doch wer sich das Vorgehen der Delphi-Methode ansieht, wird die Ähnlichkeit zum Planning Poker erkennen, wie es bei Scrum beschrieben ist.

Spielkarten mit Story Points

Beim Planning Poker bekommen die Teammitglieder (die Experten) Spielkarten, auf die sogenannte »Story Points« gedruckt sind. Die Grundidee der Story Points ist, sich von der Schätzung der Aufwände von Stories im Product Backlog von Stunden oder Tagen zu lösen und eher die Komplexität einer User Story zu bewerten. Grundlage hierfür soll eine Referenz-Story sein, deren Komplexität allen Teammitgliedern bekannt ist und die mit einem bestimmten Story-Point-Wert behaftet ist. Beim Poker vergleicht jedes Teammitglied die zu schätzende Story mit der Referenz-Story. Die Umrechnung von Story Points in Personenstunden kann der Scrum Master später über die Team-Velocity durchführen. In der Praxis hat sich allerdings herausgestellt, dass die meisten Teams doch in zeitlichen Aufwänden denken. Die Erfahrung zeigt, dass es durchaus möglich ist, die Teams deshalb auch in Stunden oder Tagen schätzen zu lassen.

Die gleichen Karten werden auch zur Schätzung der Aufwände der aus den Stories abgeleiteten Tasks verwendet. Da diese klein genug sind, sollten hier in jedem Fall die auf den Karten gedruckten Punkte als Stunden interpretiert werden.

Die »Poker«-Karten haben noch eine weitere Besonderheit. Die Reihe der aufgedruckten Zahlenwerte ist nicht linear, sondern an eine Fibonacci-Folge[4] angelehnt (z.B. 0, ½, 1, 2, 3, 5, 8, 13, 20, 40, 100). Damit wird der Tatsache Rechnung getragen, dass größere Pakete nicht so genau geschätzt werden können. Es hat also wenig Sinn, sich lange darüber zu streiten, ob es nun 40 oder 60 Stunden sein werden. Dank der eingeschränkten Kartenwerte können nur »eher 40« oder »eher 100« als Schätzungen abgegeben werden. »Eher 100« signalisiert: »eher ungenauer«.

Die »Spielregeln«

Zunächst wird die zu schätzende Story durch den Product Owner vorgestellt und ggf. Fragen geklärt. Dann legen die Experten ihre Schätzungen verdeckt auf den Tisch. Alle drehen gleichzeitig ihre Karten um. Die Experten mit dem niedrigsten und dem höchsten Schätzwert erläutern ihre Beweggründe. Kann keine Einigung erzielt werden, wird erneut geschätzt, bis die Abweichungen klein genug sind. Letztendlich einigt sich das Team dann auf den besten Wert.

Zwar schätzen die Experten nicht anonym, aber durch die getrennte, verdeckte Schätzung erreicht man den gleichen Vorteil wie bei der Delphi-Methode: Es findet keine gegenseitige Beeinflussung statt. Beide Methoden liefern für jede Aktivität nur einen Wert, der letztendlich durch alle Experten bestätigt ist.

4. Bei der Fibonacci-Folge ergibt sich eine Zahl immer aus der Summe der beiden vorangegangenen Zahlen. Für Scrum wird dies für Zahlen größer als 13 jedoch üblicherweise abgewandelt, um den Abstand noch größer werden zu lassen. Auch der Wert ½ entspricht nicht der Fibonacci-Folge.

Die Drei-Punkt-Schätzung

Stellen die Experten bei der Analyse der Aktivität fest, dass die Beschreibung nicht von ausreichender Qualität oder die Aktivität selbst zu sehr risikobehaftet ist, bietet eine weitere Methode einen Ausweg.

Optimistisch – realistisch – pessimistisch

Die Drei-Punkt-Schätzung ist keine eigene Schätzmethode im eigentlichen Sinn. Sie erweitert die Möglichkeiten von Delphi und der informellen Expertenschätzung, indem sie für jede Aktivität drei Schätzwerte verlangt: einen pessimistischen, einen realistischen und einen optimistischen. Auch hier einigen sich die Experten auf die jeweiligen Werte und bestimmen, was diese zu bedeuten haben. Um danach einen abgestimmten Schätzwert zu erhalten, wird die in Abbildung 5–8 dargestellte Gleichung empfohlen.

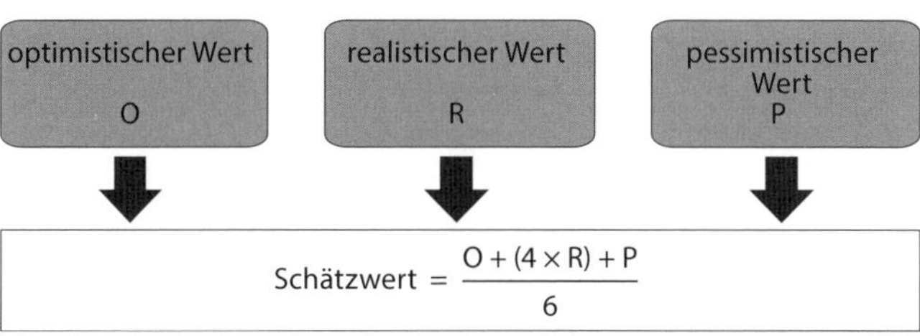

Abb. 5–8
Berechnungsformel der Drei-Punkt-Schätzung

Da der realistische Wert mit dem Faktor vier in die Gleichung eingeht, erhält er eine besondere Gewichtung. Für den Fall, dass der optimistische und der pessimistische Wert keine besonders starken Ausschläge aufweisen, wird der errechnete Wert wohl in der Nähe des realistischen Werts liegen.

Der Aufwand für die Schätzung verdreifacht sich hier jedoch, weshalb dies nur für ausgewählte Aktivitäten durchgeführt werden sollte.

5.5.4 Zeit sparen mit Analogiemethoden

Würde man nun mithilfe der Expertenschätzungen alle ermittelten Aktivitäten bewerten, kann der Aufwand für die Schätzungen relativ leicht linear hochgerechnet werden. Für größere Projekte kann hier schnell ein Aufwand von vielen Kalendertagen zusammenkommen. Multipliziert mit der Anzahl der beteiligten Experten ergibt dies einen nennenswerten Aufwand.

Daher wollen wir hier zwei weitere Methoden vorstellen, die helfen können, Zeit zu sparen. Es handelt sich dabei um die sogenannten Analogiemethoden.

Die Multiplikator-Methode

Die Idee dieser Methode ist es, eine Größe zu finden, die relativ leicht aufgrund von gepflegten Erfahrungswerten geschätzt werden kann, um sie dann direkt in einen Aufwand umrechnen zu können.

Dem aufmerksamen Leser wird hier die Wesensverwandtschaft zur Größenschätzung auffallen. In der Tat wird in Softwareprojekten bei der Multiplikator-Methode auf die gleichen Größen zurückgegriffen wie bei der Größenschätzung. Da eine gewisse Verbindung zwischen der Anzahl Codezeilen eines Softwaremoduls und seinem Aufwand besteht, ist dies meist die Größe der Wahl. Natürlich kann aber auch eine andere Größe gewählt werden.

Im Gegensatz zur Größenschätzung stellt die Multiplikator-Methode jedoch höhere Ansprüche an die Qualität der Umrechnung in die zugehörigen Aufwände, indem sie für die verschiedensten Aufgabenstellungen einen eigenen Multiplikator zur Umrechnung verlangt.

Tab. 5–1 Beispieltabelle zur Multiplikator-Methode

Komponente	Kategorie	geschätzte Anzahl Codezeilen (LOC)	Faktor	gewichtete LOC
GPU-1-Treiber	Hardwarenah	1700	1,8	3060
GPU-2-Treiber	Hardwarenah	1700	1,8	3060
Bootloader (BSP)	Assembler	1200	2,6	3120
Shading	C mit Registerzugriff	1800	1,6	2880
Polygon- Offset	C Bibliotheksfunktion	2200	1,4	3080
Testseite	HTML	1800	1,0	1800

Tabelle 5–1 zeigt eine Beispieltabelle zur Multiplikator-Methode. Man kann erkennen, dass die Komponente Bootloader die höchste Anzahl gewichteter Codezeilen hat, obwohl sie die geringste Anzahl geschätzter Zeilen besitzt. Der hohe Gewichtungsfaktor von 2,6 verdeutlicht, dass hier mit einem entsprechend hohen Aufwand zu rechnen ist, und zwar entsprechend 2,6-mal höher als für die Entwicklung einer HTML-Seite.

Gepflegte, verlässliche historische Daten erforderlich

Zwei Parameter, die in dieser Methode verwendet werden, müssen sehr gut gepflegten und verlässlichen historischen Daten entspringen: zum einen der Gewichtungsfaktor, zum anderen der Wert, der besagt, was eine gewichtete Zeile Code denn nun wirklich an Aufwand verursacht. Schließlich werden die errechneten gewichteten Zeilen addiert und mit diesen Werten multipliziert. Nehmen wir an, ein durchschnittlicher Entwickler benötigt für eine gewichtete Codezeile 2 Minuten Zeit, dann erhielten wir für oben stehenden Ausschnitt unseres Projektes alleine einen Aufwand von knapp 71 Personentagen.

Die Herausforderung besteht also darin, dass aus drei Parametern, die alle entweder geschätzt sind oder auf historischen Daten basieren, ein Gesamtaufwand errechnet wird. Hat man bereits bei einem der Parameter kein sicheres Gefühl, ist Bauchgrimmen angesagt.

Die Prozentsatz-Methode

Für den Fall, dass gute und belastbare Erfahrungen über die typische Verteilung der Aufwände der Aktivitäten innerhalb eines Arbeitspaketes vorliegen, kann man auf die Prozentsatz-Methode zurückgreifen, die enorm hilft, Zeit und somit Schätzaufwand zu sparen. Die Prozentsatz-Methode ist ebenfalls eine Analogiemethode. Sie ist eigentlich keine eigenständige Schätzmethode, sondern erweitert (und beschleunigt) Expertenschätzungen.

Fallbeispiel

Bleiben wir bei unserem Fallbeispiel. Angenommen, wir haben die Erfahrung gemacht, dass für eine typische Open-GL[5]-Grafikbibliotheksfunktion der Aufwand für Unit Tests 10 % und der Aufwand für die eigentliche Implementierung des Codes 40 % des Gesamtaufwandes des Arbeitspaketes beträgt, dann kann einer von beiden errechnet werden, wenn der andere geschätzt vorliegt.

Liegen für die verbleibenden Teilschritte ebenfalls gute historische Erfahrungen vor, lässt sich alleine durch Schätzung eines Teilschrittes der Rest des Arbeitspaketes errechnen.

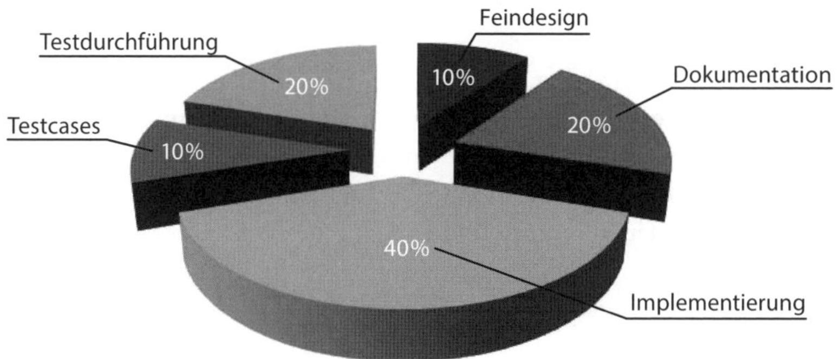

Abb. 5-9 *Teilschritte eines Arbeitspaketes mit den prozentualen Aufwänden*

Es ist nicht unüblich, Aufwandsschätzungen auf diese Art zu beschleunigen. Natürlich besteht auch hier die Herausforderung wieder darin, zuverlässige historische Daten zu erhalten. Ist die prozentuale Aufteilung fehlerhaft, können sich spürbare Abweichungen zu den tatsächlich zu leistenden Aufwänden ergeben.

5. OpenGL steht für Open Graphics Library und bezeichnet die Spezifikation einer »plattform- und programmiersprachenübergreifenden Programmierschnittstelle zur Entwicklung von 2D- und 3D-Computergrafikanwendungen« (Wikipedia).

Die Anpassung der Prozentanteile kann hier jedoch recht schnell geschehen, wenn iterativ gearbeitet wird und durch schnelles Feedback eine zügige Anpassung stattfindet.

Fehler reduzieren

In jedem Fall lässt sich die Fehleranfälligkeit dadurch minimieren, dass immer der größte Anteil geschätzt wird. Die zu errechnenden Teile werden durch den kleineren Umfang dann im Fehlerfall einen relativ kleinen Schaden erzeugen. In unserem Beispiel würde die Schätzung auf der Implementierung stattfinden und fast die Hälfte des Arbeitspaketes hätte einen Aufwand in der Verlässlichkeit der Expertenschätzung.

5.5.5 Fortgeschrittene Methoden

Unter den Schätzmethoden befinden sich Modelle, die entweder für bestimmte Einsatzzwecke entwickelt wurden oder in gezielten Märkten eingesetzt werden. Diese fortgeschrittenen Methoden hier im Detail zu erklären, würde den Rahmen des Buches sprengen. Trotzdem sollte jeder Projektmanager einmal von ihnen gehört haben.

COCOMO

Das COCOMO-Modell (Constructive Cost Model) ist ein algorithmisches Kosten- und Aufwandsmodell, bei dem mithilfe mathematischer Funktionen ein Zusammenhang zwischen bestimmten Softwaremetriken und den zu ermittelnden Aufwänden hergestellt wird. Firmenspezifische Parameter müssen ebenfalls in die Berechnung einfließen und auch hier gilt, dass diese auf sehr soliden und gepflegten Daten basieren müssen.

COCOMO wird vor allem in der Großindustrie für sehr große Vorhaben eingesetzt, wenn der Umfang andere Schätzmethoden nicht mehr zulässt.

Function-Point-Analyse

Die Function-Point-Analyse (oder auch Function-Point-Verfahren) versucht aus der rein funktionalen Sicht eines Anwenders Rückschlüsse zu ziehen, welche dem Anwender zur Verfügung stehende Funktionen dahinterliegende Aufwände verursachen. Diese Funktionen werden als Function Points bezeichnet. Es handelt sich hierbei also nicht um – wie man vermuten könnte – Funktionsaufrufe im Sinne der Softwarearchitektur, sondern um Funktionalitäten. Dies könnten zum Beispiel die Views oder Dialoge einer Oberfläche sein. Werden die Anforderungen an diese Dialoge in für den Anwender sinnvolle Elementarprozesse zerlegt, erhalten sie je einen definierten Punktwert. Summiert man diese auf, ergibt sich die sogenannte Functional Size.

Ursprünglich wurde die Function-Point-Analyse von Allan J. Albrecht als Mittel zur Ermittlung der Produktivität von Projekten eingeführt.

Die Nutzung im Rahmen der Aufwandsschätzungen kam erst später auf, als man erkannte, dass die Functional Size sehr gut als Eingangswert für das eigentliche Schätzverfahren genutzt werden kann. Daraus kann man erkennen, dass das Function-Point-Verfahren kein eigenes Schätzverfahren ist, sondern nur als vorangestellter Schritt zur Ermittlung der Eingangsparameter gilt, um danach die Functional Size zum Beispiel mittels COCOMO in Aufwände umzurechnen.

Da die Function-Point-Analyse vorwiegend in sehr großen Projekten, meist mit kaufmännischem Hintergrund, Anwendung findet, kommen Softwareprojektmanager damit jedoch eher selten in Kontakt.

5.5.6 Umgang mit Risiken beim Schätzen

Unabhängig davon, welche Methode zur Schätzung der Aufwände herangezogen wird – es bleiben Unsicherheiten, da die ermittelten Werte entweder auf Expertenwissen basieren oder ihnen Berechnungen zugrunde liegen, deren Basis ebenfalls mit Unwägbarkeiten behaftet sind. Wir sprechen in diesem Zusammenhang von Risiken, was bedeutet, dass wir diesen Risiken mit Maßnahmen begegnen müssen.

Die Kunst besteht zunächst darin, die Risiken zu bewerten. Wie groß ist denn die Wahrscheinlichkeit, dass die ermittelten Aufwände einen Fehler aufweisen? Wie groß wird dieser Fehler sein?

Ursachen für inexakte Schätzungen

Ursachen für inexakte Schätzungen sind ungenügend spezifizierte Anforderungen, neue Technologien und nicht ausreichend erfahrenes Personal, das zur Umsetzung zur Verfügung steht. Ist man in der Lage, die resultierende Abweichung und deren Wahrscheinlichkeit einzuschätzen, kann man eine Maßnahme festlegen, um dem Risiko zu begegnen.

Umgang mit Puffern

Die am weitesten verbreitete Maßnahme ist sicherlich, auf die Schätzwerte noch einen Puffer aufzuschlagen. Nun stellt sich natürlich die Frage, wie hoch der Puffer sein sollte. Hier sollte man pragmatisch sein. Ähnlich wie bei den Schätzwerten selbst kann man davon ausgehen, dass Fehler in den Puffereinschätzungen sich ausmitteln werden, da damit zu rechnen ist, dass es Ausschläge in beide Richtungen geben wird.

Es sei denn, man macht generische Fehler, indem man alle Puffer zu hoch oder zu niedrig ansetzt. Hier kommt wieder die Erfahrung ins Spiel. Es gibt jedoch auch einen strategischen Aspekt, der beachtet werden muss. Sind die Puffer generell zu hoch, wird der Angebotspreis möglicherweise nicht wettbewerbsfähig oder der errechnete Endtermin für den Kunden nicht akzeptabel sein. Sind sie zu niedrig, verbleiben Planungs- und Kostenrisiken.

Agile Projekte sind im Vorteil

Letztlich steht und fällt die Qualität der Aufwandsschätzung mit der Kenntnis aller Rahmenbedingungen und bleibt eine Angelegenheit der Erfahrung. Agil abgewickelte Projekte sind hier klar im Vorteil. Hier wird diese Erfahrung systematisch und schnell aufgebaut, da durch die kurzen Iterationen sehr schnelles Feedback zu der Qualität der Schätzwerte vorliegt. Im Rahmen der Detailschätzungen für die nächste Iteration kann diese Erfahrung dann einfließen.

5.6 Wo entstehen die Kosten in einem Softwareprojekt?

Im vorangegangenen Schritt haben wir mithilfe einer von uns gewählten Methode die Aufwände der Aktivitäten ermittelt. Wir sind also somit in der Lage, die Aktivitäten entsprechend den bekannten Rahmenbedingungen über die Zeit auszuplanen.

Doch im Zuge der Projektplanung muss auch geklärt werden, welche finanziellen Auswirkungen sich für unser Projekt ergeben oder, kurz gesagt, welche Kosten es verursachen wird. Unter Umständen ist die Kostenschätzung schon deshalb notwendig, weil ein Angebot abgegeben werden soll. In jedem Fall benötigen wir sie zur Festlegung des Budgetrahmens.

Personalkosten

Wenn wir über Softwareprojekte sprechen, können wir den glücklichen Umstand nutzen, dass es den **einen** Hauptfaktor gibt, der die Kosten im Projekt verursacht. Wie bereits weiter oben angeführt, besteht hier nämlich ein direkter Zusammenhang zwischen den ermittelten Aufwänden und den daraus resultierenden Kosten: die Personalkosten. Selbst wenn wir für unterschiedliche Rollen oder Einstufungen verschiedene Stundensätze ansetzen müssen, liegt uns alle Information vor, um aus den Aufwänden direkt die Kosten errechnen zu können. Einfacher geht es kaum. Wir müssen nur die geschätzten Aufwände mit den zugeordneten Stundensätzen multiplizieren. Jede Bewertung hinsichtlich Erfahrung, Wissen und Risiken ist in den Aufwänden bereits berücksichtigt.

Andere Kosten

Weitere Kostenfaktoren wie Schulungen, Lizenzen, Testequipment oder Entwicklungswerkzeuge spielen in der Regel eine untergeordnete Rolle und können auf die Personalaufwände addiert werden. Außerdem lassen sich diese meistens auch relativ einfach und genau ermitteln.

Kostenschätzungen ≠ Angebotspreis

Einen Punkt sollten Sie jedoch beachten: Die aus den Aufwänden ermittelten Kosten sagen aus, welche Aufwände wir haben, um das Projekt umzusetzen. Dies ist in Kundenprojekten in der Regel nicht gleichbedeutend mit einem Angebotspreis, in den weitere strategische und kaufmännische Erwägungen einfließen.

Kostenschätzung in agilen Vorgehensmodellen

Natürlich gilt dies alles streng genommen nur für Projekte, die im Rahmen sequenzieller Modelle abgewickelt werden, denn nur hier liegen alle geschätzten Aufwände vor Start der Umsetzung vor.

Ist dies ein Dilemma für agile Projekte? Nur wenn man versucht, die Maßstäbe sequenzieller Planung auf die agile Welt zu übertragen. Besteht die Forderung, vor Start der Entwicklungsaktivitäten einen »genauen« Wert über die Gesamtkosten zu haben, befindet man sich a priori in einem sequenziellen oder auch plangetriebenen Umfeld. Die Anwendung eines agilen Modells ist hier nicht ratsam oder sollte zumindest nur mit entsprechender Erfahrung gewagt werden.

Ungenauigkeiten gibt es immer.

Das Adjektiv »genau« wurde oben bewusst relativiert. Es wäre mehr als naiv, sich darauf zu verlassen, dass es sich bei Aufwandsschätzungen und den daraus resultierenden Kosten um exakte Werte handelt, die über die gesamte Projektlaufzeit ihre Gültigkeit behalten. Auch in sequenziell abgewickelten Projekten wird sich erst während der Projektlaufzeit herausstellen, wie exakt die Schätzungen tatsächlich waren. Die Bereitschaft, dies anzuerkennen und darauf vorbereitet zu sein, um gegensteuern zu können, macht den erfahrenen Projektmanager aus. Agile Vorgehensmodelle sind hier nicht ungenauer oder schlampiger als sequenzielle, sie sind schlicht und ergreifend ehrlicher, indem sie Voraussagen über weit in der Zukunft liegende Zusagen stark relativieren.

Budgetfestlegung für agile Projekte

Welches Budget hat also ein agiles Projekt? Jenes, auf das man sich zu Projektstart (basierend auf den zu diesem Zeitpunkt bekannten Fakten) zunächst geeinigt hat. Weitere Festlegungen über Budgeterweiterungen oder Anpassungen des Feature-Umfanges werden dann einvernehmlich mit allen Stakeholdern getroffen. Dies ist ein Kernelement des agilen Ansatzes. Ist dies nicht möglich, befinden Sie sich in einem sequenziellen Umfeld.

5.7 Aktivitätenzeitplan oder Storyboard – die Grundlage für das Controlling schaffen

Der folgende Abschnitt beschreibt den wohl wichtigsten Schritt in der Kette der Planungsaktivitäten, wenn auch die vorangegangenen nötig waren, um diesen zu ermöglichen. Nun bestimmen wir unseren Kurs, entlang dessen das Projekt gesteuert werden soll. Sequenzielle und agile Methoden unterscheiden sich hier grundlegend, weshalb wir verstärkt auf die verschiedenen Aspekte eingehen werden.

Upfront-Planung vs. iterative Planung

In sequenziellen Vorgehensmodellen ist die Aktivitätenzeitplanung dadurch gekennzeichnet, dass die Ausplanung der Aktivitäten für den gesamten folgenden Zeitraum der eigentlichen Umsetzung vorangestellt ist. Diese sogenannte Upfront-Planung hat den Nachteil, dass die Ungewissheit bei längeren Zeiträumen sehr groß ist. Diesen Nachteil kann man abmildern, indem man die Umsetzung in mehrere Abschnitte aufteilt und jeweils nur für die Teilabschnitte eine kürzere Detailplanung durchführt.

In der Praxis lässt sich dieses Verfahren jedoch nicht immer umsetzen, da es potenziell mit den Interessen plangetriebener Stakeholder kollidiert. Die kompletten Vorteile einer inkrementell, iterativen Arbeitsweise können hier ohnehin nicht genutzt werden, weil die Zyklen noch immer sehr viel länger sind als in agilen Vorgehensmodellen.

5.7.1 Einfluss der Aktivitätenzeitplanung auf das Projektcontrolling

Betrachten wir zunächst den Fall einer sequenziellen Abwicklung. Im Zuge der Aufwandsabschätzung wurden die Arbeitspakete bereits aus dem Projektstrukturplan in unser Planungswerkzeug übertragen und Aktivitäten daraus abgeleitet. Genau diese Aktivitäten geben der Aktivitätenzeitplanung den Namen. Es handelt sich um jene Größen, anhand derer wir den Fortschritt des Projektes auf einer detaillierten Basis sehr genau überwachen können.

Aktivitäten mit kurzer Dauer definieren

An dieser Stelle greifen wir ein wenig vor. Wir wissen bereits, dass Aktivitäten klein genug sein müssen, um möglichst exakte Aufwandsschätzungen zu ermöglichen. Wenn wir einmal auf das Projektcontrolling schauen, entdecken wir einen weiteren, wichtigen Aspekt: Wir benötigen Transparenz hinsichtlich des Fortschritts der einzelnen Aktivitäten. Alle Versuche, den Fortschritt einer Aktivität während ihrer Abarbeitung zu messen, enden unweigerlich in dem Versuch, einen Fertigstellungsgrad prozentual zu erfassen. In den meisten Projektmanagementwerkzeugen kann man im Gantt-Chart zu jeder Aktivität einen Prozentwert für die Fertigstellung angeben. Daran erkennt man, dass dieses Verfahren nicht unüblich ist.

Erfassung des Fertigstellungsgrades

Bei genauerer Betrachtung stellt man allerdings fest, dass die Erfassung des Fertigstellungsgrades nicht nur eine trügerische Sicherheit vorspiegelt, sondern auch Aufwände generiert, die nicht durch einen entsprechenden Nutzen gerechtfertigt sind.

Zu theoretisch? Hier ein Beispiel. Nehmen wir an, wir wollen den Fortschritt einer Aktivität überwachen, die eine Länge von 2 Monaten besitzt. Wir werden also nicht umhin kommen, in regelmäßigen Abständen zu messen, wie weit unsere Aktivität gediehen ist. Falls kein besseres Verfahren existiert – und dies wird der Regelfall sein –, werden wir den Fortschritt beim Bearbeiter erfragen.

Problem Nr. 1: Woher kommt der Wert?

Risiken der prozentualen Fortschrittserfassung

Unglücklicherweise hat auch der Bearbeiter wenig methodische Mittel, eine fundierte Aussage zu treffen. Auf welche Metrik soll er denn seine Aussage stützen? Anzahl geschriebener Zeilen im Vergleich zur Anzahl noch zu schreibender Zeilen? Anzahl implementierter Funktionen im Vergleich zur Anzahl noch zu implementierender Funktionen?

Seien wir ehrlich: Seine Antwort wird nicht auf verlässlichen Zahlen basieren, sondern rein seinem Bauchgefühl entsprechen. Erstens fehlt in der Regel der Vergleichswert (z.B. die Anzahl der zu implementierenden Funktionen). Zweitens kann nicht für jeden Zwischenstand eine Schätzklausur einberufen werden. Drittens wird der Bearbeiter zu einer Aussage genötigt, die eigentlich nicht in sein aktuelles Aufgabengebiet gehört.

Problem Nr. 2: Was bedeutet der Wert?

Nachdem ihm die Pistole auf die Brust gesetzt wurde, nennt der Bearbeiter dem Projektmanager eine Zahl: 50 %. Nur: Was bedeutet 50 % Fertigstellungsgrad? 50 % der Zeit? 50 % der Codezeilen?

Abgesehen davon, haben wir noch immer keine Vorstellung von der zeitlichen Dauer. Schließlich ist nicht gesagt, dass die restlichen 50 % genauso lange wie die ersten 50 % dauern werden. Seien wir ehrlich: Auf dieses Verfahren kann man keine solide Fortschrittsüberwachung aufbauen. Dennoch ist es nur allzu oft gängige Praxis, obwohl durch dieses Verfahren ein problematischer Effekt einsetzt, der sogar einen eigenen Namen besitzt.

Problem Nr. 3: die asymptotische Annäherung

Das 90%-Syndrom

Die Vergangenheit lehrt uns, dass die ersten Aussagen der Bearbeiter meist deutlich optimistischer sind als die, die näher am Ende der Aktivität liegen. Schließlich gewinnt jeder Bearbeiter im Laufe der Zeit immer mehr Einblick in die zu entwickelnde Funktionalität und die möglicherweise damit verbundenen Schwierigkeiten. Gegen Ende heißt es dann: »Ich bin fast fertig!« Leider heißt es nach einer Woche: »Es fehlt nur noch ein ganz kleiner Teil.« usw. usf. Dies führt zu einer asymptotischen Annäherung des prozentualen Fertigstellungsgrades an die 100 %-Marke. Man nennt dies das 90 %-Syndrom.

Der mögliche Ausweg

In sequenziellen Vorgehensmodellen kann eine Lösung als Ausweg dienen, die in agilen Modellen – vor allem in Scrum – zum Standard gehört.

Nur für abgeschlossene Aktivitäten ist der Fertigstellungsgrad bekannt.

Es gibt einen einzigen verlässlichen Messpunkt für den Fertigstellungsgrad einer Aktivität: ihr Ende. Meldet der Bearbeiter, dass die Aktivität abgeschlossen ist, kennen wir ihren konkreten Status: 100 %. Nüchtern betrachtet waren wir bis zu diesem Punkt im Blindflug hinsichtlich ihres Fertigstellungsgrades.

Aktivitäten von wenigen Tagen sind optimal.

Deshalb sollten die Aktivitäten möglichst kurz sein. Dauert die Aktivität 2 Monate, befinden wir uns 2 Monate im Blindflug, ist sie jedoch nur wenige Tage lang, verkürzt sich diese Phase der Unsicherheit drastisch. Zudem bleibt wahrscheinlich noch ausreichend Zeit, um gegenzusteuern, falls die Aktivität über ihr geplantes Ende hinausschießt.[6]

Dauer der Aktivitäten in Scrum

In Scrum ist dieses Verfahren manifestiert. Hier wird eine Länge der Aktivitäten (hier Tasks) auf einige Stunden bis wenige Tage festgesetzt. Der Schaden bei einer Fehlplanung bleibt sehr gering.

Fazit

Die Länge einer Aktivität ist also entscheidend und macht uns das Leben leichter, wenn es um die Messung des Projektfortschritts auf Aktivitätenebene geht.

Dieser Exkurs in das nachfolgende Kapitel 6 war notwendig, weil in dem Schritt der Aktivitätenzeitplanung sonst Probleme geschaffen würden, die dann während des Projektcontrollings ausgebadet werden müssten.

5.7.2 Die Anordnung der Aktivitäten über die Zeit

Wir erinnern uns: Am Anfang des Kapitels wurde davon gesprochen, dass die Meilensteine gemeinsam mit den »weiteren Planungsdaten« dokumentiert und verknüpft werden müssen. Gemeint waren die Aktivitäten, die wir nun in eine zeitliche Reihenfolge bringen müssen. Außerdem müssen wir die Abhängigkeiten zwischen den Aktivitäten festlegen (man spricht von der »Anordnungsbeziehung«) und sie mit den Meilensteinen verknüpfen. Die Rede ist hier von der Aktivitätenzeitplanung.

6. Allerdings darf die Aktivität nicht auf einem kritischen Pfad liegen, denn dann verschiebt sich zwangsläufig der Endtermin des Projektes. Dieses Thema werden wir später noch einmal aufgreifen.

Die zeitliche Anordnung der Aktivitäten folgt einer Reihe von Kriterien. Zunächst ergibt sich eine zwingende Reihenfolge über die Priorität der Arbeitspakete aus dem Projektstrukturplan. Über die Meilensteine wird festgelegt, welche Features oder Komponenten zu den Inhalten der Meilensteintermine gehören. Dies ist in sequenziell durchgeführten Projekten immer der Fall. Auch in agilen Vorgehensmodellen ist die Releaseplanung die wichtigste Vorgabe, die wir für die Anordnung der Stories im Product Backlog haben.

Kriterien für die zeitliche Anordnung von Aktivitäten

Des Weiteren ergeben sich zwingende Abhängigkeiten zwischen den Arbeitspaketen sowie innerhalb eines Paketes unter den Aktivitäten. Es ist leicht einzusehen, dass der erste Stock eines Hauses nicht gebaut werden kann, bevor das Erdgeschoss fertiggestellt wurde. Schließlich nehmen äußere Randbedingungen Einfluss auf die Anordnung eines Arbeitspaketes und seiner Aktivitäten, wenn zum Beispiel auf Zulieferungen durch den Auftraggeber (sogenannte »Beistellungen«) gewartet werden muss oder benötigte Mitarbeiter erst zu einem festgelegten Zeitpunkt zur Verfügung stehen.

Aktivitätenzeitplanung in sequenziellen Projekten

Sequenzielle und agile Vorgehensmodelle unterscheiden sich in einem wesentlichen Punkt: Während in agilen Vorgehensmodellen keine Angaben darüber gemacht werden müssen, welcher Art die Anordnungsbeziehungen sind, werden in Gantt-Charts verschiedene Möglichkeiten dokumentiert.

Ende-Anfang-Beziehung

Die wichtigste und am häufigsten genutzte ist die sogenannte Normalfolge oder auch Ende-Anfang-Beziehung. Hier kann die nachfolgende Aktivität erst gestartet werden, wenn die in der Abhängigkeit vorangestellte beendet wurde. In einem Balkendiagramm wird dann der Pfeil vom Ende der vorangestellten Aktivität an den Anfang der folgenden zeigen.

Ende-Ende- und Anfang-Anfang-Beziehung

Weitere Beziehungen können die Endfolge sein, bei der mehrere Aktivitäten zum gleichen Zeitpunkt enden müssen, sowie die Anfangsfolge, die markiert, dass mehrere Aktivitäten zum gleichen Zeitpunkt starten müssen.

Abbildung 5–10 zeigt einen Ausschnitt aus dem Aktivitätenzeitplan unseres Fallbeispiels. Alle Aktivitäten, die für das Arbeitspaket GPU1 identifiziert wurden, sind nun in die richtige Reihenfolge gebracht. Fast alle befinden sich in der Normalfolge, bis auf die beiden Implementierungen, die gleichzeitig starten können, da offensichtlich zwei Mitarbeiter gleichzeitig eingesetzt werden können. Sie starten abhängig vom Design in einer Anfangsfolge. Die Abbildung veranschaulicht auch, dass die Entwicklungsumgebung unabhängig von allen anderen Aktivitäten eingerichtet werden kann, während bis zum Beginn der Implementierungen noch die Anforderungen abgeleitet werden müssen und das Design erstellt werden muss.

Es wäre noch möglich gewesen, den Start der beiden Implementierungen auch von der Fertigstellung der Entwicklungsumgebung abhängig zu machen. Allerdings kann die Darstellung im Gantt-Chart durch die vielen Pfeile auch sehr unübersichtlich werden. Sobald sich jedoch die Entwicklungsumgebung verzögert, sollte die fehlende Beziehung nachgetragen werden.

Abb. 5–10
Anordnung der Aktivitäten

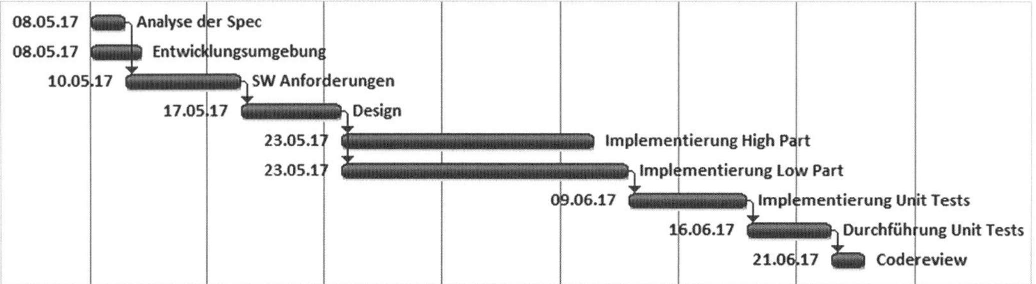

Automatische Berechnung der Start- und Endtermine

Abbildung 5–10 zeigt auch, wie sich die Start- und Endtermine der Aktivitäten aus ihren Abhängigkeiten ergeben. Sollte sich die Anforderungsanalyse länger als erwartet hinziehen, verschiebt sich automatisch der Beginn des Designs. Hier zeigt sich der große Vorteil von Projektmanagementsoftware, die solche Verschiebungen automatisch berechnet. Generell sollte die Aktivitätenzeitplanung leicht anpassbar sein.

Einfluss der Verfügbarkeit von Ressourcen

Wie bereits erwähnt, ist die Verfügbarkeit von Mitarbeitern ein wichtiger Parameter für die Anordnung der Aktivitäten. Selbstverständlich kann eine Aktivität erst starten, wenn sichergestellt ist, dass der zugehörige Experte zur Verfügung steht. Streng genommen können natürlich auch andere Ressourcen zu Abhängigkeiten oder gar Engpässen führen. Mitarbeiter sind jedoch mit Abstand die wichtigsten Ressourcen in Softwareprojekten, da sie die Aktivitäten durchführen.

Im Falle der Implementierungen in unserem Beispiel sehen wir, dass diese Anordnung nur gewagt werden konnte, da offensichtlich zwei Mitarbeiter zur Verfügung stehen. Ebenso wird die Einrichtung der Entwicklungsumgebung parallel zur Analyse der Spezifikation und zur Ableitung der Softwareanforderungen möglich sein.

Die Aktivitätenzeitplanung ist erst dann abgeschlossen, wenn im Balkendiagramm vollständig dokumentiert ist, welche Abhängigkeiten identifiziert wurden und wie sie berücksichtigt wurden.

Aktivitätenzeitplanung in agilen Projekten

Abbildung 5–10 stellt eine typische Aktivitätenzeitplanung in sequenziellen Projekten dar. In agilen Projekten wird die Reihenfolge der Stories im Product Backlog in erster Linie vom Product Owner anhand der Priorität festgelegt. Die Zuordnung zu bestimmten Releases spielt dabei eine entscheidende Rolle. Technische Abhängigkeiten der Stories untereinander werden in Zusammenarbeit mit dem Team aufgelöst.

Unterschiede zu sequenziellen Projekten

Schon die Aufwandsabschätzung läuft in agilen Projekten anders ab als in sequenziellen. Die Stories werden vom Team lediglich grob im Zuge der Releaseplanung geschätzt. Die Detailplanung findet dann immer zu Beginn des Sprints im Sprint Planning I statt. Dort legt das Team fest, welche Tasks im Sprint umgesetzt werden sollen. Es gibt also keine vorab erstellte Aktivitätenzeitplanung. Stattdessen wird das Projekt über die Priorisierung gesteuert. Da das Team das Product Backlog priorisiert abarbeitet, können kritische Bestandteile frühzeitig bearbeitet werden.

Planung am Taskboard

Agile Projekte nutzen andere Werkzeuge als sequenzielle Projekte. Hier wird die Sprint-Planung mittels Taskboard durch das ganze Team transparent gemacht. Für jeden Task existiert eine Karte, die von dem zugeordneten Teammitglied einen neuen Status erhält, indem sie weitergesetzt wird. Dieses Verfahren ist sowohl haptisch an der Wand wie auch in Softwaretools verfügbar, die das Verfahren der Zettel an der Wand simulieren. Auf diese Weise werden unnötige Aufwände für Umplanungen vermieden, die bei einer Upfront-Planung die Regel sind.

Definition
Tasks

Tasks

Aktivitäten in agilen Vorgehensmodellen, die vom Team zu Beginn einer Iteration aus den User Stories abgeleitet werden.

Die Frage der Mitarbeiterverfügbarkeit stellt sich in agilen Modellen im Normalfall nicht. Während in sequenziellen Modellen eine Strategie nachgewiesen werden muss, die sicherstellt, dass die geeigneten Ressourcen zum richtigen Zeitpunkt verfügbar sind, geht Scrum von stabilen Teams aus, die während der gesamten Abwicklung zur Verfügung stehen. Dies ist ein wichtiger Aspekt und hat übrigens noch weitere Vorteile. Einmal eingespielt, können sich stabile Teams voll auf die gestellte Aufgabe konzentrieren und eine beachtliche Dynamik entwickeln.

Verbreitete Fehler

Fehler Nr. 1: Mitarbeiter mit 100 % einplanen

Ein verbreiteter Fehler bei der Aktivitätenzeitplanung besteht darin, den Aufwand einer Aktivität automatisch mit ihrer Dauer gleichzusetzen. Das kann nur theoretisch funktionieren, wenn der Mitarbeiter jeden Tag Vollzeit am Stück an der ihm zugewiesenen Aktivität arbeiten würde. Da es jedoch auch Mitarbeiter mit Teilzeitvereinbarung gibt und Mitarbeiter nicht immer die komplette Arbeitszeit an der Aktivität arbeiten können, wird es hier Abweichungen geben.

Denken Sie bitte daran, dass Mitarbeiter in Besprechungen sitzen, Ruhepausen brauchen und teils auch an administrativen Tätigkeiten beteiligt sind. In der Praxis hat es sich bewährt, selbst im Idealfall maximal 80 % der verfügbaren Arbeitszeit zu verplanen.

Fehler Nr. 2: mehrere parallele Aktivitäten pro Mitarbeiter einplanen

In sequenziellen Modellen muss ein weiterer, wichtiger Aspekt berücksichtigt werden. Projektmanagementwerkzeuge lassen die Angabe einer prozentuellen Beteiligung eines Mitarbeiters an einer Aktivität zu. Auf diese Weise kann man dokumentieren, dass der Mitarbeiter entweder gleichzeitig an mehreren Aktivitäten im Projekt arbeitet oder dem Projekt nur zu einem gewissen Prozentsatz zur Verfügung steht. Letzteres wird oft als gottgegeben hingenommen, obwohl es dafür in der Regel einen Ausweg gibt. Ersteres kann man durchaus als schweren handwerklichen Fehler bezeichnen.

Wenn ein Mitarbeiter mehrere Aktivitäten gleichzeitig durchführen muss – sei es im gleichen, sei es in unterschiedlichen Projekten –, kommt es zu Kontextsprüngen. Dass Kontextsprünge bei Tätigkeiten problematisch sind, ist hinlänglich bekannt und wird auch von niemandem bezweifelt. Dennoch werden regelmäßig Mitarbeiter gleichzeitig mehreren Aktivitäten zugeordnet.

Hier wird eine trügerische Sicherheit vorgegaukelt, da der Plan den Eindruck erweckt, dass mehrere Aktivitäten gleichzeitig abgeschlossen werden können. Nüchtern betrachtet werden die Aktivitäten aufgrund der Kontextsprünge in Summe jedoch später fertig, als wenn sie vom gleichen Mitarbeiter nacheinander bearbeitet würden.

Oft genug schleichen sich die oben genannten Fehler deshalb ein, weil dadurch ursächliche Probleme kaschiert werden können.

Empfohlene Aufteilung

Es gibt Aktivitäten, die prinzipiell von mehreren Mitarbeitern durchgeführt werden müssen. Nehmen wir nur das Beispiel eines Codereviews, an dem drei Personen beteiligt sind (siehe Abb. 5–11).

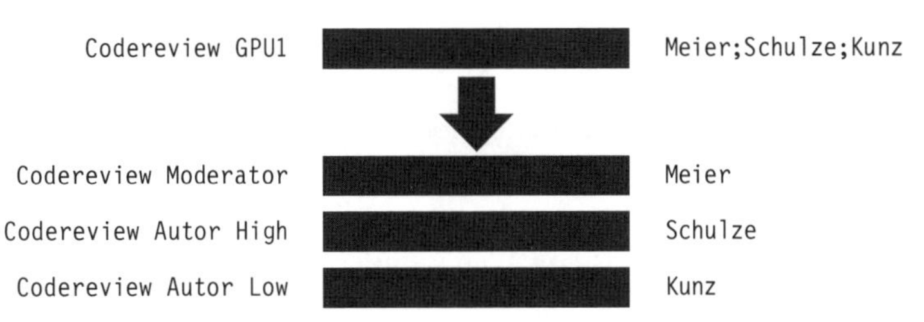

Abb. 5–11
Pro Mitarbeiter eine Aktivität

Wenn sich drei Mitarbeiter eine Aktivität teilen, fehlen dem Projektmanager wichtige Informationen. Woran hat es gelegen, dass die Aktivität »Codereview GPU1« nicht rechtzeitig fertig wurde? Wie hätte man gegensteuern können? Wenn jeder Mitarbeiter seine eigene Aktivität hat, hätte man erkennen können, dass der Moderator noch durch eine andere Aktivität aufgehalten wurde, und ihn vielleicht sogar rechtzeitig ersetzen können. Es ergibt sich somit ein völlig anderes Bild der Projektverlaufs.

Grundlage für späteres Projektcontrolling

Bitte bedenken Sie, dass die Arbeiten, die in der Aktivitätenzeitplanung investiert werden, dem späteren Projektcontrolling dienen. Doch wie will man den Fortschritt von Aktivitäten bewerten, die nur zu einem gewissen Prozentanteil bearbeitet werden? Wer kann garantieren, dass dieser prozentuelle Anteil eingehalten wird? Deshalb sollten immer folgende goldene Regeln eingehalten werden:

Goldene Regeln

> Immer nur eine Aktivität pro Mitarbeiter im gleichen Zeitraum!
> und
> Pro Aktivität nur ein Mitarbeiter!

Leider wird von dieser Empfehlung sehr oft abgewichen, woraus regelmäßig Probleme oder gar eklatante Abweichungen resultieren. Sollten Sie dennoch in die Versuchung kommen, gegen diese goldenen Regeln zu verstoßen, suchen Sie das eigentliche Grundübel.

Umgang mit anteilig zugewiesenen Mitarbeitern

Steht ein Mitarbeiter einem Projekt nur anteilig zur Verfügung, gibt es eine bessere Möglichkeit, als ihn mit dem gleichen Prozentsatz einer Aktivität zuzuordnen. Auch hier entsteht das Problem dadurch, dass dem Grundübel nur ausgewichen wird.

Anteilig muss ja nicht heißen, dass er jeden Tag nur drei Stunden zur Verfügung steht. Es könnte auch bedeuten, dass er in unserem Projekt zunächst seine Aktivität abschließt, die nur wenige Tage dauert, und danach im zweiten Projekt eine andere Aktivität Vollzeit bearbeitet.

Fehlende Mitarbeiter trotz Zusage

Ein Problem bleibt jedoch bestehen, weshalb diese Aufteilung zwischen Projekten ebenfalls nicht wirklich zufriedenstellend ist und wann immer möglich vermieden werden sollte. Wie kann sich der Projektmanager darauf verlassen, dass der ihm zugesagte Anteil eingehalten wird? Die Praxis zeigt, dass dies eben oft nicht der Fall ist, weil im anderen Projekt die Wüste brennt oder der Mitarbeiter für seine Arbeiten noch Zeit braucht.

Wie gesagt: Es geht hier um sequenzielle Vorgehensmodelle. Agilität schreibt stabile Teams vor. Wen wundert es?

5.7.3 Der kritische Pfad

Die Aktivitätenzeitplanung ist ein iterativer Prozess. Meist stellt sich nämlich heraus, dass nach der Anordnung der Aktivitäten Endtermine ausgerechnet werden, die nicht mit der Meilensteinplanung vereinbar sind. In diesem Fall muss die Planung optimiert werden. Vielleicht kann man ja mit der Testspezifikation beginnen, während die Implementierung noch läuft? Selbstverständlich benötigt man dann einen weiteren Mitarbeiter im Projekt. Eventuell kann man auch Aktivitäten aufbrechen und Zwischenlieferungen definieren, die zwar in Summe die ursprüngliche Aktivität verlängern, jedoch die Abhängigkeiten entschärfen.

Risiken bei maximal komprimierter Planung

Besteht die Möglichkeit, dass Aktivitäten direkt aneinandergereiht werden können (da keine weiteren Einschränkungen existieren), erhält man einen sehr dichten und maximal komprimierten Aktivitätenzeitplan. Optimaler geht es nicht, und leider auch nicht risikoreicher!

Dies ist vor allem dann gefährlich, wenn die Kette der Aktivitäten direkt an einen Meilenstein stößt. Kommt es bei einer der Aktivitäten zu Verzögerungen, muss damit gerechnet werden, dass der Meilenstein »überrannt« wird. Derartige Konstellationen ergeben sich zuweilen, müssen dann aber neu bewertet werden. Wir sprechen hier von einem Risiko – und Risiken müssen im Projektmanagement immer minimiert oder, besser noch, ganz beseitigt werden.

In jedem Fall ist ein Pfad, der ohne Lücken zwischen den Aktivitäten an einem Meilenstein endet, ein Alarmzeichen. Hier wurde auf Kante genäht und dies hoffentlich nicht aus unvermeidbaren Gründen, denn sonst herrscht, zumindest in diesem Abschnitt des Projektes, eine Schieflage. Derartige Pfade müssen entspannt werden können, indem ausreichende Pufferzeiten zwischen den Aktivitäten existieren. Andernfalls sprechen wir hier von einem »kritischen Pfad«.

Kritischen Pfad bestimmen und entspannen

Haben wir mehrere parallele Pfade im Projekt, ist einer davon der kritische Pfad. Es ist der Pfad mit dem geringsten Puffer, der den Endtermin des Projektes bestimmt. Aktivitäten auf diesem Pfad bedürfen besonderer Beobachtung, um Probleme frühzeitig aufzudecken und gegensteuern zu können.

Kritische Pfade können entspannt werden, wenn ausreichende Ressourcen zur Verfügung stehen. Kann die Anzahl der Mitarbeiter nicht erhöht werden, beispielsweise um Aktivitäten zu parallelisieren, sollte ernsthaft darüber nachgedacht werden, Arbeitspakete in den nächsten Meilenstein zu verschieben. Ist auch dies nicht möglich, müssen wir mit dem Risiko leben. Gut ist das jedoch nicht, denn unverhofft kommt oft!

5.7.4 Die Personaleinsatzplanung

Parallel zum Aktivitätenzeitplan entsteht die Personaleinsatzplanung, die je nach Projekt informell oder formal festgelegt wird. Im sequenziellen Umfeld werden die Mitarbeiter üblicherweise im Gantt-Chart den Aktivitäten zugeordnet (siehe Abb. 5–11). In agilen Projekten steht das Team fest und die Teammitglieder schreiben allenfalls ihren Namen auf die Taskkarte am Scrum-Board. Ob und wie die Personaleinsatzplanung dokumentiert wird, richtet sich auch nach der Größe und Komplexität des Projektes und dem Umfeld.

Speziell bei einer (sequenziellen) Upfront-Planung sind Aktivitätenzeitplanung und Personaleinsatzplanung eng miteinander verwoben und finden zeitgleich statt. Der Projektmanager muss wissen, wie viele Mitarbeiter mit welcher Qualifikation ihm von wann bis wann und in welchem Umfang zur Verfügung stehen, um die Aktivitäten in eine sinnvolle zeitliche Reihenfolge bringen zu können. Umgekehrt muss er wissen, welche Aktivitäten wann durchgeführt werden sollten, um überhaupt in der Personalabteilung nach geeigneten Mitarbeitern fragen zu können.

Schwankungsarmer Verlauf

Prinzipiell sollten Mitarbeiter möglichst nur in einem Projekt zur gleichen Zeit arbeiten und diesem möglichst konstant zur Verfügung stehen, da jeder Kontextwechsel Zeit kostet. In sequenziellen Projekten ist dieser »schwankungsarme Verlauf« jedoch kein Selbstzweck. Der Einsatz der Ressourcen kann sich auch am geplanten Feature-Hub orientieren, wenn dies nicht umgekehrt möglich ist.

Ansonsten gilt es, die verbreiteten Fehler zu vermeiden, die wir bereits in Abschnitt 5.7.2 diskutiert haben.

5.8 Der transparente Verlauf der Kosten

Manche Stakeholder haben ein berechtigtes Interesse daran, den voraussichtlichen Verlauf der im Projekt entstehenden Kosten zu kennen. Auch hier gilt der Grundsatz, dass ein solides Monitoring Überraschungen vorbeugt. Wer erschrickt, wenn es zu spät ist, hat nicht sauber gearbeitet. Aus diesem Grund sollte der Projektmanager einen sogenannten Kostenplan pflegen.

Kostenplanung in sequenziellen Projekten

In sequenziellen Vorgehensmodellen erhalten wir durch die Vorarbeiten zu diesem Schritt ein schönes Geschenk. Es liegen uns nämlich alle Informationen vor. In der Aktivitätenzeitplanung sind alle Aktivitäten über die Zeit angeordnet geplant. Zu jeder dieser Aktivitäten kennen wir den Aufwand und über die Dauer können wir ablesen, welche Aufwände in welchem Zeitraum geleistet werden. Daraus ergibt sich automatisch ein ansteigender Kostenverlauf über die Zeit, wenn die Aufwände kumuliert und mit den Stundensätzen multipliziert werden.

Der so erstellten Kurve kann man entnehmen, ob die zu erwartenden Kosten mit der Budgetplanung noch übereinstimmen. Werden Abweichungen erkannt, kann diesen begegnet werden. Wir nennen dies die »Kostenverfolgung«.

Grundlegend anderer Ansatz in agilen Projekten

In agilen Projekten ist die Sachlage eine andere. Agile Projekte starten häufig mit einem Budget, das auf beim Start bekannten Annahmen beruht. Die beteiligten Partner müssen sich darüber einig sein, dass im Zweifelsfall entweder das Budget neu bewertet werden muss oder Einschränkungen bei den eingangs geplanten Features erforderlich sein können.

Kostenplanung in agilen Projekten

Trotz dieses grundlegend anderen Ansatzes existiert auch in agilen Projekten eine Grundlage für die Kostenverfolgung. Die im Backlog vorliegenden Stories werden vom Team regelmäßig hinsichtlich ihrer Qualität und des zu erwartenden Aufwands bewertet. Dadurch ergibt sich eine grobe Schätzung, die bei erfahrenen Teams und bekannter Technologie recht gute Werte liefern kann, obwohl die Stories üblicherweise recht grob formuliert sind.

Ist die Team-Velocity bekannt, also die Summe der Aufwände, die ein Team typischerweise pro Sprint schafft, kann vorausgesagt werden, in welchem Sprint welche Stories erledigt werden und welche Aufwände damit verbunden sind. Die Kosten ergeben sich dann aus den Aufwänden der Stories wiederum multipliziert mit den Stundensätzen. Abbildung 5–12 zeigt exemplarisch die Kostenverfolgung in agilen Projekten. Aus der Abbildung wird auch deutlich, dass pro Sprint ca. 20.000 Euro benötigt werden, für Sprint 6 jedoch nur noch 5.000 Euro zur Verfügung stehen.

errechnetes Restbudget	Product Backlog		
	Story	**Aufwand**	
100.000,-	Story 1	5	Sprint 1
	Story 2	8	
	Story 3	3	
	Story 4	1	
	Story 5	5	
80.000,-	Story 6	8	Sprint 2
	Story 7	13	
62.000,-	Story 8	2	Sprint 3
	Story 9	8	
	Story 10	5	
	Story 11	3	
41.000,-	Story 12	20	Sprint 4
	Story 13	8	
20.000,-	Story 14	3	Sprint 5
	Story 15	1	
	Story 16	8	
5.000,-	Story 17	13	Sprint 6
	Story 18	5	
	Story 19	20	

Abb. 5–12
Kostenverfolgung in agilen Projekten

5.9 Der Projektplan entsteht

Die beschriebenen Projektplanungsschritte finden in einer sehr frühen Phase des Projektes statt. Was hier entstanden ist, bringt nicht nur Klarheit über das weitere Vorgehen und die Rahmenbedingungen des Projektes, sondern liefert auch eine ganze Reihe wichtiger Dokumente, in denen die Ergebnisse festgehalten wurden.

Verschiedene Dokumente halten das Wissen fest.

Vom Meilensteinplan über den Projektstrukturplan, den Nachweisen der Aufwands- und Kostenschätzungen bis hin zum Aktivitätenzeit- und Kostenplan wurden hier unsere Strategien und ihre Ergebnisse dokumentiert. Auch die Projektdefinition hält hier Einzug.

All diese Dokumente sind nicht nur zum Erstellungszeitpunkt wichtig. Sie bleiben es während der gesamten Projektlaufzeit, ja sogar darüber hinaus, denn sie dokumentieren Entscheidungen. Es sind Informationen hinterlegt, die uns helfen, Erfahrungen weiterzutragen, damit zukünftige Arbeiten auf den Ergebnissen des laufenden Projektes aufbauen können.

Alle diese Dokumente müssen zentral gesammelt und verwaltet werden, um die Verfügbarkeit sicherzustellen. In welcher Form dies geschieht, ist zweitrangig. Wichtig ist jedoch, dass eine zentrale Referenz auf die gesammelten Dokuments existiert. Es kann sich dabei um eine einfache Datei oder um einen Artikel im Dokumentenmanagementsystem handeln.

Projektplan/ Projekthandbuch

Diese Referenz nennen wir Projektplan oder landläufig auch Projekthandbuch. Hier sind alle Entscheidungen und Erkenntnisse gesammelt – entweder direkt oder als Verweis auf die geltenden Dokumente. Nun können die Dokumente auch auf ihre Konsistenz und Übereinstimmung geprüft und ggf. aktualisiert werden. Letztendlich stellt diese Sammlung die Grundlage für alle Aspekte der späteren Projektverfolgung dar.

Der Projektplan ist nach der Planungsphase nicht abgeschlossen. Mit jedem Schritt im Projekt werden alle neuen Dokumente angehängt und getroffene Entscheidungen so dokumentiert. Insbesondere werden weitere Planungsdokumente wie z.B. der Software-Qualitätssicherungs-Plan, der Risikomanagementplan und andere hinzukommen.

Kommunikationsplan

Der Projektplan sollte auch die Kommunikation innerhalb des Projektes sowie nach außen regeln. Dies kann zwar auch informell geschehen (beispielsweise als Beschluss in einer Besprechung), sollte aber auf jeden Fall schriftlich festgehalten werden – idealerweise in in Form eines Kommunikationsplans, der wiederum im Projektplan enthalten ist.

Management des Projektplans

Ganz offensichtlich ist der Projektplan ein extrem wichtiges Dokument. Daher sollte er einem Review unterzogen und formal genehmigt werden. Außerdem muss er allen Betroffenen bekannt sein und bei Bedarf zur Verfügung stehen. Da er permanent fortgeschrieben wird, muss er im Konfigurationsmanagement erfasst sein. Schließlich sollen alle mit der aktuell gültigen Version arbeiten.

5.10 Zusammenfassung

In diesem Kapitel wurden die einzelnen Planungsschritte erläutert. Je nach Vorgehensmodell unterscheiden sich diese teilweise deutlich. Abbildung 5–13 zeigt noch einmal einen Überblick über die Gemeinsamkeiten und Unterschiede bei sequenziellen und agilen Vorgehensmodellen.

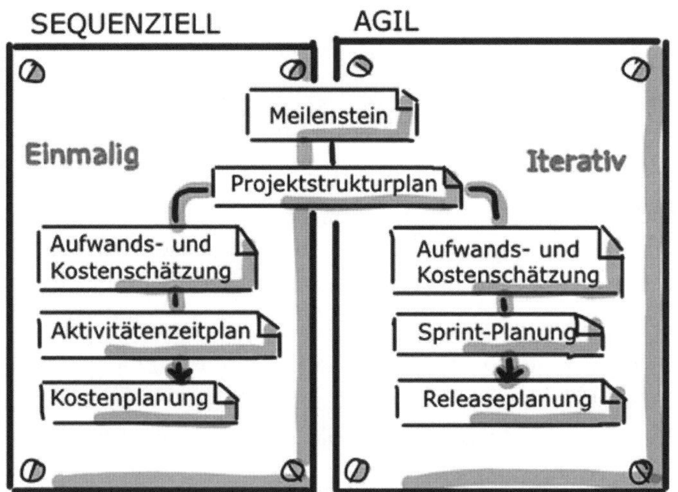

Abb. 5–13
Übersicht über die Planungsschritte abhängig vom Vorgehensmodell

Während in sequenziellen Projekten eine Upfront-Planung erfolgt, existiert in agilen Projekten keine komplette Zeitplanung. Dennoch sind agil durchgeführte Projekte eher transparenter und risikoärmer, da schnell und unkompliziert auf Änderungen und Abweichungen reagiert werden kann.

5.11 Übungsaufgaben

1. Nennen und erklären Sie drei wesentliche Aktivitäten der Projektplanung.
2. Erklären Sie, welche Aspekte und Zusammenhänge innerhalb von Meilensteinplänen dargestellt werden.
3. Skizzieren Sie einen Projektstrukturplan für unser Fallbeispiel.
4. Erklären Sie anhand eines selbstgewählten Beispiels, worum es sich bei nicht funktional begründeten Lieferobjekten handelt.
5. Erklären Sie, wie auf den Projektstrukturplan in späteren Planungsaktivitäten zurückgegriffen werden könnte.
6. Erklären Sie den Unterschied zwischen Aufwands- und Kostenschätzungen. Welche Verbindung besteht zwischen den beiden?
7. Erklären Sie an einem selbstgewählten Beispiel, wann sich der Einsatz von Größenschätzungen anbietet.
8. Erklären Sie, unter welchen Umständen Expertenschätzungen angewendet werden.
9. Nennen Sie verschiedene Methoden der Expertenschätzung und beschreiben Sie den groben Ablauf einer der Methoden.

10. Ein wesentlicher Grundsatz für erfolgreiche Expertenschätzungen ist das Einholen mehrerer Meinungen. Nennen Sie weitere Regeln für eine erfolgreiche Expertenschätzung.
11. Erklären Sie die Methodik der Analogieschätzung und unter welchen Umständen diese eingesetzt werden sollte.
12. Nennen Sie verschiedene Arten von Analogieschätzungen.
13. Eine der fortgeschrittenen Schätzmethoden nennt sich COCOMO-Modell. Nennen Sie eine weitere fortgeschrittene Schätzmethode.
14. Erklären Sie, welchen Einfluss Schätzungen auf die Projektkostenermittlung haben. Welche Herausforderung ergibt sich in diesem Zusammenhang?
15. Nennen und erklären Sie Vorteile, die sich durch den Einsatz eines Aktivitätenzeitplans ergeben.
16. Nennen Sie verschiedene Arten der Personaleinsatzplanung.
17. Erklären Sie den Zusammenhang, der zwischen der Projektplanung, der Meilensteinplanung und der Projektkontrolle besteht.
18. Welche Grundregeln für eine erfolgreiche Aktivitätenzeitplanung gibt es? Beschreiben Sie eine davon näher.
19. Erklären Sie, welche Besonderheiten in der Aktivitätenzeitplanung in sequenziellen Vorgehensmodellen zu beachten sind.
20. Erklären Sie, welche Besonderheiten in der Aktivitätenzeitplanung in agilen Vorgehensmodellen zu beachten sind.
21. Erklären Sie, wie sich die Kostenplanung in unterschiedlichen Vorgehensmodellen unterscheidet.
22. Nennen Sie Inhalte, die Sie im Rahmen eines Projektplans definieren.

6 Projektumsetzung und -controlling

6.1 Der Sinn des Projektcontrollings

Nachdem alle Aktivitäten der Projektinitiierung und der Projektplanung erfolgreich durchgeführt wurden, treten wir nun endlich in die Phase der eigentlichen Projektumsetzung ein. Hier werden alle Aufgaben, die in früheren Phasen identifiziert und geplant wurden, in die Tat umgesetzt. In Softwareprojekten handelt es sich hierbei nicht nur um die Implementierung und den Test des Softwareproduktes, sondern auch um die Erstellung aller Qualitätsnachweise, Berichte und Lieferungen. All dies wird durch das Projektcontrolling erfasst und gesteuert.

Es gilt, effizient und möglichst geschmeidig den Projektstand zu ermitteln, Abweichungen von der Planung festzustellen und geeignete Maßnahmen einzuleiten, um auf den Weg zurückzukehren, der in der Planung abgesteckt wurde. Unter Umständen muss jedoch auch die Planung angepasst werden, falls sich der Istzustand als nicht akzeptabel erweist.

Projektcontrolling ist die Kernaufgabe des Projektmanagers.

Das Projektcontrolling kann ohne Weiteres als die Kernaufgabe des Projektmanagers bezeichnet werden, denn keine andere Aufgabe erfordert über eine derart lange Zeitstrecke so viel Aufwand wie diese. Selbst wenn er an allen Schritten der Projektinitiierung, der Projektplanung und später des Projektabschlusses beteiligt ist, werden diese sicherlich in Summe nur einen Bruchteil des gesamten zeitlichen Aufwandes ausmachen. Alles andere wäre ein eindeutiger Indikator für eine Schieflage, weil es bedeuten würde, dass die Planung länger dauert als die Durchführung des Projektes.

Primäres Ziel ist, das Projekt hinsichtlich Zeitplan, Umfang und Budget erfolgreich abzuschließen. Weitläufig auch unter dem Begriff »in time and budget« etabliert, steckt dieses Ziel die wichtigste und finale Wegmarke für unser Projekt. Sie zu erreichen ist die Aufgabe des Projektmanagers schlechthin.

Die Früchte der Planung

Dank der Projektplanung haben wir alle Mittel und Voraussetzungen in der Hand, um erfolgreich zu sein. Sie liefert uns die erforderlichen Informationen, die es uns ermöglichen, festzustellen, wo wir uns mit dem Projekt befinden und welche Maßnahmen nötig sind, um aktiv in die richtige Richtung zu steuern. Wir haben bereits im vorangegangenen Kapitel eindringlich betont, wie bedeutsam die Planung für das nachfolgende Projektcontrolling ist. Selbst ein in spürbarer Distanz liegendes Ziel kann verfehlt werden, wenn sich niemand vorab die Strecke zurechtgelegt hat.

Leider erfolgt die Projektumsetzung üblicherweise nicht in einem geschützten Umfeld. Projekte unterliegen den unterschiedlichsten Unwägbarkeiten und Herausforderungen. Was in sequenziell angelegten Projekten eingangs geplant wurde, wird so gut wie nie in voller Gänze eintreffen. Darauf eingestellt zu sein, dass es in jedem Bereich unseres Projektes zu nicht vorhergesehenen Veränderungen kommen kann, macht den guten Projektmanager aus – diese Situationen auch beherrschen zu können, ohne aus der Bahn geworfen zu werden, den erfahrenen.

Es war eine der Antriebsfedern der Entwicklung agiler Methoden, mit eben diesen Unwägbarkeiten umzugehen. Daher werden wir – ebenso wie im vorangegangenen Kapitel zur Projektplanung – die Unterschiede zwischen sequenziellen und agilen Modellen betonen. Tatsächlich treten die verschiedenen Merkmale auch im Projektcontrolling deutlich zutage. Wir zeigen jedoch auch, wie agile Vorgehensweisen auch in sequenziellen Methoden Anwendung finden können.

6.2 Umsetzung in verschiedenen Umfeldern

Während das Team an der Umsetzung des Projektes arbeitet, hat der Projektmanager hauptsächlich eine Aufgabe: den Überblick behalten. Agile und sequenzielle Vorgehensmodelle geben unterschiedliche Antworten darauf, wie dies erreicht werden kann.

Während sequenzielle Vorgehensmodelle sich dadurch charakterisieren, dass die Planungsaktivitäten vor der Projektumsetzung stattfinden, setzen agile Vorgehensmodelle bekanntermaßen auf den iterativ inkrementellen Ansatz.

Herausforderungen der Upfront-Planung

Eine Upfront-Planung vor der Umsetzung erfordert nicht nur Zeit und Aufwand, sondern auch die Kenntnis der Qualifikation und das Vertrauen in die zugesagte Verfügbarkeit der identifizierten Mitarbeiter über den gesamten Planungszeitraum. Keines der etablierten sequenziellen Vorgehensmodelle legt hierzu Regeln fest, wie dies erreicht werden kann. Agile tun dies sehr wohl.

Der Zeitpunkt und die Art, wann die jeweils benötigten Mitarbeiter dem Projekt zur Verfügung stehen und wie dies erreicht wird, unterscheidet sich somit eklatant in beiden Welten.

Definition
Push-Systeme

Push-System

In einem Push-System werden die Mitarbeiter während der Planung am Projektanfang den Aktivitäten zugewiesen. Sequenzielle Vorgehensmodelle sind Push-Systeme.

Sie bleiben auch Push-Systeme, wenn dies in Abstimmung mit den beteiligten Mitarbeitern geschieht und mit ihnen abgesprochen ist, denn die Zuweisung zum Planungszeitpunkt macht Push-Systeme aus.

Um in sequenziellen Vorgehensmodellen den Überblick behalten zu können, ist es die Aufgabe des Projektmanagers, den Grad der Fertigstellung auf Aktivitätenebene zu erfassen und zu dokumentieren. Sobald Abweichungen erkannt werden, die sich als gravierend herausstellen, muss die Planung aktualisiert werden.

Jede notwendig gewordene Umplanung – sei es aufgrund von Änderungen, Mehraufwänden oder einer unerwarteten, temporären bzw. dauerhaften Abwesenheit eines Mitarbeiters – macht die bereits geleisteten Aufwände für die Planung der betroffenen Aktivitäten in großen Teilen hinfällig. In minder schweren Fällen kann dies spürbare Aufwände erzeugen, im Extremfall ein Projekt in schwere Turbulenzen stürzen. Nichtsdestotrotz befinden wir uns in einem plangetriebenen Umfeld. Daher müssen wir auf diese Art von »bösen Überraschungen« gefasst sein und damit umgehen können.

Im agilen Umfeld sieht dies anders aus. Hier gibt es Regeln für den Aufbau der Teams und den Einsatz der Mitarbeiter. Agile Vorgehensmodelle – allen voran Scrum – sprechen von stabilen Teams. Während sequenzielle Vorgehensmodelle es erlauben, dass Mitarbeiter einem Projektteam je nach Bedarf beitreten und es wieder verlassen, ist dies in agilen Modellen nicht gewollt.

Agile Vorgehensmodelle sind Pull-Systeme, in denen die Aktivitäten zunächst ohne Zuweisung durch den Projektmanager in die Umsetzung gehen. Welcher Mitarbeiter welche Aktivität bearbeitet, bleibt dem Team überlassen.

Definition
Pull-Systeme

Pull-System

In einem Pull-System werden die Tasks zunächst ohne Zuordnung zu einem Mitarbeiter in eine Iteration gegeben. Sie werden dann von den einzelnen Teammitgliedern »gepullt«, wenn sie sich Tasks ziehen, um sie zu implementieren. Agile Vorgehensmodelle sind generell Pull-Systeme.

Cross-Functional-Teams

Hierbei tritt das Spezialistentum in den Hintergrund. Die verschiedenen Aufgabenstellungen müssen innerhalb des Teams gelöst werden. Man spricht in diesem Zusammenhang von »Cross-Functional-Teams«, von Interdisziplinarität oder auch von einer Generalisierung. Die Idee ist, dass das unveränderliche Scrum-Team im Rahmen eines Sprints alle anfallenden Tasks erledigen muss. Da zudem die Teamstruktur stabil bleiben soll, sollte prinzipiell jedes Teammitglied jede Aufgabe »pullen« können.

Spezialistentum vs. Generalisierung

Offensichtlich stößt diese Idee an ihre Grenzen, sobald extremes Spezialistentum gefragt ist. In diesem Fall wird man innerhalb der Teams dennoch auf den einen oder anderen Spezialisten setzen müssen (in unserem Fallbeispiel war es der Treiberentwickler). Dies kann dann unter Umständen auch nur für eine begrenzte Anzahl von Iterationen der Fall sein. Ein solches undogmatisches Vorgehen steht den Vorteilen der Agilität nicht zwangsläufig im Wege.

Projektcontrolling in agilen Vorgehensmodellen

Doch wo bleiben der Projektmanager und seine Verantwortung, den Überblick zu behalten, damit er sich abzeichnende Probleme frühzeitig entdecken und dann gegensteuern kann? In agilen Modellen wird bewusst auf diese Rolle in der Umsetzung verzichtet. Die Teammitglieder arbeiten dort selbstverantwortlich und steuern sich selbst. Sie übernehmen die Verantwortung für die Iterationsziele.

Durch die kurzen Iterationen erhält der Product Owner, der in diesem Umfeld in der Praxis noch am ehesten die Aufgaben eines Projektmanagers erfüllt, schnelles Feedback und kann bei Bedarf Änderungen im Product Backlog vornehmen.

6.3 Die Kunst der Erfassung des Projektfortschritts

In Kapitel 5 wurden bereits einige Fallstricke benannt, die – falls nicht berücksichtigt – einer zuverlässigen Erfassung eines Projektfortschritts im Wege stehen können. Man denke nur an die Zuweisung mehrerer Mitarbeiter zu einer Aktivität, von der wir hier noch einmal dringlich abraten möchten.

Hier sollen nun die Aspekte vertieft werden, die den Projektmanager in die Lage versetzen, den Projektfortschritt zeitsparend, geschmeidig und vor allem zuverlässig zu erfassen. Die bereits angesprochene Strukturierung des Aktivitätenzeitplans ist hierbei nur ein wichtiger Punkt, die verschiedenen Ebenen einer Projektüberwachung ein weiterer.

In jedem Fall ist es essenziell, zu wissen, wie diese Ebenen verknüpft werden und wie die Informationen zwischen ihnen fließen müssen.

6.3.1 Generelle Regeln

Die Aufwände, die für die Erfassung des aktuellen Zustandes und des Fortschritts eines Projektes spendiert werden, sollten einen Nutzen bringen. Deshalb sollten die damit verbundenen Aufwände auf ein Mindestmaß reduziert werden, wobei wir natürlich keine Abstriche bei der Qualität und Vollständigkeit der erfassten Ergebnisse hinnehmen.

Der Begriff »Projektcontrolling« beschreibt, was im Zuge dieser Phase geschieht. Darunter verstehen wir jedoch weniger die »Kontrolle« der Mitarbeiter als vielmehr die Erfassung von Daten zur Steuerung von Projekten. In der deutschen Sprache hat der Begriff »Kontrolle« einen sehr negativen Unterton. Genau aus diesem Grund sollte es vermieden werden, das englische »Controlling« mit Kontrolle zu übersetzen. Genau genommen passt die Übersetzung Steuerung des Projektes besser. Die Datenerhebung über eine sprichwörtliche »Kontrolle« durchführen zu wollen, birgt Risiken, da sich in einer Kultur der Kontrolle keine Transparenz einstellen wird. Der Projektmanager wird dann immer nur genau das erfahren, was er erfragt. Doch dies enthält unter Umständen nicht alles, was er wissen sollte. Verlässliche Werte wird er nur dann geliefert bekommen, wenn eine Kultur der Transparenz geschaffen wird.

Die Wahl der richtigen Frequenz ist entscheidend.

Die Frequenz der Erhebung ist ein wichtiger Parameter. Liegen die Erfassungszeiträume zu weit auseinander, besteht das Risiko, nicht rechtzeitig reagieren zu können. Bei einer zu hochfrequenten Erfassung steigt der Aufwand aller beteiligten Personen. Generell kann die Erhebung natürlich nicht hochfrequent genug sein, wenn es sich um kritische Vorgänge (also um Aktivitäten auf einem kritischen Pfad) handelt. Der Projektmanager muss jedoch sehr gründlich abwägen, ob sich der Aufwand lohnt.

In unserem Fallbeispiel meinte der Projektmanager anfänglich, ein – aus seiner Sicht – sehr berechtigtes Interesse zu haben, stündlich zu erfragen, ob eine kritische Aktivität auch wirklich pünktlich fertig wird. Nach einer Weile wurde ihm jedoch klar, dass er gelinde gesagt den Betrieb störte. Das war sein Glück. Passiert dies in einer für alle

Beteiligten stressigen Situation, besteht nämlich ernstlich die Gefahr fliegender Büroartikel.

Natürlich kann es zu Situationen kommen, in denen es notwendig wird, die Information über den Fortschritt einer Aktivität sehr zeitnah vorliegen zu haben. Permanentes Nachfragen hilft dann allerdings kaum. Besser ist es, auf ein anderes Mittel zu setzen: Transparenz.

Transparenz als Kulturfrage

Transparenz ermöglicht eine verlässliche Erfassung, setzt jedoch Vertrauen voraus. Aus diesem Grund sollte der Projektmanager eine Kultur etablieren, die ihm und dem Projekt in schwierigen Situationen aus der Bredouille helfen kann.

Eine Kultur der Fehlertoleranz hilft, wenn sich der Projektmanager darauf verlassen können muss, dass ihm sein Team proaktiv den Stand der Dinge meldet. Dies beginnt mit dem Hinweis, dass eine Aktivität abgeschlossen wurde, und geht bis zu der Meldung, dass weitere Probleme aufgetreten sind – und damit weitere Verzögerungen zu erwarten sind. Dies ist nicht nur unter Zeitdruck, sondern ganz allgemein essenziell.

Generell sollten erhobene Daten so gut es geht der Realität entsprechen. Haben Mitarbeiter unangenehme Fragen zu befürchten, werden sie immer versuchen, sich der Situation zu entziehen, indem sie geschönte Auskunft über den Zustand der Aktivitäten oder Features abliefern.

Dass dies nicht nachhaltig ist, kann man leicht nachvollziehen. Auftreten wird dieses Phänomen dennoch. Die Folge ist, dass Maßnahmen verzögert werden oder im schlimmsten Fall sogar ausbleiben.

6.3.2 Die projektinterne Erfassung

Die Aktivitätenebene

Mit der projektinternen Erfassung des Projektfortschritts beginnt die Kette eines Informationssystems, die sich bis über die Grenzen des Projektes hinaus bis hin zum letzten Stakeholder fortsetzt.

Aktivitäten sind die kleinste Einheit in unserem Projekt, mittels derer das Projekt detailliert geplant und gesteuert wird. Auch die Fortschrittsüberwachung beginnt auf der sogenannten Aktivitätenebene.[1]

In unserer Vorausschau in Kapitel 5 haben wir festgestellt, dass Aktivitäten maximal eine Größe von einigen Tagen haben sollten, damit eine verlässliche Fortschrittskontrolle möglich ist. Der Grund ist, dass es nahezu unmöglich ist, den Fortschritt einer Aktivität wirk-

1. Wir unterscheiden die Aktivitätenebene von der Projektebene. Fortschrittsüberwachung auf Aktivitätenebene betrachtet projektintern die kleinsten Einheiten unserer Planung, die aus den Arbeitspaketen des PSP abgeleitet wurden.

   Fortschrittsüberwachung auf Projektebene ist der Blick von außen auf das Projekt und konzentriert sich auf Termine, Kosten und Funktionalität. Es geht also um das Projekt als Ganzes. Bestenfalls werden die Arbeitspakete des PSP betrachtet.

lich exakt zu ermitteln, solange diese nicht abgeschlossen ist. Jeglicher Versuch, zu einer belastbaren Zahl zu gelangen, wird unweigerlich in einer prozentualen Schätzung enden.

Fortschritt verlässlich erheben

Der Projektmanager fragt also: »Wie weit bist du?« Daraufhin erhält er einen Wert, der den Grad der Bearbeitung widerspiegeln soll: sagen wir einmal 50 % (siehe Abb. 6–1).

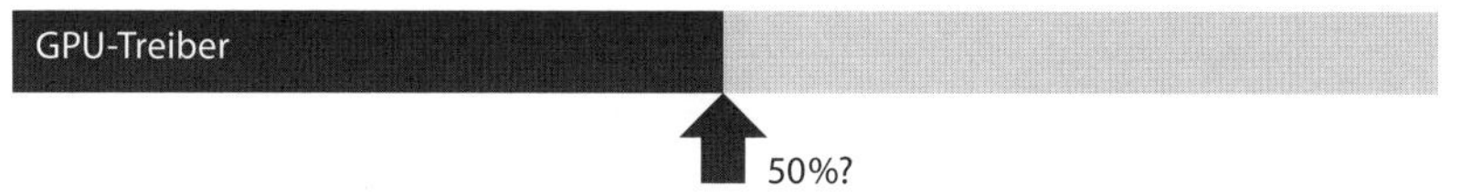

Abb. 6–1 *Prozentuelle Erfassung einer Aktivität*

Was vermeintlich nach einer belastbaren Erfassung klingt, ist jedoch trügerisch, da dieser Wert vermutlich eher einem Bauchgefühl entspricht, als einer fundierten Erhebung zu entstammen.

In Kapitel 5 haben wir das Problem und den Ausweg bereits skizziert. Statt den Fortschritt auf der Ebene *einer* Aktivität zu messen, müssen wir ihn auf der Ebene *aller* Aktivitäten betrachten. Voraussetzung dafür ist, dass wir unsere Arbeitspakete in kleine, überschaubare Aktivitäten unterteilt haben. Dann genügt es, pro Aktivität nur zwei Zustände bezüglich des Fortschritts zu betrachten und mit dem Planungsstand zu vergleichen: »noch nicht abgeschlossen« und »abgeschlossenen«. Im ersten Fall ist der Fortschritt 0 %, im zweiten Fall 100 %.

Würde man dies mit langen Aktivitäten durchführen, käme ein Feedback über den Zustand einer Aktivität sehr spät. Mit etwas Pech steht dann ein Meilenstein unmittelbar bevor und das Dilemma ist vorprogrammiert, da es unter Umständen zu spät ist, um noch Maßnahmen einleiten zu können.

Tücken der prozentualen Erfassung

In Abschnitt 5.7.1 erwähnten wir bereits das 90 %-Syndrom. Dieser Begriff beschreibt einen Zustand, der sich häufig einstellt, wenn von den Bearbeitern prozentuale Fortschritte erfragt werden. Der Effekt ist in Abbildung 6–2 dargestellt. Anfangs weiß der Mitarbeiter nicht viel mehr als zum Zeitpunkt der Aufwandsabschätzung. Gravierende Probleme sind nicht aufgetreten, also – so schätzt er – ist noch alles im Plan. Mit fortschreitender Aktivität steigt jedoch auch die Erkenntnis, was eigentlich noch alles zu tun ist. Die Schätzung wird immer pessimistischer, doch traut sich niemand, den bereits beim letzten Mal genannten Wert zu unterschreiten (was vermutlich aber die Wahrheit wäre). Es entsteht der asymptotische Effekt in Abbildung 6–2.

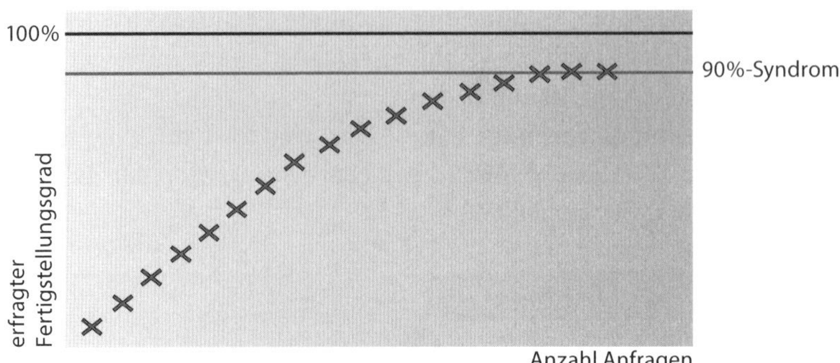

Abb. 6–2
Das 90%-Syndrom

Die Restaufwände

Kann eine Aktivität aus bestimmten Gründen nicht weiter detailliert werden, sodass sich für sie eine Dauer von deutlich mehr als nur von wenigen Tagen ergibt, oder befindet sie sich auf einem kritischen Pfad, kann es vorkommen, dass ein Projektmanager für das Controlling nicht auf ihren Abschluss warten kann. Dies ist eine besondere Situation, die wir als Ausnahme betrachten wollen. Dennoch: Ausnahmen existieren. Sie sollten nur immer peinlich von der Regel unterschieden werden.

In diesem Fall kann der Projektmanager auf ein Verfahren zurückgreifen, das in der Welt der agilen Vorgehensmodelle üblich ist: die tägliche Restaufwandsschätzung. Hierbei schätzt der Bearbeiter vor Arbeitsschluss, wie viel er meint, in diese Aktivität noch an Zeit investieren zu müssen. Diese Schätzung ist wertfrei und erzeugt täglich einen neuen Wert, der sich immer besser dem nähert, was letztendlich als Ergebnis resultieren wird.

Wo ist der Unterschied zum 90%-Syndrom? Der Mitarbeiter muss die bereits geleistete Arbeit nicht in Relation zur vermeintlich verbleibenden Arbeit setzen. Er muss also keine Analyse der bereits entstandenen Arbeit durchführen, sondern lediglich eine Schätzung des verbleibenden Aufwandes vornehmen. Es versteht sich von selbst, dass dem Mitarbeiter nicht vorgeworfen werden darf, dass sich die Werte täglich ändern, selbst wenn große Sprünge sichtbar werden. Das wäre dann schlicht das Ergebnis neuer Erkenntnis.

Wie erwähnt, sollte dieses Verfahren lediglich für kritische Aktivitäten angewandt werden, denn es erzeugt eine gewisse Last und Unsicherheiten bleiben immer. Sicher ist nach wie vor nur eines: das Ende einer Aktivität.

Agile Methoden im sequenziellen Umfeld

Hier haben wir also einen Fall, in dem sich sequenzielle Vorgehensmodelle bei Methoden bedienen können, die den agilen Vorgehensmodellen entliehen sind. Dort nämlich sind kurze Tasks und deren Fortschrittskontrolle festgeschrieben. Bei Scrum erhält man die glatteste Kurve im Sprint-Burndown-Chart (Abb. 6–3) ebenfalls dadurch, dass jedes Teammitglied für den aktuell bearbeiteten Task bei Tagesende eine Schätzung des Restaufwands abgibt. Aufsummiert mit den Aufwänden noch nicht gestarteter Tasks in diesem Sprint ergibt sich so jeden Tag ein sehr genaues Bild der verbleibenden Aufwände und somit ein verlässliches Bild des Sprints zu diesem Zeitpunkt.

Im sequenziellen oder agilen Umfeld gilt gleichermaßen: Werkzeugunterstützung bei der Fortschrittserfassung von Aktivitäten ist hilfreich. Idealerweise entwickelt sich eine Art Automatismus: Kurz bevor der Entwickler nach Hause geht, startet er die Projekterfassungssoftware, bringt seine Kaffeetasse in die Teeküche, trägt (je nach Werkzeug) den aktuellen Status oder den Restaufwand ein und fährt dann den Computer herunter. Arbeitet das Team mit einem haptischen Board, kann er auf dem Weg nach draußen noch seinen Task in die Spalte »Fertig« umhängen oder mit einem Stift den verbleibenden Restaufwand vermerken.

Ohne ein solches Werkzeug (sei es softwaregestützt, sei es haptisch) kommen wir wieder zu dem Punkt, an dem der Projektmanager den Fortschritt mündlich erfragen muss und damit, gelinde gesagt, nervt oder gar die Arbeit behindert. Scrum bietet noch die Möglichkeit, im Daily Stand-up kurz und vergleichsweise reibungsfrei über den Fortschritt zu berichten. Daily Stand-ups eignen sich jedoch nicht dazu, über Restaufwandsabschätzungen zu sprechen. Das ist schlicht und einfach verlorene Zeit für alle anderen.

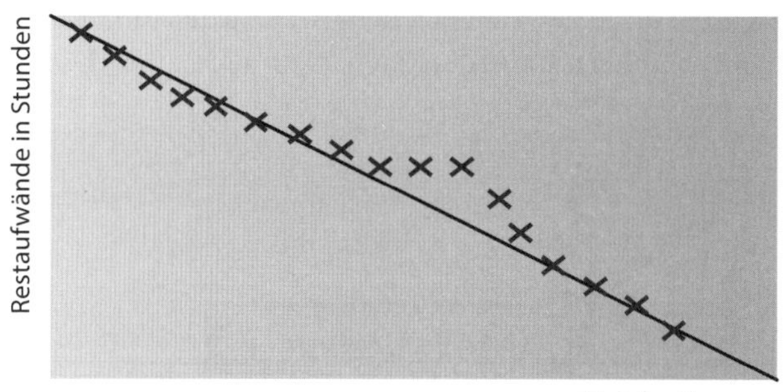

Abb. 6–3
Restaufwände in einem Sprint-Burndown-Chart

Die Weitergabe der Erkenntnis

Da sich der Fortschritt eines Arbeitspaketes in der Regel aus der Summe seiner Aktivitäten ableiten lässt, ist der Projektmanager nun in der Lage, zu bewerten, ob für das Arbeitspaket in seiner Gesamtheit Maßnahmen ergriffen werden müssen oder nicht. Diese Erkenntnis gilt es in der Folge, nach außen zu den Stakeholdern zu transportieren, die auf diese Information angewiesen sind.

Die Frage stellt sich dann natürlich: In welcher Form sollte dies geschehen?

6.3.3 Der Blick von außen auf das Projekt

Die Projektebene

Die projektinterne Erfassung des Fortschritts erfolgt im Detail und wird nicht umsonst als Aktivitätenebene bezeichnet. Was die Stakeholder jedoch brauchen, ist ein Blick von außen auf das Projekt. Wir nennen dies die Projektebene.

Eine saubere Trennung der Ebenen

Im Gegensatz zur Aktivitätenebene werden auf Projektebene nicht kleinste Einheiten zur Fortschrittsmessung herangezogen, sondern Einheiten aus der Sprache und der Verständniswelt der Stakeholder. Dem Projektmanager, der den Stakeholdern die Ergebnisse seiner Erfassung auf Aktivitätenebene präsentiert, drohen gleich mehrere Fallen. Zum einen läuft er Gefahr, die Stakeholder zu überfordern, da diese gezwungen sind, sich auf dieser Ebene einzuarbeiten. Zum anderen vergrößert er die Angriffsfläche seiner Arbeit. Sobald Stakeholder genötigt werden, auf Aktivitätenebene Einschätzungen vorzunehmen, werden sie sich auch bemüßigt fühlen, auf dieser Ebene mitzureden. Doch das ist nicht ihre Aufgabe, da es sich hierbei um Projektinternas handelt, die nur das Projektteam vernünftig beurteilen kann.

Mikromanagement

Vermischt man beide Ebenen, stellt sich ein Zustand ein, dem nur schwer wieder zu entkommen ist. Man nennt ihn Mikromanagement (siehe auch Abb. 6–4). Hier werden Entscheidungen auf der Projektebene getroffen, die Auswirkungen auf die Aktivitätenebene haben, ohne dass fundierte Erkenntnisse vorliegen. Der Projektmanager wird übergangen und das Team kann sich schlecht wehren, ohne Konflikte mit höheren Hierarchieebenen einzugehen. Organisationen, die Mikromanagement etabliert haben, eignen sich nicht zur Durchführung komplexer Softwareprojekte.

Abb. 6–4
Mikromanagement in das Projekt hinein

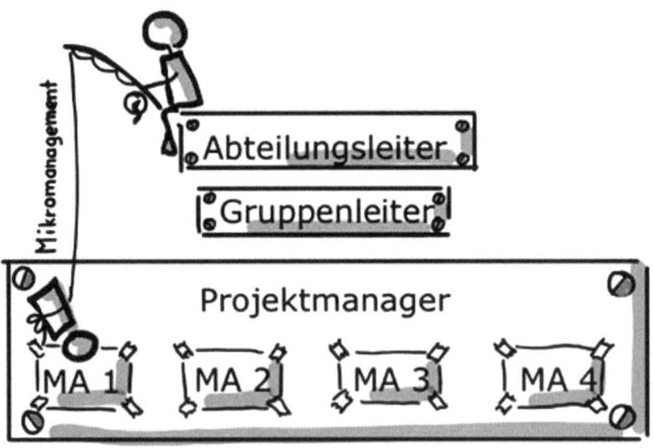

Das Informationsbedürfnis der Stakeholder

Die Einheiten, die die Stakeholder für ihre Fortschrittsbewertung nutzen, sind diejenigen, die ihren Alltag bestimmen. Es kann sich hierbei um die verschiedensten Aspekte handeln. Die Stakeholder, die sich für den technischen Fortschritt des Projektes interessieren, werden sich auf die Lieferobjekte (die Features) aus dem Projektstrukturplan stützen.

Wenn der Projektmanager aus dem Projekt heraus in die Projektebene den Fortschritt des Projektes berichtet, sollte er daher eher den Fortschritt der Arbeitspakete heranziehen, der wiederum auf dem Fortschritt der zugeordneten Aktivitäten beruht. Abbildung 6–5 verdeutlicht diese »Verdichtung« am Beispiel unseres GPU-Treibers.

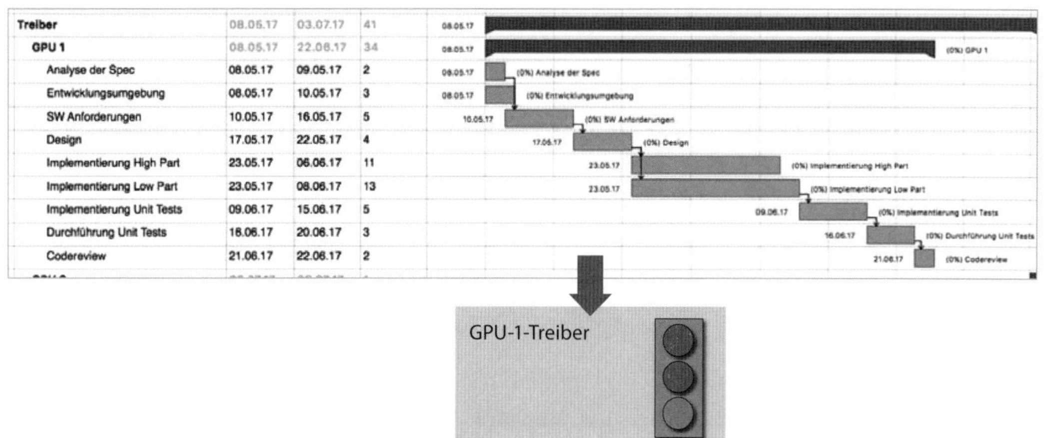

Abb. 6–5
Aus den Aktivitäten abgeleiteter Status eines Features

Der Projektmanager in unserem Fallbeispiel musste wöchentlich den technischen Fortschritt seines Projektes an die Stakeholder des Linienmanagements berichten. Er nutzte die Erkenntnisse aus seiner Fortschrittsüberwachung auf Aktivitätenebene, um zu berichten, dass sich der GPU-1-Treiber im Status »grün« befände. »Grün« bedeutet in diesem Zusammenhang, dass bisher keine Abweichungen zu erkennen sind.

Den meisten Stakeholdern, die außerhalb des Projektes angesiedelt sind, genügt diese Information. Viele Topmanager sind sogar allergisch gegen mehr Details. In Diskussionen äußert sich das dann durch Ungeduld und der plötzlichen Frage: »Sind wir nun im Plan oder nicht?«

Erst wenn die kondensierte Information ausbleibt oder sich als unzuverlässig erweist, erwacht das Interesse. Da seinem Informationsbedürfnis nicht Rechnung getragen wurde, fordert der Adressat weitere Details ein.

Man sieht hier deutlich, wie wichtig die Fähigkeit eines Projektmanagers ist, detaillierte technische Sachverhalte zu komprimieren und in die Sprache der Stakeholder zu übersetzen. Die Notwendigkeit lässt sich auch leicht aus dem Sachverhalt erklären, dass Linienvorgesetzte üblicherweise eine Vielzahl an Projekten zu überwachen haben. Sind sie gut informiert, verbleibt ihr Fokus auf der Projektebene. Sind sie es nicht, tauchen sie in die Aktivitätenebene ab. Dies bedeutet:

- mehr Diskussionen,
- mehr Rechtfertigung,
- mehr Störungen,
- einen höheren zeitlichen Aufwand.

In Scrum ist der Übergang von der Aktivitätenebene zur Projektebene klar geregelt. Die Beurteilung des Projektfortschritts auf der Projektebene beruht einzig und allein auf dem Zustand des Product Backlog und dem Ablauf der Sprint-Reviews, wohingegen die Vorgänge innerhalb einer Sprints basierend auf den Tasks alleine Teamsache sind. Eine Einmischung der Stakeholder, ja selbst des Product Owners, in einen Sprint hinein ist explizit verboten. Das Team dagegen ist verpflichtet, auf Basis der Stories über den Status des Projektes Rede und Antwort zu stehen.

6.4 Fortschrittsberichtswesen und Informationsaustausch

Nachdem wir verstanden haben, wie wichtig es ist, den Status unseres Projektes auf eine effiziente und geschmeidige Art erfasst zu haben, müssen wir uns mit der Thematik befassen, wie diese Information möglichst aufwandsarm transportiert werden kann. Dabei sprechen wir nicht nur von den im Titel erwähnten Fortschrittsberichten, sondern auch von Besprechungen.

Die Frage stellt sich sofort: Warum muss sich ein Buch damit befassen, wie Information aufwandsarm fließt? Die Antwort kennt jeder, der sich schon eine gewisse Zeit im Projektmanagementumfeld bewegt. Es wird selten danach gefragt, wie effizient eigentlich die Berichtserstellung ist, obwohl dies nur allzu sehr geboten scheint. Die Folge ist: Berichte sind unter Umständen unnötig lang, sie enthalten nicht die gewünschten Inhalte, sie sind für den Adressaten unverständlich und werden somit oft nicht gelesen. Welcher Projektmanager will unnötig viel Zeit damit verbringen, den Status des Projektes zu berichten, wenn sich der Aufwand dafür zudem kaum lohnt – Unmut ist hier vorprogrammiert.

6.4.1 Effiziente Statusberichte

Statusbericht

Formale Statusberichte adressieren außenstehende Stakeholder, um optimal verdichtete Information in ihrer Sprache und Vokabular zu erhalten.

Definition
Statusbericht

Haben Sie den Adressaten im Blick!

Statusberichte sollten sich immer in Umfang und Inhalt an den Bedürfnissen des Adressaten orientieren. Ziel sollte es sein, dass dieser richtig neugierig darauf ist, den Bericht zu öffnen und zu lesen. Ist das der Fall, haben alle Parteien ihre Arbeit gut gemacht. Fortschrittsberichte sind eine Informationsverteilung aus der Aktivitätenebene heraus in die Projektebene, und wie bereits beschrieben, dürfen diese beiden Ebenen nicht vermischt werden. Die Fähigkeit des Projektmanagers, eine geeignete Übersetzung zu bewerkstelligen, hilft, sowohl den Adressaten gut zu informieren als auch dies mit einem vertretbar geringen Aufwand zu erledigen.

Form und Umfang gemeinsam festlegen

Nehmen Sie sich zu Beginn des Projektes, also in der Projektinitiierung, die Zeit und besprechen Sie Form und Umfang des Berichtes mit den Adressaten. Stimmen Sie mit ihm ab, welche Information wichtig ist und in welcher Form sie dargestellt werden soll. Wie hoch soll beispielsweise der Textanteil sein? Wird ein Text erst notwendig, wenn nähere Erläuterungen angebracht sind? All dies kann recht zügig geklärt werden und spart nachfolgend Zeit. Legen Sie bei Bedarf die Berichtsform vertraglich fest.

Es gilt auch zu bedenken, dass die Komprimierung des Berichtes immer weiter voranschreitet, je »höher« in die Hierarchie berichtet wird.

In Abbildung 6–5 haben wir hierfür ein sehr schönes Beispiel. Auf der Projektebene wird es einen Stakeholder oder Manager aus der Linienorganisation nicht interessieren, welche der einzelnen Aktivitäten des GPU-1-Treibers welchen Fortschritt besitzt. Die fundierte – da auf einer soliden Erfassung auf Aktivitätenebene beruhende – Einschätzung des Projektmanagers genügt, um mitzuteilen, dass der Treiber sich im Status »grün« befindet.

Ampelfarben definieren

Der Status »grün« wird sicherlich von allen Beteiligten noch halbwegs eindeutig interpretiert werden können. Wenn wir jedoch die verbleibenden Farben einer Ampel nutzen wollen, ist es sinnvoll, deren Bedeutung zu definieren. Alle sollten wissen, was mit »gelb« gemeint ist. Tun Sie sich selbst den Gefallen und notieren Sie diese Bedeutungen als Legende direkt im Bericht, um Missverständnissen und unnötigen Nachfragen vorzubeugen. Folgende Definitionen können helfen:

- **»Rot«**
  Das Projektteam und sein Projektmanager können das genannte Problem nicht alleine lösen.
- **»Gelb«**
  Es besteht Handlungsbedarf. Problem kann innerhalb des Projektes gelöst werden.
- **»Grün«**
  Paket läuft plangemäß.

Eine solche Legende schafft Klarheit und hilft, notwendige Aktionen einzuleiten, unnötige dagegen zu vermeiden.

Reine Ampelberichte sind sehr effizient, sofern sie ausreichend sind. Sie sind auch leicht zu interpretieren. Sobald die Ampel auf »Rot« geht, muss man damit rechnen, dass Aufregung entsteht. Es begreifen alle sofort, dass hier etwas schiefzugehen droht. Deshalb sollte die Farbe sorgsam gewählt werden. Es gibt keine Schattierungen, also Vorsicht! Ein »Rot« hat als gewünschten Effekt, dass die Stakeholder einbezogen werden. Nutzen Sie dies nur, wenn es nötig wird. Sie haben hier ein sehr effektives Steuerungsmittel.

Haben Sie den Aufwand im Blick!

Betrachten wir einmal das Gegenbeispiel. Verbringt ein Projektmanager einen halben Tag pro Woche damit, einen oder mehrere Berichte zu erstellen, so stimmt vermutlich etwas nicht. Entweder das Projekt befindet sich tatsächlich in Schieflage oder die Berichterstattung ist schlicht und einfach ineffizient.

Erfassung für Bericht mit Erfassung auf Aktivitätenebene koppeln

Die Inhalte des später zu erstellenden Berichtes sollten direkt während der Erfassung des Aktivitätenstatus gesammelt werden. Auf diese Weise muss nicht rückblickend gehandelt werden – was die Gefahr von Verlust und Fehlern birgt – und die Erstellung ist tatsächlich effizient.

In unserem Projektbeispiel wurde nach der Umstellung auf Scrum der Fortschritt in einem Softwarewerkzeug erfasst. Der Projektmanager musste sich nur noch eine Auswertung bauen, die ihm die erforderlichen Informationen zusammensammelte. Eine Tabellenkalkulation machte den Rest. Die Grafiken wurden in eine Präsentation kopiert und zusammen mit einer Liste der Top-3-Fortschritte und Top-3-Risiken an das Linienmanagement und an den Projektmanager des Kunden-Vorprojektes verschickt.

Sind Berichte immer nur schriftlich?

Die Schriftform eines Berichtes ist nachhaltig und dient der sorgfältigen Dokumentation. Die reine Schriftform hat jedoch ihre Grenzen. Oft ist es wichtig und wertvoll, den Projektbericht mit den Adressaten durchzusprechen. Hier können Inhalte hinterfragt werden und zusätzliche Informationen fließen, die sonst den Rahmen eines schriftlichen Berichtes sprengen würden.

Ein typisches Beispiel für eine mündliche Berichtsform ist der Steuerkreis. Darunter verstehen wir Statusbesprechungen auf Projektebene, die mit dem Management oder den Kunden durchgeführt werden. Hier werden Themen besprochen, die im Fokus des speziellen Teilnehmerkreises liegen (z.B. Fortschritt auf Feature-Ebene, Hauptmeilensteine, Budget).

Bleiben Sie in der Terminologie des Adressaten! Hat der Kunde oder der Manager das Gefühl, tiefer in das Projekt einsteigen zu müssen, um Ihre Erläuterungen zu verstehen, tun Sie sich keinen Gefallen. Es droht Mikromanagement!

Steuerkreis vs. Sprint-Review

In agilen Vorgehensmodellen ist das Sprint-Review die feste Institution, in der formal die Ergebnisse des abgelaufenen Sprints den Stakeholdern präsentiert werden.

Mündliche Berichte sollten auch dazu dienen, im Sinne des Projektes ein Netzwerk zu pflegen, Beziehungen aufzubauen und zu verfestigen. Sie bieten nicht zuletzt die Möglichkeit, Informationen zu platzieren, die in schriftlichen Berichten nicht erscheinen sollten – ja, auch das mag der Fall sein. In unserem Fallbeispiel wurde ein Mitarbeiter aus dem Scrum-Team entfernt, weil er mit der hohen Eigenverantwortung nicht klarkam. Es gab jedoch nie einen schriftlichen Bericht, in dem der Austausch dieses Mitarbeiters gefordert wurde.

Marketing nach oben

Nicht zuletzt hat man hier auch die Möglichkeit, Marketing nach oben zu betreiben. Auch Stakeholder und Mitarbeiter aus dem Management brauchen gute Nachrichten. Vermelden Sie Erfolge, das tut Ihren Partnern gut! Tun Sie das oft, auch wenn es sich nur um Kleinigkeiten handelt. Es zahlt sich aus. An dem Satz »Tue Gutes und sprich darüber« ist etwas dran.

6.4.2 Sinnvolle Besprechungen

Neben der alltäglichen Kommunikation im Team stellen Besprechungen eine Kommunikation auf einer formalen Basis dar. Besprechungen sollten nicht dem Zufall überlassen werden, denn in jeglicher Hinsicht entscheidet ihr Einsatz darüber, ob sie sinnvoll sind oder nicht. Es mag Berufsgruppen geben, die den ganzen Tag in Besprechungen sitzen müssen. Auf Projektmanager trifft dies im Normalfall nicht zu. Verbringen sie ihre Tage vornehmlich in Besprechungsräumen, stimmt etwas im Projektumfeld nicht.

Wir unterscheiden generell zwei Arten von Besprechungen:

- Besprechungen, in denen Informationen verteilt werden,
- Besprechungen, in denen Lösungen erarbeitet werden.

Zur ersten Art gehören reine Informationsveranstaltungen, aber auch Besprechungen zur Fortschrittskontrolle oder Budgetüberwachung. Zur zweiten Art gehören alle Workshops sowie Problembesprechungen oder Projektreviews zur Erfassung von Lessons Learned.

Die beiden Besprechungsarten sollten nicht vermischt werden, da sonst damit zu rechnen ist, dass der Teilnehmerkreis falsch gewählt wurde und manchen Personen somit unnötig die Zeit gestohlen wird.

Mitarbeiter mit einem technischen Hintergrund reagieren mehr als solche aus dem organisatorischen Umfeld allergisch auf ineffiziente Besprechungen. Gleiten die Besprechungen in lange strategische Diskussionen ab, fangen sie z.B. an, die Zimmerdecke zu studieren und wünschen sich nichts sehnlicher, als wieder an ihrem Arbeitsplatz zu sitzen.

Verschiedene Besprechungsebenen

Wählen Sie den Teilnehmerkreis also passend zu der Art der geplanten Besprechung. Abbildung 6–6 zeigt verschiedene Besprechungsebenen, wie sie in größeren Projekten üblich sind. Diese Besprechungen unterscheiden sich nicht nur durch ihren Teilnehmerkreis, sondern auch durch ihre Frequenz. Meilensteinreviews finden, wie der Name schon sagt, zu ausgewählten Meilensteinen unter Einbeziehung von Kunden, Produktmanagement und höherem Management statt. Der Projektsteuerkreis bzw. Lenkungsausschuss ist das oberste beschlussfassende Gremium der Projektorganisation. In der Regel ist das Topmanagement hier beteiligt.

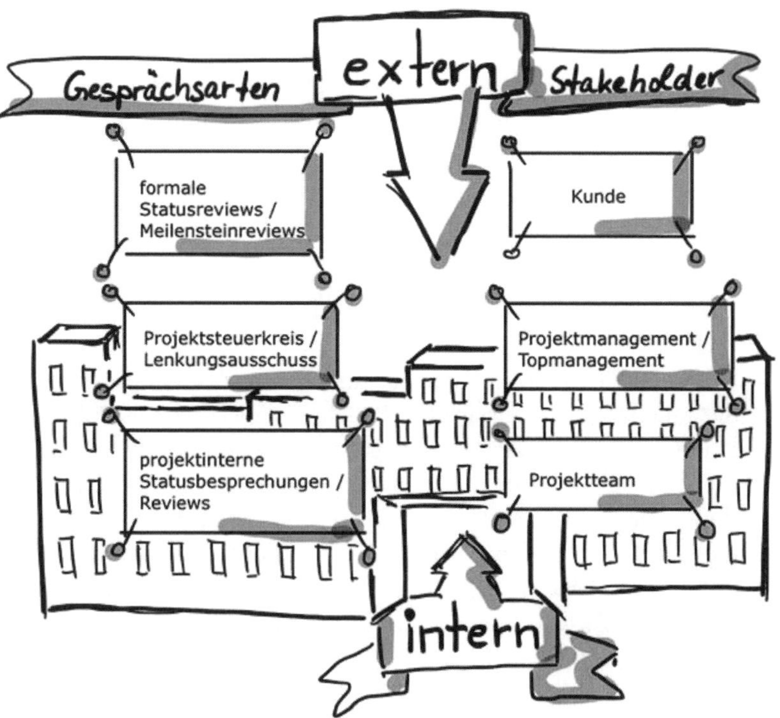

Abb. 6–6
Verschiedene Ebenen der Besprechungen und Teilnehmerkreise

Der Teilnehmerkreis ist entscheidend.

Ist die Anwesenheit von Entwicklern jedoch in ihrer Rolle als Experten in einer organisatorisch geprägten Besprechung notwendig, ist es sinnvoll, deren Anwesenheit zeitlich zu begrenzen. Möglich macht dies eine gute Planung, die Zeitfenster definiert, sodass zu jedem Thema immer der richtige Teilnehmerkreis anwesend ist. »Ab 10 Uhr behandeln wir Thema B.«

Trotzdem sollte diese Form die Ausnahme bleiben, da die Zeitfenster zwar recht gut geplant, jedoch nicht immer eingehalten werden können. Tatsächlich kommt in unserem Beispiel Thema B nämlich erst um 10:30 Uhr dran. Wenn wir vom Regelfall sprechen, ist es immer besser, pro Besprechung nur ein Thema zu behandeln. Ist es vorgesehen, dass mehrere Themen behandelt werden, sollten mehrere, aufeinanderfolgende Treffen anberaumt werden. Dies hat noch einen anderen Vorteil: Sie vermeiden eine schlechte Zeitplanung.

Planung und Dauer von Besprechungen

Finden Besprechungen ohne Planung statt, enden sie nur zu gerne in schier endlosen Sitzungen, die im günstigsten Fall dadurch begrenzt werden, dass der Besprechungsraum von der nächsten Gruppe benötigt wird. Wer kennt diese Situation nicht?

Bedenken Sie bitte Folgendes: Sofern Besprechungen einen organisatorischen Charakter haben, stellen sie nicht produktive Zeit dar. Wir sollten uns also im Sinne aller verpflichtet fühlen, diese Zeit effizient zu nutzen. Gerade Mitarbeiter, die an ihrer Produktivität gemessen werden – in der Regel werden dies die Entwickler oder Tester sein –, leiden unter ineffektiven bzw. ineffizienten Besprechungen. Wir tun ihnen keinen Gefallen, wenn wir ihre Teilnahme einfordern, und stürzen sie möglicherweise in einen schweren Konflikt. Aus diesem Grund sollten folgende Grundregeln beachtet werden, damit es nicht zu Unzufriedenheit im Projekt kommt:

- **Gestalten Sie Besprechungen zur Informationsverteilung richtig.** Sie sollten sehr kurz sein und Regeln für die Redezeit aufweisen. Stand-up-Meetings aus Scrum sind hier das am besten funktionierende Beispiel. Kommen Detaildiskussionen auf und überschreiten diese eine erträgliche Dauer von wenigen Minuten, verlagern Sie die Diskussion in den Nachgang. Die anderen Teilnehmer werden es Ihnen danken.
- **Unterscheiden Sie die Informationsbesprechungen von den Workshops, in denen Ergebnisse erarbeitet werden.** Diese Art von Besprechungen soll produktiv sein und benötigt einen speziellen Teilnehmerkreis, der in der Regel auch kleiner ist. Hier sollte niemand teilnehmen, der nichts konstruktiv beitragen kann, da er sonst nur stört.
- **Geben Sie allen Ihren Besprechungen einen zeitlichen Rahmen.** Ein definierter Start und vor allem ein definiertes Ende zwingen zur Disziplin und fördern somit die Effizienz. In Scrum nennen wir dies Timeboxing. Anwenden lässt es sich in allen Vorgehensmodellen.

Timeboxing

Timeboxing bedeutet Pünktlichkeit in jeder Hinsicht. Für eine Besprechung heißt dies: Sie startet pünktlich, auch wenn nicht alle eingetroffen sind, und sie endet pünktlich, auch wenn der Stoff nicht abgearbeitet ist. Dies fördert die Disziplin enorm, da die meisten Menschen es als unbefriedigend empfinden, begonnene Themen nicht zu Ende führen zu können.

Nutzen und Erfolg von Besprechungen werden nicht nur an der effizienten Durchführung festgemacht. Man spricht in diesem Zuge von der Drei-Stufen-Repräsentation von Besprechungen.

- **Vorbereitung**
  Eine gute Vorbereitung ist die halbe Miete für eine erfolgreiche Besprechung. Vermeiden Sie es, unvorbereitet in Besprechungen zu gehen, vor allem dann, wenn Sie der Organisator sind. Ist nicht festgelegt, um was es in der Besprechung geht, was die Agendapunkte sind und welches Ergebnis die Besprechung als erfolgreich markiert, kann man sich vorstellen, wie sie ablaufen wird.
  In der Vorbereitung wird auch eine sorgfältige Auswahl des Teilnehmerkreises getroffen und dieser adäquat eingeladen.
- **Durchführung**
  Eine effiziente Durchführung steigert den Wert der Besprechung für alle Beteiligten. Durch die Nutzung von Timeboxing kann auch in sequenziellen Projekten zur Pünktlichkeit erzogen werden. Sie werden staunen, wie schnell das funktioniert. Setzen Sie Regeln für den Ablauf und die Aufmerksamkeit aller. Besprechungen, in denen Teilnehmer beispielsweise vor ihrem Notebook sitzen und Mails bearbeiten, sind in weiten Teilen sinnlos! Werden Entscheidungen getroffen, notieren Sie diese und legen Sie Verantwortliche für Aufgaben fest.
- **Nachbearbeitung**
  Eine zielorientierte Nachbereitung sichert den Nutzen der Besprechung. Verteilen Sie das entstandene Protokoll oder machen Sie es auf andere Weise den Teilnehmern zugänglich. Setzen Sie einen Mechanismus auf, der die Nachverfolgung der Aufgaben sicherstellt.

6.5 Trendsysteme

In Abschnitt 6.3 wurde besprochen, wie eine zuverlässige Fortschrittsüberwachung unseres Projektes auf der Aktivitätenebene stattfinden kann. Abgesehen vom Projektmanager haben jedoch auch andere Stakeholder wie der Kunde oder übergeordnete Manager ein Anrecht auf Information. Auch sie möchten das Gefühl haben, das ihnen anvertraute Projekt unter »Kontrolle« zu haben. Gute Projektmanager gestehen dies der Projektebene zu.

Fortschrittsberichte übermitteln den Eindruck, den der Projektmanager aus seiner Fortschrittsüberwachung auf Aktivitätenebene vom Projekt gewonnen hat. Sie stellen eine Form der Kommunikation dar.

Unterschiede zu Statusberichten

Was den reinen Fortschrittsberichten allerdings fehlt, sind Metriken und Voraussagen, die auf Berechnungen unter Verwendung der Fortschrittsdaten basieren. Vor allem Linienvorgesetzte, die mehrere Projekte betreuen, benötigen eine Möglichkeit, diese miteinander zu vergleichen. Da sie selbst die erforderlichen Daten nicht erheben können, sind sie auf die Unterstützung durch den Projektmanager angewiesen. Er sollte dies auch tun, denn Transparenz verhindert Mikromanagement.

Trendsysteme

Methoden, die solche Vorhersagen ermöglichen, nennt man Trendsysteme. Hier findet eine grobgranulare Betrachtung ausgewählter Projektparameter statt, aus denen sich ein Bild des Projektes ergibt, das für die schnelle Übersicht präzise genug ist.

Es gibt eine Reihe etablierter Methoden in diesem Kontext, die sich in Aufwand und Nutzen unterscheiden. Zwei weitverbreitete sollen hier vorgestellt werden: die Meilenstein-Trendanalyse und die Earned-Value-Analyse.

6.5.1 Die Meilenstein-Trendanalyse

Definition
Meilenstein-Trendanalyse (MTA)

Meilenstein-Trendanalyse (MTA)

Die Meilenstein-Trendanalyse (MTA) dient dazu, im Projektstatusbericht grafisch einen Überblick über den Projektverlauf auf Basis der Meilensteine zu liefern.

Die Meilenstein-Trendanalyse (engl.: Milestone Trend Analysis) – auch kurz MTA genannt – ist eine extrem aufwandsarme Methode zur grafischen Darstellung eines voraussichtlichen Trends der wichtigsten Meilensteine. Sie ist besonders dann sinnvoll anzuwenden, wenn die Stakeholder den Schwerpunkt auf die Überwachung der Termine legen.

In Kapitel 5 hatten wir bereits gezeigt, wie der Meilensteinplan – sofern er in einer Liste geführt wird – dazu verwendet werden kann, in regelmäßigen Abständen die ursprünglich festgelegten Meilensteintermine neu zu bewerten. Die beliebteste Neubewertung ist, dass sich an einem Meilenstein nichts ändert. Sein Termin bleibt unverändert. Ergeben sich jedoch neue Erkenntnisse, kann der Meilenstein neu datiert werden – nach Möglichkeit frühzeitig, unter Umständen lange vor seinem geplanten Termin.

	A	B	C	D	E	F
1	**Meilensteine**		**01.03.2017**	**01.04.2017**	**01.05.2017**	**01.06.2017**
2		Abgestimmtes Lastenheft	06.01.2017	06.01.2017	06.01.2017	
3		Projektstart Workshop	25.01.2017	25.01.2017	25.01.2017	
4		Beauftragung durch Kunden	18.01.2017	18.01.2017	18.01.2017	
5		Abschluss Systemanforderungen	21.02.2017	21.02.2017	21.02.2017	
6		Abschluss Softwareanforderungen	16.03.2017	16.03.2017	16.03.2017	
7		Abschluss Hardwareanforderungen	16.03.2017	16.03.2017	16.03.2017	
8		Designfreeze A-Sample	11.07.2017	11.07.2017	11.07.2017	
9		PreRelease A-Sample	21.07.2017	21.07.2017	21.07.2017	
10		Release A-Sample	30.07.2017	30.07.2017	30.07.2017	
11		Designfreeze B-Sample	19.11.2017	19.11.2017	19.11.2017	
12		PreRelease B-Sample	14.12.2017	14.12.2017	14.12.2017	
13		Release B-Sample	21.12.2017	21.12.2017	01.02.2018	
14		Designfreeze C-Sample	01.02.2018	01.02.2018	01.02.2018	
15		PreRelease C-Sample	07.03.2018	07.03.2018	07.03.2018	
16		Release C-Sample	16.03.2018	16.03.2018	16.03.2018	
17		Q1-Gate	12.02.2107	12.02.2107	12.02.2107	
18		Q2-Gate	15.07.2017	15.07.2017	15.07.2017	
19		Q3-Gate	03.10.2017	03.10.2017	03.10.2017	
20		Q4-Gate	20.11.2017	20.11.2017	20.11.2017	
21						

Abb. 6–7
Neubewertung eines Meilensteines

Neubewertung

Im Beispiel der Abbildung 6–7 fand zum Monatsanfang Mai eine Neubewertung des Meilensteines »Release B-Sample« statt. Er wurde frühzeitig vom 21. Dezember auf den 1. Februar verschoben. Es besteht Handlungsbedarf, denn unter den derzeit bekannten Bedingungen wird es zu einer Verzögerung kommen. Da wir dies jedoch frühzeitig erkannt haben (immerhin neun Monate vor dem ursprünglichen Zieltermin), besteht noch Zeit, einzugreifen.

Übersichtliche Darstellung

In Abbildung 6–7 sieht man allerdings auch, dass der neue Wert nicht gerade ins Auge springt. Man muss schon Zeile für Zeile alle Werte durchgehen. Es besteht die reelle Gefahr, dass Änderungen übersehen werden. Aus diesem Grund gibt es eine grafische Darstellung, die dieses Manko umschifft. Abbildung 6–8 zeigt ein Beispiel. In dem Diagramm werden die Berichtszeiträume auf der x-Achse und die aktuellen Terminprognosen auf der y-Achse aufgetragen.

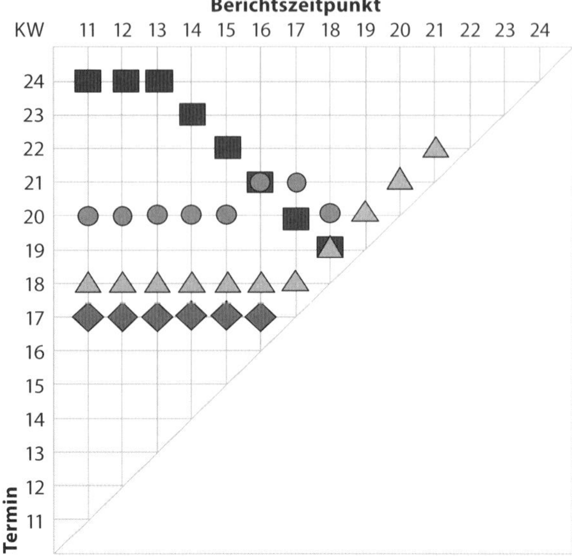

Abb. 6–8
Beispiel des Diagramms einer MTA

Das Diagramm kann durch ein Werkzeug erstellt werden, ist aber auch sehr leicht mit einem handelsüblichen Tabellenkalkulationsprogramm realisierbar. Dabei dient die Liste aus Abbildung 6–7 direkt als Input für das Diagramm.

Typische Verläufe

Abbildung 6–8 zeigt natürlich das Diagramm einer fiktiven MTA. Wenn wir die dargestellten Reihen genauer betrachten, erkennen wir verschiedene, mögliche Fälle von Meilensteinverläufen.

Der Trend des Meilensteines, der durch eine Raute dargestellt wird, zeigt den optimalen Verlauf. Die Vorhersagen für seinen Termin haben sich nie geändert; der Meilenstein wurde tatsächlich in KW 17 erreicht. Der Meilenstein, der durch den Kreis symbolisiert wird, hatte für zwei Wochen eine Abweichung um eine Woche. Hier konnte das Steuer jedoch wieder herumgerissen werden. Nachdem passende Maßnahmen eingeleitet wurden, konnte er auf seinen ursprünglichen Termin in KW 20 zurückgesetzt werden. Anders verhält es sich mit den Rechtecken: Hier wurde jede Woche der Termin um eine Woche verkürzt. Offensichtlich wurden hier viel zu große Puffer eingerechnet. Der Meilenstein wurde deutlich früher erreicht als geplant (in KW 19).

Ein besonderer Verlauf ist der des Meilensteines, der durch die Dreiecke dargestellt ist. Hier wird Woche für Woche der Meilenstein weitergeschoben. Dies riecht sehr stark nach einem 90 %-Syndrom auf Meilensteinbasis.

6.5.2 Die Earned-Value-Analyse

Earned-Value-Analyse (EVA)

Die Earned-Value-Analyse (EVA) ist eine Methode zur Projektfortschrittsbewertung, basierend auf dem tatsächlichen Wert der geleisteten Arbeit, und wird hauptsächlich in der Kostenverfolgung in größeren Projekten eingesetzt.

Definition
Earned-Value-Analyse (EVA)

Die Earned-Value-Analyse (auch Earned Value Analysis, kurz EVA) ist eine Methode zur Fortschrittsüberwachung auf Projektebene, die den aktuell erfassten Stand eines Projektes in Relation zu seinen geplanten Werten setzt. Die Idee ist, Vorhersagen über den weiteren Verlauf des Projektes zu treffen. All dies geschieht auf einer recht abstrakten Ebene, die ohne einen direkten Zugriff auf Erkenntnisse der Aktivitätenebene auskommen muss.

Ein Mittel zur wirtschaftlichen Bewertung

Weit verbreitet ist die Earned-Value-Analyse unter Controllern, die für größere Projekte in einem Segment eine vergleichende wirtschaftliche Bewertung der unterschiedlichsten Projekte vorlegen müssen. Natürlich hat der Projektmanager auch hier die notwendigen Parameter zu liefern. Selbst wenn er die Earned-Value-Analyse nicht selbst durchführt, ist er dennoch derjenige, der die Werte bereitstellt.

Unter Umständen ist die Earned-Value-Analyse Teil bestehender Softwarewerkzeuge, mit denen die Controller arbeiten. Die Grundregeln sind jedoch so einfach, dass sie leicht in einer Tabellenkalkulation umgesetzt werden können. Tatsächlich benötigt die EVA nur drei Parameter, um nachfolgende Berechnungen durchzuführen:

- Die Plankosten, auf Englisch Planned Value (PV), geben an, welche Aufwände zum aktuellen Zeitpunkt hätten anfallen dürfen. Dieser Wert kann aus der Kostenplanung entnommen werden.
- Die Istkosten oder auch Actual Costs (AC) beziffern den Wert der derzeit angefallenen Aufwände, also was das Projekt bislang tatsächlich gekostet hat. Sie ergeben sich entweder aus der aktuellen Aktivitätenzeitplanung oder – besser noch – aus der firmeninternen Stundenerfassung.
- Der namensgebende Fertigstellungswert bzw. Earned Value (EV) schließlich zeigt den tatsächlich erwirtschafteten Wert des Projektes zum Berichtszeitpunkt auf.

Und hier wird es schwierig!

Herausforderung »Projektfortschritt«

Die Earned-Value-Analyse erwartet vom Projektmanager, dass er den tatsächlich erwirtschafteten Wert in Form eines Projektfortschritts kennt. Hier stoßen wir auf die gleiche Problematik wie bei der prozentualen Erfassung des Istzustandes einer Aktivität. In der Earned-Value-Analyse wird das Projekt wie eine einzige, riesige »Aktivität« behandelt. Schließlich weiß die EVA nichts von den Arbeitspaketen oder Aktivitäten im Sinne der Aktivitätenzeitplanung. Aus diesem Grund wird in der Literatur auch gerne vom »prozentualen Fortschritt« des Projektes gesprochen.

Der erfahrene Projektmanager weiß, dass er den prozentualen Fortschritt niemals verlässlich erfragen kann. Er kann sich jedoch behelfen, indem er die Gesamtheit der Aktivitäten zugrunde legt. Wie in Kapitel 5 beschrieben, sollten diese einzelnen Aktivitäten so kleinteilig sein, dass sich ihr Fortschritt auf zwei mögliche Werte reduzieren lässt: noch nicht fertig bzw. fertig.

Abb. 6–9 *Ermittlung des Fortschritts aus der Summe der Aktivitäten*

Die beste Annäherung an den Fortschritt des gesamten Projektes entsteht immer noch dadurch, dass der Projektmanager die erledigten Aktivitäten in Relation setzt zu der Gesamtsumme. Dies ergibt einen Wert, der nur in Teilen einen Anspruch auf Exaktheit erhebt, jedoch besser ist als jede Schätzung. Selbst wenn unterschiedlich lange Aktivitäten existieren, werden sich die Fehler ausmitteln, je mehr Aktivitäten eingerechnet werden.

Die errechneten Parameter

Aus den drei Parametern lassen sich nun mit einfachen mathematischen Formeln verschiedene Indizes berechnen, die eine Bewertung des Projektes ermöglichen. Wir möchten uns hier jedoch auf zwei Kenngrößen konzentrieren, die das Prinzip veranschaulichen sollen.

- Die Kostenabweichung (engl.: *Cost Variance, CV*) errechnet sich aus der Differenz von Earned Value und Actual Costs. Es handelt sich also um die Differenz zwischen dem erwirtschafteten Wert und den tatsächlich angefallenen Kosten.

  Die Formel lautet: $CV = EV - AC$

- Die Planabweichung (engl.: *Schedule Variance, SV*) entspricht der Differenz zwischen erwirtschaftetem Wert und den geplanten Kosten.

  Die Formel lautet: $SV = EV - PV$

Ein positiver Wert für die Cost Variance CV bedeutet, dass das Projekt günstiger zu werden verspricht als geplant. Umgekehrt bedeutet ein negativer Wert, dass mit Mehrkosten zu rechnen ist.

Der Zusammenhang zwischen Terminen und Kosten ist weniger offensichtlich. Eine positive Schedule Variance SV bedeutet, dass das Projekt in seiner Wertschöpfung dem Plan voraus ist. Wenn wir das extrapolieren, kann man davon ausgehen, dass die Arbeiten früher abgeschlossen sein werden. Eine negative Schedule Variance zeigt hingegen auf, dass mehr Zeit als geplant aufgebracht werden muss, um die gewünschte Funktionalität zu entwickeln.

Controller – wenn nicht sogar der Projektmanager selbst – werden aus diesen und anderen Werten Rückschlüsse auf den Fortschritt und die Wirtschaftlichkeit des Projektes ziehen. Der Projektmanager sollte sich deshalb mit diesem Verfahren auseinandersetzen, damit ihm bewusst ist, wozu die von ihm kommunizierten Daten genutzt werden.

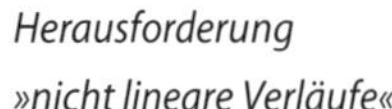
Herausforderung »nicht lineare Verläufe«

Die Earned-Value-Analyse wird deutlich komplexer, wenn man von nicht linearen Kostenverläufen ausgeht. Nehmen wir ein einfaches Beispiel: Wir haben in unserem Projekt seit dem Start bereits 75.000 Euro ausgegeben, obwohl nur Aufwände in Höhe von 50.000 Euro geplant waren. Daraus ergibt sich eine negative Cost Variance und sofort gehen die Alarmglocken an: »Das Projekt wird 50 % teurer als geplant.«

Diese Art von Aussage darf jedoch nur getroffen werden, wenn man davon ausgehen kann, dass die Kostenverläufe über den betrachteten Zeitraum linear verlaufen. Solange jeden Monat die gleiche Summe an Aufwänden geplant ist und auch anfällt, funktioniert die direkte Vorhersage in die Zukunft. Da dies jedoch selten der Fall ist, wird der Nutzer der Methode nicht umhin kommen, durch Interpolation nicht lineare Verläufe in solche zu unterteilen, die als lineare angenähert werden können. Die Vorgehensweise ist in Abbildung 6–10 dargestellt

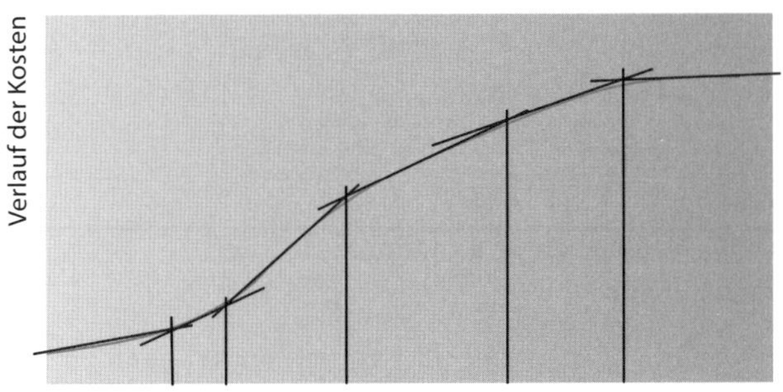

Abb. 6–10
Lineare Interpolation der Kostenverläufe für die EVA

Dies macht das Verfahren nicht einfacher. Vor allem wird das Ergebnis ungenauer. Wohl dem, der in seiner Organisation eine Auswertung auf Basis eines Werkzeuges durchführen kann, das nicht lineare Verläufe vorsieht.

Den Trend beachten

Es sollte immer daran gedacht werden, dass die EVA ein Trendsystem ist. Ein einmalig berechneter Stand kann eine Ausnahmesituation widerspiegeln. Daher sollten die errechneten Parameter über den gesamten Zeitraum des Projektes beobachtet werden.

6.6 Änderungsmanagement

Der griechische Philosoph Platon muss ein Projektmanager gewesen sein. Zumindest trifft eine seiner zentralen Aussagen, »Das Wesen der seienden Dinge ist die Veränderung«, voll ins Schwarze. Charles Darwin hat überdies in seinem Buch »Über die Entstehung der Arten« vom »Survival of the fittest« gesprochen. Gemeint waren hier nicht die Stärksten, sondern die Anpassungsfähigsten.

Da Projekte – wie Platon schon erkannte – ständig Veränderungen unterliegen, sollten wir darauf vorbereitet sein und uns anpassen können. Dies wird in den sequenziellen und agilen Vorgehensmodellen grundsätzlich sehr unterschiedlich bewerkstelligt.

6.6.1 Sequenzielle Vorgehensmodelle

In sequenziellen Modellen sind Änderungen – grundsätzlich unerwünschte – Abweichungen von den anfänglich analysierten und abgestimmten Anforderungen. Die gesamten Aktivitäten der Projektdefinition (Anforderungen und Projektumfang) sowie der darauf abgestimmten Projektplanung werden hier ja einzig zu dem Zweck betrieben, das Projektziel in der Durchführung möglichst als »Punktlandung« und mit den geplanten Aufwänden zu erreichen.

Änderungen sind unvermeidbar!

Änderungen sind jedoch unvermeidbar. Da ursprünglich nicht eingeplant, entstehen im sequenziellen Szenario durch Änderungen zusätzliche Aufwände durch:

- erneute Analyse,
- Umplanung,
- eventuelle Nacharbeit und (dadurch bedingt)
- zusätzliche Fehler.

Änderungsaufwände nicht unterschätzen!

Die Wahrscheinlichkeit dafür, dass es bei Änderungen zu neuen Fehlern und damit zu weiterer Nacharbeit kommt, ist hoch. Da wir diese Fehler nicht erst nach Auslieferung des Produktes entdecken möchten, müssen wir uns absichern. Daher müssen meist aufwendige Regressionstests (d.h. Wiederholungen bereits erfolgter Tests auf Modul-, System- und Integrationsebene!) durchgeführt werden.

Doch selbst wenn das Produkt ausführlich getestet wurde, können zusätzliche Fehler entstanden sein, weil bisher im Projekt gut aufeinander abgestimmte Abläufe unter Umständen vernachlässigt oder gar ausgehebelt wurden. Mit anderen Worten: Die ganze Zeit wurde das Softwaredesign ordentlich dokumentiert, doch aufgrund der späten Änderungen wurde am Ende doch »geschludert« und die Dokumentation ist streckenweise falsch (da veraltet).

Aus diesen Gründen ist es wichtig, die Aufwände für Änderungen nicht zu unterschätzen!

Änderungsmanagementprozess

Für sequenziell abgewickelte Projekte sollte unbedingt ein geregelter und durch eine Software (als Teil der Projektinfrastruktur) unterstützter Prozess zur Behandlung von Änderungen eingerichtet werden. Ein derartiges Änderungsmanagement ist Grundvoraussetzung für eine ordnungsgemäße Projektdurchführung. Reifegradmodelle schreiben einen Änderungsmanagementprozess explizit vor.

Umgang mit Änderungen des Projektumfangs

Man unterscheidet zwei Ebenen im Änderungsmanagement. Auf einer ersten (organisatorisch meist höheren) Ebene werden Änderungen behandelt, durch die sich der Projektumfang ändert. Dazu gehören Anforderungsänderungen, Terminänderungen von Meilensteinen oder Kostenänderungen. Das Änderungsverfahren durchläuft die folgenden Schritte:

- Die Änderung wird erfasst und kategorisiert.
- Die vorgeschlagene Änderung wird auf ihre Auswirkungen auf bestehende Vereinbarungen untersucht. Bei verändertem Projektumfang wird ein Änderungsantrag erstellt.
- Die Änderung wird beschlossen, zurückgestellt oder abgelehnt. Die Entscheidung wird durch das Änderungskontrollgremium getroffen und dokumentiert.
- Für die beschlossene Änderung werden Auswirkungen auf Pläne, Arbeitsprodukte und Aktivitäten vom Projektmanagement ermittelt, dokumentiert und kommuniziert.
- Die Änderung wird vom Projektteam durchgeführt.
- Die Änderung wird bis zum Abschluss verfolgt.
- Die Projektdefinition und der zeitbezogene Kostenplan werden entsprechend aktualisiert, d.h. fortgeschrieben.

Änderungskontrollgremium

Die sieben genannten Schritte erscheinen logisch und insofern simpel, können aber wohlgemerkt im Schritt »Durchführung« massive Testaktivitäten beinhalten. Außerdem haben wir quasi durch die Hintertür ein neues Projektgremium zum Leben erweckt. Die Rede ist vom Änderungskontrollgremium, dem »Change Control Board« (CCB), wie es auf Englisch heißt.

Es kann also neben der technischen Projektebene auch auf der Projektsteuerungsebene merkliche Zusatzaufwände geben, denn in mittleren oder großen Projekten muss das CCB im Verlauf weniger Monate über mehrere Hundert Änderungsanträge befinden.

Definition
Change Control Board (CCB)

Change Control Board (CCB)

Änderungskontrollgremium, das Änderungen beschließt oder ablehnt und die getroffene Entscheidung dokumentiert.

Abbildung 6–11 zeigt beispielhaft, wie verschiedene Änderungen die sieben Schritte durchlaufen.

Abb. 6–11
Abarbeitung von Änderungen im Änderungsmanagementprozess

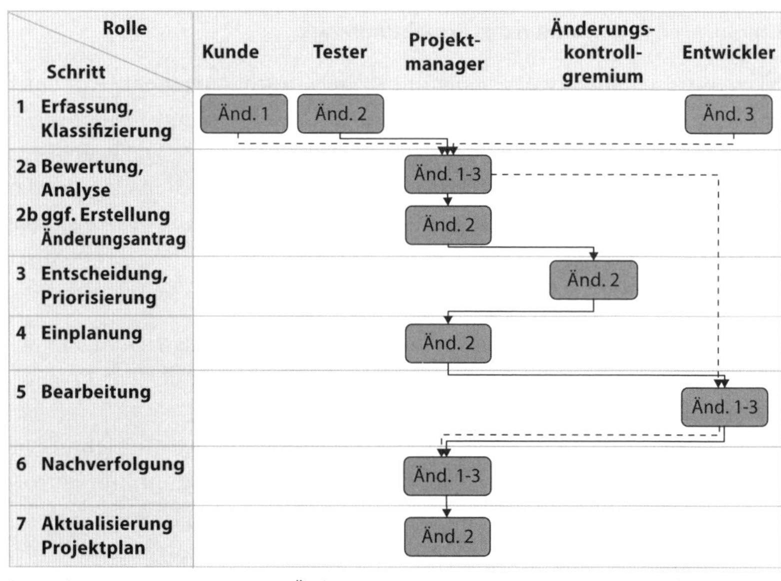

Umgang mit Änderungen ohne Einfluss auf den Projektumfang

Auf der zweiten Ebene werden Änderungen abgewickelt, die den Projektumfang nicht verändern. Diese Ebene ist organisatorisch üblicherweise tiefer angesiedelt, da das Projektteam gemeinsam mit dem Projektmanager entscheiden kann, wie sie mit der Änderung umgehen.

Bugs

Meist handelt es sich hierbei um Änderungen an bereits implementierten Bestandteilen, sprich um die Behebung von Fehlern. Softwareentwickler haben für diese Fehler verschiedene (meist englischsprachige) Namen: Bugs, Problembericht, Defects, Issues. Sie werden durch die projektinterne Verifikation oder, schlimmer noch, durch den Kunden (z.B. während der Validierung) entdeckt. Letzteres kann zu beträchtlichem Imageverlust führen und ausgesprochen teuer werden.

Grundsätzlich sollte das Änderungsverfahren für Bugs den gleichen Schritten wie oben beschrieben folgen. Auch kleine Änderungen sollten erfasst, analysiert, umgesetzt, kontrolliert und dokumentiert werden. Dies erfolgt jedoch in der Regel innerhalb der operativen Projektarbeit.

Unterschiedliche Entscheidungsgremien

Ein Unterschied zwischen großen und kleinen Änderungen besteht im Entscheidungsprozess. Je nach Umfeld muss die Entscheidung über die Umsetzung kleiner Änderungen – ohne Einfluss auf den Projektumfang – mehr oder weniger formal durch ein mehr oder weniger großes Änderungskontrollgremium bewilligt werden. In manchen Projekten bzw. Projektphasen entscheidet der Entwickler selbst, in anderen ist es der Projektmanager, in sicherheitskritischen Projekten gibt es auch hierfür ein CCB. Auch der Zeitpunkt der Änderung spielt eine Rolle. Je näher das Projektende in Sicht ist, desto mehr Stakeholder sollten über die geplante Änderung informiert werden – und zwar, **bevor** diese umgesetzt wird.

Per definitionem erfordern diese »kleinen« Änderungen keine Veränderung bzw. Aktualisierung der Projektpläne, da sie ja keinen Einfluss auf den Projektumfang haben.

Der Änderungsantrag

Abbildung 6–12 zeigt ein Beispiel für einen Änderungsantrag, wie er durch einen Kunden oder eine interne Instanz angestoßen werden kann. Heutzutage findet sich eine Vielzahl an Softwarewerkzeugen, die von der Erfassung bis hin zur Verfolgung der Änderungsumsetzung den gesamten Prozess durch einen Workflow regeln.

Abb. 6–12
Struktur eines Änderungsantrags

	Änderungsantrag: Aufnahme jpg als Format		**Projekt:** Entwicklung Grafikplattform
1	Lfd. Nr.:	0001	
2	CR-Typ:	❒ Neue Anforderung ❒ Designänderung ❒ Fehler ❒ Sonstiges: ____________	
3	Kategorie:	❒ Software ❒ Dokumentation ❒ Sonstiges: ____________	
4	Zu änderndes Release:		
5	Ziel-Release:		
6	Zustand/Status:	Erhalten am:	Entschieden im CCB am:
		Zugeteilt am:	Erledigt am:
7	Priorität:	❒ »Krise« ❒ Dringend ❒ Routine	
8	Erfasst durch:		
9	Zugeteilt an:		
10	Kurzbeschreibung:		
11	Anhänge (Dateinamen):		

6.6.2 Agile Vorgehensmodelle haben weniger Probleme

Immer her mit den Änderungen!

Ein Schlüssel zur Entwicklung agiler Vorgehensmodelle war die Erkenntnis, dass moderne Softwareprojekte einer Vielzahl von Änderungen unterliegen und ein Verfahren benötigt wird, gut damit umzugehen. Gelöst wurde das durch das Kernelement der Agilität schlechthin: die Iterationen.

Je kürzer die Iterationen, desto reaktiver ist das Projekt. Die Länge der Iterationen richtet sich deshalb stark nach dem Umfeld. Projekte in einem Umfeld mit hoher Änderungsrate sollten die Sprints kürzer ansetzen als solche in stabilem Umfeld, damit ein Feedback auf die Auswirkungen einer Änderung schneller zu Maßnahmen führen kann. Befindet sich das Projekt in einem Umfeld mit geringerer Änderungsrate, kann die Sprint-Länge länger angesetzt werden.

Story ist Story

Agile Vorgehensmodelle wie Scrum machen prinzipiell keinen Unterschied zwischen User Stories, die aufgrund von Anforderungen ihren Weg in das Product Backlog finden, und solchen, die aus Änderungen resultieren und vorhandene Stories überschreiben oder Softwareanteile betreffen, die bereits umgesetzt wurden. Da keine Upfront-Planung stattfand, entstehen zunächst einmal keine Zusatzaufwände für die Planung, da die Änderungen im Zuge der nächsten Sprints bearbeitet werden können. Der agile Prozess ist so gestrickt, dass alle oben genannten Schritte zur Bewertung und Abarbeitung der Änderung durchlaufen werden können bzw. sogar müssen.

Dringende Änderungen werden automatisch im nächsten Sprint bearbeitet, da sie im priorisierten Product Backlog ganz oben stehen. Allerdings kann dies bereits zu spät sein. Beträgt die Sprint-Länge beispielsweise drei Wochen und ist der aktuelle Sprint erst vor Kurzem gestartet, bedeutet dies im ungünstigsten Fall, dass die Änderung frühestens in sechs Wochen umgesetzt sein wird. Das ist zwar eine klare Aussage, kann aber in dringenden Fällen zu spät sein, wenn es sich bei der Änderung um einen sogenannten »Show-Stopper« handelt, der unmittelbar behoben werden muss.

Erfahrene Teams haben Wege gefunden, damit umzugehen, denn Agilität im realen Umfeld effektiv betreiben zu können ist essenziell. Einer dieser Wege besteht darin, Puffer einzuplanen.

Puffer für Änderungen

Ein Team kann in der Regel abschätzen, in welcher angespannten Situation sich ein Projekt befindet. Somit kann aufgrund dieser Einschätzung ein Puffer für sehr dringende Änderungen vorgehalten werden, die innerhalb des laufenden Sprints erledigt werden müssen. Dies geschieht, indem nicht die gesamte Verfügbarkeit der Teammitglieder verplant wird. Wie viel Puffer nötig ist, wird das Team beurteilen können.

Gezieltes Verpassen des Sprint-Ziels

Wurden keine Puffer eingerechnet oder werden sie überschritten, kann das Team eine Umplanung mit dem Product Owner vereinbaren. Die Änderung wird dann trotzdem in den laufenden Sprint übernommen. Im Gegenzug nimmt der Product Owner das Risiko in Kauf, dass die Story mit der niedrigsten Priorität nicht Teil des Sprint-Ergebnisses sein wird, und somit automatisch in den nächsten Sprint wandert. Dies ist auch dann der Fall, wenn nur einzelne Tasks einer Story unvollendet sind. In diesem Fall zieht die ganze User Story in den nächsten Sprint und ihre Priorität wird neu bewertet.

Härteste Maßnahme: Sprint-Abbruch

Wird eine sehr dringende Änderung aktuell, die das Ziel des gesamten laufenden Sprints ad absurdum führt, besteht die Möglichkeit, dass Product Owner und Team vereinbaren, den aktuellen Sprint abzubrechen. Der nächste Sprint würde dann neu geplant und die Sprint-Zyklen würden in einem neuen Rhythmus starten.

Für Show-Stopper gilt außerdem, dass sie nicht unbedingt auf das Sprint-Ende warten müssen, sondern auch schon davor ausgeliefert werden können (möglicherweise sogar müssen). Dies muss bei der Bewertung der Änderung beachtet werden, da die zusätzliche Lieferung Auswirkungen auf die Erreichung des Sprint-Ziels haben könnte, falls hier Zusatzaufwände entstanden sind.

6.7 Zusammenfassung

Im Zuge der Projektkontrolle werden die erhobenen Istdaten mit den Ergebnissen der vorangegangenen Planung verglichen. Auf diese Weise kann auf Abweichungen von der Planung reagiert werden.

Ein ausgefeiltes und effizientes Berichtswesen schafft Transparenz. Bei der Fortschrittsüberwachung sollte immer zwischen der Aktivitätenebene und der Projektebene unterschieden werden. Aufbau und Größe von Aktivitäten sind generell entscheidend für eine zuverlässige Fortschrittsüberwachung.

Zur Überwachung des Fortschritts auf Projektebene haben sich insbesondere zwei Methoden, die man auch als Trendsysteme bezeichnet, in der Praxis etabliert. Diese sind die Meilenstein-Trendanalyse (MTA) und die Earned-Value-Analyse (EVA).

Änderungen gegenüber der bisherigen Planung im Projekt können jederzeit auftreten. Dies können einmal Änderungen im Projektumfang auf der Projektsteuerungsebene sein und zum anderen kleinere Änderungen auf der operativen Ebene, die zum Beispiel durch Fehlerbehebungen auftreten, aber nicht den Projektumfang verändern. Änderungen müssen sowohl im sequenziellen als auch im agilen Ansatz systematisch erfasst, bewertet, entschieden, umgesetzt und verfolgt werden.

Der Unterschied zwischen beiden Vorgehensmodellen liegt darin, dass im sequenziellen Projektumfeld Änderungen grundsätzlich unerwünscht sind, eine Störung des Ablaufs darstellen und einen aufwendigen, formalisierten Prozess mittels Änderungsanträgen und Gremien (insb. dem Change Control Board) durchlaufen. Im agilen Umfeld werden Änderungen grundsätzlich erwartet und können – bis auf wenige Ausnahmen – innerhalb der Iterationsplanung mit behandelt werden.

6.8 Übungsaufgaben

1. Erklären Sie die Konsequenzen eines mangelhaften Projektcontrollings.
2. Nennen Sie die wesentlichen Bestandteile des Projektcontrollings und beschreiben Sie einen dieser Bestandteile.
3. Wie kann die Erhebung des Projektfortschritts auf eine verlässliche Basis gestellt werden?
4. Skizzieren Sie, wie Sie Fortschrittsdaten jeweils in sequenziellen und agilen Projekten erheben könnten.
5. Eine mögliche Form des Berichtswesens ist das sogenannte Ampelsystem. Nennen Sie weitere Formen.
6. Erklären Sie, wieso der Einsatz von regelmäßigen Fortschrittsberichten sinnvoll ist.
7. Erklären Sie, welche Vorteile zielgruppenorientierte Besprechungen besitzen.
8. Welche Punkte beachten Sie, damit eine Besprechung effizient abläuft und effektiv im Ergebnis ist?
9. Erklären Sie, inwiefern die Meilenstein-Trendanalyse für eine zeitorientierte Fortschrittsüberwachung geeignet ist.
10. Erklären Sie, unter welchen Umständen die Earned-Value-Analyse für eine kostenorientierte Fortschrittsüberwachung geeignet ist.
11. Beschreiben Sie, welche Auswirkungen Änderungen in sequenziellen und agilen Projekten haben und wie Sie jeweils mit ihnen umgehen.
12. Nennen Sie zwei Ebenen des Änderungsmanagements in sequenziellen Vorgehensmodellen.
13. Nennen Sie Aktivitäten des Änderungsmanagements, die typischerweise in sequenziellen Vorgehensmodellen auftreten.
14. Erklären Sie die Besonderheiten, die sich für das Änderungsmanagement in agilen Vorgehensmodellen ergeben.

7 Projektabnahme und -abschluss

In diesem Kapitel geht es im Kern um die Frage: »Welche Aufgaben ergeben sich am Ende eines Projektes, welche Probleme können auftreten und was lässt sich dagegen tun?« So banal es klingt: Ein Projekt kann erst dann erfolgreich beendet werden, wenn der Projektauftraggeber erklärt hat, dass das Projektergebnis erreicht wurde. Wir sprechen in diesem Zusammenhang von »Projektabnahme«.

7.1 Projektabnahme

Formale Dokumentation der Akzeptanz von Projektergebnissen

Die Projektabnahme dient dazu, formal festzustellen und zu dokumentieren, dass die Projektergebnisse direkt durch die Projektauftraggeber oder speziell dafür beauftragte Dritte akzeptiert wurden. In der Regel setzt dies voraus, dass die Anforderungen gemäß der Spezifikation korrekt und vollständig umgesetzt wurden bzw. dass die ggf. abweichende Umsetzung den gemeinsam getroffenen Vereinbarungen entspricht. Demnach wird mit der Projektabnahme festgestellt, ob die erbrachten Ergebnisse mängelfrei sind.

Mängelhaftung

Die Feststellung von Mängeln ist für Haftungsansprüche von zentraler Bedeutung. Welche gesetzlichen Ansprüche maßgeblich sind, hängt von der Vertragsgestaltung und der Gesetzgebung ab (insb. dem Bürgerlichen Gesetzbuch, kurz BGB [1], und seinen relevanten Paragraphen). Wir werden weiter unten noch hierauf zu sprechen kommen. Weitere Aspekte hierzu wurden bereits im gleichnamigen Abschnitt 4.3 diskutiert. Anhand der vertraglichen Vorgaben lässt sich ableiten, ob und wie die Projektabnahme sowohl fachlich als auch vertragsrechtlich zu erfolgen hat.

Die Projektabnahme ist wesentliche Voraussetzung für den Projektabschluss und diesem daher immer vorgelagert. Generell gilt:

---

1. Siehe Bürgerliches Gesetzbuch, §437, Nr. 1 (*http://www.gesetze-im-internet.de/bgb/437.html*, zugegriffen am 10.11.2016).

- Die Projektabnahme muss frühzeitig geplant werden (Zeit, verantwortliche Personen, Ressourcen, Ort, Vorgehen).

Klare Abnahmekriterien

- Die Projektabnahme kann nur durchgeführt werden, wenn klare Abnahmekriterien vorliegen (Verträge, Anforderungsdefinition).
- Die Projektabnahme kann abgestuft durchgeführt werden (z.B. »Abnahme ohne Mängel«, »Abnahme trotz leichter Mängel« bis hin zu »Keine Abnahme wegen großer bzw. erheblicher Mängel«). Eventuell zusätzlich notwendige Maßnahmen zur Behebung identifizierter Mängel müssen mindestens in einer Mängelliste definiert und der Aktivitätenplan dahingehend ergänzt werden.
- Auswirkungen von notwendigen Änderungen hinsichtlich der anfallenden Kosten und benötigten Zeiten müssen ermittelt und im Projektplan ergänzt werden (Projektcontrolling).
- Vertraglich vereinbarte Maßnahmen sind umzusetzen.

Bezug zum Änderungsmanagement

Die Projektabnahme kann somit umfangreiche Aktivitäten im Projektcontrolling erfordern und ist daher eng mit dem Änderungsmanagement verwoben (siehe Kapitel 6 »Projektumsetzung und -controlling«)!

7.1.1 Fachliche Abnahme

Projektabnahme ≠ Verifikation und Validierung

Software muss unabhängig vom gewählten Entwicklungsmodell unterschiedlichen Tests (Modul-/Komponententest, Integrationstest, Systemtest etc.) unterzogen werden. Diese Tests sind alle der eigentlichen Projektabnahme vorgelagert. Dies trifft auch auf die im V-Modell festgelegten Abnahmetests im Rahmen der Verifikation und Validierung zu (siehe Kap. 3). Die Projektabnahme beinhaltet lediglich die finale Akzeptanzprüfung der Testergebnisse und Testdokumentationen der vorangegangenen jeweiligen technischen Abnahmetests, die meist in vorhergehenden Projektphasen oder – im agilen Szenario – in den bisher erfolgten Iterationen durchlaufen wurden.

Die oben schon angesprochene Mängelliste sollte unter anderem folgende Angaben enthalten:

- Projektbezeichnung
- Laufende Nummer
- Priorität (Kundensicht: Muss Mangel schnell behoben werden?)
- Datum (Wann wurde der Mangel erfasst?)
- Prüfer (Wer hat den Mangel erfasst?)
- Beschreibung (Welche Anforderung wurde durch welche Fehler nicht erfüllt?)
- Einstufung des Mangels (erheblich, unerheblich: Aufwandsicht)
- Verantwortlich (Wer ist für die Beseitigung des Mangels zuständig?)
- Datum der Behebung (Bis wann ist der Mangel zu beseitigen?)

Tabelle 7–1 zeigt exemplarisch eine Mängelliste für unser Fallbeispiel:

Tab. 7–1
Mängelliste bei Abnahme im Beispielprojekt

Mängeliste					**Projekt: Grafikplattform**		
Lfd. Nr.	**Prio**	**Erfasst**	**Prü-fer**	**Beschreibung**	**Kate-gorie**	**Verant-wortlich**	**bis wann**
1	1	2. 05. 16	FMB	Diverse Fehler bei Merge der Datenbanken	erheb-lich	KAB	1. 06.16
2	3	2. 05. 16	JUG	Warnungen bei Ein-spielen geometrischer Schulungsdaten	uner-heblich	PME	5. 06. 16
3	2	4. 05. 16	FMB	Falsche Maus-ansteuerung bei Ellipsen	erheb-lich	FSC	14.07.16
4	3	9. 05. 16	JUB	Optik Ausdrucke verzerrt - Rendering?	uner-heblich	FSC	18.06.16
5							
6							

agil: Abnahme nach jeder Iteration/jedem Sprint

In der Praxis zeigen sich besonders zwischen sequenziellen und agilen Vorgehensmodellen erhebliche Unterschiede. Während bei agilen Projekten die Projektabnahme idealerweise nach jedem Inkrement bzw. Sprint erfolgt (siehe auch Abschnitt 4.1.3 zu den Meilensteinen), ist beim sequenziellen Ansatz meist nur eine »100 %-Abnahme« am Projektende möglich oder vorgesehen. Eine »100 %-Abnahme« muss wesentlich umfangreicher geplant werden und setzt mindestens folgende Punkte voraus:

- Klare und messbare Abnahmekriterien
- Abzunehmende Projektergebnisse (Software, Dokumentation etc.)
- Bereitstellung von Abnahmeinfrastruktur und -systemen
- Benennung des Abnahmepersonals
- Terminkoordination

Sequenziell: Abnahme meist bei Projektende

Damit einhergehend erhöht sich das Risiko, dass Falschimplementierungen in Projektergebnissen erst sehr spät erkannt werden, wodurch die gesamte Projektabnahme verzögert wird. Dies wirkt sich dann unter anderem negativ auf Zahlungsvereinbarungen, Gewährleistungsansprüche und -laufzeiten aus.

7.1.2 Vertragsrechtliche Abnahme

Obwohl – oder gerade weil – es keine pauschalen juristischen Vorgaben gibt, wie eine Abnahme im Detail zu gestalten ist, sollten Projektauftraggeber und Projektauftragnehmer bereits im Vertrag Test- und Abnahmeszenarien festhalten. Dabei sollten folgende Themen berücksichtigt werden:

Vertraglich zu regelnde Punkte

- Was muss der Auftragnehmer für die Abnahme durch den Auftraggeber (technisch und organisatorisch) vorbereiten?
- Welche Abnahmeprüfungen soll es geben und wie werden sie durchgeführt?
- Wer führt wann welche Prüfungen durch?
- Wie lauten die Mängelkategorien (in Tab. 7–1 »Erheblicher Mangel« und »Unerheblicher Mangel«) und was bedeuten sie?
- Wie wird die Abnahme dokumentiert (Abnahmeprotokoll)?
- Wann muss die Abnahme wiederholt werden, was folgt daraus?

Je nach Vertragsgestaltung ergeben sich durch ggf. vorliegende Mängel verschiedene Ansprüche. Bei Werkverträgen sprechen wir juristisch gesehen von »Softwareverträgen nach Werkvertragsrecht«. Hier kann der Projektauftraggeber im Falle von Mängeln bei oder nach Abnahme seinen sogenannten »Nacherfüllungsanspruch«[2] geltend machen. Anders ausgedrückt: Der Auftragnehmer muss nachbessern.

Schadensersatzforderungen bei Werkverträgen

Scheitert die Nacherfüllung und handelt es sich um erhebliche Mängel, kann der Auftraggeber sogar vom Werkvertrag zurücktreten und Schadensersatz fordern. Daher ist es nicht verwunderlich, dass es in der Praxis hinsichtlich der Mängelhaftung (den Begriff »Gewährleistung« gibt es im BGB seit der Schuldrechtsreform 2001 nicht mehr, auch wenn er in der Praxis im Volksmund oder in alten Verträgen noch gebräuchlich ist!) in Softwareprojekten immer wieder um die Frage geht, was »erhebliche Mängel« sind.

Achtung: Auch mehrere unerhebliche Mängel können in ihrer Gesamtheit zu einem erheblichen Mangel führen und somit Schadensersatzansprüche bedingen.

Mängelhaftung bei Dienstverträgen

Bei Dienstverträgen gemäß BGB §611 besteht in der Regel kein Schadensersatzanspruchsrecht des Auftraggebers in Bezug auf das Softwareprodukt (»Gewerk«), sondern nur in Bezug auf die geschuldete Dienstleistung (z.B. wenn die zugesagte Arbeitszeit nicht geleistet wurde).

---

2. Siehe Bürgerliches Gesetzbuch, §437, Nr. 1 (*http://www.gesetze-im-internet.de/bgb/__437.html*, zugegriffen am 10.11.2016).

7.2 Projektabschluss

Die »Projektabnahme« bezieht sich immer nur darauf, ob das geschuldete Projektergebnis, sei es ein Softwareprodukt oder eine Dienstleistung, offiziell akzeptiert (also »abgenommen«) wird. Zum vollständigen Abschluss eines Projektes gehört jedoch noch mehr.

Jedes Projekt sollte über die Abnahme hinaus offiziell abgeschlossen werden, und zwar unabhängig davon, ob für das Projektmanagement eine sequenzielle oder agile Vorgehensweise gewählt wurde. Dies kann – und sollte gerade bei längeren Projekten – auch abgestuft auf Ebene der Projektphasen oder Meilensteine geschehen. Daher gelten die Ausführungen hier nicht nur für den Projektabschluss, sondern auch für Phasenabschlüsse. Unter dem Begriff Projekt- oder Phasenabschluss werden folgende Aktivitäten zusammengefasst:

- Der Projektmanager hat dafür zu sorgen, dass die Projektdokumentation zur Projektabschlussphase vollständig und aktuell sowie für spätere Projekte in einem Archiv auffindbar ist.
- Alle Projektbeteiligten reflektieren den Projektablauf, z.B. in einem Projektabschluss-Workshop, im Sinne eines Abschlussreviews (»Lessons Learned«). Dabei wird auch die Zusammenarbeit im Team und mit externen Stakeholdern des Projektes reflektiert. Im agilen Umfeld (z.B. bei Scrum) sind sogenannte »Impediment Backlogs« als Listen mit Verbesserungsvorschlägen jeweils für den nächsten Sprint üblich.

Lessons Learned vs. Impediment Backlog

- Der Projektmanager bewertet die Effektivität und Effizienz der Prozesse und identifiziert Verbesserungspotenziale, vorzugsweise mit dem Team. Auch dies ist Teil der »Lessons Learned«.
- Der Projektmanager unternimmt eine Nachbetrachtung der Projektrisiken (ggf. ebenfalls gemeinsam mit dem Team), um diese Erfahrungen für zukünftige Projekte nutzbar zu machen.
- Das Projekt wird vom Projektmanager nachkalkuliert. Nachkalkulation bedeutet hierbei, dass die Istkosten des Projektes abschließend ermittelt werden (sollten), diese mit den Plankosten verglichen und das Ergebnis erläutert wird.
- Der Projektmanager sorgt dafür, dass die Ergebnisse aus den »Lessons Learned« archiviert und für zukünftige Projekte nutzbar gemacht werden.
- Die Verbesserungspotenziale, die sich auf die erforderliche Nachjustierung des gewählten Vorgehensmodells beziehen, werden als Feedback zum weiteren »Prozess-Tailoring« der Vorgehensmodelle an das zentrale Projektmanagement des Unternehmens weitergegeben.

- Der Projektmanager und jedes Teammitglied selbst ergänzen die Einträge in der Mitarbeiter-Skill-Datenbank.

Abschlussbericht

Oft stellt das Protokoll des Projektabschluss-Workshops (oder Abschlussreviews) einen Abschlussbericht dar. Sollte kein Projektabschluss-Workshop durchgeführt werden, sollten die im Projekt erreichten Ziele vom Projektmanager und dem Auftraggeber bewertet und in einem Projektabschlussbericht nachvollziehbar dokumentiert werden. Der Projektabschluss ist ein wertvolles Mittel, um Projekterfahrungen für zukünftige Projekte nutzbar zu machen, aus Fehlern zu lernen und damit schrittweise die Prozesse zu verbessern.

7.3 Erforderliche Soft Skills und Methoden

Erfahrene Projektleiter berichten immer wieder, dass Projekte, die nicht erfolgreich abgeschlossen werden, zu 80 % auf der Beziehungsebene scheitern (siehe [Bohinc 2006]). Daher sollte ein erfolgreicher Projektmanager nicht nur Projektpläne erstellen sowie Aufwände und Kapazitäten schätzen, sondern das Projekt insbesondere zum Abschluss hin gut präsentieren (»verkaufen«) können, Projektbeteiligte zum Ergebnis hinführen und sowohl technische als auch emotionale Konflikte lösen können.

Nachhaltigen Projektabschluss bewirken

Besonders bei der Projektabnahme und beim Projektabschluss sind die genannten »Soft Skills« und der Einsatz entsprechender Methoden durch das Projektmanagement von Bedeutung. Ein erfolgreicher Projektabschluss sollte nachhaltig wirken. Nicht selten sehen sich Projektauftraggeber mit der Situation konfrontiert, dass mit Abschluss des Projektes wichtige Projektmitglieder nicht mehr im unmittelbaren »Zugriff« stehen und wichtiges Know-how »verloren« geht. Gleichzeitig sind nicht selten Projektabschlüsse direkte Anknüpfungspunkte für neue Projekte oder Folgeprojekte.

Projekte persönlich reflektieren

Daher ist es umso wichtiger, dass der Projektmanager Projektabnahmen und -abschlüsse so organisiert, dass neben der inhaltlichen und fachlichen Aufbereitung des Projektes zusätzlich eine persönliche Reflektion aller Projektbeteiligten erfolgt.

360-Grad-Feedback

Ein in der Praxis bewährtes Instrument ist das 360-Grad-Feedback-System (siehe z.B. [Pelz 2014]). Obwohl es für die Bewertung von Fach- und Führungskräften entwickelt wurde, lässt es sich im Rahmen von Projekten sehr gut – meist in schlankerer Form – auf alle Teammitglieder und weitere Stakeholder anwenden.

Feedback durch alle Stakeholder

Der Kern des 360-Grad-Feedback-Systems besteht in breit gefächerter Rückmeldung durch alle wichtigen Stakeholder und die darin vertretenen unterschiedlichen Hierarchien (»oben«, »unten«, »rechts« und »links«, siehe Abb. 7–1) sowie Rollen (Vorgesetzte, Kollegen, Kunden, Berater etc.). Dadurch entsteht eine größere Vielfalt an Meinungen, die wiederum zu mehr Objektivität bei der Bewertung der individuellen Führung und Leistung des Bewerteten führen.

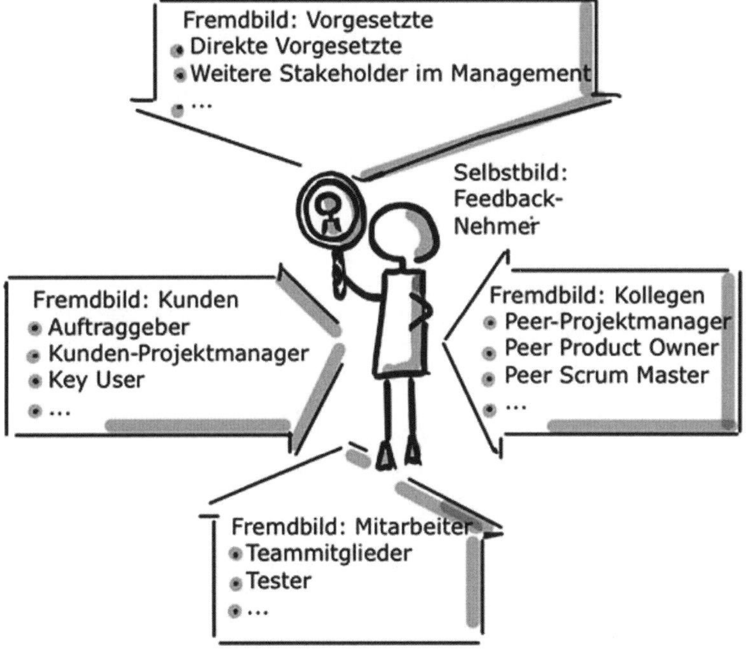

Abb. 7–1
360-Grad-Feedback aus Sicht des Projektmanagements (in Anlehnung an [Pelz 2014])

Selbst- versus Fremdeinschätzung

Um die Ergebnisse (nun als Selbst- und Fremdeinschätzungen) für eine persönliche und berufliche (Weiter-)Entwicklung zu nutzen, kann ein persönliches Stärken-Schwächen-Profil (Stärken-Schwächen-Matrix, siehe [Pelz 2014]) erstellt werden. Dabei werden die Ergebnisse den Bereichen »vorhandene Schwächen«, »vermeintliche Stärken«, »vorhandene Stärken« und »verborgende Stärken« zugeordnet. Abbildung 7–2 zeigt diese Aufteilung schematisch.

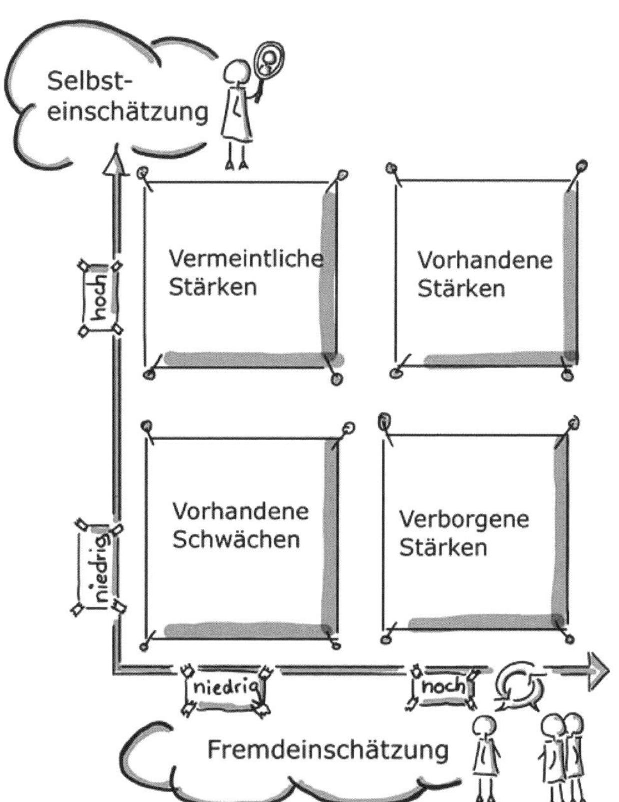

Abb. 7–2 *Persönliches Stärken-Schwächen-Profil auf Basis von 360-Grad-Feedback*

Das erstellte persönliche Stärken-Schwächen-Profil kann anschließend über das Projekt hinaus für kurz- und langfristige Entwicklungspläne genutzt werden. So können im Projekt erworbene oder vertiefte Fähigkeiten und Kompetenzen, aber eben auch Informationen zu Verbesserungspotenzialen für – jeweils nur berechtigte Nutzer – mittels Einträgen in Skill-Datenbanken oder weiteren Personalentwicklungswerkzeugen nachhaltig verwertet werden.

7.4 Zusammenfassung

Die Projektabnahme dient der formalen Akzeptanz des Systems durch den Auftraggeber. Wesentliche Voraussetzungen einer Projektabnahme sind – abhängig vom gewählten Vorgehensmodell – der erfolgte Abschluss aller vor der Abnahme vorgesehenen Tests, die Existenz von Abnahmekriterien sowie eine frühzeitige und sorgfältige Planung. Die Abnahme sollte durch ein Abnahmeprotokoll dokumentiert werden, erkannte Mängel werden in einer Mängelliste zusammengefasst.

Der Projektabschluss ist ein wertvolles Mittel, um Projekterfahrungen für zukünftige Projekte nutzbar zu machen, aus Fehlern zu lernen und damit schrittweise die Prozesse im Softwareentwicklungsprojekt zu verbessern. Der Projektabschluss beinhaltet typischerweise mindestens:

- den Abschluss aller Projektdokumente,
- eine Nachkalkulation und eine Nachbewertung von Risiken,
- eine Analyse und Bewertung der Projektarbeiten und Akteure
- und eine Aktualisierung von Skill-Datenbanken.

7.5 Übungsaufgaben

1. Was ist der Unterschied zwischen der Projektabnahme und dem Projektabschluss?
2. Erklären Sie, durch welche Aktivitäten das Ziel der Projektabnahme verfolgt und erreicht wird.
3. Wie erfolgt die Projektabnahme im sequenziellen und im agilen Umfeld jeweils? Wo liegen die Unterschiede?
4. Welche Aktivitäten beinhaltet der Projektabschluss?
5. Welche Methoden auf der Beziehungsebene sollten beim Projektabschluss sinnvollerweise zum Einsatz kommen?
6. Erklären Sie, welcher Vorteil sich durch den Projektabschluss ergibt.
7. Beschreiben Sie, warum die Projektabnahme eng mit dem Änderungsmanagement und dem Projektcontrolling verknüpft ist.

8 Qualitätsmanagement

8.1 Qualität geht alle an – Qualitätsmanagement als Querschnittsaufgabe

Qualität lässt sich nicht nachträglich hineintesten.

Für Software gilt – mehr noch als für Hardware –, dass Qualität nicht nachträglich in das Produkt hineingetestet werden kann. Dazu sind Softwareprodukte heutzutage viel zu komplex. Erstens bietet eine Software in der Regel viele Funktionen an, die nicht zwangsläufig in einer vorgegebenen Reihenfolge verwendet werden müssen. Zweitens läuft sie oft auf unterschiedlichen Plattformen bzw. Betriebssystemen. Drittens lässt sich Software nicht selten anwenderspezifisch konfigurieren. Jeder dieser Gründe für sich bewirkt, dass ein allumfassender Test wirtschaftlich nicht sinnvoll oder technisch schlichtweg nicht möglich ist. Wir können z. B. nicht alle Smartphones in allen Sprachen mit allen im Markt vertretenen Betriebssystemversionen im Testlabor vorhalten.

Qualität entsteht im Entwicklungsprozess.

Wie immer, wenn eine vollständige Fertigungsendkontrolle nicht möglich ist, müssen wir stattdessen auf den Herstellungsprozess schauen. So wie natürliche Schönheit von innen kommt, entspringt gute Qualität einem sauberen Entwicklungsprozess. Doch was verstehen wir überhaupt unter »guter Qualität« und wer bewertet die Qualität eines Produktes?

Ganz offensichtlich ist ein Produkt nicht gut genug, wenn es den Kunden nicht überzeugen kann. Der Umkehrschluss ist jedoch nur ein Teil der Wahrheit. Ein Produkt, das den Kunden begeistert, dessen Entwicklung die Firma jedoch in den Ruin treibt, ist auf Dauer auch nicht »gut«. Der Kunde ist zwar ein wichtiger, aber nicht der einzige Stakeholder im Projekt. Auch die Erwartungen des IT-Administrators, der das Softwareprodukt installieren, betreiben und ggf. aktualisieren soll, müssen erfüllt sein. Ebenso sollte sich die Entwicklung im gegebenen finanziellen und zeitlichen Rahmen abspielen.

Was bedeutet Qualitätsmanagement?

Gemäß ISO 21500 verstehen wir unter »Qualitätsmanagement« den Projektmanagementprozess, der alle Aktivitäten der Qualitätsplanung, Qualitätssicherung und der Qualitätskontrolle beinhaltet. Qualitätssicherung ist somit Teil des Qualitätsmanagements. Um die Qualität eines Produktes bewerten zu können, müssen folglich zunächst einmal die Bewertungskriterien – die sogenannten Qualitätsziele – festgelegt werden. Darüber hinaus gilt es, qualitätssichernde Maßnahmen durchzuführen.

Was bedeutet Qualitätssicherung?

Unter Qualitätssicherung verstehen wir die Summe aller Maßnahmen, die während der gesamten Laufzeit eines Projektes durchgeführt werden, um sicherzustellen, dass die Qualitätsziele erfüllt werden. Dazu gehört also auch, sich vor der Implementierung Gedanken über eine saubere Softwarearchitektur zu machen. Jeder Prozess, der eine dokumentierte, frühzeitig erstellte Architektur einfordert, trägt zur Qualitätssicherung bei.

Qualitätssicherung hat zwei Aspekte. Zum einen muss sichergestellt werden, dass das Produkt die Anforderungen der diversen Stakeholder erfüllt. Zum anderen muss auch der Entwicklungs- bzw. Fertigungsprozess überwacht werden. Wir unterscheiden daher zwischen

- Qualitätssicherung für Produkte und
- Qualitätssicherung für Prozesse.

Zusammengefasst haben wir es mit einer Querschnittsaufgabe zu tun, die alle Projektphasen, alle Tätigkeitsbereiche und somit auch alle Stakeholder des Projektes betrifft.

QS ist eine Grundeinstellung.

Aus psychologischer Sicht ist es wichtig, dass alle Mitglieder des Projektteams diesen ganzheitlichen Qualitätsbegriff verinnerlicht haben. Qualitätssicherung sollte nicht als lästige Pflicht, sondern als intrinsische Verhaltensweise verstanden werden. Wir betreiben Qualitätssicherung aus dem Wunsch heraus, gute Arbeit zu leisten und unnötige Projektrisiken abzuwenden.

»Entwickler hassen es, Dokumente schreiben zu müssen.« Dieser Satz ist natürlich eine schamlose Verallgemeinerung. Nichtsdestotrotz steckt in ihm ein Fünkchen Wahrheit. Dokumentation wird oft als unerfreuliche, teilweise sogar als belastende Aufgabe gesehen, besonders wenn sie in einer Fremdsprache erstellt werden soll. Für die Entwickler ist der Wert eines detaillierten Designdokumentes nicht zwangsläufig offensichtlich. Ein oft gehörter Kommentar in dem Zusammenhang lautet: »Schau doch in den Quellcode. Der ist die beste Dokumentation.« Für den Entwickler, der erst seit ein paar Tagen Mitglied des Teams ist, sieht die Sache anders aus. Alles, was geeignet ist, ihm einen Überblick zu verschaffen und den Einstieg zu erleichtern, ist nützlich und damit sinnvoll.

Dokumentation sollte als Selbstschutz verstanden werden. Wir schreiben Dokumente,

- um gelegentlich auch mal in Urlaub gehen zu können,
- um nicht ständig unterbrochen zu werden, weil wir ein Modul erklären müssen, für das wir vor einiger Zeit mal verantwortlich waren,
- um uns selbst wieder zu erinnern, warum wir manches damals wie entschieden haben (was dann leider eben doch nicht im Quellcode kommentiert ist),
- weil es z.B. durch branchenübliche Normen vorgeschrieben ist.

Dokumentation ist Selbstschutz.

Der letzte Grund ist zwar wichtig, sollte jedoch niemals die Hauptmotivation sein. Vermitteln Sie daher Ihrem Team, dass es die Dokumente in erste Linie für sich selbst schreibt und dass dies ein wichtiger Beitrag zur Qualitätssicherung ist. Sorgen Sie dafür, dass die Inhalte der Dokumente wirklich nützlich sind. Eine reine Nachdokumentation der im Quellcode festgelegten Funktionen und Parameter ist wenig hilfreich und kann tatsächlich mit wenig Aufwand und passender Werkzeugunterstützung automatisiert aus dem (gut kommentierten) Quellcode heraus generiert werden.

8.2 Der Qualitätsmanagementplan

Qualitätssicherung sollte, ebenso wie alle anderen Aktivitäten im Projekt, vorab geplant werden. Dies gilt für sequenzielle Vorgehensmodelle ebenso wie für agile. Die kurzen Kommunikationswege zwischen Scrum-Team und Product Owner in agilen Projekten mögen manche Dokumentenreviews unnötig machen – letztlich sind sie auch nur Teil eines übergeordneten Qualitätsmanagementplans. Schließlich muss auch in agilen Projekten festgelegt werden, woran Qualität gemessen wird, welche qualitätssichernden Maßnahmen von wem und wann erwartet werden, was an Arbeitsergebnissen zu liefern ist und welche Randbedingungen es gibt.

Qualitätsbewertungskriterien

Tabelle 8–1 zeigt eine Auflistung gängiger Qualitätsbewertungskriterien. Die rechte Spalte beinhaltet eine Auflistung der Punkte, die im Qualitätsmanagementplan festgelegt werden sollten.

Tab. 8–1
Gängige Qualitätsbewertungskriterien

Kriterium	Bedeutung	Im Qualitätsmanagementplan festzulegen
Produkt wurde erfolgreich verifiziert.	Alle Tests wurden erfolgreich durchgeführt und dokumentiert. Die gefundenen Abweichungen wurden entweder behoben oder als »akzeptabel« bewertet und dokumentiert.	▪ Welche Tests sind durchzuführen? ▪ Wie ist die Testdurchführung zu dokumentieren? ▪ Nach welchen Kriterien werden Abweichungen bewertet? ▪ Wie sind Abweichungen zu dokumentieren?
Dokumentation liegt vollständig vor und ist verifiziert.	Alle zu erstellenden Dokumente sind auf dem aktuellen Stand und freigegeben.	▪ Welche Dokumente sollen erstellt werden? ▪ Welche Inhalte werden erwartet (Dokumentenvorlagen)? ▪ Wie werden die Dokumente geprüft und freigegeben? ▪ Wo sind die Dokumente zu finden?
Erfolgreiche Validierung des Produktes	Das Produkt wurde in einer realistischen Umgebung »auf die Probe gestellt« und nachweislich für »brauchbar« befunden.	▪ Wie soll die Validierung erfolgen? ▪ Mögliche Varianten sind Betatests durch Pilot-Kunden oder eine formale Validierung der Gebrauchstauglichkeit, z.B. in einem Usability-Labor.
Konformität erreicht	Alle sonstigen firmenspezifischen und/oder extern vorgegebenen (rechtlichen) Vorgaben sind erfüllt.	▪ Welche externen Vorgaben (z.B. Normen, Gesetze) und internen Vorgaben (z.B. Firmenrichtlinien) sind anzuwenden? ▪ Wie kann/soll der Konformitätsnachweis erbracht werden?

Rollen und Verantwortlichkeiten

Darüber hinaus enthält der Plan Aussagen über Rollen inklusive der dazugehörigen Rechte und Pflichten. Die prominenteste Rolle neben dem Qualitätsmanager ist der Tester, aber schon in diesem einfachen Fall können sich die Aufgaben von Projekt zu Projekt unterscheiden. Gibt es eine Trennung zwischen dem Testfallautor, dessen Aufgabe darin besteht, Testfälle zu spezifizieren, und Testdurchführer? Ist es geplant, Testfälle automatisiert durchzuführen, und falls ja, wer implementiert die Testskripte? Wer analysiert die Ergebnisse und schreibt ggf. Abweichungsberichte? Sobald mehrere Tester koordiniert werden müssen, sollte der Projektmanager zudem einen Testmanager berufen.

Tabelle 8–2 zeigt eine Auflistung gängiger Rollen und eine mögliche Aufgabenverteilung.

Tab. 8–2
Beispiele für Rollen und Aufgaben, die im Qualitätsmanagementplan zu beschreiben sind

Rolle	Aufgaben
Qualitätsmanager	■ Projektübergreifende Steuerung des Qualitätsmanagements ■ Festlegung organisationsweiter Richtlinien (z.B. Dokumentenvorlagen, QM-Handbuch) ■ Überprüfung der Einhaltung der QM-Vorgaben ■ Unterstützung der Projektteams bei der Umsetzung der Vorgaben
Projektmanager	■ Erstellung des projektspezifischen Qualitätsmanagementplans ■ Dies bedeutet nicht zwangsläufig, dass der Projektmanager den Plan tatsächlich verfasst. Er kann diese Aufgabe delegieren, bleibt jedoch dafür verantwortlich. ■ Überprüfung der Einhaltung des QM-Plans ■ Bereitstellung der für die organisatorischen Maßnahmen erforderlichen Ressourcen ■ Definition und Überwachung von Prozessmetriken ■ Bewertung von Abweichungsberichten ■ Schulung der Projektmitarbeiter
Testmanager	■ Erstellung des Testkonzeptes ■ Detaillierte Planung aller analytischen Maßnahmen ■ Steuerung der Testdurchführung ■ Erstellung von Dokumentation und Berichten ■ Bewertung von Abweichungsberichten
Testfallautor	■ Ggf. Auswahl des Testentwurfsverfahrens ■ Spezifikation der Testfälle ■ Review von Anforderungs- und Designspezifikationen
Testimplementierer (automatisierte Testdurchführung)	■ Umsetzung der Testspezifikationen in automatisierte Testskripte ■ Durchführung der automatisierten Testskripte ■ Auswertung und Dokumentation der Ergebnisse ■ Ggf. Dokumentation der analysierten Abweichungen
Testdurchführer (manuelle Testdurchführung)	■ Manuelle Durchführung der Testfälle ■ Dokumentation der Ergebnisse ■ Ggf. Dokumentation beobachteter Abweichungen

Wir können in diesem Buch kein Patentrezept für Rollen und Aufgabenverteilung geben. Jedes Projekt ist anders und hat seine eigenen Bedürfnisse und Rahmenbedingungen. Die Aufgabe des Projektmanagers besteht darin, klar vorzugeben, was genau von wem erwartet wird.

Die Erfahrung hat gezeigt, dass es sinnvoll ist, die Rollen von den konkreten personellen Zuweisungen zu trennen. Der Qualitätsmanagementplan kann, muss aber nicht zwangsläufig Personen namentlich benennen. Gerade in dynamischen Projekten, in denen sich die Zuweisung von Mitarbeitern häufig ändert, empfiehlt es sich, nur ein Dokument mit konkreten Namen und Terminen zu pflegen. Dies wird in der Regel der Projektplan sein.

Methoden und Maßnahmen

Unter »Methoden der Qualitätssicherung« verstehen wir spezifische Vorgehensweisen, die helfen, die Qualität des zu entwickelnden Produktes einerseits und des Entwicklungsprozesses andererseits zu verbessern bzw. sicherzustellen. Werden diese Methoden im Qualitätsmanagementplan vorgeschrieben, sprechen wir von »Maßnahmen«.

Qualitätssicherung zu planen bedeutet u.a., sich vorab Gedanken über Methoden und Maßnahmen zu machen und diese im Qualitätsmanagementplan schriftlich festzuhalten. Üblicherweise unterscheidet man zwischen konstruktiven, analytischen und organisatorischen Maßnahmen [CTFL].

Konstruktive Maßnahmen

Konstruktive Maßnahmen umfassen alle Prozessvorgaben (z.B. modellbasierte Entwicklung, Auswahlverfahren für Zulieferer) oder Vorgaben bestimmter Methoden (z.B. eine konkrete Modellierungs- oder Programmiersprache). Ferner zählen hierzu alle vorgeschriebenen Architektur- und Designaktivitäten, die ja darauf abzielen, ein qualitativ hochwertiges Produkt zu »konstruieren«.

Analytische Maßnahmen

Analytische Maßnahmen zielen auf die Überprüfung der Arbeitsergebnisse ab. Dazu gehören Dokumentenreviews ebenso wie manuelle oder automatisierte Tests des Produktes. Analytische Maßnahmen können auch die Qualität eines Prozesses oder einer Dienstleistung überprüfen. In diesem Falle sprechen wir eher von Metriken.

Organisatorische Maßnahmen

Organisatorische Maßnahmen betreffen, wie der Name schon sagt, die Organisation, also z.B. die Zusammenstellung des Projektteams, aber auch regelmäßige Besprechungen oder die Bereitstellung einer geeigneten Infrastruktur. Ein weiteres Beispiel ist die Wahl des Vorgehensmodels (V-Modell, Scrum etc.).

In der Realität beeinflussen sich die drei Kategorien untereinander. So sollte der Projektmanager sicherstellen, dass frühzeitig geeignete Tester im Projektteam zur Verfügung stehen. Dies ist eine organisatorische Maßnahme. »Geeignet« sind Tester, die gute Kenntnisse der vorgegebenen analytischen Maßnahmen (also beispielsweise eine Ausbildung zum ISTQB® Certified Tester) besitzen.

Unabhängige Tester

Tatsächlich hat es sich in der Vergangenheit bewährt, dedizierte Tester einzusetzen, anstatt die Aufgabe einem Entwickler zu übertragen. Zum einen sollten Entwickler nicht ihre eigene Arbeit testen, zum anderen ist nicht jeder Entwickler auch ein guter Tester, da Tester andere Soft Skills benötigen. Überspitzt ausgedrückt ist ein »guter Tester« ein Freund klarer Vorgaben, die er hartnäckig (aber trotzdem diplomatisch) einfordert und von denen er auch unter Druck nicht abweicht. Kreativität hinsichtlich der Akzeptanzkriterien ist im Test hingegen weniger angesagt. Gerade aus der Möglichkeit, kreativ sein zu können, ziehen jedoch viele Entwickler ihre Motivation.

Arbeitsergebnisse

Typische Arbeitsergebnisse, die im Qualitätsmanagementplan aufgelistet werden, sind alle Dokumente, die im Rahmen der Qualitätssicherung für Produkte erstellt werden. Dazu zählen Anforderungsdokumente, Architektur- und Designspezifikationen sowie alle Testdokumente:

Testdokumente

- Testkonzept (oft auch »Testplan« genannt)
- Testspezifikation (»Testfälle«)
- Testdurchführungsprotokolle
- Abweichungsberichte
- Testabschlussbericht

Werden die Tests automatisiert durchgeführt, kann der Qualitätsmanagementplan des Weiteren fordern, dass Protokolle (z.B. Logdateien) aufbewahrt werden müssen.

Auch im Rahmen der Qualitätssicherung für Prozesse und Dienstleistungen entstehen als Arbeitsergebnisse Dokumente. Dabei kann es sich um ausgefüllte Checklisten für die Lieferantenauswahl, Ergebnisse von Lieferantenaudits oder wöchentlich zu erstellende Managementfolien mit Metriken und Trendanalysen handeln.

Rahmenbedingungen

Zu den wichtigsten Rahmenbedingungen im Zusammenhang mit der Qualitätssicherung gehören anzuwendende Normen und Verfahren. Projekte in sicherheitskritischen Branchen unterliegen anderen Vorgaben als Projekte im Bereich der Telekommunikation. In beiden Fällen müssen Zulassungen oder Konformitätsbestätigungen von unabhängigen Prüfstellen eingeholt werden, bevor das Produkt am Markt verkauft werden darf. Für das Qualitätsmanagement bedeutet dies, dass:

1. die erforderlichen Nachweise erbracht werden müssen (in der Regel Dokumente) und
2. möglicherweise bestimmte Regeln im Entwicklungsprozess eingehalten werden müssen.

ISO 26262

Beispielsweise empfiehlt der in der Automobilbranche gültige Standard ISO 26262 mit Nachdruck spezielle Prüfverfahren für Software. Der zuständige Projektmanager ist daher gut beraten, wenn er diese Prüfverfahren im Qualitätsmanagementplan fest vorschreibt.

Auch die Organisation, im Rahmen derer das Projekt abgewickelt wird, kann Rahmenbedingungen stellen. Dies geht von firmenweiten Styleguides über projektübergreifende Prozessvorgaben bis hin zum Einsatz von Reifegradmodellen, auf die wir in Kapitel 11 noch zu sprechen kommen.

Zeitplan, Ressourcen und Budget

Schließlich enthält der Qualitätsmanagementplan, was ein jeder Plan enthalten sollte: Aussagen über Termine, benötigte Ressourcen und zu erwartende Kosten. In diesem Zusammenhang gilt die gleiche Empfehlung, die wir bereits im Zusammenhang mit den Rollen gegeben haben. Erfahrungsgemäß ist es günstig, Meilensteine von konkreten Terminen zu trennen und Erstere im Qualitätsmanagementplan, Letztere jedoch im Projektplan zu pflegen.

8.3 Qualitätssicherung für Prozesse – wie sauber arbeiten wir?

EN ISO 9001:2015

Es gibt eine Reihe von Maßnahmen, die geeignet sind, die Qualität von Prozessen zu überwachen bzw. sicherzustellen. In diesem Zusammenhang führt kein Weg an der Norm EN ISO 9001:2015 vorbei, die genau auf dieses Thema ausgerichtet ist. Diese Norm listet Anforderungen an ein Qualitätsmanagementsystem auf, die ein Hersteller oder Dienstleister minimal erfüllen sollte, um den Grunderwartungen der Kunden und Behörden gerecht zu werden. Zu den Kernkonzepten der ISO 9001 gehören die Verantwortung der Leitung, der prozessorientierte Ansatz und das Prinzip der kontinuierlichen Prozessverbesserung. Kurz zusammengefasst bedeutet dies:

- Qualitätsmanagement ist eine Aufgabe der obersten Leitung. Diese kann die einzelnen Aufgaben zwar delegieren, bleibt dafür verantwortlich, dass sich das gesamte Unternehmen der Kundenorientierung, dem Streben nach höchster Qualität und damit verbunden nach stetiger Verbesserung verschreibt.
- Geeignete Prozesse sichern Qualität. Auch hier muss das »große Ganze« betrachtet werden. Nur wenn Zulieferer, Dienstleister, Management und Mitarbeiter an einem Strang ziehen und alle Prozesse aufeinander abgestimmt sind, kann Qualität entstehen.
- Wer rastet, rostet oder, anders ausgedrückt, was gestern gut war, muss es heute nicht zwangsläufig immer noch sein. In einem sich stetig ändernden Umfeld ist es unerlässlich, permanent ein Auge darauf zu haben, ob die bestehenden Prozesse noch geeignet sind

oder ob sie verbessert werden können. Hilfestellung bieten die bereits erwähnten Reifegradmodelle.

Vor diesem Hintergrund lassen sich qualitätssichernde Maßnahmen für Prozesse definieren. Die Qualitätssicherung von Prozessen wird in der Regel außerhalb des Projektes geplant und durchgeführt, betrifft den Projektmanager aber mehr oder weniger direkt in seiner täglichen Arbeit. Daher stellen wir hier vier Maßnahmen näher vor.

Meilensteinreviews

Meilensteine sind besondere Zeitpunkte, an denen der Projektfortschritt intern zwischen zwei Phasen des Entwicklungsprozesses oder extern gemeinsam mit dem Kunden bewertet wird. Diese Bewertung erfolgt in Form eines sogenannten »Meilensteinreviews«. In diesem Abschnitt beschreiben wir die »klassischen« Meilensteinreviews im sequenziellen Umfeld. Im agilen Umfeld ist jedes Sprint-Review ein Meilensteinreview.

Meilensteinreviews im sequenziellen Umfeld

Prinzipiell dienen Meilensteinreviews der Überwachung, ob die für das Projekt festgelegten Prozesse eingehalten und die erwünschten Ergebnisse erzielt wurden. In der Praxis setzen sich die Stakeholder zusammen und prüfen (oft anhand von Checklisten) die erstellten Arbeitsergebnisse. Sind alle Dokumente, die für diesen Meilenstein gefordert waren, wirklich erstellt und freigegeben? Wurden alle geplanten Aktivitäten, wie z.B. Bestellungen von Komponenten, durchgeführt? Gibt es erkennbare Probleme hinsichtlich des Terminplan, des Kostenplans oder der zu erwartenden Qualität?

Das Meilensteinreview ist ein Anlass, innezuhalten und das Projekt noch einmal aus der Vogelperspektive zu betrachten. Unter Umständen sind inzwischen neue Risiken bekannt geworden, die den Projekterfolg gefährden könnten. In diesem Fall müssen Maßnahmen getroffen werden, um diese Risiken zu kontrollieren. In seltenen Fällen kann es sogar dazu kommen, dass ein Meilensteinreview zum Abbruch des Projektes führt.

Meilensteinreviews werden protokolliert. Mit ihrem Abschluss kann die nächste Projektphase beginnen. Falls Projektphasen sich über einen längeren Zeitraum erstrecken, ist es sinnvoll, Zwischenmeilensteine zu definieren.

Metriken

Metriken dienen der Überwachung von Daten, anhand derer sich Aussagen über die Qualität treffen lassen. Damit diese Daten vergleichbar sind, werden sie normiert. Wenn 10 Fehler in einem Dokument gefunden werden, so hat diese Messung für sich alleine genommen noch keine Aussagekraft. Es kann sich dabei ja um ein Dokument von tausend Seiten handeln. Erst die Aussage »Es wurden 10 Fehler pro hundert Seiten Dokument gefunden« ermöglicht es uns, Vergleiche mit anderen Dokumenten anzustellen und Schlussfolgerungen zu ziehen.

Fortschrittsmetriken

Wir unterscheiden zwischen Fortschritts-, Produkt- und Prozessmetriken. Zu einem bestimmten Zeitpunkt erfasst, ermöglichen uns Fortschrittsmetriken, Aussagen über das Voranschreiten der Arbeit zu treffen. Sie dienen weniger zur Kontrolle als zur Steuerung eines Prozesses. Ein Beispiel für eine Fortschrittsmetrik ist die Anzahl der umgesetzten Anforderungen oder Backlog Items bezogen auf deren Gesamtanzahl. Es handelt sich dabei um eine Momentaufnahme. Wird die Metrik regelmäßig (z.B. täglich) erfasst, erhalten wir einen Trend. In agilen Vorgehensmodellen stellt das Burndown-Chart eine solche Fortschrittsmetrik dar (siehe Abb. 8–1). Die lange Linie zeigt den kumulativen Restaufwand in Stunden gemäß Plan, die kurze Linie den aktuell geschätzten Restaufwand. Der Plan ist nicht linear, da Osterfeiertage und Urlaubstage der Teammitglieder berücksichtigt wurden.

Abb. 8–1
Burndown-Chart (Fortschrittsmetrik)

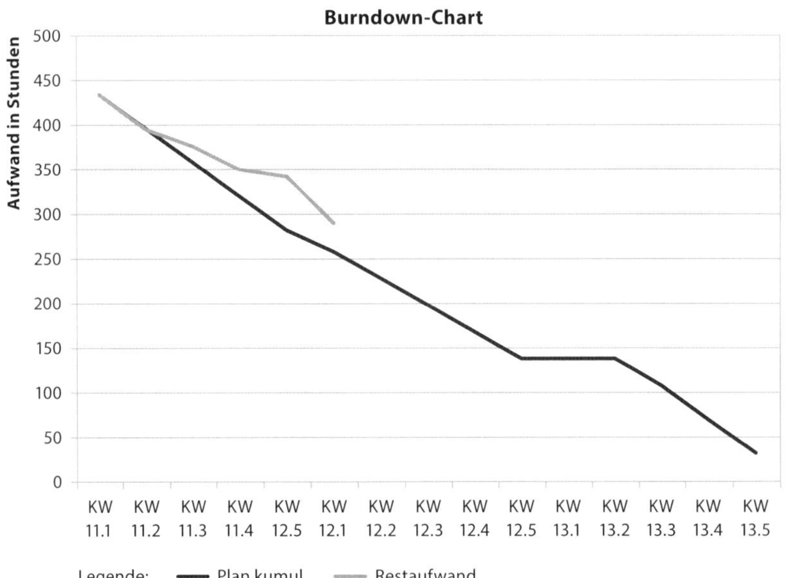

Produkt- und Prozessmetriken

Produktmetriken messen die Qualität des Produktes, während Prozessmetriken die Qualität des Prozesses messen. Ein Beispiel für eine Produktmetrik ist die Anzahl der Garantiefälle bezogen auf die Anzahl der verkauften Produkte. Für Software ist die Abgrenzung nicht so einfach, da Softwarequalität weitgehend durch den Entwicklungsprozess bestimmt wird. Die bereits erwähnte Metrik »im Dokument gefundene Fehler pro 100 Seiten« kann Aussagen über die Qualität des Dokumentes oder über die Wirksamkeit des Reviewprozesses geben. Hier ist es wichtig, die Vergleichbarkeit der Werte zu prüfen. Ein frisch erstelltes Dokument wird naturgemäß mehr Fehler enthalten als die dritte Überarbeitung.

Eine klare Produktmetrik ist die Anzahl der bei Freigabe akzeptierten fehlerhaften Features bezogen auf die Gesamtanzahl der Features. Eine klare Prozessmetrik ist die Anzahl der Abweichungen in einem Audit pro betrachtete Prozessgruppe.

Metriken gezielt definieren

Wer Metriken erfassen will, sollte diese zunächst einmal sorgsam definieren. Nicht jede Metrik ist in jedem Zusammenhang sinnvoll. Die Anzahl der Änderungen pro Monat liefert in sequenziellen Vorgehensmodellen Auskunft über die Qualität der Anforderungen. In agilen Vorgehensmodellen hat diese Metrik hingegen keinerlei Aussagekraft, da monatliche Änderungen hier zum Plan gehören.

Während gut gewählte Metriken ein effizientes Mittel sind, sich einen schnellen Überblick zu verschaffen, es ist durchaus möglich, ein Projekt mit schlecht gewählten Metriken in die falsche Richtung zu steuern. Diese Gefahr besteht besonders dann, wenn an die Metriken Belohnungen oder Bestrafungen gekoppelt sind. Wenn »Fehler finden« ein Problem wird, werden Fehler einfach nicht mehr dokumentiert werden. Umgekehrt gilt aber auch: Wenn Fehler finden zu einem Bonus führt, wird jede noch so kleine Abweichung als Fehler gemeldet werden. Beides sind nachvollziehbare Verhaltensweisen, die jedoch dem Projekt langfristig schaden.

Audits

Audits ermitteln, wie gut die Qualitätssicherungsprozesse ihren Zweck erfüllen und ob bzw. wo es Bedarf an Verbesserungen oder Korrekturen gibt. Audits sind nicht zwangsläufig an ein konkretes Projekt gebunden, können aber durch ein solches ausgelöst bzw. notwendig werden.

Interne und externe Audits

Wir unterscheiden interne und externe Audits, wobei externe Audits entweder durch den Kunden bei uns oder durch uns bei Zulieferern oder Dienstleistern durchgeführt werden.

Jedes Audit folgt dem in Abbildung 8–2 dargestellten Schema.

Abb. 8–2
Ablauf eines Audits

Rolle des Projektmanagers im Audit

Obwohl die eigentliche Durchführung eines Audits nur in seltenen Fällen dem Projektmanager obliegt, wird er praktisch immer direkt als Teilnehmer oder indirekt als Informationslieferant involviert sein. Im Projekt hat der Projektmanager die Aufgabe, dem Team Prozesse, Methoden und Werkzeuge zu vermitteln und deren Einhaltung bzw. korrekte Verwendung zu überwachen. Damit steht und fällt das Ergebnis der Auditdurchführung.

Prozessvalidierung

In sicherheitskritischen Branchen oft verpflichtend

Prozessvalidierung ist vor allem in sicherheitskritischen Branchen verbreitet, wo sie oft verpflichtend vorgeschrieben ist. Die Grundidee besteht darin, dass ein Prozess schon *vor* seinem ersten Einsatz geprüft sein sollte. Streng genommen umfasst Prozessvalidierung drei Schritte:

1. Gezieltes Prozessdesign, das die Rahmenbedingungen für einen messbar leistungsfähigen Prozess schafft.
2. Prozessqualifizierung, in deren Verlauf nachgewiesen wird, dass der definierte Prozess wirklich die gesteckten Ziele erreicht.
3. Kontinuierliche Überwachung, durch die sichergestellt wird, dass sich auch im täglichen Ablauf keine Verschlechterungen einschleichen.

Der erste Punkt ist eng verzahnt mit dem Thema »Planung des Qualitätsmanagements«. Prozessdesign bedeutet auch, dass detaillierte Arbeitsanweisungen verfasst werden und Schulungen geplant, durchgeführt und dokumentiert werden. Der zweite Punkt entspricht der eigentlichen Validierung mit vorab definierten Akzeptanzkriterien. Im Rahmen der Qualifizierung werden auch prozessunterstützende Werkzeuge wie z.B. Application-Lifecycle-Management-(ALM-)Systeme oder Testwerkzeuge geprüft. Im dritten Punkt finden wir die Metriken wieder, mit denen sich die kontinuierliche Leistungsfähigkeit des Prozesses messen lässt.

Prozessdesign, -qualifizierung und -überwachung

8.4 Qualitätssicherung für Produkte – wie gut sind die Ergebnisse?

Qualitätssicherung für Produkte ist ein Thema für sich. Dank der Aktivitäten des International Software Testing Qualifications Board (ISTQB®) erfährt der Beruf des »Softwaretesters« inzwischen eine gewisse Anerkennung. Das Schulungsprogramm für den ISTQB® Certified Tester mit seinen verschiedenen Ausbaustufen und Ergänzungsmodulen bildet einen anerkannten Wissenskanon, dessen Inhalte wir hier nicht im Detail wiederholen können und wollen. Ein jeder Softwareprojektmanager sollte jedoch Grundkenntnisse im Softwaretest erwerben und beispielsweise den ISTQB® Certified Tester Foundation Level absolvieren.

In diesem Abschnitt geht es daher weniger um die konkreten Rollen, Aufgaben und Methoden der Qualitätssicherung für Produkte. Stattdessen konzentrieren wir uns auf deren Bedeutung und auf die Einbindung der Qualitätssicherung in die unterschiedlichen Vorgehensmodelle.

Qualitätssicherung in sequenziellen Vorgehensmodellen

In sequenziellen Vorgehensmodellen sind die Rollen zwischen Entwicklung und Qualitätssicherung klar getrennt. Besonders deutlich wird dies im V-Modell mit seinen verschiedenen Teststufen (siehe Kap. 3).

Unabhängigkeit des Tests von der Entwicklung

Üblicherweise benennt der Projektmanager dedizierte Tester für den Integrations-, System- und Abnahmetest, während es durchaus gängig ist, den Komponententest durch die Entwickler durchführen zu lassen. Es ist ratsam, den Entwickler nicht formal zum Tester seiner eigenen Arbeit zu bestellen, da die Gefahr einer gewissen »Betriebsblindheit« besteht. In größeren Projekten bzw. Organisationen gibt es oft eigenständige Testteams (»Testcenter«) unter der Leitung eines

Testmanagers. Auf diese Weise wird die Unabhängigkeit des Tests von der Entwicklung auch organisatorisch unterstrichen.

Qualitätssicherung in agilen Vorgehensmodellen

In agilen Projekten ist die Organisation etwas anders.[1] Streng genommen gibt es die Teststufen aus dem V-Modell in agilen Projekten nicht in gleicher Weise, da ja auch die Spezifikationen auf der linken Seite anders aufgestellt sind. Im Lehrplan des Erweiterungsmoduls »Agile Tester« des ISTQB® Certified Tester findet man daher eher die Begriffe »Unit Test« (Synonym für »Komponententest«), »Verifizierungs- und Validierungstests für das Feature« sowie ggf. einen Systemtest. Die Verifizierung (oder Verifikation) des Features entspricht dem Integrationstest gegen die in der User Story festgelegten Abnahmekriterien, die Validierung des Features eher einem vorgezogenen Abnahmetest. Die Systemteststufe ist dann sinnvoll, wenn mehrere größere Komponenten zusammengebaut werden.

Unit Tests bzw. Komponententests zählen als Teilaufgabe der Implementierung. Ihre erfolgreiche Durchführung ist fester Bestandteil der Fertigstellungskriterien einer Iteration (engl.: Definition of Done, kurz: DoD). Auch die Verifizierung und Validierung der umgesetzten Features sollte innerhalb derselben Iteration stattfinden. Dies kann in der Praxis jedoch schwierig werden. Aufgrund der hohen Änderungsrate in agilen Projekten sollten so viel Tests wie möglich automatisiert werden, um in späteren Iterationen als Regressionstests wiederholt werden zu können. Testautomatisierung benötigt jedoch zusätzliche Zeit. Daher kann es also durchaus sein, dass der Feature-Test einen oder gar mehrere Iterationen »hinterherhinkt«. Der Systemtest wird definitiv in späteren Iterationen durchgeführt, da ja zunächst das System aus mehreren Features zusammengesetzt werden muss.

Auch in agilen Projekten sollte die Unabhängigkeit des Tests erhalten bleiben, was durchaus eine Herausforderung an die Projektorganisation darstellt. In der Theorie sieht Scrum keine Rolle »Tester« vor. In der Praxis hat es sich jedoch gezeigt, dass auch in agilen Projekten Entwickler »betriebsblind« werden und ein unabhängiger Test vorteilhaft ist.

Manche Projekte laufen zweigleisig und setzen hybride Vorgehensmodelle um. Einerseits wird agil entwickelt, andererseits bleiben die Teststufen bestehen. Diese Situation findet man besonders in sicher-

1. Für die Besonderheiten des Tests im agilen Umfeld gibt es ebenfalls spezifische Schulungen: z.B. den ISTQB® Agile Tester sowie den iSQI® Certified Agile Essentials für die allgemeine Vorgehensweise und den ISTQB® Certified Tester Advanced Level Technical Test Analyst (für Testautomatisierer).

heitskritischen Branchen, wo die regulatorischen Vorgaben das V-Modell zwar nicht vorschreiben, jedoch sehr nahe legen. In solchen Strukturen muss der Projektmanager sehr darauf achten, dass die Tester aller Teststufen fest in das Team eingebunden werden und zumindest an den Daily Scrums teilnehmen. Andernfalls geht ein großer Vorteil der agilen Vorgehensweise, nämlich die kurzen Kommunikationswege, wieder verloren.

8.5 Wenn etwas schiefgeht – Umgang mit Abweichungen

Produktbezogene Abweichungen

Sowohl statische als auch dynamische Prüfungen werden Abweichungen offenlegen. Das Gegenteil wäre bedenklich, denn dann würden wir Dokumente gegenlesen und Produkte testen, ohne jemals etwas zu finden. Wir sprechen zunächst einmal neutral von »Abweichungen«, da die Bewertung nicht immer offensichtlich ist. Abweichungen können unterschiedliche Auslöser haben, wie sie in Abbildung 8–3 schematisch dargestellt sind. Nur in einem Bruchteil der Fälle ist tatsächlich eine fehlerhafte Umsetzung der Anforderungen (also bei Software die Implementierung) die Fehlerursache. Nicht selten steckt der Fehler bereits in den Anforderungen oder im Design. Auch Testfälle und besonders automatisierte Testskripte können fehlerhaft spezifiziert oder implementiert worden sein. Schließlich spielt noch die Testumgebung eine Rolle. Besonders bei hardwarenahen Tests eingebetteter (»Embedded«) Software ist die Testumgebung ein nicht zu unterschätzender Störfaktor.

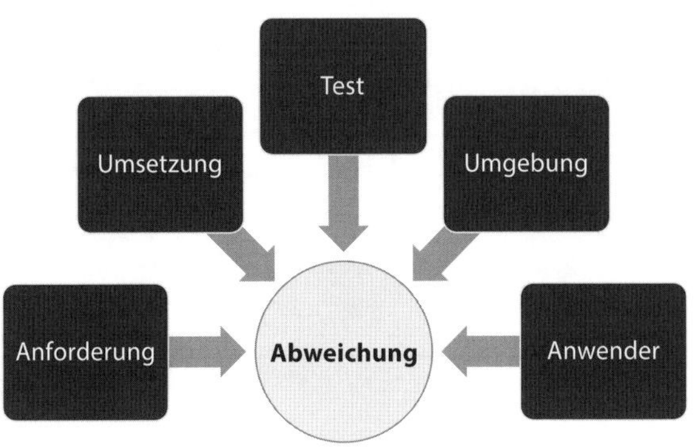

Abb. 8–3
Mögliche Ursachen einer im Test gefundenen Abweichung

Abbildung 8–3 zeigt noch eine fünfte Ursache: den berühmten »Anwenderfehler«. Hier ist jedoch Vorsicht geboten. Natürlich können auch Tester oder gar Endanwender Fehler machen. Häufig handelt es sich aber entweder um ein unterschiedliches Verständnis der Anforderungen oder, im Falle des Endanwenders, um ein Problem der Gebrauchstauglichkeit. Bevor man also eine Abweichung als »Anwenderfehler« abtut, sollte dieser genau analysiert werden.

Es gibt keine »Testerfehler«!

Hier spielt auch die Psychologie eine Rolle: Tester wollen ernst genommen werden. Wenn sie auf missverständliche Formulierungen in den Anforderungen reingefallen sind, ist das schon schlimm genug. Man sollte daher darauf achten, ihnen nicht auch noch den schwarzen Peter zuzuschieben.

Zur Planung der Qualitätssicherung für Produkte gehört auch, dass festgelegt wird, wie die gefundenen Abweichungen dokumentiert und weiter verfolgt werden. Viele Firmen setzen sogenannte Defect- oder Bugtracking-Systeme ein. Hier wird der Fehler zunächst durch den Tester als »Defect«, »Ticket« oder »Change Request« erfasst. Die genaue Bezeichnung des Datensatzes, denn darum handelt es sich, ist in jeder Firma anders.

Das Change Control Board

Die Abweichung sollte dann zunächst analysiert und bewertet werden, bevor ein Gremium – das bereits in Kapitel 6 erwähnte Change Control Board (kurz: CCB) – seine Entscheidung hinsichtlich der weiteren Umsetzung trifft. Es ist nämlich keine gute Idee, kurz vor Projektende noch blind alle Fehler beheben zu wollen. Stattdessen sollte der zu erwartende Aufwand für Korrektur und Nachtest sowie das Risiko, bereits funktionierende Funktionalität zu gefährden, gegen den Nutzen der Korrektur abgewogen werden. Vielleicht gibt es ja eine Art »Workaround« oder der Fehler betrifft zunächst nur einen sehr kleinen Kundenkreis. In diesem Fall kann die Korrektur möglicherweise bis zur nächsten Produktversion warten.

Abweichungen dokumentieren

Falls das CCB die Korrektur beschließt, sollte der Beschluss für die betreffende Abweichung dokumentiert werden. Auch die Umsetzung und die verschiedenen nachgelagerten Prüfungen sollten in der Datenbank festgehalten werden. Typischerweise durchläuft der »Defect« eine Reihe von Status, die wiederum vom der verwendeten Tracking-Software abhängen. Abbildung 8–4 zeigt beispielhaft ein solches Statusmodell.

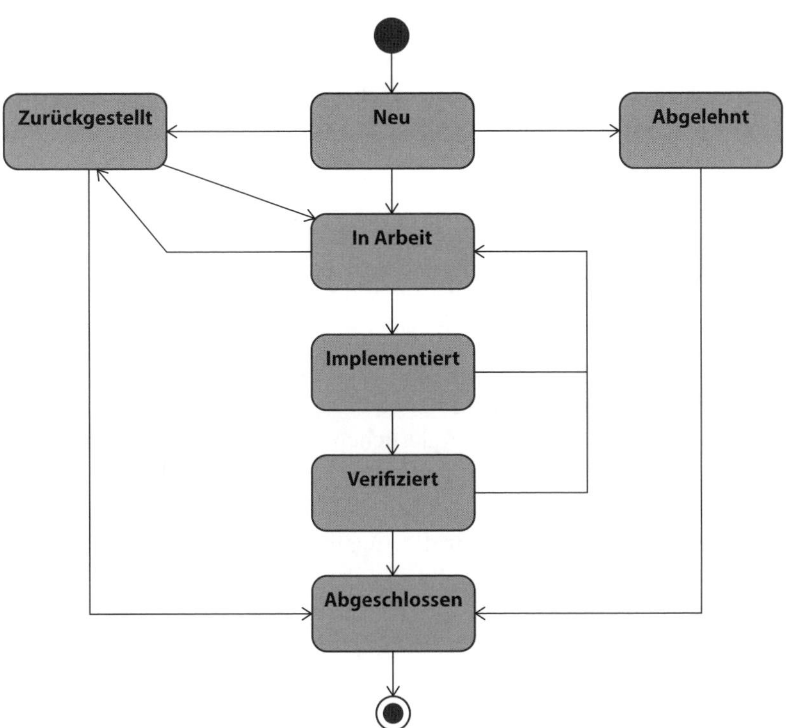

Abb. 8–4
Beispielhaftes Statusmodell für die Zustände einer Abweichung (»Defect«)

Die Entscheidung darüber, ob und bis wann die Korrektur durchgeführt werden soll, kann weitreichende Konsequenzen haben. Daher sollte der Projektmanager sie nicht im Alleingang treffen. Je näher die Auslieferung des Endproduktes rückt, desto höher werden das Risiko und möglicherweise auch die zu erwartenden Kosten, da Regressionstests auf allen Teststufen anfallen können. Umgekehrt sind Fehler, die im oder kurz vor Abnahmetest noch gefunden werden, häufig extrem kritisch und erfordern noch eine schnelle Korrektur (»Hotfix«).

Prozessbezogene Abweichungen

Corrective Actions/ Preventive Actions (CAPAs)

Auch der schönste Entwicklungsprozess verläuft nicht immer nach Plan. Solche Abweichungen werden gerne im Audit gefunden und können recht unangenehm werden, wenn das Audit z.B. durch den Kunden oder gar durch eine Behörde durchgeführt wurde. Es ist daher wichtig, ein wachsames Auge auf die Prozesse zu haben und aus Fehlern zu lernen. Generell gilt, dass Abweichungen Korrektur- bzw. Präventivmaßnahmen nach sich ziehen sollten. Diese Maßnahmen werden nach ihrer englischen Bezeichnung »Corrective Actions/Preventive Actions« CAPAs genannt.

Korrekturmaßnahmen stellen sicher, dass die Abweichung keine negativen Folgen hat. Wird fälschlicherweise in der Fertigung eine unreife Softwareversion auf dem Endprodukt installiert, so zieht dies zwei Korrekturmaßnahmen nach sich:

1. Das gefertigte Produkt darf erst ausgeliefert werden, wenn dieser Fehler behoben ist.
2. Die Fehlerursache muss behoben werden, d.h., die Fertigung muss die korrekte Softwareversion erhalten.

CAPAs im kontinuierlichen Verbesserungsprozess

Präventivmaßnahmen gehen noch einen Schritt weiter und ergründen die Fehlerursachen. Wie konnte es dazu kommen und was können wir tun, damit dies nicht noch einmal passiert? Präventivmaßnahmen sind immer auch Schritte im kontinuierlichen Verbesserungsprozess.

Tatsächlich ist der Umgang mit Abweichungen ein gerne gewählter Einstiegspunkt für Auditoren. Hier kann die auditierte Organisation beweisen, wie ernst sie es mit der Qualitätskontrolle nimmt und wie gründlich sie Korrekturen durchführt.

Definition *CAPA*

CAPA

Korrekturmaßnahmen und Präventivmaßnahmen (engl.: corrective actions/ preventive actions, kurz: CAPA) sind Maßnahmen, mit denen zunächst die Fehlerursache abgestellt und im Anschluss ein erneutes Auftreten verhindert werden soll.

8.6 Arbeitsteilung in der Praxis

Qualitätsmanager macht Vorgaben.

In der Praxis teilen sich häufig der Qualitätsmanager der Organisation und der Projektmanager die Arbeit. Ersterer gibt allgemeine Richtlinien und Prozesse vor und dokumentiert diese in einem firmenweit gültigen Qualitätsmanagementhandbuch. Dieses Handbuch wird durch detailliertere Arbeitsanweisungen ergänzt, die auch konkrete Dokumentenvorlagen enthalten bzw. vorgeben können.

Projektmanager macht Anpassungen und plant Aktivitäten.

Der Projektmanager passt die allgemeinen Prozessvorgaben an projektspezifische Bedürfnisse an und dokumentiert diese Abweichungen im Qualitätsmanagementplan des Projektes. Je nach Projektgröße kann dieser QM-Plan ein Kapitel des Projektplans, Teil eines separaten SW-Entwicklungsplans oder ein eigenständiges Dokument sein.

Darüber hinaus plant der Projektmanager die Qualitätssicherung für das Produkt oder delegiert diese Arbeit an einen Testmanager. Das Testkonzept (oft auch Testplan genannt) ist ebenfalls ein Kapitel des Projektplans, Teil eines separaten SW-Entwicklungsplans oder ein eigenständiges Dokument.

8.7 Zusammenfassung

In diesem Kapitel wurde ein Kernprozess des Softwareprojektmanagements beleuchtet: die Qualitätssicherung. In diesem Zusammenhang ist es wichtig zu verstehen, dass Softwarequalität einem »sauberen« Entwicklungsprozess entspringt und nicht nachträglich in das Produkt hineingetestet werden kann.

Qualitätssicherung muss vom Projektmanager geplant werden. Dies betrifft speziell die Qualitätssicherung für das zu entwickelnde Produkt. Hier unterscheiden sich sequenzielle und agile Vorgehensmodelle grundlegend.

Qualitätssicherung für Prozesse ist in der Regel eine Aufgabe der Organisation, betrifft den Projektmanager jedoch direkt oder indirekt, z.B. im Falle von Audits.

Zu den weniger offensichtlichen Aufgaben des Projektmanagers gehört, dass er ein Grundverständnis im Team für die Bedeutung qualitätssichernder Prozesse schaffen muss, die erforderlichen Soft Skills für die jeweiligen Aufgaben kennen und berücksichtigen muss und generell die Motivation (z.B. hinsichtlich der Dokumentation) aufrechterhalten muss.

8.8 Übungsaufgaben

1. Beschreiben Sie, wie ein prozessorientierter Ansatz der Qualitätssicherung zugutekommt.
2. Nennen Sie drei wesentliche Inhalte eines Qualitätsmanagementplans.
3. Erklären Sie zwei Methoden zur Qualitätssicherung von Prozessen.
4. Erklären Sie, welche besondere Rolle der Projektmanager hinsichtlich der Prozessqualitätssicherung besitzt.
5. Erläutern Sie, was sich hinter dem Begriff »CAPA« verbirgt.
6. Auch agile Projekte stellen Ansprüche an die Produktqualität. Erklären Sie die Besonderheiten zu ihrer Sicherung.

9 Risikomanagement

9.1 Grundgedanke des Risikomanagementprozesses

Was bedeutet Risikomanagement?

Unter »Risikomanagement« versteht man alle Aktivitäten, die zur Ermittlung, Bewertung, Beherrschung und Verfolgung von Risiken durchgeführt werden.

Risikomanagement ist in unserem täglichen Leben weit präsenter, als uns normalerweise bewusst ist. Jeder, der eine Versicherung abschließt – also u.a. jeder Autofahrer –, betreibt eine Art von Risikomanagement. Allerdings machen wir uns in der Regel wenig Gedanken über mögliche Schäden und deren Auftretenswahrscheinlichkeit und Schweregrad, zumal viele dieser Versicherungen gesetzlich vorgeschrieben sind. Bei freiwilligen Versicherungen, wie z.B. einer Berufsunfähigkeitsversicherung, sieht die Sache schon etwas anders aus. Hier überlegen wir zumindest qualitativ, wie wahrscheinlich die Berufsunfähigkeit sein könnte, was sie für unsere finanzielle Situation bedeutet und ob wir nicht auf Dauer mehr für die Versicherung zahlen, als wir am Ende herausbekommen können.

Quantitatives Risikomanagement

Die Versicherungen selbst betreiben Risikomanagement auf einer ganz anderen, sehr viel quantitativeren Ebene. Das Gleiche gilt für Produkthersteller in sicherheitskritischen Branchen. Man könnte sagen, dass der Gesetzgeber eine Grobeinschätzung durchführt. In den Bereichen, in denen die Wahrscheinlichkeit oder der Schweregrad eines Schadens so hoch eingestuft wird, dass es volkswirtschaftlich relevant werden könnte (z.B. ein Unfall in einem Kernkraftwerk oder ungenügende finanzielle Rücklagen bei Banken), »erzwingt« der Gesetzgeber ein detailliertes Risikomanagement des Versicherers, Herstellers oder Betreibers.

Risikomanagement als kontinuierlicher, iterativer Prozess

Gesetzliche Verpflichtung

Alle deutschen Aktiengesellschaften und GmbHs sind gesetzlich verpflichtet, Risikomanagement auf Organisationsebene zu betreiben. Risikomanagement im Projekt ist nur teilweise gesetzlich vorgeschrieben. Dennoch sollte kein Projekt einfach »blind drauflos laufen«. Eine Risikoeinschätzung aus dem Bauch heraus, wie wir es in der Regel im Privatleben betreiben, ist für Projekte unzureichend. Stattdessen sollte jeder Projektmanager eine klare Vorstellung der Risiken und möglichen Gegenmaßnahmen haben und diese auch dokumentieren. Dabei unterscheiden wir zwei Arten von Risiken:

Produkt- vs. Projektrisiken

- Produktrisiken sind Risiken für Umwelt, Anwender und Dritte, die direkt vom Produkt ausgehen. Der bereits erwähnte Unfall im Kernkraftwerk zählt zu den Produktrisiken. Auch andere Produkte gelten als sicherheitskritisch: Automobile, Pharmazeutika, Medizingeräte, Flugzeuge oder Eisenbahnen. Dabei geht es nicht unbedingt nur um das Produkt »Eisenbahn«, also um den Zug und dessen Bremsen. Besonders kritisch für den Schienenverkehr ist beispielsweise das Leitsystem, das Signalanlagen und Weichen steuert. Wir reden also auch hier durchaus von Software!
- Projektrisiken sind Risiken für das Projekt oder – weiter gefasst – für die Firma. Typische Projektrisiken sind verspätete Zulieferungen, Probleme mit der technische Umsetzbarkeit, Zeitverzug oder Kostenexplosion.

Risiken müssen auch nach Auslieferung weiter verfolgt werden.

Beide Risikoarten sollten im Risikomanagement betrachtet werden, können aber in separaten Dokumenten und mit unterschiedlichen Formalisierungsgrad behandelt werden. Prinzipiell gilt jedoch alles, was in diesem Kapitel gesagt wird, für beide Risikoarten. Ohnehin ist die Abgrenzung nicht immer ganz klar. Defekte Bremsen in einem Auto sind eindeutig ein Produktrisiko, die damit verbundene Rückrufaktion wird jedoch schnell auch zum Projektrisiko. An diesem Beispiel kann man auch erkennen, dass der Risikomanagementprozess zwar einen Anfang, jedoch nur bei abgekündigten Produkten ein Ende hat. Risiken müssen auch nach Auslieferung weiter verfolgt werden. Dafür gibt es im Wesentlichen drei Gründe:

1. Tritt im Verlauf des Betriebs ein Schaden auf, der in der Risikoanalyse nicht betrachtet wurde, muss diese eindeutig überarbeitet werden. Dabei muss der Schaden nicht einmal im eigenen Haus auftreten. Auch aus der Erfahrung der Konkurrenz können wir lernen.
2. Annahmen, die in die Risikoermittlung oder -bewertung eingegangen sind, können sich in der weiteren Entwicklung als falsch erweisen. Die entsprechenden Risiken sind also möglicherweise

viel wahrscheinlicher oder schwerwiegender, als ursprünglich angenommen, worauf im Projekt bzw. in der Firma reagiert werden muss.

3. Der Stand der Technik entwickelt sich weiter. Möglicherweise ergeben sich in Zukunft andere, bessere (und vielleicht auch finanziell günstigere) Gegenmaßnahmen, die man nutzen sollte.

Nach Projektende geht Verantwortung auf Linie über.

Risikomanagement ist also ein fortlaufender Prozess, der iterativ die Aktivitäten Ermittlung, Bewertung, Beherrschung und Verfolgung durchläuft. Hersteller von Medizinprodukten sind gesetzlich verpflichtet, einmal pro Jahr ihre Risikomanagementakte zu überarbeiten und dies so lange, wie das entsprechende Produkt im Einsatz ist. Das eigentliche Entwicklungsprojekt ist dann bereits längst zu Ende, die Verantwortung für das Risikomanagement bleibt jedoch bestehen und geht auf das Nachfolgeprojekt oder die Produktlinie über.

Hauptursachen für Projektrisiken

Während die Ursachen für Produktrisiken sehr produktspezifisch sind und nicht allgemein aufgelistet werden können, lassen sich für Projektrisiken eine Reihe von häufig auftretenden Ursachen identifizieren. Dazu gehören:

- **Unklare Anforderungen**
  Wer nicht weiß, was genau umgesetzt werden soll, kann im Grunde gar nicht erfolgreich sein. Fast zwangsläufig werden Funktionalitäten nicht oder anders entwickelt, als dies vom Kunden oder Anwender gewünscht wurde. Fehlen Anforderungen gänzlich, ist es nicht einmal möglich, den Fortschritt zu ermitteln. In dem Fall befindet sich das Projekt völlig im Blindflug.
- **Unrealistische Vorgaben bezüglich Terminen und Kosten**
  Zu eng gesteckte Zeitpläne gefährden von Anfang an den Projekterfolg. Zum einen führt jedes Hindernis automatisch zu Problemen, zum anderen sinkt auch die Motivation der Mitarbeiter, ihr Bestes zu geben, da sie sich ausrechnen können, dass das Ziel trotzdem nicht erreicht werden kann. Eine Projektplanung, die von Anfang an davon ausgeht, dass die Mitarbeiter an Wochenenden arbeiten und niemals krank werden, ist nicht nur unrealistisch, sondern langfristig schädlich für die Firma.
- **Fehlende Ressourcen und/oder Skills**
  Ganz offensichtlich braucht es Projektmitarbeiter mit dem nötigen Fachwissen. Fehlen diese Experten, wird es für das Projekt schwierig. Die Realität ist jedoch häufig noch komplizierter. Die Experten sind vorhanden, ihre Mitarbeit ist zugesagt, in der Praxis stellt sich

jedoch heraus, dass sie weit weniger verfügbar sind als ursprünglich geplant. Erfahrene Projektmanager wissen dies und berücksichtigen diesen Punkt in ihrer Risikoanalyse.

Fehlende Ressourcen sind nicht nur auf Mitarbeiter beschränkt. Wenn sich im Projektverlauf herausstellt, dass für den Test noch ein Oszilloskop nötig wäre, dieses jedoch in der ursprünglichen Planung nicht berücksichtigt wurde, entsteht ebenfalls ein (in diesem Falle finanzieller) Schaden.

- **Fehlendes Fachwissen**
  Obwohl dieser Punkt dem vorangegangenen ähnelt, sei an dieser Stelle auf eine besonders tückische Risikoursache hingewiesen. Wenn mir bewusst ist, dass Kenntnisse im Projekt fehlen, kann ich dem durch Schulungen oder Einkauf von Experten abhelfen. Wenn ich jedoch nicht weiß, dass mein Projekt zu einem bestimmten Punkt schwach aufgestellt ist, werde ich auch das damit verbundene Risiko falsch einschätzen. Ein schönes Beispiel dafür ist die Gebrauchstauglichkeit. Es ist eine Wissenschaft für sich, wirklich gebrauchstaugliche Benutzeroberflächen zu entwickeln. Der Punkt wird jedoch häufig aus mangelnder Fachkenntnis unterschätzt.
- **Späte und häufige Änderungen**
  Neben unklaren Anforderungen ist dies eine der häufigsten Ursachen für Projektrisiken, wobei die beiden Punkte zusammenspielen. Jede Änderung birgt neue Risiken. Was für Änderungen des Terminplans (z.B. kurzfristig vorgezogene Meilensteine) und Budgetkürzungen offensichtlich ist, gilt auch für Änderungen des funktionalen Umfangs. Hier müssen wir zwischen sequenziellen und agilen Vorgehensmodellen unterscheiden.

Änderungsbedingte Risiken

Änderungsmanagement in sequenziellen Vorgehensmodellen

Änderungen gibt es immer, unabhängig vom gewählten Vorgehensmodell.[1] Der wesentliche Unterschied besteht darin, wie mit diesen Änderungen umgegangen wird. In sequenziellen Vorgehensmodellen gehen wir prinzipiell davon aus, dass Änderungen die Ausnahme sein sollten, die Anforderungen also prinzipiell stabil sind. Jede Änderung wird zunächst erfasst (»beantragt«) und im Anschluss analysiert. Basierend auf der sogenannten »Impaktanalyse« kann der Projektmanager dann bewerten, welche Risiken mit der Änderung verbunden sind und welche Auswirkungen die Änderung hat. Dabei sollte er die Änderung aus zwei Perspektiven betrachten:

---

1. In diesem Abschnitt sprechen wir im Wesentlichen von Änderungen der Anforderungen.

1. Was passiert, wenn wir die Änderung umsetzen? Welchen Aufwand bedeutet dies? Was müssen wir ggf. erneut testen? Wie hoch ist die Gefahr, bestehende Funktionalität zu beeinträchtigen?
2. Was passiert, wenn wir beschließen, nichts zu tun? Welche Auswirkungen hat dies? Was bedeutet es für das Projekt/das Produkt, wenn die Funktionalität fehlt bzw. ungenügend oder gar falsch umgesetzt ist?

Änderungsmanagement in agilen Vorgehensmodellen

In sequenziellen Vorgehensmodellen haben wir daher parallel einen Entwicklungs- und einen Änderungsprozess. In agilen Vorgehensmodellen gibt es diese Trennung nicht, da der gesamte Entwicklungsprozess auf Änderungen ausgelegt ist. Je kürzer die Iterationen sind, umso »agiler« kann ein Projekt Änderungen berücksichtigen.

Auch im agilen Umfeld sind Änderungen risikobehaftet.

Obwohl agile Vorgehensmodelle sehr viel besser auf Änderungen eingestellt sind, gilt auch hier, dass späte und häufige Änderungen Projektrisiken verursachen können. Es ist nämlich keineswegs gesagt, dass die »neue Idee« mit der bestehenden Systemarchitektur verträglich ist. Möglicherweise beeinträchtigt die Änderung auch Maßnahmen, die implementiert wurden, um andere Risiken abzuschwächen. Daher sollten auch hier Änderungen analysiert und bewertet werden, bevor ihre Umsetzung beschlossen wird. Dieser Prozess ist somit unabhängig vom Vorgehensmodell. Projektmanager müssen diesen Gedanken verinnerlicht haben. So groß die Versuchung sein mag, wenn es brennt, auch mal fünfe gerade sein zu lassen: Jede »Abkürzung« im Änderungsprozess kann das Projekt gefährden.

9.2 Aktivitäten des Risikomanagements

Was bedeutet Risiko?

Der Begriff »Risiko« ist definiert als Kombination aus »Auftretenswahrscheinlichkeit und Schweregrad eines Schadens«. Allein aus dieser Definition lassen sich die ersten Aktivitäten des Risikomanagements ableiten:

1. Risiken werden ermittelt.
2. Risiken werden bewertet.

Durch die Risikoermittlung und -bewertung sind die Risiken jedoch noch nicht gebannt. Daher schließen sich zwei weitere Aktivitäten an:

3. Risiken sollten auf die eine oder andere Weise beherrscht werden.
4. Die Entwicklung der Risiken und die Umsetzung geplanter Gegenmaßnahmen müssen verfolgt werden.

Im Folgenden werden wir diese vier Aktivitäten genauer betrachten.

9.2.1 Risikoermittlung – bloß nichts übersehen!

Jeder Projektmanager sollte eine realistische Vorstellung davon haben, was alles passieren könnte und welchen positiven oder negativen Einfluss das Ereignis auf die Projektziele haben könnte. Bei Projektrisiken sprechen wir von der Risikoermittlung, bei Produktrisiken eher von einer Gefahren- oder Gefährdungsanalyse. Die Risikoermittlung bzw. die Gefahrenanalyse ist zunächst nicht bewertend. Es werden alle Ereignisse gesammelt, die möglicherweise eintreten können und Einfluss auf die Projektziele haben oder eine Gefährdung für Umwelt, Anwender oder Dritte bedeuten können.

Risikoworkshop

Die Risikoermittlung ist keine Aktivität, die der Projektmanager alleine im stillen Kämmerchen durchführen kann. Um wirklich alle relevanten Risiken zu erkennen, benötigt er die Unterstützung seiner Experten. Daher findet die Risikoermittlung in der Regel im Rahmen eines Workshops statt, an dem ausgewählte Projektbeteiligte aus allen Stakeholder-Gruppen teilnehmen. Natürlich kommt es in solchen Workshops immer wieder zu Diskussionen, die nur einen Teil der Anwesenden betreffen. Daher hat es sich bewährt, bei großen Projekten mehrere Workshops mit unterschiedlichen Schwerpunkten durchzuführen. Diese Schwerpunkte können sich am Produktlebenszyklus orientieren (Gesamtsystem, Software/Hardware, Produktion, Wartung etc.) oder auf unterschiedliche Teilsysteme beziehen (Datenbank, Algorithmen, Hardwareansteuerung etc.). Generell gilt, dass solche Workshops maximal 15 Teilnehmer haben sollten, da sonst die Gefahr besteht, sich völlig zu verzetteln [Hindel et al. 2009].

Positive Risiken = Chancen

Laut der Projektmanagementnorm ISO 21500 sollten auch Ereignisse mit positiven Auswirkungen auf Projektziele ermittelt werden. Die Norm unterscheidet zwischen »Gefahren« und »Chancen«. Chancen zu ermitteln ist besonders dann sinnvoll, wenn beide Aspekte (also Chancen und Risiken) finanziell bewertet, also in Euro, Dollar o.Ä. beziffert werden. In diesem Fall ergibt sich eine realistische Kalkulation, die auch »positive Überraschungen« mit berücksichtigt.

Bei Softwareentwicklungsprojekten stehen erfahrungsgemäß meist die Risiken mit negativer Auswirkung im Vordergrund. Über Chancen machen wir uns in der Regel weniger Gedanken – meist geht ja doch eher etwas schief. Der Projektmanager sollte sich jedoch darüber im Klaren sein, dass diese eingeschränkte Sichtweise unter Umständen ein übertrieben pessimistisches Bild ergeben kann.

Methoden der Risikoermittlung

Für die Risikoermittlung benötigen wir eine rege Vorstellungskraft. Pessimisten sind hier klar im Vorteil. Viele Methoden der Risikoermittlung basieren daher auf Kreativitätstechniken, die wir auch aus der Anforderungsanalyse kennen – allen voran das Brainstorming bzw. die Kopfstandmethode, die wir in Abschnitt 4.5.4 betrachtet haben. Auch Interviews mit Stakeholdern sind ein probates Mittel, da diese die nötige Expertise besitzen und sich besser Situationen bei ihrer täglichen Arbeit vorstellen können, in denen etwas schief gehen könnte. Für alle genannten Ermittlungsmethoden gelten die gleichen Regeln wie in der Anforderungsanalyse, lediglich die Fragestellung ist eine andere.

Checklisten

Einige Firmen entwickeln Checklisten als Hilfestellung und zur Unterstützung der Risikoermittlung. Diese Checklisten basieren auf den Erfahrungen vergangener Projekte und sollten regelmäßig überarbeitet werden. Solche Checklisten kann es für Projektrisiken ebenso wie für Produktrisiken geben. Die in der Medizintechnik quasi obligatorische Norm ISO 14971 »Medizinprodukte – Anwendung des Risikomanagements auf Medizinprodukte« enthält sogar eine Liste möglicher Gefahren und eine weitere für mögliche Ursachen im Anhang.

Tab. 9–1
Beispiele für Ursachen von Projektrisiken in der Softwareentwicklung

Projektphase	Typische Ursachen, die zu Projektrisiken führen
Projekt-initiierung	■ unklare Projektziele ■ unvollständige, unklare oder unrealistische Anforderungen ■ Unsicherheit bzgl. der technischen Machbarkeit (z. B. Performanz)
Projekt-planung	■ mangelnde Absprache mit dem Kunden ■ nicht abgestimmte Anforderungen (Stakeholder-Konflikte) ■ fehlende Risikobetrachtung ■ unrealistische Schätzungen mangels Verfügbarkeit von Experten ■ unzureichende Planung (Whiscy-Syndrom)[a] ■ unrealistische Vorgaben, speziell bzgl. Termin und Kosten
Projekt-durchführung	■ unzureichende Verfügbarkeit qualifizierter Mitarbeiter (nie zugesagt/zugesagt, aber nicht bereitgestellt/bereitgestellt, aber nicht verfügbar (z. B. wegen Krankheit)/für andere Projekte wieder abgezogen) ■ häufige/späte Änderungen der Anforderungen ■ mangelnde Erfahrung mit neuer Technik ■ fehlende SW-Architektur ■ Zulieferungen von Unterauftragnehmern, Dienstleistern, anderen Projekten oder vom Kunden ■ Terminverschiebungen ■ mangelndes Feedback durch den Kunden ■ ungeplante Zusatzaufwände, z. B. für interne Audits

→

Projektphase	Typische Ursachen, die zu Projektrisiken führen
Projekt-abschluss	■ spät entdeckte, gravierende Mängel ■ fehlende Akzeptanz durch den Kunden (z.B. aufgrund unzureichender Gebrauchstauglichkeit) ■ Cashflow bzw. Liquiditätsprobleme, z.B. aufgrund unterschiedlicher Zahlungskonditionen des Kunden und der Zulieferer

a. Das Akronym Whiscy steht für »Why isn't Sam coding yet?« und beschreibt den verbreiteten Fehler, trotz unklarer Vorgaben bereits mit der Implementierung zu beginnen.

Tabelle 9–1 zeigt typische Ursachen für Projektrisiken in der Softwareentwicklung, die als Grundlage für eine Checkliste dienen können.

Ishikawa-Diagramm

Eine Diagrammtechnik zur Analyse von Ursachen und deren Wirkung ist das Ishikawa-Diagramm. Seine Form hat ihm auch den sprechenden Namen »Fischgräten-Diagramm« eingetragen, wobei der Kopf dem zu analysierenden Problem – also der ultimativen Wirkung – entspricht. Auf den Hauptgräten werden Ursachenkategorien vorgegeben, die die Suche erleichtern und systematisieren. Die Teilnehmer des Workshops ermitteln und diskutieren die einzelnen Haupt- und Nebenursachen in den verschiedenen Kategorien. Neben den in Abbildung 9–1 dargestellten Kategorien können je nach Bedarf weitere Kategorien wie »Management« oder »Prozesse« hinzu definiert werden.

Abb. 9–1
Schematische Darstellung von Ursache und Wirkung im Ishikawa-Diagramm

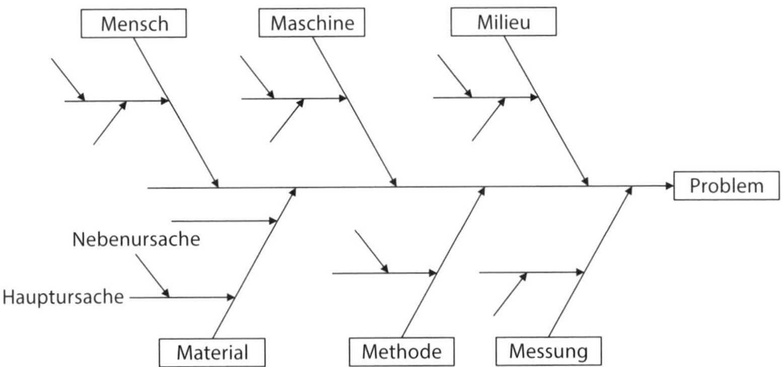

Eine dem Ishikawa-Diagramm verwandte Methode ist die Fehlerbaumanalyse (engl.: »Fault Tree Analysis«, kurz: FTA). Die Fehlerbaumanalyse ist ein Top-down-Verfahren, d.h., sie ermittelt Ursachen einer vorab identifizierten Gefährdung oder eines Projektrisikos. Diese Ereignisse werden als Rechtecke dargestellt (siehe Abb. 9–2). Sukzessive werden nun alle Ereignisse (= Ursachen) weiter zerlegt, bis entweder der Punkt erreicht ist, an dem eine weitere Zerlegung nicht möglich ist bzw. nicht sinnvoll erscheint, oder beschlossen wird, die Analyse hier abzubrechen. Im ersten Fall sprechen wir von elementaren Ereignissen. Sie werden als Ovale dargestellt, um sie von den nicht weiter zerlegten Ereignissen (Rauten) zu unterscheiden (siehe Abb. 9–2).

Fault Tree Analysis (FTA)

Die Fehlerbaumanalyse bietet die Möglichkeit, das Zusammenspiel mehrerer Ereignisse darzustellen. Im Beispiel aus Abbildung 9–2 kann eine Terminverschiebung entweder durch eine verspätete Zulieferung oder durch einen Verzug im Projekt verursacht werden. Für Letzteres müssen jedoch zwei Ursachen zusammenkommen: die späte Änderung und die mangelnde Impaktanalyse.

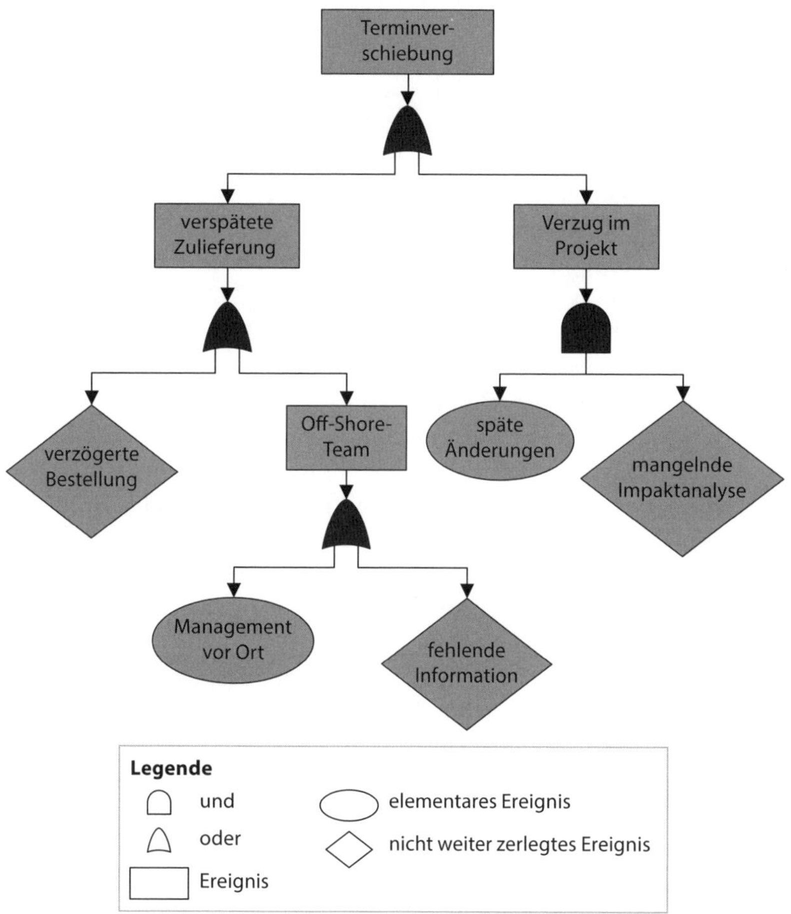

Abb. 9–2
Fehlerbaumanalyse (FTA)

FMEA

Weitaus verbreiteter als die Fehlerbaumanalyse ist die Fehlermöglichkeits- und -einflussanalyse, besser bekannt unter ihrem englischen Namen »Failure Mode and Effects Analysis« (kurz: FMEA). Eine FMEA wird in sechs Schritten durchgeführt:

1. Strukturanalyse
2. Funktionsanalyse
3. Fehleranalyse
4. Risikobewertung
5. Definition von Maßnahmen
6. Erneute Bewertung unter Berücksichtigung der Maßnahmen

Die Strukturanalyse dient der Eingrenzung und Strukturierung des betrachteten Systems. Im Rahmen der Produktrisikoanalyse wird die Software gemäß der Architektur in Module zerlegt. Für jedes dieser Module wird dann im zweiten Schritt analysiert, welche Funktionen dieses Modul anbietet und welche Schnittstellen es gibt. Für eine Projektrisikoanalyse bietet es sich an, den Prozess in Phasen aufzuteilen und für jede Phase zu überlegen, welche wesentlichen Aktivitäten dazu gehören.

Im dritten Schritt überlegen sich die an der FMEA beteiligten Personen, was jeweils schiefgehen kann, welche Ursachen dies haben könnte und welche Auswirkungen zu erwarten sind.

Die Schritte 4 bis 6 gehören streng genommen nicht mehr zur Risikoermittlung, sondern bereits zur Risikobewertung und Risikobeherrschung. Hier nur so viel: Für jedes identifizierte Risiko werden Auftretenswahrscheinlichkeit und Schweregrad bewertet und Gegenmaßnahmen definiert. Das Risiko wird danach erneut bewertet, wobei die Gegenmaßnahmen mit berücksichtigt werden. Am Ende erhält man eine Einstufung des Risikos mit und ohne Maßnahme.

Der große Vorteil der FMEA besteht darin, dass sie ein sehr strukturiertes Verfahren ist. Jede Funktion bzw. jede wesentliche Aktivität wird betrachtet. Es ist daher eher unwahrscheinlich, dass etwas durchs Raster fällt. Ein Nachteil – insbesondere verglichen mit der Fehlerbaumanalyse – ist die strenge Monokausalität. Da es sich um ein Bottom-up-Verfahren handelt, ist es eben nicht möglich, das Zusammenspiel mehrerer Ursachen abzubilden.

Vorgehensweise und Erfolgsfaktoren

Beteiligung von Experten

Ein ganz wichtiger Erfolgsfaktor für die Risikoermittlung ist die Beteiligung geeigneter Experten. Wenn es um die Bewertung der Marktakzeptanz geht, ist der Softwareentwickler in der Regel nicht der beste Ansprechpartner. Umgekehrt wird der Endanwender kaum Aussagen über Fehlerursachen im Quellcode machen können. Daher sollte die Risikoanalyse mit verschiedenen Personengruppen durchgeführt werden (Projektteam, projektexterne Stakeholder wie z.B. Mitglieder des Lenkungskreises, unabhängige Experten, Anwender u.v.a.m.).

Systematisches Vorgehen

Auch die Systematik spielt eine große Rolle. Hier gilt, was wir schon im Zusammenhang mit der Anforderungsanalyse gesagt haben. Werden Stakeholder oder Anwendungsfälle übersehen, wird auch die Risikoanalyse unvollständig sein. Es ist daher extrem wichtig, alle Projektphasen (für Projektrisiken) bzw. den gesamten Produktlebenszyklus (für Produktrisiken) zu betrachten. Hier helfen die bereits erwähnten Checklisten enorm.

Generell gilt, dass Risikomanagement ein iterativer Prozess ist. Dies bedeutet auch, dass es mehr als eine Risikoanalyse im Projektverlauf geben kann und in der Regel auch sollte. Es ist eine bewährte Praktik, die Risikoanalyse bei jedem Meilenstein noch einmal zu aktualisieren. Darüber hinaus können mehrere Risikoanalysen erstellt werden, sei es für Teilprojekte, sei es für Teilbereiche. Beispiele für Teilbereiche sind:

- Design/Konstruktion
- Systementwicklung
- Hardware-/Softwareentwicklung
- Produktion

Ein weiterer Erfolgsfaktor ist die Einbindung der Risikoermittlung in den Änderungsprozess. Wie diese aussehen kann, haben wir bereits in Abschnitt 9.1 diskutiert.

Dokumentation

Das Ergebnis der Risikoermittlung ist eine Risikoliste. Die Liste der Projektrisiken enthält idealerweise mindestens vier Spalten: Risiko, Ursachen, Folgen und Trigger. Unter »Trigger« verstehen wir die Symptome bzw. Warnzeichen, die das Eintreten des Risikos ankündigen, also einen Trigger für den Projektmanager, der dann sofort reagieren sollte. Für Produktrisiken ist es weniger üblich, den Trigger aufzulisten, da diese Spalte in der FMEA nicht vorgesehen ist. Die Risikoliste bildet die Grundlage für die nächsten Aktivitäten und wird später um weitere Spalten erweitert.

9.2.2 Risikobewertung – wie schlimm kann es werden?

Nicht alle Risiken oder Gefahren, die während der Risikoermittlung identifiziert werden, sind wirklich kritisch. Um die ermittelten Risiken priorisieren zu können, müssen zunächst für jedes Risiko die Auftretenswahrscheinlichkeit und der Schweregrad der Auswirkungen bewertet werden. Dies gilt sowohl für Produkt- als auch für Projektrisiken.

Kriterien zur Bewertung der Wahrscheinlichkeit

Wahrscheinlichkeitskategorien für Projektrisiken

Für Projektrisiken wird die Wahrscheinlichkeit üblicherweise qualitativ dokumentiert, z.B. in Form von Stufen wie gering/mittel/hoch, wobei jede Stufe einem Wahrscheinlichkeitsintervall entspricht. Allerdings hat sich in der Praxis bewährt, mit einer geraden Anzahl von Kategorien zu arbeiten, da sich die bewertenden Personen dann festlegen müssen, ob sie davon ausgehen, dass das Risiko eher eintreten wird oder eher nicht.[2] Tabelle 9–2 zeigt eine Einteilung der Wahrscheinlichkeitsintervalle in vier Kategorien. Jedem dieser Wahrscheinlichkeitsintervalle wird zudem ein Wert zugeordnet, der es uns ermöglicht, die Risiken später zu priorisieren.

Tab. 9–2 *Kategorien zur Bewertung der Auftretenswahrscheinlichkeit*

Auftretens-wahrscheinlichkeit	Bedeutung	Wert
Unwahrscheinlich	▪ Wahrscheinlichkeit ist kleiner als 25%. ▪ Das Risiko lässt sich nicht vollständig ausschließen.	1
Gering	▪ Wahrscheinlichkeit ist 25% oder mehr, aber kleiner als 50%. ▪ Das Risiko wird voraussichtlich eher nicht eintreten, ist jedoch durchaus vorstellbar.	4
Möglich	▪ Wahrscheinlichkeit ist 50% oder mehr, aber kleiner als 75%. ▪ Es ist davon auszugehen, dass das Risiko eher eintreten als nicht eintreten wird.	7
Wahrscheinlich	▪ Wahrscheinlichkeit ist 75% oder mehr. ▪ Es ist nahezu sicher, dass das Risiko eintreten wird.	10

Wichtig sind die Interpretationshilfen zum besseren Verständnis der Intervalle, die sicherstellen sollen, dass alle beteiligten Personen das gleiche Verständnis der Kategorien besitzen.

---

2. Die hier vorgestellte Vorgehensweise ist ein Mittelweg zwischen der rein qualitativen Bewertung von Risiken und der quantitativen Vorgehensweise, wie sie in fortgeschrittenen Projektmanagementkursen gelehrt wird.

Wahrscheinlichkeitskategorien für Produktrisiken

Für Produktrisiken ist die Definition der Wahrscheinlichkeitskategorien unter Umständen aufwendiger, da auch die Anzahl der verkauften Produkte eine Rolle spielt. Selbst wenn sich abschätzen lässt, mit welcher prozentualen Wahrscheinlichkeit ein Bremssystem versagt, hängt die Auftretenswahrscheinlichkeit stark von der Anzahl der verkauften Autos und der Anzahl der Bremsvorgänge innerhalb der Lebensdauer eines Autos ab. Anders ausgedrückt: Je mehr Autos mit diesem Bremssystem verkauft werden und je mehr damit gebremst wird, desto höher ist die Wahrscheinlichkeit, dass es zum Schaden kommt, auch wenn das Bremssystem für sich allein betrachtet bei einer Million Anwendungen nur einmal versagt.

Entdeckungswahrscheinlichkeit

In manchen Branchen ist es üblich, bei Produktrisiken Auftretens- und Entdeckungswahrscheinlichkeit getrennt zu betrachten. Die gesamte Auftretenswahrscheinlichkeit (auch »Eintrittswahrscheinlichkeit« genannt) ergibt sich aus dem Produkt der beiden einzelnen Wahrscheinlichkeiten. Auch für Projektrisiken ist diese Unterscheidung manchmal sinnvoll.

Kriterien zur Bewertung der Auswirkungen

Auswirkungen von Projektrisiken

Ebenso wie die Auftretenswahrscheinlichkeit müssen wir für jedes Risiko seine Auswirkungen bewerten, um das Risiko priorisieren zu können. Die Auswirkungen werden meist ebenfalls qualitativ in Stufen dokumentiert (gering/mittel/hoch) und auch hier ist es wichtig, den bewertenden Personen Interpretationshilfen für die einzelnen Kategorien an die Hand zu geben. Projektrisiken haben im Wesentlichen drei mögliche Auswirkungen: Es können die Projektziele hinsichtlich der Kosten, der Termine oder Produktqualität beeinträchtigt werden. Daher bietet sich eine Kategorisierung in Form einer Auswirkungsmatrix an. Tabelle 9–3 zeigt beispielhaft eine solche Auswirkungsmatrix. Wohlgemerkt: Die Kategorien und insbesondere die genauen prozentualen Werte können von Projekt zu Projekt unterschiedlich sein.

Tab. 9–3
Kategorien zur Bewertung der Auswirkungen

Auswirkungen	... auf Kosten	... auf Termine	... auf Qualität	Wert
Gering	Keine oder nur minimale Mehrungen zu erwarten (x ≤ 5% des Projektbudgets)	Kein Einfluss auf Endtermin	▪ Funktionalität nur unwesentlich eingeschränkt; geübter Anwender weiß sich allein zu behelfen; ▪ keine sicherheitskritischen Funktionen betroffen	1 – 2
Spürbar	Merkliche Mehrungen, die jedoch den Projekterfolg nicht gefährden (5% < x ≤ 15%)	Liefertermin ist gefährdet; Abweichung ist jedoch innerhalb einer für den Kunden akzeptablen Spanne	▪ Funktionalität teilweise eingeschränkt (z.B. geringere Performanz), Hauptfunktionen jedoch nicht betroffen; Anwender kann das Problem mit kundiger Hilfestellung umgehen; ▪ keine sicherheitskritischen Funktionen betroffen	3 – 5
Ernst	Mehrungen, die den Projekterfolg gefährden (15% < x ≤ 30%)	Liefertermin kann voraussichtlich nicht gehalten werden; Abweichung wird vom Kunden möglicherweise nicht akzeptiert	▪ Funktionalität spürbar eingeschränkt; Produkt ist nur teilweise verwendbar; ▪ sicherheitskritische Funktionen betroffen, jedoch keine schweren Schäden möglich	6 – 8
Katastrophal	Mehrungen, die auch andere Projekte gefährden (> 30% des Projektbudgets, z.B. Konventionalstrafen)	Liefertermin kann voraussichtlich nicht gehalten werden; Abweichung ist für den Kunden definitiv inakzeptabel	▪ Produkt ist unbrauchbar; ▪ sicherheitskritische Funktionen betroffen; schwere Schäden möglich	9 – 10

Im Gegensatz zu Tabelle 9–2 lässt Tabelle 9–3 die Möglichkeit offen, innerhalb der vier Kategorien noch weiter zu differenzieren, da die letzte Spalte pro Kategorie einen Wertebereich vorsieht. Eine ähnliche Einteilung kann auch für die Wahrscheinlichkeiten eingeführt werden. Letztendlich muss jeder Projektmanager für sein Projekt definieren, welche Kriterien verwendet werden sollen, sofern diese nicht bereits durch firmenweit geltende Richtlinien festgelegt sind.[3]

3. Natürlich ist es auch möglich, Wahrscheinlichkeiten direkt zu bewerten, also z.B. mit 0,5 bei 50%iger Wahrscheinlichkeit. Die Reduktion auf vier Kategorien erleichtert jedoch die Aufgabe und reduziert den Diskussionsbedarf.

Auswirkungen von Produktrisiken

Bei Produktrisiken sprechen wir üblicherweise vom »Schweregrad« des potenziellen Schadens. Um sinnvolle Bewertungskriterien festlegen zu können, müssen zunächst einige Vorüberlegungen angestellt werden. In welcher Spanne bewegen wir uns überhaupt? Was ist das geringste (wahrnehmbare), was das höchste Schadensmaß? Für Medizinprodukte kann diese Spanne von vorübergehenden Beeinträchtigungen wie Kopfschmerzen oder leichte Übelkeit bis hin zu schweren Verletzungen oder Tod reichen, doch nicht jedes Medizinprodukt ist potenziell tödlich. Um eine glaubhafte Bewertung abgeben zu können, muss die Skala dem jeweiligen Produkt angepasst werden.

Durchführung der Bewertung und Priorisierung

Oft ist es sinnvoll, im Rahmen des Workshops zur Risikoermittlung die ermittelten Risiken auch gleich zu bewerten und Gegenmaßnahmen zu definieren. Daher dauern Risikoworkshops durchaus auch mal einen Tag oder länger. Die Teilnehmer nehmen sich jedes einzelne ermittelte Risiko vor und bewerten dessen Auftretenswahrscheinlichkeit und seine Auswirkungen. Auch hier kann es naturgemäß zu längeren Diskussionen kommen. Diese können vermieden werden, indem jeder Teilnehmer für sich eine Bewertung abgibt und anschließend der Mittelwert berechnet wird. Allerdings sollte das Ergebnis noch einmal in der großen Runde besprochen werden, um den Verfechtern stark abweichender Meinungen die Gelegenheit zu geben, diese zu erläutern.

Risikoprioritätszahl

Der nächste Schritt ist rein mathematisch. Für jedes Risiko werden die gemittelten Werte für die Wahrscheinlichkeit und die Auswirkungen multipliziert und so die sogenannte Risikoprioritätszahl (kurz: RPZ) berechnet. Risiken mit niedriger Auftretenswahrscheinlichkeit und harmlosen Auswirkungen erhalten eine kleine Risikoprioritätszahl, solche mit hohen Wahrscheinlichkeiten und schwerwiegenden Auswirkungen dagegen eine hohe Risikoprioritätszahl. In Projekten, die neben der Auftretenswahrscheinlichkeit auch die Entdeckungswahrscheinlichkeit bewerten, berechnet sich die Risikoprioritätszahl als Produkt aus Auftretenswahrscheinlichkeit, Entdeckungswahrscheinlichkeit und Schweregrad der Auswirkung.

Tab. 9–4
Beispiel einer Risikoliste (W = Auftretenswahrscheinlichkeit, A = Auswirkung)

ID	Risiko	Ursachen	Folgen	Trigger	W	A	RPZ	ID
1	Falsche Priorisierung des Product Backlog	Ansprechpartner des Kunden steht nicht zur Verfügung	Zeit wird falsch genutzt; wichtige User Stories können möglicherweise nicht mehr implementiert werden	Backlog Grooming findet ohne Kunden statt	4	6	24	1
2	Continuous Integration Server zu Beginn der Implementierung nicht operationell	Mangelndes Expertenwissen	Integration muss manuell erfolgen; automatisierte Tests können nicht im gleichen Umfang angestoßen werden	Erster Nachtlauf (geplant in KWxy) schlägt fehl	4	5	20	2
3	Automatisierter Test liefert falsch positive Ergebnisse	Fehlerhafte Implementierung der Testskripte	Fehler im Produkt bleiben unerkannt	Rückmeldung aus späteren Testphasen	7	8	56	3

Wie der Name vermuten lässt, dient die Risikoprioritätszahl der Priorisierung. Das Beispiel in Tabelle 9–4 zeigt drei beispielhafte Projektrisiken. Anhand der Risikoprioritätszahl lässt sich auf einen Blick erkennen, welches Risiko besonderes Augenmerk erfordert.

Üblicherweise wird die Risikoliste eher lang und unübersichtlich. Um sich ein Bild von der Gesamtsituation machen zu können, sollte der Projektmanager die Information aus der Liste kondensieren. Sofern nur zwei Bewertungskriterien (Wahrscheinlichkeit und Auswirkung) verwendet werden, bietet sich die Darstellung in Form einer Risikobewertungsmatrix an. Bei drei Bewertungskriterien (Auftretens- und Entdeckungswahrscheinlichkeit sowie Auswirkung) muss mit der Risikoprioritätszahl gearbeitet werden.

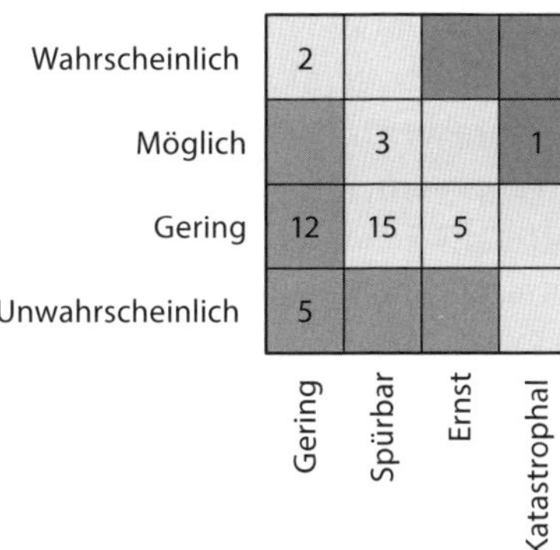

Abb. 9–3
Risikobewertungsmatrix (die Zahlen beziffern die Anzahl der Risiken mit entsprechender Bewertung und sind in diesem Beispiel rein fiktiv)

Abbildung 9–3 zeigt die kondensierte Darstellung in Form einer Risikobewertungsmatrix. In die einzelnen Zellen wird die Anzahl der Risiken eingetragen, deren Bewertung in diesen Bereich fällt (15 Risiken wurden mit Auftretenswahrscheinlichkeit »gering« und Auswirkung »spürbar« bewertet). Die unterschiedlich schattierten Bereiche kennzeichnen drei verschiedene Risikoklassen. Für alle Risiken im mittelgrau schattierten Bereich sind keine weiteren Aktionen erforderlich (RPZ < 10). Risiken im hellgrauen Bereich müssen soweit wie möglich durch Maßnahmen reduziert werden (10 ≤ RPZ < 50). Risiken im dunkelgrauen Bereich sind a priori nicht akzeptabel (RPZ ≥ 50) und erfordern eine gesonderte Behandlung durch das Management.[4]

Abbildung 9–4 zeigt eine analoge Darstellung für die Risikoprioritätszahl. Auch hier lassen sich Risikoklassen definieren, die unterschiedliche Vorgehensweisen nach sich ziehen.

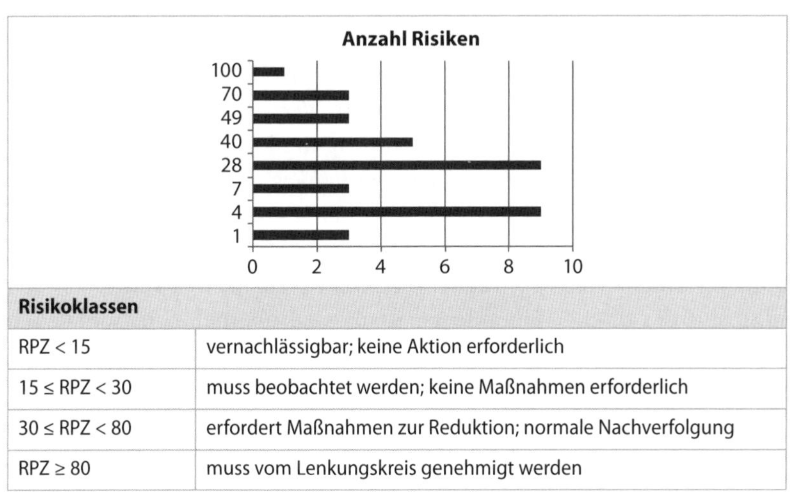

Risikoklassen	
RPZ < 15	vernachlässigbar; keine Aktion erforderlich
15 ≤ RPZ < 30	muss beobachtet werden; keine Maßnahmen erforderlich
30 ≤ RPZ < 80	erfordert Maßnahmen zur Reduktion; normale Nachverfolgung
RPZ ≥ 80	muss vom Lenkungskreis genehmigt werden

Abb. 9–4
Kondensierte Darstellung der Risiken mit bestimmter Risikoprioritätszahl

4. In der Praxis arbeitet man üblicherweise mit den Farben grün, gelb und rot.

Die Bewertung sollte periodisch im Projekt überprüft und (idealerweise zu jedem Projektmeilenstein) aktualisiert werden.

Ergebnis der Risikobewertung ist die Liste der priorisierten Risiken (siehe Tab. 9–4) sowie eventuell eine Gesamteinschätzung des Risikogrades des Projektes relativ zu anderen Projekten bzw. auf einer Risikoskala der Organisation. Voraussetzung hierfür ist jedoch, dass die Organisation historische Daten erfasst und entsprechende Vorgaben macht.

9.2.3 Risikobeherrschung – was können wir tun?

Nachdem die Risiken ermittelt und priorisiert wurden, besteht der naheliegende nächste Schritt darin, Gegenmaßnahmen zu definieren und umzusetzen. Bereits im Risikoworkshop wird die Frage diskutiert: »Was können wir dagegen unternehmen?« Die geplanten Gegenmaßnahmen werden dann im Risikomaßnahmenplan dokumentiert. In der Praxis ist dieser Maßnahmenplan eher selten ein eigenständiges Dokument. Vielmehr sind die Maßnahmen als zusätzliche Spalte in der gleichen Risikoliste dokumentiert, in der auch die Bewertung zu finden ist.

Risikovermeidung

Eine naheliegende und effektive Maßnahme zur Risikobeherrschung besteht darin, Risiken einfach zu vermeiden. Statt der risikobehafteten Vorgehensweise wird eine (im Sinne der Risikobewertung) bessere Alternative gewählt. Ohne Remote-Zugang wird es beispielsweise auch für den Hacker schwieriger, in ein Softwaresystem einzudringen. Projektrisiken können z.B. auch durch Ausschlüsse im Vertrag vermieden werden. Wenn von Anfang an geklärt ist, dass eine bestimmte Funktionalität nicht Bestandteil des zu liefernden Produktes sein wird, besteht auch kein Risiko mehr, dass wir sie möglicherweise nicht umsetzen können. Das Risiko wird eliminiert.

Leider kann man nicht allen Risiken einfach aus dem Weg gehen. Wenn wir alle kritischen Funktionen im Vertrag ausschließen möchten, wird es vermutlich nie zur Beauftragung kommen. Risikovermeidung ist daher nicht immer ein gangbarer Weg.

Transfer

Wenn sich das Risiko nicht vermeiden lässt, kann es vielleicht auf eine andere Organisation transferiert werden. Mitunter findet sich ein Zulieferer oder Unterauftragnehmer, der bereit ist, den kritischen Teil inklusive des damit verbundenen Risikos zu übernehmen. Schließlich ist nicht jedes Risiko für alle Firmen gleich, da die Bewertung stark von vorhandenen Kompetenzen und Kapazitäten abhängt. Allerdings sollte sich der Projektmanager darüber im Klaren sein, dass die Beauftragung Dritter andere Risiken birgt, da nicht 100% sicher ist, dass der Zulieferer oder Unterauftragnehmer seine vertraglich zugesicherte Leistung auch wirklich erbringt. Das ursprüngliche Risiko wird daher durch ein neues, hoffentlich geringeres Risiko ersetzt.

Abschwächung durch Maßnahmen

Die meisten Risiken werden jedoch weder vollständig vermieden noch transferiert, sondern auf die eine oder andere Weise abgeschwächt.[5] Durch frühzeitige Maßnahmen wird entweder die Eintritts-/Auftretenswahrscheinlichkeit oder die Auswirkung reduziert bzw. die Entdeckungswahrscheinlichkeit erhöht. Tabelle 9–5 zeigt eine erweiterte Risikoliste, die nun auch die Maßnahmen sowie eine erneute Bewertung des jeweiligen Risikos unter Berücksichtigung derselben beinhaltet.

Tab. 9–5 *Risikoliste mit Maßnahmen und erneuter Bewertung unter Berücksichtigung der Maßnahmen*

ID	Risiko	Ursachen	...	W	A	RPZ	Maßnahme	W*	A*	RPZ*
1	Falsche Priorisierung des Product Backlog	Ansprechpartner des Kunden steht nicht zur Verfügung	...	4	6	24	Teilnahme vertraglich regeln	1	6	6
2	Continuous Integration Server (...) nicht operationell	Mangelndes Expertenwissen	...	4	5	20	Mitarbeiter für manuelle Integration einplanen	4	3	12
3	Automatisierte Tests liefert falsch positive Ergebnisse	Fehlerhafte Implementierung der Testskripte	...	7	8	56	Codereviews vorsehen	4	8	32

Die erneute Bewertung der Risiken nach Umsetzung der Maßnahmen gibt Aufschluss über das verbleibende Restrisiko. Auch hier bietet sich die kondensierte Darstellung in Form einer Risikobewertungsmatrix oder eines Balkendiagramms an. Abbildung 9–3 bzw. 9–4 gibt es somit zweimal: einmal vor und einmal nach den Maßnahmen.

Akzeptanz

Natürlich besteht immer die Möglichkeit, Risiken einfach einzugehen. Es ist ja nicht gesagt, dass sie wirklich eintreten werden (bei einer Auftretenswahrscheinlichkeit von 100 % spricht man nicht mehr von Risiken, da der Vorfall ja bereits eingetreten ist). Wenn Gegenmaßnahmen nicht möglich oder wirtschaftlich nicht sinnvoll sind, können wir das Risiko schlicht und einfach akzeptieren. Allerdings sollten wir uns dann vor möglichen Folgen schützen. Hier gibt es im Wesentlichen zwei Möglichkeiten:

5. Der englische Begriff für »Abschwächung« im Zusammenhang mit Risiken ist »mitigation«. Der eingedeutschte Begriff »Mitigation« hat bereits den Weg in den Duden gefunden, das Verb »mitigieren« noch nicht. Dennoch spricht man in IT-Kreisen gelegentlich davon, dass Risiken »mitigiert« werden.

- **Notfallplan** (engl.: »Contingency Plan«)
  Der Plan für den Eventualfall kann beispielsweise vorsehen, das Produkt zunächst nur in einem bestimmten Marktsegment anzubieten, bis die volle Funktionalität verfügbar ist.
- **Reserve**
  Der Projektmanager plant einen zusätzlichen Puffer in Form von Zeit oder Geld ein oder hält eine Reserve anderer Ressourcen vor (z.B. Mitarbeiter, die einspringen können, oder Server anderer Abteilungen, auf die ggf. zurückgegriffen werden kann).

Mit der Festlegung der Maßnahmen allein ist es nicht getan. Schließlich müssen die Maßnahmen auch umgesetzt und ihre Wirksamkeit überprüft werden. Daher sollte der Projektmanager für jede Maßnahme einen Verantwortlichen bestimmen und dies schriftlich dokumentieren. Je nach Projekt kann der Verantwortliche in einer weiteren Spalte der Risikoliste, in einem getrennten Maßnahmenplan oder als Bearbeiter eines Tasks in einem Projektmanagementwerkzeug eingetragen werden.

9.2.4 Risikocontrolling – immer wachsam bleiben!

Risikomanagement ist ein fortlaufender Prozess. Der Projektmanager muss permanent wachsam bleiben, da sich die Situation jeden Tag ändern kann (und wird). Je weiter das Projekt fortschreitet, desto mehr Informationen stehen zur Verfügung. Einerseits nimmt die Unsicherheit hinsichtlich der Einschätzung von Auftretenswahrscheinlichkeit und Auswirkung ab. Andererseits kristallisieren sich neue Risiken heraus, die ursprünglich nicht betrachtet wurden. Diese müssen ebenfalls bewertet und ggf. mit Gegenmaßnahmen versehen werden. Darüber hinaus ergeben sich möglicherweise neue Optionen für Maßnahmen, die in Betracht gezogen werden sollten.

Auch die Bewertungskriterien selbst gehören regelmäßig auf den Prüfstand, da sie auf Annahmen beruhen, die sich als falsch erweisen können. Jede Änderungsanforderung kann potenziell völlig neue Aspekte ins Spiel bringen, z.B. wenn ein bislang unkritisches Produkt auf einmal sicherheitskritische Funktionalität beinhalten soll.

Der wichtigste Aspekt der Risikoverfolgung oder des »Risikocontrollings«, wie es in der Norm ISO 21500 genannt wird, ist jedoch die Nachverfolgung der Maßnahmen. Wurden wirklich die Reserven gebildet, die im Notfallplan vorgesehen sind? Wurde der Mitarbeiter für die manuelle Integration (Zeile 2 in Tab. 9–5) wirklich eingestellt? Falls Maßnahmen durch die Software selbst umgesetzt wurden, funktioniert diese wie gewünscht?

In der Praxis wird der Projektmanager die Risikoliste und den Maßnahmenplan regelmäßig aktualisieren, wobei die Länge der Intervalle stark von der Art des Projektes und seinem Umfeld abhängt (einmal pro Woche oder zu jedem Sprint, mindestens aber einmal pro Monat). Die dazu erforderlichen Informationen erhält der Projektmanager von den jeweilig zugewiesenen Verantwortlichen.

Nachverfolgung der Top-10-Risiken

Über die projektinterne Risikoverfolgung hinaus werden die wichtigsten Risiken auch auf höherer Managementebene verfolgt. Die kondensierte Darstellung als Matrix oder Balkendiagramm liefert eine Übersicht über die Gesamtlage, enthält jedoch keine Detailinformationen. Daher sollte der regelmäßige Projektbericht zusätzlich detailliertere Informationen über ausgewählte Risiken beinhalten. In Abschnitt 9.2.3 hatten wir entsprechende Regeln abhängig von der Risikoklasse definiert. In Ermangelung einer solchen Vorgabe sollte sich der Projektmanager mit den Berichtsempfängern (z.B. dem Lenkungskreis) auf eine Regelung einigen. Eine Variante besteht darin, systematisch über die Top-3- oder Top-10-Risiken zu berichten. Die Regel sollte jedoch sinnvoll gelebt werden. Wenn es an vier Stellen zu brennen droht, sollten auch alle vier Risiken berichtet werden. Wer Risiken verschweigt oder ignoriert, wird eher scheitern als seine Kollegen, die den Problemen ins Auge schauen.

Checklisten pflegen

Eine Organisation kann aus eingetretenen Risiken für die Zukunft lernen, z.B. indem sie Checklisten zur Risikoermittlung erstellt bzw. erweitert. Im abschließenden Projektreview sollte daher die Risikoliste unter dem Gesichtspunkt betrachtet werden, welche der Risiken projektübergreifende Bedeutung haben könnten.

9.3 Erforderliche Soft Skills

Risikomanagement ist eine der Kernaufgaben des Projektmanagers und erfordert besondere technische und methodische Kenntnisse. Es ist zwar hilfreich, aber nicht unbedingt erforderlich, dass der Projektmanager die Fragestellung bis ins kleinste Detail durchdringt. Viel wichtiger ist es, dass er in der Lage ist, die zahlreichen Risikoworkshops zu moderieren. Hier kann viel Zeit und Energie verschwendet werden, wenn die Gruppe sich »verrennt«. Im Zweifelsfall sollte der Projektmanager eine entsprechende Schulung belegen oder einen externen Moderator engagieren.

Der Projektmanager als Moderator

Moderationsfähigkeit hat verschiedene Aspekte. Beispielsweise muss der Moderator in der Lage sein, sich auf unterschiedliche Gruppen einzustellen, die Gruppendynamik zu verstehen und zu steuern und ggf. Ursachen für Konflikte zu identifizieren. Nicht jede Diskussion, die scheinbar kein Ende findet, entspringt einem Sachkonflikt. Manche Teilnehmer beteiligen sich wenig bis überhaupt nicht, obwohl sie wichtige Beiträge besteuern. Andere Teilnehmer finden Spaß daran, sich darzustellen und drohen, die Gruppe zu dominieren. Ein guter Moderator versteht es, die Gruppe (immer wieder) auf das Ziel zu fokussieren, konstruktive Diskussionen anzuregen und am Ende einen Beschluss herbeizuführen.

In diesem Zusammenhang sind viele der bereits erwähnten Visualisierungstechniken hilfreich. Je besser der Moderator Sachverhalte übersichtlich darstellen kann, desto leichter bleibt die Gruppe zielorientiert. Risikoworkshops sollten dynamisch ablaufen. Anstatt über ausgedruckten Tabellen zu brüten, sollte sich die Gruppe mit Kärtchen und Klebezetteln bewaffnen und Pinnwände oder normale Wände füllen. Wenn keine Einigkeit über die Bewertung hergestellt werden kann, hilft die Punktabfrage mit einem Klebepunkt pro Teilnehmer. Wenn sich die Teilnehmer gar nicht mehr aufraffen können, hilft eine Pause.

Darüber hinaus muss der Projektmanager in der Lage sein, Risiken und geplante bzw. getroffene Maßnahmen klar zu kommunizieren. Risiken zu verschweigen oder zu ignorieren gefährdet den Projekterfolg.

9.4 Risikomanagement in sicherheitskritischen Bereichen

Die Forderung nach einem geregelten Risikomanagement lässt sich an vielen Stellen finden. Beispielsweise propagiert die in Kapitel 8 erwähnte Norm EN ISO 9001:2015 einen risikobasierten Ansatz zur Qualitätssicherung. Jeder Hersteller sollte sich über Risiken Gedanken machen und besonderes Augenmerk auf die kritischen Punkte legen.

Safety Integrity Level (SIL)

Dieser Gedanke wird in sicherheitskritischen Branchen mit dem Konzept der Safety Integrity Level (kurz: SIL) fortgeführt. Die Sicherheits-Integritätslevel, wie sie auf Deutsch bezeichnet werden, stammen aus einer branchenübergreifenden Norm zum Thema »funktionale Sicherheit«, der IEC 61508:2011. In der Norm geht es ausschließlich um Produktrisiken, also um potenzielle Gefährdungen für Umwelt, Anwender oder Dritte. Die Grundidee besteht darin, das Produkt bzw. seine Funktionen je nach Risiko in eine der folgenden fünf Stufen einzuteilen: nicht sicherheitskritisch, SIL 1, SIL 2, SIL 3, SIL 4.

SIL 4 entspricht der höchsten, SIL 1 der niedrigsten Integritätsstufe. Nur Funktionen, die keine sicherheitskritischen Aufgaben übernehmen, können als »nicht sicherheitskritisch« eingestuft werden und werden üblicherweise mit »QM« bezeichnet. »QM« bedeutet Qualitätsmanagement und steht für die Mindestanforderung an einen sauberen Entwicklungsprozess für nicht sicherheitskritische Komponenten.

Je nach Einstufung legt die Norm verschiedene Ausfallgrenzen für die sicherheitskritischen Funktionen fest. Für Hardware ergeben sich daraus Vorgaben an die Konstruktion und die Fertigung, für Software an Architektur und Design sowie an den Entwicklungsprozess. Wichtig ist, dass die Norm keine direkten Vorgaben hinsichtlich der Vorgehensweise beschreibt, sondern nach eigener Aussage einen »risikobasierten konzeptuellen Rahmen und Beispielverfahren« bereitstellt.

Sicherheitskritische Projekte im Alltag

Projekte in sicherheitskritischen Branchen unterliegen strengerer Kontrolle. Interne und externe Audits sind hier an der Tagesordnung. Insgesamt wird von allen Projektteilnehmern eine stringente Einhaltung der Prozessvorgaben erwartet. Entwickler müssen gewisse Überlegungen, z.B. hinsichtlich Architektur und Design, nachweislich vorab anstellen und ihre Arbeit gründlich dokumentieren. Dem Projektmanager obliegt es, die Prozesseinhaltung zu überwachen und die erforderlichen Ressourcen einzuplanen. Dokumentation benötigt Zeit bzw. Budget, Reviews erfordern mindestens einen Prüfer, der auch zur Verfügung stehen muss. Außerdem erfordern diese Projekte ein hohes Maß an Mitarbeitermotivation, die es als Projektmanager zu fördern und aufrechtzuerhalten gilt. Auf das Thema »Motivation« werden wir im nächsten Kapitel noch genauer eingehen.

9.5 Zusammenfassung

Risikomanagement ist ein kontinuierlicher, iterativer Prozess, der nur bei abgekündigten Produkten ein Ende hat. Zu den Aktivitäten des Risikomanagements gehören die Risikoermittlung, Risikobewertung, Risikobeherrschung und Risikoverfolgung.

Eine Hauptursache für Projektrisiken sind häufige und späte Änderungen. Sequenzielle und agile Vorgehensmodelle gehen hiermit sehr unterschiedlich um.

Sowohl für die Risikoermittlung als auch für die Risikobewertung existieren bewährte Methoden und eine Reihe von Erfolgsfaktoren, die der Projektmanager beherzigen sollte.

Typische Gegenmaßnahmen sind Vermeidung, Transfer, Abschwächung oder Akzeptanz.

Risiken und Gegenmaßnahmen sollten dokumentiert und überwacht werden. Hierfür gibt es verschiedene, mehr oder weniger kondensierte Darstellungsformen.

Risikomanagement erfordert vom Projektmanager ähnliche Soft Skills wie das Anforderungsmanagement.

In sicherheitskritischen Bereichen gibt es normative Vorgaben. Insbesondere werden Funktionen in sogenannte Safety Integrity Level

(SIL) eingestuft, die im Entwicklungsprozess unterschiedlich gehandhabt werden müssen.

9.6 Übungsaufgaben

1. Erklären Sie, ob es sich beim Risikomanagement um einen einmaligen oder einen iterativen Prozess handelt.
2. Nennen Sie wesentliche Aktivitäten des Risikomanagements.
3. Nennen Sie Hauptursachen für Risiken und geben Sie ein Beispiel an, das in unserem Fallbeispiel auftreten könnte.
4. Skizzieren Sie den Umgang mit änderungsbedingten Risiken in sequenziellen und agilen Vorgehensmodellen.
5. Nennen Sie Methoden und Erfolgsfaktoren, die Sie im Rahmen einer Risikoermittlung beachten sollten.
6. Erläutern Sie verschiedene Methoden der Risikobewertung anhand unseres Fallbeispiels.
7. Nennen Sie die wesentlichen Arten möglicher Gegenmaßnahmen zu Risiken.
8. Nennen Sie verschiedene Methoden zur Analyse und Dokumentation von Risiken.
9. Beschreiben Sie die Aufgaben des Risikocontrollings und seine Bedeutung für andere Projektphasen.
10. Nennen Sie zwei wichtige Soft Skills für Projektmanager und ihre Bedeutung im Rahmen des Risikomanagements.
11. Beschreiben Sie das Konzept der Safety Integrity Level.

10 Personalmanagement

10.1 Personalmanagement im Unternehmen

Qualifizierte und motivierte Mitarbeiter sind der Schlüssel zum Unternehmenserfolg.

Vorneweg ein Hinweis: Dieses Kapitel gilt für alle Vorgehensmodelle.

Personalmanagement im Unternehmen vs. Personalmanagement im Projekt

Personalmanagement beinhaltet die Planung, Steuerung/Führung, Entwicklung und Verwaltung des Personals, d.h. der Mitarbeiter eines Unternehmens. Es ist einerseits eine übergreifende Managementaufgabe des Unternehmens, andererseits aber auch eine der wichtigsten Aufgaben im Projektmanagement. Personalmanagement ist ein wichtiger strategischer Partner des Projektmanagements.

Wie in Abschnitt 3.3.7 »Scrum und agiles Personalmanagement« bereits erwähnt, bringt die Einführung von Scrum oder anderen agilen Vorgehensmodellen Rollenänderungen mit sich und führt manchmal sogar zur kompletten Metamorphose einzelner Bereiche oder Organisationen (also nicht nur der Teams).

Agiles Arbeiten erfordert eine neue Befähigung der Projektmitarbeiter. Für das Projektmanagement bedeutet dies, dass die Zusammenarbeit mit der Personalabteilung noch enger und gezielter sein muss. Die Mitarbeiter der Personalabteilung sollten frühzeitig eingebunden werden und Verständnis für die neuen Vorgehensweisen haben. Die Managementebene sollte die Zusammenarbeit unterstützen, indem sie die Beteiligung der Personalabteilung einfordert.

10.1.1 Ziele und Devisen

Devisen

Personalmanagement im Unternehmen will sowohl die Interessen des Unternehmens als auch die Bedürfnisse der Mitarbeiter in Einklang bringen, um die Unternehmensleistungen erfolgreich herzustellen und verkaufen zu können. Dies ist an und für sich schon eine Herausforderung. Erschwerend kommt hinzu, dass Personalmanagement immer im globalen Kontext zu sehen ist.

- Neue Technologien erfordern neue Kompetenzen, da neue Aufgabenbereiche entstehen, während andere wegfallen.
- Die demografische Entwicklung bewirkt, dass zunehmend ältere Mitarbeiter im Einsatz sind, die ebenfalls geführt, geschult und wertgeschätzt werden wollen.
- Ebenfalls demografisch bedingt ändern sich die Wertesysteme der Beschäftigten und bekommen mit der Zeit eine neue Ausrichtung: von Pflichtbewusstsein, Sparsamkeit und Fleiß über das Materielle, die Sicherheit, Wohlstand und Karriere hin zu sinnstiftender Arbeit und totaler Flexibilität. Es entsteht eine Vielfalt an individuellen Bedürfnissen, die es zu befriedigen gilt.
- Die zunehmende Internationalisierung bringt verschiedene Sprachen, Kulturen, Arbeitszeiten und Kommunikationserfordernisse mit sich.

Auch Politik und Wirtschaft wirken durch Trends und aktuelle Entwicklungen auf das Personalmanagement im Unternehmen ein. Im Sinne einer menschlichen, reflektierten und authentischen Arbeitswelt sollte es weniger um Kontrolle der Mitarbeiter als um Führung und Schaffung von Entfaltungsmöglichkeiten für dieselben gehen.

Die treffenden Devisen lauten daher:

- Kompetenzbasierte Personalauswahl
- Menschengemäße[1] Personalführung
- Zielorientierte Personalentwicklung

Personalmanagement wird nicht nur von Vorgesetzten (Geschäftsführung, Abteilungsleiter, Manager) durchgeführt, sondern auch von anderen Abteilungen und Unterorganisationen im Unternehmen gestaltet. Dazu zählen natürlich die Personalabteilung, der Betriebsrat und viele andere mehr – darunter auch der Projektmanager.

Ziele des Personalmanagements

Zufriedene Mitarbeiter sind gesünder, produktiver, kreativer und bleiben gerne im Unternehmen. Diese Mitarbeiter verursachen somit auch weniger Personalkosten. All dies hat eine positive Auswirkung auf den Erfolg eines Unternehmens und seine Wettbewerbsfähigkeit. Alle drei Punkte sind erklärte Ziele des Personalmanagements.

---

1. Unter »menschengemäß« verstehen wir ein erfolgreiches menschliches Miteinander und eine erfolgreiche Entwicklung im Unternehmen.

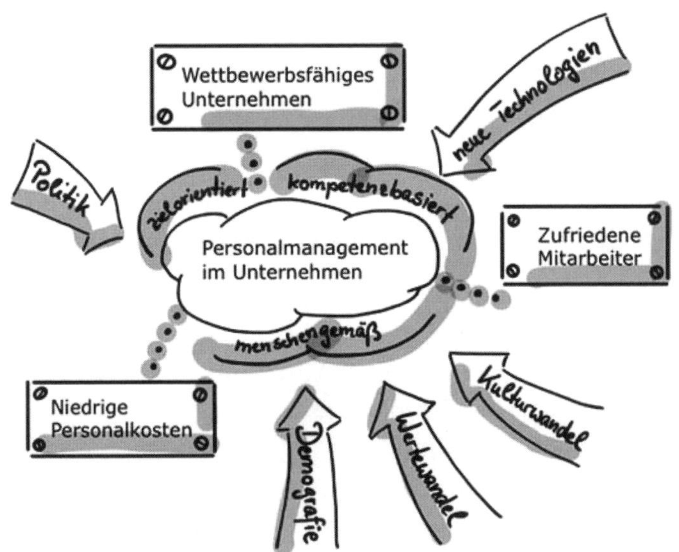

Abb. 10–1 *Einflussfaktoren, Devisen und Ziele des Personalmanagements*

10.1.2 Aufgaben des Personalmanagements im Unternehmen

Personalmanagement im Unternehmen umfasst vielfältige und umfangreiche Aufgaben, die ausgesprochen wichtig sind, da sie sich mit dem wertvollsten Kapital eines Unternehmens befassen: seinen Mitarbeitern.

Fähigkeiten und Bedürfnisse kennen

Um die »richtigen« Mitarbeiter am richtigen Ort einzusetzen und ihr Potenzial umfassend auszuschöpfen, müssen wir deren Fähigkeiten, Kompetenzen und Bedürfnisse kennen. Nur wenn sich diese mit den jeweiligen Stellenprofilen decken, sind die Mitarbeiter in der Lage, ihre Aufgaben zielorientiert zu meistern, fachgemäße Entscheidungen zu treffen und somit selbstbewusst und motiviert zum Unternehmenserfolg beizutragen.

Adäquate Mitarbeiter einstellen und binden

Adäquate Mitarbeiter zu finden und einzustellen ist eine wichtige Aufgabe, doch nur ein Teil der erfolgreichen Personalstrategie im Unternehmen. Erst wenn es gelingt, diese Mitarbeiter für das Unternehmen zusätzlich zu begeistern und auch langfristig zu binden, hat das Personalmanagement einen guten Job gemacht.

Generell können wir die Aufgaben des Personalmanagements im Unternehmen in sechs Gruppen einteilen:

1. **Politik**
   Zur Personalpolitik gehört, Visionen und Führungsleitlinien zu entwickeln. Wie will sich die Firma potenziellen Bewerbern gegenüber darstellen? Wie lautet unser Leitbild? Welche Personalstrategie verfolgen wir, und wie bewerben wir unsere Firma als Arbeitgeber? Man spricht hierbei auch von Personalmarketing.

Wie beim Produktmarketing sollte eine Firma z.B. Jobmessen besuchen und ihren Internetauftritt pflegen. Heutzutage spielt es eine Rolle, ob eine Firma in sozialen Netzwerken vertreten ist und welche Bewertungen sie im Internet erhält.

2. **Planung**
   Planung hat die Aufgabe, kurz-, mittel- und langfristig im Unternehmen benötigte Mitarbeiter zum richtigen Zeitpunkt, am richtigen Ort, in der richtigen Anzahl und mit passender Qualifikation zur Verfügung zu stellen und dabei die unternehmerischen Ziele zu berücksichtigen. Sie umfasst Themen wie Bedarfsplanung, Stellenbesetzung und Versetzung, Stellenbeschreibung, Zeitwirtschaft[2] und Entlohnungsmodelle.

3. **Einsatz**
   Personaleinsatz bedeutet, die Vermittlung der Mitarbeiter an die verfügbaren Stellen im Unternehmen zu organisieren und dabei die Arbeitsinhalte der Beschäftigung so zu gestalten, dass die Interessen, Fähigkeiten und Qualifikationen dieser Mitarbeiter berücksichtigt werden. Auch optimale Arbeits- und Rahmenbedingungen, unter denen gearbeitet wird, gehören dazu.

   Eine Firma, die den Bedürfnissen ihrer Mitarbeiter hinsichtlich Arbeitszeit, Einsatzort oder thematischer Inhalte flexibel entgegenkommt, wird in der Regel erfolgreicher sein als andere. Teams, die gut zusammenpassen und denen die für ihre Arbeit erforderlichen Informationen vorliegen, werden eher Bestleistungen erbringen als solche mit großen Reibungsverlusten. Daher beschäftigt sich die Personaleinsatzplanung mit Themen wie Arbeitsgestaltung, Teamgestaltung, Informationspolitik und Wissensmanagement.

   Burn-out/Bore-out vorbeugen

   Personaleinsatz hat noch einen weiteren Aspekt: das Tagesgeschäft und, damit verbunden, den Führungsalltag. Hier geht es um mitarbeiterorientiertes und -gerechtes Führen. Was braucht der Mensch, damit er sich entfalten kann? Wie kann psychosozialen Belastungen vorgebeugt werden und wie sehen diese Belastungen aus?

   Mitarbeiter, die fehlbelastet werden, nehmen gesundheitlich Schaden, was sich letzten Endes auf das Arbeitsergebnis und die Arbeitsqualität überträgt. Das Führungsverhalten des Projektmanagers ist daher bedeutsam für das Befinden der Mitarbeiter, für ihr Engagement und ihre Einstellung. Es ist die Aufgabe des Personalmanagements der Organisation, hierfür Leitlinien zu entwickeln und dafür zu sorgen, dass sie eingehalten werden.

---

2. Gemeint ist die Ermittlung, Aufbereitung und Nutzung arbeitsbezogener Zeitdaten.

4. **Beschaffung**
   Personal-»Beschaffung« ist ein grauenhafter Begriff, der aber sehr verbreitet ist. In unseren Ohren netter klingt die englische Variante »Recruting«. Gemeint ist die Auswahl und Einstellung geeigneter Mitarbeiter. Ein guter Beschaffungsprozess folgt klaren Auswahlkriterien und -methoden, die auch später noch nachvollziehbar sind. Die Einstellung an sich beinhaltet neben der rein vertraglichen Regelung des Arbeitsverhältnisses auch eine Art »Startbegleitung«. Der Wurf ins kalte Wasser kann abschrecken und Mitarbeiter noch in der Probezeit dazu bringen, sich erneut umzusehen.
5. **Administration**
   Personaladministration umfasst Verwaltungsaufgaben, Datenhaltung und -pflege, Entwicklung neuer Arbeitssysteme, Einhaltung des gesetzlichen Rahmens, Betriebsvereinbarungen und Personalcontrolling. Auch Löhne und Gehälter, Zeugnisse, Statistiken, Kennzahlen sowie die Verwaltung von Ein- und Austritten ergänzen die bunte Aufgabenpalette dieses Bereiches.
6. **Entwicklung**
   Die Schlagworte dieses Bereichs lauten: Karrieremodelle und Führungsentwicklung, Weiterbildung, Lerngestaltung, Qualifikationsprofile. Personalentwicklung umfasst »das Aufeinanderabstimmen von Aus- und Weiterbildung, Förderung und Organisationsentwicklung auf Basis der individuellen Unternehmensbedürfnisse sowie das Ableiten geeigneter Maßnahmen und Strategien, die eine Qualifizierung von Humanressourcen zum Ziel haben« [Gabler 2016].

   Eine zweckvolle Personalentwicklung stellt einen strategischen Erfolgsfaktor dar. Sie unterstützt die langfristige Bindung der Mitarbeiter an das Unternehmen, indem sie Arbeitszufriedenheit und -motivation und somit auch die Produktivität der Mitarbeiter erhöht. Anders ausgedrückt: Zufriedene Mitarbeiter arbeiten gerne und leisten mehr.

Diese Aufzählung stellt personalbezogene Aktivitäten im Unternehmen dar. Projektmanager, die in kleinen Organisationen ohne eigene Personalabteilung arbeiten, sollten sich diese Aufgaben vor Augen führen, da sie sie bewusst oder unbewusst teilweise oder auch ganz übernehmen.

10.1.3 Funktion des Personalmanagements im Unternehmen

Personalmanagement hat eine integrative Funktion in der Organisation. Es agiert als Dienstleister innerhalb des Unternehmens und verbindet die folgenden drei Managementebenen:

- Strategisches Management
- Operatives Management
- Taktisches Management

Abbildung 10–2 zeigt das Zusammenspiel dieser drei Ebenen.

Abb. 10–2
Integrative Funktion des Personalmanagements – Zusammenspiel der drei Ebenen

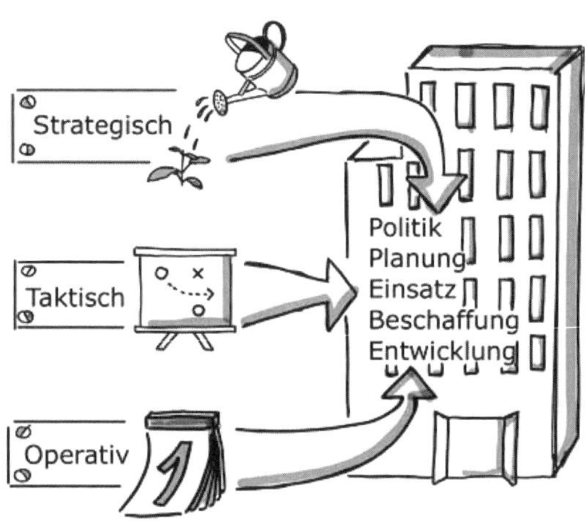

Strategisches Personalmanagement

Strategisches Personalmanagement ist Teil der gesamten Unternehmensstrategie. Es orientiert sich an den Zielen der Organisation und steht nicht selten im Konflikt mit den Projektzielen. Beispielsweise kann auf strategischer Ebene beschlossen werden, die Anzahl der Mitarbeiter zu reduzieren und Teile der Entwicklung auszulagern, während im Projekt jetzt und sofort händeringend Entwickler gesucht werden.

Operatives Personalmanagement

Das operative Personalmanagement beschäftigt sich mit Einzelmaßnahmen, z. B. mit der Erstellung von Skill-Profilen für Mitarbeiter oder von Anforderungsprofilen für bestimmte Stellen. Auf dieser Ebene werden Verträge abgeschlossen, Personalentwicklungsmaßnahmen beschlossen, Schulungszertifikate verwaltet und erste Vorstellungsgespräche geführt.

Taktisches Personalmanagement

Das taktische Personalmanagement bildet die Verbindung (eine Schnittstelle) zwischen der strategischen und operativen Ebene. Während es im strategischen Personalmanagement eher um die Mitarbeiter ganzer Abteilungen auf einer langfristigen Zeitskala geht, befasst sich das operative Personalmanagement mit einzelnen Mitarbeitern und dem Tagesgeschäft. Taktisches Personalmanagement orientiert sich hingegen typischerweise an Gruppen von Mitarbeitern oder Arbeitsplätzen und ist in der Regel mittelfristig ausgerichtet. Hier wird die Organisation der zahlreichen Bereiche, Abteilungen oder Gruppen gestaltet (z.B. optimale Zusammensetzung bestimmter Teamstrukturen in internationalen, altersgemischten und virtuellen Teams). Auch die Weiterentwicklung einzelner Mitarbeiter über verschiedene Abteilungen hinaus ist Bestandteil des taktischen Personalmanagements (Stichwort »Karrierepläne«).

Zusammenspiel der drei Ebenen

Alle drei Ebenen sind miteinander eng verbunden (siehe Abb. 10–2). Allerdings hat das taktische Personalmanagement für Projekte die größte Bedeutung. Zunehmend brechen viele Unternehmen ihre hierarchischen Strukturen auf und nutzen Formen der Gruppen-/Teamarbeit. Das bedeutet, dass die Mitarbeiter als Experten in »cross-funktionalen« Teams kooperieren, was sich auf das Management dieser Prozesse auswirkt. Taktisches Personalmanagement liefert die Antwort auf folgende Fragen:

- Wie können einzelne Teams/Gruppen selbstständig effizient und produktiv arbeiten?
- Wie können die Stärken einer Gruppe optimal genutzt werden, um bestmögliche Ergebnisse zu erzielen?

10.2 Personalmanagement im Projekt

Gute und motivierte Projektmitarbeiter sind kein Zufall.

Erfolgsfaktor »Mensch«

Projekte scheitern nur selten an technologischen Aspekten, sondern in der Regel an Problemen soziokultureller Natur. Folglich sind in komplexen Softwareprojekten weniger die eingesetzten Entwurfs-, Implementierungs- oder Testmethoden, sondern der Umgang mit personenbezogenen Angelegenheiten erfolgskritisch. Anders ausgedrückt: Der wichtigste Erfolgsfaktor im Projekt ist der Mensch.

Agilität verändert die ganze Organisation.

Die Art und Weise, wie Personalmanagement im Projekt umgesetzt wird, hängt jedoch stark von der Organisationsform des Projektes ab. In agilen Vorgehensmodellen rücken die starren Entscheidungsprozesse und Hierarchien der klassischen Aufbauorganisation zunehmend in den Hintergrund. Die Agilität, als eine dynamische und flexible Anpassung an sich verändernde Rahmenbedingungen verstanden, verändert nicht nur Softwareentwicklungsprozesse, sondern das ganze Unternehmen. Agil zu arbeiten bedeutet, schlanke und transparente Prozesse zu leben, indem selbstorganisierte und interdisziplinäre Teams mitwirken, Verantwortung übernehmen, Führung gestalten und somit hohe Flexibilität und Anpassung erreichen.

10.2.1 Bedeutung des Personalmanagements im Projekt

Geregelte Prozesse

Nicht immer ziehen Personalabteilung, Fachabteilung und Projektmanagement an einem Strang. Abgesehen von unterschiedlichen Zielen sind es häufig einfach nur Missverständnisse oder Unwissenheit, die Sand ins Getriebe streuen. Geregelte Prozesse zur Planung und Auswahl der Projektmitarbeiter beugen Konflikten vor und reduzieren den Abstimmungsbedarf zwischen den zuständigen Stellen in der Organisation und im Projekt. Solche Prozesse können beispielsweise standardisierte Skill-Profile einsetzen oder bestimmte, anerkannte Zertifikate fordern.

Diversity Management

Bei internationalen Projekten oder Projektteams mit interkultureller Besetzung sind zudem soziokulturelle und rechtliche Einflussfaktoren zu beachten. Das Stichwort hier heißt »Diversity Management«. Dahinter verbirgt sich die Idee, soziale Vielfalt konstruktiv zu nutzen, wozu man die Unterschiede allerdings erst einmal kennen muss. Daher sollte jeder Projektmanager, der beispielsweise mit Personen aus Fernost zusammenarbeitet, eine entsprechende interkulturelle Schulung besuchen.[3]

Übrigens spielen rechtliche Aspekte nicht nur in internationalen Teams eine Rolle. Gerade in Deutschland sollte man die Rechte des Betriebsrates kennen und wahren, da es andernfalls zu erheblichen Problemen im Projekt kommen kann.

10.2.2 Querschnittsaufgabe im Projektverlauf

Kernaktivitäten

Im Projektverlauf zeigt sich das Personalmanagement als Querschnittsaufgabe über Projektphasen einerseits und verschiedene Projekte andererseits hinweg. Es besteht aus drei Kernaktivitäten:

- Personalauswahl
- Personalführung
- Know-how-Management

Das Projektmanagement agiert dabei als Schnittstelle zum Personalmanagement der Organisation. Wie wir gleich sehen werden, können viele der Aufgaben nur durch enge Zusammenarbeit zielgerichtet durchgeführt werden.

3. Zum Thema »kulturelle Unterschiede« hier eine Anekdote aus eigener Erfahrung: Um das Team zusammenzuschweißen, hatte ein ungarischer Mitarbeiter die nette Idee, seine Gulaschkanone mitzubringen und ein Teamessen zu organisieren. Leider hatten wir nicht bedacht, dass der pakistanischstämmige Mitarbeiter kein Schweinefleisch essen durfte.

Personalauswahl

Personal im Projekt sicherstellen

Auch im Projekt geht es darum, die »richtigen Personen« an der »richtigen Stelle«, »zum richtigen Zeitpunkt« und »in der richtigen Anzahl« einzusetzen. Personalmanagement im Projekt hat somit die Aufgabe, den Einsatz der geplanten und ausreichend qualifizierten Menschen in der geforderten Zeit sicherzustellen. Das bedeutet auch, für Ersatz zu sorgen, falls Mitarbeiter ausfallen, oder ggf. Experten anzuheuern, falls erforderliche Kompetenzen fehlen.

Personalführung

Personalführung bedeutet, sowohl aufgabenorientierte als auch zwischenmenschliche Aspekte im Fokus zu behalten und die Teammitglieder im Hinblick auf die übergeordneten Projektziele anzuleiten, einzubinden und zu motivieren.

Personalführung erfordert Soft Skills.

Personalführung ist eine der wichtigsten Aufgaben des Personalmanagements im Projekt und erfordert vom Projektmanager[4] eine hohe Führungs- und kommunikative Kompetenz. Das Thema ist derartig wichtig, dass wir später noch einmal im Zusammenhang mit den Erfolgsfaktoren darauf zurückkommen werden. Hier nur so viel: Führungskompetenz ist während der gesamten Projektdauer gefragt, und zwar umso mehr, je größer die Unsicherheit im Projekt ist. Wann immer Änderungen notwendig sind, das Projekt mit Problemen konfrontiert wird oder die weitere Vorgehensweise unklar ist, benötigen die Projektmitarbeiter einen festen Halt. Diesen Halt kann und muss ihnen der Projektmanager liefern.

Abgesehen davon muss der Projektmanager in vielen anderen Situationen als Führungspersönlichkeit auftreten können (z.B. bei der Geschäftsführung, bei Kunden oder anderen Stakeholdern). Er vertritt sowohl das Projekt als auch die Firma nach außen und muss in der Rolle des Repräsentanten und adäquaten Ansprechpartners souverän agieren.

Know-how-Management

Know-how-Management bedeutet, fundiertes Wissen im Projekt aufzudecken und einsetzen zu können. Es ist die Aufgabe des Projektmanagers, dieses Wissen zu identifizieren, zu verknüpfen und den Austausch zu ermöglichen. Sofern Wissenslücken existieren, sollte der

4. Da es an dieser Stelle um Führung und andere personengebundene Aufgaben geht, sprechen wir vom »Projektmanager« und nicht von »Projektmanagement«. Wie bereits mehrfach erwähnt, handelt es sich dabei um die Rolle, die (insbesondere im agilen Umfeld) auf mehrere Personen verteilt sein kann.

Projektmanager diese entdecken und dafür sorgen, dass sie geschlossen werden. Alles in allem muss das Wissen nutzbar und transparent werden, damit alle damit arbeiten können und im Zweifelsfall »wissen, wer es weiß«.

Ein systematisches Know-how-Management unterstützt die Kommunikation im Team und stellt sicher, dass auch künftige Projekte vom gewonnenen Know-how profitieren können (Lessons Learned).

Lessons Learned bewahren

Lessons Learned sollten immer schriftlich festgehalten werden. Hier besteht die größte Herausforderung darin, die Information auch wirklich weiterzugeben. Wikis oder Wissensdatenbanken können dabei sehr hilfreich sein.

10.2.3 Personalmanagement und Projektphasen

Da Personalmanagement im Projekt eine Querschnittsaufgabe ist, ist es in allen Phasen des Projektmanagements relevant. Tatsächlich beeinflussen Personalauswahl, Personalführung und Know-how-Management jede Projektphase.

Initiierung

Personalführung beginnt bereits mit dem Kernteam.

Während der Projektinitiierung ist es wichtig, das Projektteam zusammenzustellen und die Projektorganisation festzulegen. Im Rahmen der Personalauswahl wird zuerst ein Kernteam gebildet, das in die richtige Richtung gesteuert werden muss. Daher beginnen die Führungsaufgaben des Projektmanagers bereits in der Projektinitiierung.

Planung

Während der Planung wird der Ressourcenbedarf geschätzt und der Personaleinsatzplan erstellt. Folgende Personalmanagementaktivitäten sind notwendig:

- **Personalbedarfsbestimmung/-planung**
  stellt sicher, dass dem Projekt die nötigen Mitarbeiter passend zur Verfügung stehen (jedenfalls, wenn alles nach Plan verläuft).
- **Personalbeschaffung**
  sorgt dafür, dass der zuvor definierte Personalbedarf gedeckt wird (kostengünstig und gemäß den Anforderungen) und die Mitarbeiter auch wirklich zum vereinbarten Zeitpunkt im Projekt einsatzbereit sind.
- **Personalbestandsanalyse**
  erfasst und bewertet die Kompetenzen des bestehenden Projektteams und kommuniziert die Erkenntnisse an die zuständige Stelle,

wo sie die Grundlage für eine auswertbare Persönlichkeits-, Team- und Organisationsentwicklung bilden.

- **Personalveränderungsmanagement**
  koordiniert Maßnahmen zur Realisierung des Veränderungsbedarfs im Personalbestand (Aufbau/Freisetzung). Beispielsweise sollte der Mitarbeiter frühzeitig erfahren, dass er das Projekt wechseln wird.

Mitarbeiter frühzeitig über Änderungen informieren

- **Personaleinsatzmanagement**
  bestimmt, wie konkrete Mitarbeiter entsprechend ihren Qualifikationen auf die konkreten Projektaktivitäten verteilt werden.
- **Personalkostenmanagement**
  ermöglicht eine präzise Planung, unterschiedliche Szenarien und ein zuverlässiges Personalkostencontrolling.

Umsetzung und Controlling

Während der Umsetzung und des Controllings wird das Projektteam stets geführt und weiterentwickelt. Außerdem werden folgende Personalmanagementaktivitäten durchgeführt:

- **Personalbeschaffung**
  setzt die Planung im erforderlichen Umfang weiter um. Schließlich müssen nicht alle Mitarbeiter zum gleichen Zeitpunkt im Projekt erscheinen.
- **Personalkostenmanagement**
  erfasst im Rahmen der Finanzplanung die gegenwärtigen und zukünftigen Kosten des aktuellen und zukünftigen Personalbedarfs und die aktuellen und geplanten personellen Einzelmaßnahmen (z.B. Schulungen).

Kosten müssen verfolgt werden.

- **Personalentwicklung**
  sorgt dafür, dass Weiterbildung, Förderung und Entwicklung der Mitarbeiter zielorientiert und nach Plan umgesetzt und danach evaluiert werden.
- **Personalveränderungsmanagement**
  befasst sich mit Personaländerungen, die sich während des Projektverlaufs ergeben. Manche Mitarbeiter verlassen das Projekt und neue kommen eventuell hinzu. Es ist wichtig, dass Maßnahmen zur Realisierung des Veränderungsbedarfs im Personalbestand koordiniert durchgeführt werden.

Die Teamzusammenstellung kann sich ändern.

- **Personalführung**
  kann als zielorientierte, soziale Einflussnahme durch Führungsaktivitäten wie z.B. Informieren, Kommunizieren, Anweisen, Motivieren in der Umsetzungsphase besonders anspruchsvoll sein.

Abschluss

Erfolge feiern

Hier geht es darum, die Teamzusammenarbeit auszuwerten, Erfolge zu feiern, Mitarbeiterprofile zu überarbeiten und personalpolitische Maßnahmen (in Abhängigkeit von der Organisationsform) umzusetzen. Personalführung bleibt auch in dieser Phase eine herausfordernde Aufgabe. Ansonsten gehören noch folgende Personalmanagementaufgaben dazu:

- **Personalbestandsanalyse**
  erfasst, bewertet und kommuniziert die (neu erworbenen) Kompetenzen des Projektteams, bewertet und kommuniziert sie an die zuständige Stelle.
- **Personalentwicklung**
  sorgt für die kontinuierliche Weiterbildung, Förderung und Entwicklung der einzelnen Mitarbeiter, auch hinsichtlich der weiteren zu erwartenden oder bereits anstehenden Projekte.
- **Personalveränderungsmanagement**
  sorgt dafür, dass die nun zwangsläufig anstehenden Personaländerungen koordiniert durchgeführt werden.

Mitarbeiter nicht »fallenlassen«

Es ist wichtig, dass Mitarbeiter nach Projektende nicht einfach »fallengelassen« werden. Begleitung/Motivation der Mitarbeiter in neue Projekte oder gar Organisationen gehören zu einem vollständigen Abschluss des Projektes.

10.2.4 Projektmanager und Personalabteilung – erfolgreiche Zusammenarbeit bei der Personalauswahl

Der Projektmanager und der zuständige Experte aus der Personalabteilung der Linienorganisation arbeiten systematisch zusammen.

Arbeitsteilung

Ein gutes Beispiel für diese Zusammenarbeit ist die Personalauswahl. Die ideale Arbeitsteilung sieht hier wie folgt aus (siehe auch Abb. 10–3):

- Der Projektmanager formuliert Anforderungen z.B. Skills bzw. Fähigkeiten, die sein Team für die Aufgabe benötigt.
- Die zuständige Stelle der Firmenorganisation liefert die notwendigen Informationen.
- Idealerweise wählt der Projektmanager selbst das Personal aus.
- Der Projektmanager benennt Defizite, falls sein Anforderungsprofil nicht erfüllt werden kann.
- Beide zusammen (Projektmanager und Personalexperte) suchen nach Lösungen – Schulung/Austausch der Person, externe Unterstützung/ Freelancer.

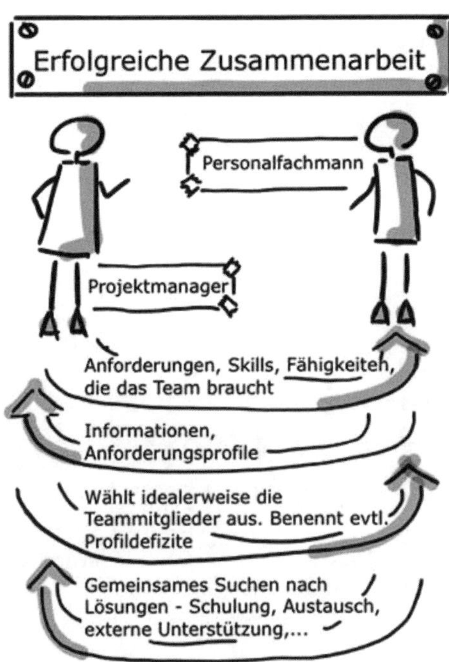

Abb. 10–3
Arbeitsteilung zwischen Projektmanager und Personalfachmann

10.2.5 Teambegleitung

Man kann nicht einfach aus Individuen ein Team zusammenstellen und erwarten, dass es sofort wie eine Einheit agiert. Teams müssen sich zunächst einmal bilden. Eine der Personalmanagementaufgaben des Projektmanagers ist daher, das Team in den folgenden vier Bereichen zu begleiten (siehe Abb. 10–4):

- **Team-Building**
  In diesem Bereich konstituiert sich das Team und bildet seine Strukturen. Schwerpunkt ist der Projektstart, denn er ist entscheidend für den weiteren Projektverlauf. Je gelungener der Anfang, desto besser stehen die Chancen, ein Hochleistungsteam aufzubauen. Für den Projektmanager bedeutet dies, dass er sein Team geeignet zusammenstellen und die passende Projektorganisation festlegen muss.
- **Team-Managing**
  Sobald das Team gebildet und die Strukturen klar sind, geht es daran, die Projektarbeit durchzuführen. Der Projektmanager beschäftigt sich damit, sein Team zu führen und in die richtige Richtung zu steuern. In dieser Phase ist eine hohe soziale Kompetenz des Projektmanagers, aber auch des Teams gefragt. Schließlich muss man ja konstruktiv zusammenarbeiten.

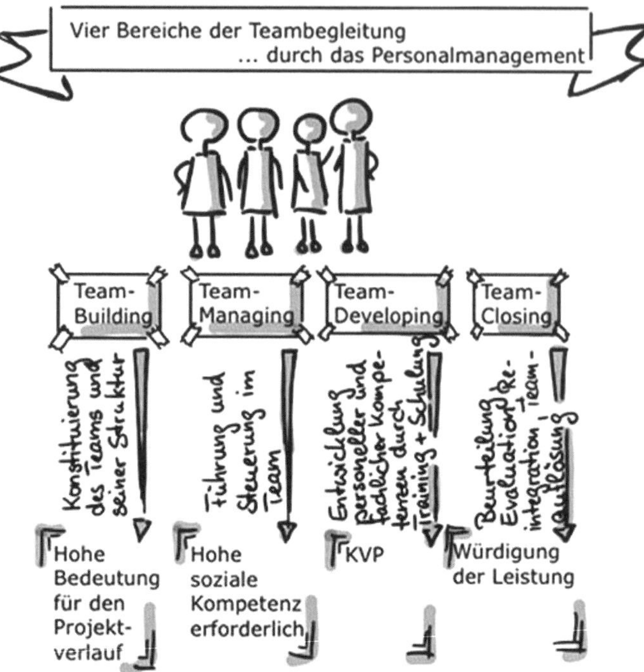

Abb. 10–4
Vier Bereiche der Teambegleitung

Von der technischen Seite betrachtet hat der Projektmanager die Aufgabe, den Ressourcenbedarf zu schätzen und den Personaleinsatzplan zu erstellen bzw. auf aktuellem Stand zu halten.

Team-Developing
Wie der Name vermuten lässt, geht es in dieser Phase darum, personelle und fachliche Kompetenzen der Teammitglieder durch Training und Schulung weiterzuentwickeln. Idealerweise bildet sich ein kontinuierlicher Verbesserungsprozess (in Abb. 10–4 als KVP abgekürzt) im Projekt aus. (Agile Vorgehensweisen integrieren dies in die Retrospektive.) Der Projektmanager hat die Aufgabe, das Team zu führen und weiterzuentwickeln, damit dieses alle Voraussetzungen hat, um eine hohe Performance zu erreichen.

Team-Closing
Der letzte Abschnitt ist für den Projektmanager häufig nicht ganz einfach umzusetzen. Es geht darum, den Projekterfolg zu bewerten, das Team aufzulösen und die Mitarbeiter in andere Projekte zu vermitteln oder in die Linienorganisation zu reintegrieren. Die Würdigung der erbrachten Leistung jedes Einzelnen ist hier ein bedeutendes Thema. Oft geht dies mit einer formalen Beurteilung der Mitarbeiter einher.

Zu den Aufgaben des Projektmanagers gehört es, die Zusammenarbeit auszuwerten, Skill-Profile der Mitarbeiter zu bearbeiten, personalpolitische Maßnahmen umzusetzen und die Mitarbeiter in ihr neues Umfeld zu begleiten. Besonders schwierig ist es dabei, die Motivation im Team aufrechtzuerhalten, denn nicht immer scheiden alle gleichzeitig aus. Ein bewährtes Mittel dafür ist übrigens, die gemeinsamen Erfolge zu feiern.

Bedeutung klarer Regeln

Natürlich verfolgt der Projektmanager mit dieser Form der »Begleitung« ein klares Ziel, nämlich die Teamleistung und damit den Projekterfolg zu erhöhen. Damit dies gelingt, müssen die Rollen und Aufgaben der Teammitglieder festgelegt und koordiniert werden. Auch die Kommunikation und Kooperation im Team muss klar geregelt sein. Andernfalls sind Missverständnisse, nicht oder doppelt durchgeführte Arbeiten und andere, demotivierende Reibungsverluste vorprogrammiert.

Der Projektmanager sollte sich als Förderer und Unterstützer des Teams verstehen. Schließlich ist es das Team, das den Projekterfolg maßgeblich bestimmt. Dem Projektmanager obliegen daher alle Aktivitäten, die dazu geeignet sind, die Leistungsfähigkeit des Teams in allen Projektphasen zu fördern mit dem Ziel, den Projekterfolg sicherzustellen. Wir werden später ein Teamentwicklungsmodell kennenlernen – die Teamuhr nach Tuckmann –, das ihm weitere Hilfestellung bietet.

10.3 Personalmanagement richtig gemacht – worauf es besonders ankommt

10.3.1 Erfolgsfaktor »soziale Kompetenz«

Stimmen Sie Ihr Team gekonnt aufeinander ab und richten Sie Ihr Projektmanagement auf Erfolg aus!

Soziale Kompetenz im interkulturellen Umfeld

Projektteams werden bunter und Projekte globaler. Die »virtuelle Kommunikation« wird die Basis für die Zusammenarbeit der Zukunft sein. Das betrifft kleine wie große Unternehmen und kleine wie große Projekte. Ziel ist es, räumliche, zeitliche und kulturelle Barrieren zu bewältigen und so die Kompetenzen der besten Fachexperten zu bündeln und effizient zu nutzen. Der Projektmanager hat dabei die Schlüsselrolle. Er jongliert mit dem spezifischen Wissen, den Fähigkeiten und Kompetenzen seiner Teammitglieder und steuert den Erfolgskurs maßgeblich durch seine soziale Kompetenz, Kommunikation und Führungsqualität.

Definition
Soziale Kompetenz

Soziale Kompetenz

Unter sozialer Kompetenz verstehen wir die Verfügbarkeit (Potenzial) und Anwendung (Performance) von kognitiven, emotionalen und motorischen Verhaltensweisen, die in bestimmten sozialen Situationen zu einem langfristig günstigen Verhältnis von positiven und negativen Konsequenzen für den Handelnden führen. [Hinsch & Pfingsten 2007]

Das »7-S-Modell«

Vor ca. 45 Jahren führten die Berater von McKinsey Robert H. Waterman jr. und Tom Peters Untersuchungen in Großunternehmen mit dem Ziel durch, gemeinsame Erfolgsfaktoren herauszufinden. Sie stellten die Hypothese auf, dass nicht nur die finanziellen Messgrößen, sondern vor allem die in den Unternehmen angestellten Menschen mit ihren Einstellungen und Wertesystemen den Erfolg oder Misserfolg bewirken.

»In Search of Excellence«

In ihrem Buch »In Search of Excellence« (deutsch: »Auf der Suche nach Spitzenleistung«) beschreiben die Autoren das »7-S-Modell« und charakterisierten unter anderem zum ersten Mal »harte Faktoren« (Strategy, Structure, Systems) und »weiche Faktoren« (Style, Staff, Skills, Shared Values), die Unternehmen an die Spitze ihrer Branche kommen lassen. »Weich« bezeichnet in diesem Zusammenhang nicht objektiv quantifizierbare Größen, also Größen, die sich nicht verlässlich quantifizieren und erfassen lassen. Diese stehen den »harten Faktoren« gegenüber, für die es bereits zahlreiche objektive Leistungstests gibt.

Soziale Kompetenz – der Wunsch nach Kategorisierung ist immer noch nicht erfüllt.

Auch wenn das 7-S-Modell nicht unumstritten ist, hat es den Verdienst, die Bedeutung weicher Faktoren herausgestellt zu haben. Diese weichen Faktoren hängen eng mit dem Begriff »soziale Kompetenz« zusammen.

Dummerweise lässt sich »soziale Kompetenz« nicht wirklich kategorisieren. Was damit genau gemeint ist, hängt stark vom Kontext und von den Anforderungen der konkreten Situation ab. Wir können Wissen und teilweise Können messen, mit Sicherheit aber nicht die Haltung (innere Einstellung) eines Menschen.

Soziale Kompetenz (engl.: Social Skills) ist nicht mit objektiven Kriterien nachprüfbar, beeinflusst jedoch den Projekterfolg enorm.

Führung und Teamwork

Für den Projektmanager ist soziale Kompetenz eine der wichtigsten Voraussetzungen für die Übernahme seiner Führungsposition. Schließlich heißt »Führen«, andere Menschen (sprich: das Team) zu befähigen und anzuleiten. Andererseits wird soziale Kompetenz auch von jedem einzelnen Teammitglied erwünscht, denn ohne sie ist eine erfolgreiche Zusammenarbeit im Team – und damit eine optimale Teamleistung –

nicht möglich. Teamfähigkeit gehört daher zu den Lieblingsbegriffen der Personalabteilung.

Anforderungen an den Projektmanager

Was muss ein Projektmanager also können? Welche Kompetenzen muss er mitbringen oder erwerben? Wir unterscheiden vier Kategorien:

1. **Verhaltenskompetenz**
   Verhaltenskompetenz spielt eine fundamentale Rolle für jede Art von Arbeit mit Menschen. Beispiele für Verhaltenskompetenz im Projektmanagement sind Verlässlichkeit und Durchsetzungsvermögen – aber auch Empathie und Offenheit gehören dazu.
2. **Methodenkenntnis**
   Methodenkenntnis befähigt den Projektmanager, geschickt passende und zielführende Projektmanagementmethoden in seiner Arbeit einzusetzen. Manche dieser Methoden zielen auf den Umgang mit Menschen, also dem Team oder anderen Stakeholdern. Dazu gehören z.B. Moderations- und Visualisierungstechniken. Andere zielen eher auf die inhaltliche Projektarbeit ab (z.B. Methoden der Anforderungsanalyse).
3. **Fachwissen**
   Fachwissen ermöglicht dem Projektmanager, sich in der Projektmaterie zu orientieren und ggf. fachliche Entscheidungen zu treffen. Projektmanager ohne Fachwissen laufen zudem Gefahr, vom Team nicht akzeptiert zu werden.
4. **Branchenkenntnis**
   Für Branchenkenntnis gilt prinzipiell das Gleiche wie für Fachwissen. Projektmanager mit Branchenkenntnis können Sachverhalte besser einschätzen und dementsprechend angemessen reagieren. Generell hat Branchenkenntnis, sei es die des Projektmanagers oder die der Projektmitarbeiter, einen positiven Einfluss auf das Projektgeschehen.

Zwei Drittel ist Verhaltenskompetenz

Leider wird die Bedeutung der Verhaltenskompetenz in der Regel unterschätzt. Tatsächlich macht sie jedoch zwei Drittel dessen aus, was ein Projektmanager für die Projektaufgabe einbringen kann (siehe Abb. 10–5). Sie spielt eine fundamentale Rolle, weil Projekte soziale Systeme sind.

Abb. 10–5
Bedeutung der Verhaltenskompetenz

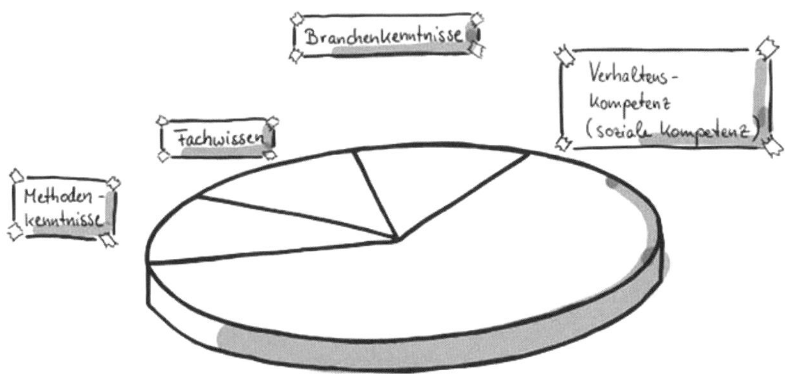

Anforderungen an die Teammitglieder

Jeder noch so kompetente Projektmanager hat schlechte Karten, wenn sein Team nicht die erforderlichen Fähigkeiten hat, das Projekt zum Erfolg zu bringen. Tatsächlich beeinflussen die Kompetenzen der einzelnen Projektmitglieder den Projekterfolg ebenso stark, wie es die Persönlichkeit des Projektmanagers tut. Der Projektmanager muss daher die Stärken und Schwächen erkennen, um entsprechend handeln zu können.

Vier wesentliche Aspekte der sozialen Kompetenz

Abbildung 10–6 zeigt die vier wesentlichen Aspekte, die soziale Kompetenz ausmachen.

Abb. 10–6
Wesentliche Aspekte der sozialen Kompetenz

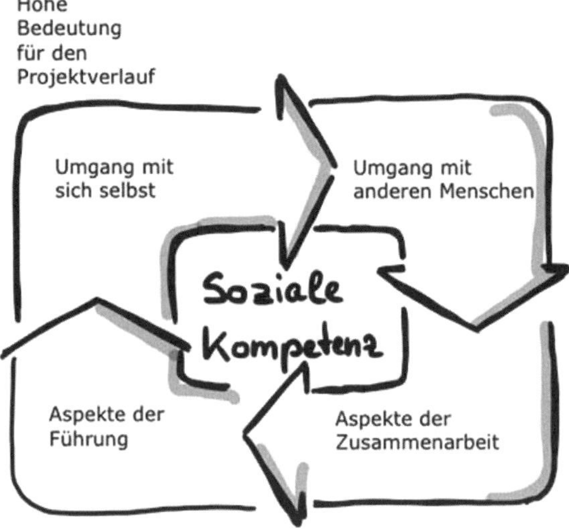

Umgang mit sich selbst

Umgang mit sich selbst klingt banal, ist es aber nicht. Es geht darum, ein hohes Selbstwertgefühl mit der Fähigkeit zu paaren, die eigenen Einstellungen und Handlungen zu reflektieren, Kritik zuzulassen und aus Fehlern zu lernen. Dies verlangt Eigenverantwortung, Selbstdisziplin, Selbstvertrauen, Selbstbeobachtung, Selbstwirksamkeit, alles in allem: eine gute Selbstführung. Nur, wer mit sich selbst im Reinen ist, kann auch mit anderen ungezwungen umgehen.

Umgang mit anderen Menschen

Schon Freiherr von Knigge schrieb über den »Umgang mit Menschen«. Höflichkeit ist im Umgang mit anderen Menschen sicherlich sehr hilfreich. In unserem Kontext möchten wir jedoch einen anderen Aspekt herausstreichen. Es ist wichtig, ein echtes Interesse am anderen Menschen zu zeigen und nicht nur die »Ressource« zu verwalten. Die Fähigkeit, andere wahrnehmen und verstehen zu können, fremde Meinungen und Positionen zu akzeptieren und zu respektieren, ist Voraussetzung für ein gesundes Arbeitsklima.

Folgende Fähigkeiten spielen im Umgang mit Menschen eine bedeutende Rolle: Anerkennung, Achtung, Empathie, Hilfsbereitschaft, Kritikkompetenz, Wahrnehmung, Toleranz, Respekt, Wertschätzung, Kommunikation, Perspektivenübernahme, inter- und intrakulturelle Kompetenz, Zivilcourage, Menschenkenntnis, auch die Fähigkeit des »Zwischen den Zeilen Lesen« – kurz alle Fähigkeiten, die auf das Verständnis anderer Menschen abzielen.

Aspekte der Zusammenarbeit

Zu den Aspekten der Zusammenarbeit zählen unter anderem Kommunikationsfähigkeit, Teamfähigkeit, Motivationsfähigkeit, Begeisterungsfähigkeit und Konfliktfähigkeit, ebenso wie Partizipation, Kooperation und Networking-Kompetenz.

Motivationsfähigkeit bezieht sich sowohl auf die Eigenmotivation als auch auf die Motivation anderer. Partizipation zielt darauf ab, andere an den eigenen Überlegungen, Entscheidungen und ggf. auch Tätigkeiten teilhaben zu lassen.

Aspekte der Führung

Bei den Aspekten der Führung geht es darum, Entscheidungen treffen zu können, Feedback geben und nehmen zu können, Verantwortung zu übernehmen, Vorbild zu sein. Dies erfordert je nach Kontext die unterschiedlichsten Fähigkeiten: Flexibilität, Fleiß, Verbindlichkeit, Großmut, Konsequenz usw. usf.

Soziale Kompetenz erlernen

Soziale Kompetenz lässt sich nicht vollständig aus dem Buch oder am Computer erlernen. Sie wird erst in der Aktion mit anderen Menschen trainiert und angenommen. Dies setzt allerdings voraus, dass der Betreffende die Bereitschaft und den Lernwillen aufbringt, an sich selbst zu arbeiten. Er muss die eigenen, eventuell hinderlichen Verhaltensmuster erkennen und sich an ihrer Stelle neue, erfolgreichere Verhaltensmuster aneignen. Hier helfen Schulungen oder Coaching. Solche Schulungen können nur dann effektvoll sein, wenn der Betreffende den Bedarf selbst erkannt hat.

10.3.2 Erfolgsfaktor »Kommunikation«

Kommunizieren Sie wirksam in Team & Projekt und sichern Sie so den Projekterfolg!

Funktionierende Kommunikation gehört zu den Erfolgsfaktoren unseres Geschäftslebens, sichert den Wissenstransfer und unterstützt die produktive Zusammenarbeit aller Beteiligten.

Je bekannter und klarer die Kommunikationsprozesse sind, umso effektiver ist das Ergebnis.

Kommunikation im Projekt

Kommunikation ist entscheidend, wenn es um die erfolgreiche Umsetzung der Anforderungen im Projekt geht. Der Projektmanager gestaltet die Kommunikationsprozesse. Besonders zu Projektbeginn, aber auch während des Projektverlaufs erlebt er dabei viele Situationen, die seine kommunikativen Fähigkeiten (ebenso wie die seines Teams) auf die Probe stellen. Projektpräsentationen, Vereinbarungen, Verhandlungen, Abstimmungen, Verträge, Meetings usw. gehören zu den regelmäßigen Herausforderungen im Projektalltag.

Bedeutung geregelter Kommunikationswege

Für erfolgreiche Teamarbeit und für den Kontakt mit den Stakeholdern ist es wichtig, geregelte Kommunikationswege im Projekt zu etablieren. Reine E-Mail-Projekte starten von Anfang an mit einem Handicap. Doch auch wenn regelmäßige Besprechungen mit Agenda und Protokoll die Kommunikation fördern – leider sind sie häufig nicht ausreichend, damit die Zusammenarbeit wirklich funktioniert. Auch klare Kriterien können nicht hundertprozentig verhindern, dass sich Schuldzuweisungen einschleichen und Aussagen geäußert werden wie: »Ihr habt nicht früh genug Bescheid gesagt.«

Grenzen der geregelten Kommunikation

Selbst schriftliche Vereinbarungen zum Umgang mit Abweichungen oder festgelegte Regeln zur gemeinsamen Lösungsfindung bringen oft nicht das erwartete Ergebnis. Unstimmigkeiten, dekonstruktive Kritik und Missverständnisse treten häufig auf. Man kann es drehen und wenden, wie man will: Der MENSCH spielt eine entscheidende Rolle.

In Projekten mit unzulänglicher Kommunikation sammeln sich die Stolpersteine auf dem Weg. Aus ungeklärten Problemen können Konflikte entstehen, die sich manchmal in Krisen verwandeln und sogar zum Projektabbruch führen können – ein erschreckendes Szenario, das aber durchaus realistisch ist.

Was können wir dagegen tun? Wir wissen, dass ein Projekt mit der Kommunikation steht und fällt. Sie ist die Basis, auf der alle Aktivitäten in der Projektarbeit stattfinden. Kommunikation ermöglicht einen zielbewussten Austausch darüber, was gemacht wird, und bewirkt ganz konkrete Ergebnisse, wie z.B. Wissens- und Erfahrungsaustausch im Projekt oder konkrete Aufträge durch einen Kunden. Wenn sie gut funktioniert, steigt das Vertrauen und die Zufriedenheit aller Beteiligten. Es entsteht eine besondere Verbindung, eine Beziehung zwischen den Kommunizierenden, die im Sinne der guten Zusammenarbeit gepflegt werden sollte.

Ambiguitätstoleranz

Professionelle Kommunikation ist eindeutig, präzise und aktuell. Sie braucht eine positive Einstellung (das sprichwörtliche »offene Ohr«), eine Atmosphäre der Wertschätzung und eine gemeinsame Sprache. Die Kommunikationspartner müssen auch damit leben können, dass nicht immer alle nach ihrer Pfeife tanzen. Im Fachjargon spricht man hier von »Ambiguitätstoleranz«, also der Fähigkeit, mit Informationen umzugehen, die auf den ersten Blick nicht ins Schema passen, ohne ärgerlich oder gar aggressiv zu werden.

Der Projektmanager muss wissen, was er wem sagen soll bzw. darf und wie er dies am besten tun kann. Dies fällt ihm umso leichter, je mehr er über Mechanismen der menschlichen Kommunikation und Kommunikationsmodelle weiß. Diese Kenntnis, die er gut in Schulungen erwerben kann, erleichtert die Verständigung im Projekt enorm. Es muss ihm auch bewusst sein, dass Kommunikation immer in einer Umgebung stattfindet und sich immer auf eine konkrete Situation bezieht, in einem bestimmten Kontext steht und einen kulturellen Hintergrund hat.

Zusammenhang mit sozialer Kompetenz

Kommunikation und soziale Kompetenz sind eng verwoben. Streng genommen kann es keine soziale Kompetenz ohne Kommunikationsfähigkeiten geben. Umgekehrt ist soziale Kompetenz am einfachsten an gelungener Kommunikation zu erkennen.

Übrigens ist Kommunikationsfähigkeit nicht nur für Projektmanager wichtig. Auch alle Projektteammitglieder benötigen ein fundamentales Wissen über die Art und Weise, wie wir kommunizieren.

Definition der Kommunikation

Weitergabe von Informationen bedeutet noch lange nicht, dass die Kommunikation wirklich funktioniert. Kursteilnehmer, die in Projektmanagementseminaren gefragt werden, ob und wie sie z.B. in ihren Teams wichtige Änderungen oder Entscheidungen kommunizieren, antworten häufig: »Na, klar machen wir! Wir schicken eine E-Mail.«

Nun, das ist schon richtig. Eine E-Mail ist besser als nichts. Nur stellt sich die Frage: »Was will ich eigentlich bewirken? Weiß ich, wie die Information angekommen ist und ob sie verstanden wurde? Hat sie auch wirklich alle erreicht?«

Kommunikation bedeutet Austausch.

Indem er eine Nachricht verschickt, sorgt der Sender ausschließlich dafür, dass der Empfänger die Information erhält. Die Kommunikation erfolgt lediglich in eine Richtung. Für einen funktionierenden Kommunikationsprozess ist dieser Akt allein jedoch nicht ausreichend. Kommunikation ist ein komplexer Vorgang und bedeutet Austausch von Informationen zwischen zwei oder mehreren Personen. Sie setzt einen Verständigungsprozess voraus, in dem die Informationen aufgenommen und verstanden werden. Sie ist eine elementare Notwendigkeit menschlicher Existenz und ein wichtiges soziales Bindemittel.

Kommunikationskanäle

Kommunikation funktioniert über Sprache, Mimik, Gestik durch schriftlichen Austausch, Medien etc. Es gibt also mehrere Kommunikationskanäle:

- durch Menschen, wobei die Kommunikation sowohl informell als auch formell verlaufen kann, und
- durch Medien, wo die Kommunikation bildlich/visuell, akustisch oder schriftlich erfolgt.

Man kann nicht nicht kommunizieren

Verbale und nonverbale Kommunikation

Der Knackpunkt ist: Man kann nicht NICHT kommunizieren. Kommunikation verläuft immer gleichzeitig verbal und nonverbal ab (siehe auch [Watzlawick et al. 1969]). Jedes Verhalten von Menschen hat einen Mitteilungscharakter, auch wenn es nur ein Sich-Abwenden oder ein Schweigen ist. Für den Projektmanager bedeutet dies:

- Alles, was der Projektmanager sagt oder nicht sagt und was er tut oder unterlässt, ist Kommunikation und hat entsprechende Auswirkungen.
- Äußerungen des Projektmanagers werden vor dem Hintergrund seiner Rolle als Führungsperson wahrgenommen.

Im schlimmsten Fall führt die Kommunikation des Projektmanagers zu Missverständnissen, zur Verwirrung und letztlich zur Demotivation der Mitarbeiter. Deshalb sollte der Projektmanager auch beim Kommunizieren seine Rolle als Führungskraft bewusst ausüben.

Verhaltensweisen des Projektmanagers

Dies bedeutet, er sollte:

- Gespräche achtsam und zielgerichtet führen, damit eine Verbindung (Gemeinsamkeit, Orientierung) entsteht,
- bei problematischen Teamgesprächen auf das gemeinsame Ziel fokussieren und eventuell neue Vorgehensregeln festlegen, statt nach Ursachen oder dem Schuldigen zu suchen,
- seine Gedanken bevorzugt diplomatisch formulieren, und zwar umso mehr, solange er die Menschen und Situationen noch nicht wirklich kennt und einschätzen kann,

- regelmäßig Lob und Anerkennung spenden,
- Kritik richtig aussprechen und
- überhaupt eine Feedbackkultur pflegen.

All diese Punkte gehören zu den täglichen Führungsaufgaben eines Projektmanagers.

Auch das »Wie« zählt.

In einem Gespräch ist nicht nur wichtig, was man sagt, sondern auch wie man es sagt. Das WAS entspricht dem Inhalt (Sachebene) und wird durch unsere Worte (Sprache) übertragen. Das WIE steht für die Beziehung, die in der Kommunikation entsteht. Diese Beziehungsebene wird durch Tonfall, Gestik, Stimmlage, Betonung, Mimik und den ganzen Körper deutlich. Wie der große Pantomime Marcel Marceau einmal sagte: »Gesten sind sichtbar gewordene Gedanken.«

Wir sprechen folglich über verbale und nonverbale Kommunikation. Diese zwei Aspekte stehen in einem ständigen Wechselspiel zueinander. Dabei bildet die Beziehungsebene ein Fundament für den Verständigungsprozess und trägt somit den Austausch auf der Sachebene.

Nonverbale Signale

Um erfolgreich zu kommunizieren, achten Sie auch auf die nonverbalen Signale. Machen Sie sich den Gesamteindruck Ihres Gegenübers bewusst. Nehmen Sie den Gesprächspartner, die gesamte Situation und die Art und Weise, wie Sie diese Situation erleben, wahr. Man unterscheidet hier zwischen der äußeren und der inneren Wahrnehmung. Prüfen Sie mittels Fragen ab, ob sich Ihr Eindruck mit der Wahrnehmung des anderen deckt. Gleichen Sie im Zweifelsfall die Eindrücke ab, indem Sie ihrerseits Feedback geben oder nachfragen.

Verbale Signale

Achten Sie jedoch auch auf die verbalen Signale. Stellen Sie sich folgende Fragen:

- Findet wirklich eine Verständigung statt oder handelt es sich nur um einen doppelten Monolog?
- Wird wirklich kommuniziert oder reduziert sich das Gespräch auf das Aussenden von Informationen?
- Wird die Wirkung geprüft oder setzen alle nur voraus, dass der andere schon verstanden hat?
- Was kommt wirklich an?

Prüfen Sie auch hier mittels Fragen Ihren Eindruck ab und geben Sie Ihrem Gesprächspartner Feedback.

Jeder Projektmanager als Kommunikationsteilnehmer sollte wissen (d.h. wahrnehmen), welche Signale er durch sein Verhalten sendet, wie sich der Kontext auswirkt und was er durch seine Kommunikation bewirkt. Nur dann kann er Missverständnissen oder Konflikten vorbeugen, anstatt selbst als Verursacher zu wirken.

Menschliche Kommunikation ist selten eindeutig. Gespräche werden von Menschen geführt und sind deswegen nie frei von persönlichen Anteilen und Botschaften. So gesehen ist unser Dilemma mit der Kommunikation ganz natürlich. Umso wichtiger ist es, dass der Projektmanager seine Aussagen bewusst formuliert, um die Gefahr eskalierender Situationen im Projekt zu reduzieren. Folgende Aussagetypen sind absolut tabu:

Tabus

- Interpretieren, ergänzen, beurteilen und bewerten (z.B. »Diese Lösung finde ich sehr gut und die andere ist einfach schlecht.«)
- Verallgemeinern und einen Regelfall suggerieren, statt ein konkretes Beispiel zu benennen (z.B. »Du kommst immer zu spät.«)
- Über den Partner urteilen und ihn mit einem klassifizierenden »Etikett« versehen (z.B. » Sie sind ein Chaot.«)
- Den Partner mit Pauschalaussagen »abwürgen« (z.B. »Du wirst schon sehen, wie es läuft.«)
- Gedankenlesen (z.B. »Ich weiß es ganz genau, was Sie meinen, ich muss es nicht hören.«)
- Unterstellungen machen (»Du hast dich bestimmt nicht vorbereitet.«)
- Den Partner entblößen (z.B. »Und, hat Sie wieder Ihr kleines Geheimnis im Griff gehalten?«)
- Überspitzen und vermehren versteckter negativer Empfindungen/Gefühle mit vermeintlichen sachlichen Aussagen (z.B. »Das war hundertmal sicher, dass es nicht in diesem Zusammenhang funktionieren kann.«)
- Nonverbale/paraverbale Botschaften senden, die der Sachlichkeit widersprechen (z.B. Augen verdrehen, Schulter zucken, bestätigenden Blickkontakt mit anderen suchen, sich auf die Stirn klopfen)

Botschaften dieser Art werden meist unbewusst wahrgenommen und auch unbewusst beantwortet. Ihre Wirkung ist jedoch verheerend.

Kommunikationspräferenzen berücksichtigen

Der Projektmanager kann dem Kommunikationsdilemma auch dadurch entgegenwirken, dass er die Kommunikationsbedürfnisse seiner Gesprächspartner berücksichtigt. Nicht alle Beteiligten haben die gleichen Präferenzen. Manche hören lieber zu, andere möchten lieber Bilder sehen oder etwas »anfassen« können. Indem der Projektmanager unterschiedliche Kommunikationsarten einsetzt, kann er die Beteiligten besser mit einbeziehen. Zum Beispiel kann er in einem Meeting dafür sorgen, dass die Inhalte nicht nur besprochen, sondern auch laufend visualisiert werden

Wenn er richtig gut ist, liefert er nicht nur eine »Folienschlacht« am Beamer ab, sondern hat auch Flipcharts, Pinnwände, Moderationskärtchen usw. in seinem Repertoire. Diese beleben das Meeting und machen es für alle zugänglich und interessant. Es geht darum, dass sich alle Teilnehmer angesprochen und dadurch zum Mitmachen motiviert fühlen. Dazu muss er den Kontext berücksichtigen und die konkrete

Kommunikationssituation bedenken. Durch Nachfragen kann er überprüfen, wie das »Gesagte« angekommen ist. Schließlich ist er es, der verstanden werden möchte. Deswegen trägt er auch die Verantwortung dafür, dass die Information ankommt.

Wie unsere Wahrnehmung Kommunikation beeinflusst

Menschen sind einzigartige Wesen und besitzen eine ganz subjektive und selektive Wahrnehmung, die viel Spielraum für Interpretationen bietet. Dieser Spielraum erschwert es, eindeutig zu kommunizieren.

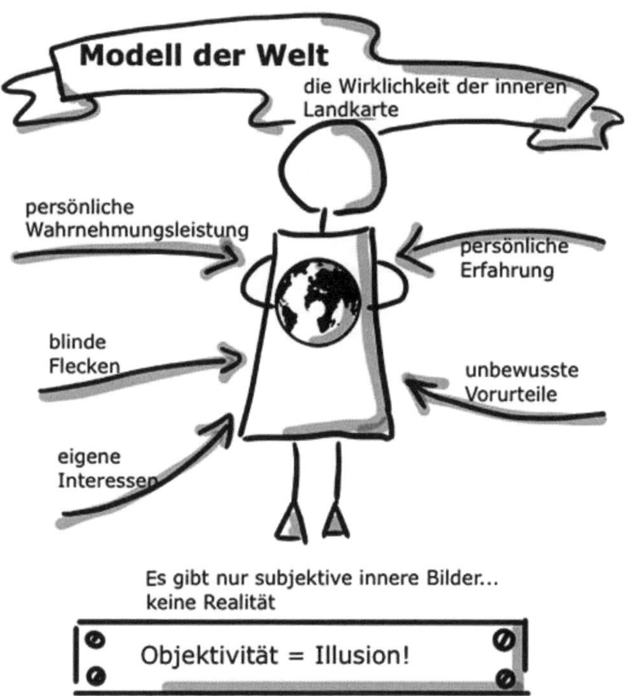

Abb. 10–7
Modell der Welt – unsere Wahrnehmung

Unsere Wahrnehmung funktioniert (ganz einfach erklärt) wie folgt (siehe auch Abb. 10–7):

- Alle Informationen, die eine bereits gesetzte Meinung bestätigen, nehmen wir wahr – alle abweichenden werden aussortiert.
- Auch die abweichenden Informationen, die wir erhalten haben, deuten wir so lange um, bis sie in das bereits vorhandene Bild passen.
- Bereits gefilterte Informationen deuten wir weiterhin um und passen sie so lange an, bis sie die bekannte Vorstellung bestätigen.

Objektivität ist eine Illusion.

Menschliche Wahrnehmung ist subjektiv. Sie orientiert sich an den individuell gegebenen Vorerfahrungen, Werten, Interessen und Bedürfnissen. Dies ist die Brille, durch die wir die Welt interpretieren und beschreiben. Objektivität ist also eine Illusion![5]

Konkrete Tipps

Was bedeutet dies konkret für die Projektkommunikation?

- Missverständnisse im Projekt entstehen, wenn klare Aussagen fehlen und die geäußerten Botschaften mehrdeutig sind. »Man versteht, was man will« – mit dem Ergebnis, dass sich Beteiligte im Sinne des Projektes möglicherweise falsch verhalten.
- Im Projekt werden immer unterschiedliche Meinungen und Vorstellungen existieren. Dagegen zu kämpfen bedeutet, »gegen Windmühlen zu kämpfen« und ist entsprechend unsinnig. Entscheidend ist, wie wir mit diesen Meinungen umgehen und was daraus entsteht.
- Diskussionen darüber, welche Meinung richtig ist und wer Recht hat, sind unergiebig. Jeder Standpunkt ist berechtigt. Hilfreicher ist es, Fragen nach Bedürfnissen, Interessen, Zielen, Wünschen (also nach dem, was verbindet) zu stellen.
- Vorsicht mit bewertenden Begriffen, wie z.B. »objektiv«, »richtig« oder »falsch«! Benutzen Sie stattdessen Begriffe wie »anders«, »meiner Erfahrung nach« oder »soweit allgemein bekannt«.

Insbesondere, wenn ein Team neu zusammengesetzt wird und sich die Mitglieder noch nicht kennen, aber schon zusammen arbeiten sollen, müssen die Teammitglieder die Möglichkeit erhalten, ihre Wahrnehmung und »Welt-Modelle« auf das Projekt einzustellen. Dies benötigt Zeit, verhindert jedoch Missverständnisse und Konflikte im weiteren Projektverlauf.

10.3.3 Erfolgsfaktor »Motivation«

Brennen Sie für das, was Sie tun!
Wecken Sie Begeisterung und Lust an der Teamleistung!

Ohne Motivation gibt es keinen Antrieb für das eigene Tun. Für den Projektmanager stellt sich daher die Frage: »Wie kann ich meine Teammitglieder am besten motivieren?« bzw. »Geht das überhaupt?«

5. Wer mehr darüber erfahren will, sollte sich mit Werken des Konstruktivismus auseinandersetzen.

Motivation vs. Demotivation

Was bedeutet Motivation?

Um diese Frage beantworten zu können, sollten wir zunächst einmal den Begriff »Motivation« verstehen. »Motivation« bezeichnet die innere Antriebskraft und Bereitschaft des Menschen, in einer bestimmten Weise zu handeln. Motivation setzt voraus, dass sich der Mensch in einem Umfeld bewegt, das von Verlässlichkeit, Glaubwürdigkeit, Berechenbarkeit und Wohlwollen geprägt ist und in das er sozial eingebunden ist.

Motivation entsteht aus Bedürfnissen.

Unser Verhalten ist die Folge physischer und psychischer Bedürfnisse einerseits und äußerer Einflüsse andererseits. Es wird größtenteils von unbewussten Denkprozessen beeinflusst. Wir Menschen haben viele Bedürfnisse, die sich in der Regel nur schwer voneinander trennen lassen. Wir empfinden gleichzeitig körperliche und soziale Bedürfnisse, wobei sich die sozialen Bedürfnisse noch in berufliche und private Bedürfnisse unterteilen. Manche Bedürfnisse können wir unterdrücken, aber keines davon wirklich »abstellen«. Wir werden immer und überall, d.h. in jeder Situation, von ihnen gelenkt.

Folglich wirken sich nicht nur die aktuellen projektrelevanten Ereignisse auf unser Verhalten im Projekt aus, sondern auch die vorangegangenen, die momentanen und die noch zu erwartenden Begebenheiten – gleichgültig, ob sie projektrelevant sind oder nicht.

Motive der Teammitglieder

Diejenigen Motive, die jeden von uns im täglichen Leben am stärksten leiten, sind auch Leitmotive in der Projektarbeit.

Folglich wählt jedes Teammitglied für sich eine Vorgehensweise, die seine persönlichen Bedürfnisse am besten berücksichtigt. Das kann zielführend für oder konkurrierend mit den Projektzielen sein. Deswegen ist es extrem wichtig, gute Rahmenbedingungen im Projekt zu schaffen. Sie sind die Voraussetzung dafür, dass die körperlichen und sozialen Bedürfnisse gedeckt werden können und Raum für Wachstum und Selbstverwirklichung der Teammitglieder entsteht. Nur dann sind alle zufrieden und bereit, etwas zu tun.

Zu abstrakt? Hier zwei Beispiele, die illustrieren, wie individuelle Motivation funktioniert:

- Ein junger Familienvater bleibt möglicherweise trotz räumlicher Trennung von seiner Familie im Projekt motiviert, weil er die Möglichkeit erhalten hat, zwei Tage die Woche von daheim aus zu arbeiten.
- Die Perspektive auf einen Karrieresprung kann einen Mitarbeiter motivieren, die Leitung eines Projektes zu übernehmen.

Die gesteckten Ziele müssen jedoch realistisch und erreichbar sein, andernfalls kommt es schnell zu Demotivation.

Was bedeutet Demotivation?

Demotivation ist eine Blockierung, d.h. eine Einschränkung, oder gar ein Verlust der Antriebskraft und damit der Bereitschaft zu handeln. »Demotiviertes Fühlen und Handeln schränkt Form, Richtung, Stärke und Dauer des Einsatzes der Betroffenen für Ziele oder Rollen der Organisation ein. Demotiviertes Handeln bewirkt nicht nur ‚Nicht-Tun' oder weniger Leistungseinsatz, sondern verweist auch auf ein Engagement in eine unerwünschte Richtung« [Sprenger 2007].

Der frischgebackene Projektmanager aus dem Beispiel oben wird nicht lange motiviert bleiben, wenn sein Projekt aufgrund unrealistischer Vorgaben von Anfang an zum Scheitern verurteilt ist.

Kaum etwas ist für ein Projekt so schädlich wie die Demotivation der Mitarbeiter. Daher muss der Projektmanager alles daransetzen, die Motivation hochzuhalten.

Intrinsische und extrinsische Motivation

»Man kann Mitarbeiter nicht motivieren. Das müssen sie schon von sich aus sein.« Diesen Satz bekommen wir immer wieder zu hören. Tatsächlich stimmt es, dass nur intrinsische Motivation wirkungsvoll ist. Dies heißt jedoch nicht, dass der Projektmanager keinen Einfluss auf die Motivation seiner Mitarbeiter hat.

Intrinsische Motivation

Wenn ein Mensch intrinsisch motiviert ist, wirkt selbst die Durchführung einer Handlung motivierend, weil die Handlung als spannend, interessant, wertvoll und bereichernd wahrgenommen und empfunden wird.

Intrinsisch motivierte Mitarbeiter engagieren sich aus Neugier, aus Spaß an der Arbeit, aus dem Wunsch heraus, der Beste sein zu wollen, oder weil ihre Tätigkeit es ihnen erlaubt, ihre Spontanität auszuleben. Diese Form der »Eigenmotivation« wirkt langfristig und nachhaltig. Zu ihren Bedürfnissen gehören: Erfolg, Anerkennung, interessante Arbeitsinhalte, mehr Verantwortung, Wachstum, Freude und Spaß.

Extrinsische Motivation

Extrinsische Motivation wirkt von außen. Der Mensch führt seine Handlung durch, um positive Folgen zu erzielen (z.B. Bonus/Belohnung) und negative Folgen (z.B. Strafe, Nachteile) zu vermeiden. Die Handlung ist ein Mittel oder Instrument, um einen bestimmten Zweck zu erreichen bzw. zu verhindern. Sie ist weniger interessant als der damit verbundene Zweck. Extrinsisch motivierte Mitarbeiter engagieren sich, um z.B. eine bessere Bezahlung, eine Beförderung oder bessere Arbeitsbedingungen zu erhalten.

Zu den Bedürfnissen eines extrinsisch motivierten Menschen gehören: Sicherheit, Stabilität, Angstfreiheit, Freundschaft, Zugehörigkeit.

Abb. 10–8
Intrinsische und extrinsische Motivation

Tatsächlich ist intrinsische Motivation der extrinsischen vorzuziehen. Das heißt jedoch keinesfalls, dass der Projektmanager nichts zur Motivation seiner Mitarbeiter beitragen kann. Im Gegenteil: Nichtstun wirkt extrem demotivierend.

Der Projektmanager als Motivator

> *Die Hauptaufgabe eines Projektmanagers besteht darin, die Motivation des Teams aufrechtzuerhalten.*

Der Projektmanager als Vorbild

Der Projektmanager als Führungskraft kann die Motivation und das Engagement der Projektmitarbeiter sowohl positiv als auch negativ beeinflussen. Als Projektmanager hat er Vorbildfunktion. Er wirkt durch seine Haltung, Erfahrung, sein Verhalten (z.B. professionelles Auftreten) und seinen Führungsstil. Akzeptiert er z.B. mangelnden Informationsfluss, Unzuverlässigkeit, fehlende Integration von Teammitgliedern, Verspätungen oder permanentes Zerreden von Entscheidungen, sinkt die Motivation der Teammitglieder. Schlimmer noch: Wenn der Projektmanager selbst ständig zu spät kommt, Zusagen nicht einhält oder gemeinsam getroffene Beschlüsse eigenmächtig wieder aufhebt, wirkt sich dies direkt auf das Projekt aus. Wozu soll ich schließlich mein Bestes geben, wenn es keinen interessiert oder morgen ohnehin etwas anderes gefordert wird? Terminverzögerungen, Qualitätsverluste und/oder sinkende Leistungsfähigkeit sind direkte Folgen dieses Motivationsverlustes. Auch diffuse Ziele, unklare Prioritäten, Arbeitsüberlastung können Auslöser für fehlende Motivation sein.

Strukturelle Ursachen

Schwierigkeiten im Projektgeschehen sind nicht selten Symptome einer tieferliegenden Ursache, die in der Struktur der Organisation, in den Prozessen oder in der Projektorganisation selbst zu suchen ist. Was soll der Projektmanager denn machen, wenn er von einer Managementbesprechung zur nächsten rennt und ihm dazwischen keine Zeit bleibt, das vom Team erarbeitete Konzept wie versprochen zu lesen? In solchen Fällen hilft meist nur die Eskalation nach oben. Dazu muss der Projektmanager jedoch seine eigene Wirkung wahrnehmen. Leider konzentrieren sich Projektmanager im Projektverlauf viel zu oft auf die Umsetzung der Inhalte und übersehen dabei ihre Rolle als Motivator und Wegbereiter.

Demotivation vermeiden

Es ist schon wahr: Der Projektmanager kann niemanden motivieren, der nicht bereits ein gewisses Maß an intrinsischer Motivation mitbringt. Er kann aber positive Impulse zur Eigenmotivation setzen und Demotivation vermeiden. Dadurch schafft er eine Basis oder einen Raum für das Entfalten der Motivation in seinem Team. Grundsätzlich hat der Projektmanager zwei Hauptaufgaben:

- die Motivations- und Demotivationsfaktoren zu erkennen und entsprechend zu handeln und
- die existierende Motivation aufrechtzuerhalten.

Dazu muss er die menschlichen Motivationsmechanismen kennen und verstehen.[6]

Wie funktionieren die Mechanismen der menschlichen Motivation?

Es gibt vier Systeme in unserem Gehirn, die bei den Motivationsprozessen eine wichtige Rolle spielen:

- **Das Belohnungssystem – ein Zentrum, wo Leistung entsteht**
  Um es zu aktivieren, werden Incentives oder Geschenke eingesetzt. Wenn diese Aktionen regelmäßig im Zusammenhang mit dem Erreichen von gesetzten Zielen und in einem bestimmten Zeitraum durchgeführt werden, werden sie zur Routine. Ihre Wirkung wird abgeschwächt und beim nächsten Mal heißt es: »Ich will mehr

6. Die nachfolgende Klassifizierung ist angelehnt an Unterlagen der Akademie für neurowissenschaftliches Bildungsmanagement »AFNB Quartalsmeeting 01-2011 – Führung und Motivation«.

davon haben!« Wenn Belohnungen plötzlich und unerwartet sind, tritt der Gewöhnungseffekt nicht ein.

Oft wird der Effekt überschätzt (z.B. bei teuren und wertvollen Sachen) oder unterschätzt (z.B. bei kleineren und günstigeren). Ein nettes Wort, ein Lächeln kann das Belohnungssystem genauso gut aktivieren wie eine kleine Aufmerksamkeit oder eine Anerkennung. Diese Abhängigkeit wurde inzwischen durch Gehirnforschung nachgewiesen.

- **Das Emotionssystem – ein Ort, wo die Reize bewertet werden**
  Wissenschaftlich gesehen, findet die Emotionsverarbeitung im limbischen System – genau gesagt in der Amygdala (Mandelkern) – statt. Die Amygdala ist mit vielen anderen Strukturen im Gehirn verbunden. Das bewirkt, dass es zu einer Ausschüttung von Botenstoffen (Neurotransmittern) kommt und unser ganzes hormonelles System in Schwung gebracht wird. Wenn wir z.B. Angst empfinden, erhöht sich der Anteil von Cortisol (Stresshormon).

  Bei Freude erhöht sich das Niveau von Dopamin. So werden Signale in unserem Gehirn zu Emotionen und diese führen wiederum zu Erlebnissen. Der »Antreiber« besteht größtenteils aus einem »Elixier« von drei Botenstoffen, die für unsere körperliche und geistige Balance sorgen:

  - **Dopamin**
    sorgt für Wohlbefinden, Konzentration und Handlungsbereitschaft nach dem Motto: »Ich will etwas tun!«
  - **Opioide**
    wirken positiv auf das »Ich-Gefühl«, erzeugen Lebensfreude (positive emotionale Stimmung) nach dem Motto: »Es macht mir Spaß, etwas zu tun!«
  - **Oxytocin**
    ist ein Bindungsstoff (»Sozialkleber«) und sowohl Ursache als auch Ergebnis von Bindungserfahrungen und reduziert Stress und Angst.
- **Das Erinnerungssystem – ein Ursprung der Erwartungen**
  Unser Leben besteht aus Erfahrungen und Erlebnissen, an die wir uns bewusst oder unbewusst erinnern. Am stärksten prägen sich bei uns die Erlebnisse ein, die an positive oder negative Emotionen (psychische Zustände) gekoppelt sind, also an eine Belohnung oder Bestrafung. Wir speichern dann diese Dinge bevorzugt ab, was uns einen leichteren Zugriff (einfachere Erinnerung) ermöglicht. Wir erinnern uns an alles, was für uns bedeutsam ist.

  Welche Rolle spielt das in Bezug auf unsere Motivation? Die Erinnerungen bilden eine Basis für die Erwartungen. Wenn also

Teammitglieder z.B. die Erfahrung gesammelt haben, dass Versprechen nicht eingehalten werden, werden sie auch in der Zukunft die Erwartung haben, dass die Zusagen in gleicher Weise nicht eingehalten werden.

- **Das Entscheidungssystem – Residenz unserer Strategien**
  Das System hat seinen Sitz im präfrontalen Cortex. Dort befinden sich unsere Normen und Werte, die in Verbindung mit den Informationen aus allen drei angesprochenen Bereichen zusammengeführt werden – immer in einem Wechselspiel. Hier sind unsere Pläne, Strategien und Entscheidungen angesiedelt und hier wird bestimmt, wie wir denken, entscheiden und handeln.

Um nachhaltig zu motivieren und zu führen, muss der Projektmanager Maßnahmen und Instrumente einsetzen, die diese vier Systeme aktivieren.

Die Wertschätzung als wichtigster Motivationsfaktor

> *»Nichts stimuliert uns so sehr, wie der Wunsch, von anderen gesehen zu werden, die Aussicht auf soziale Anerkennung, das Erleben positiver Zuwendung und die Erfahrung von Liebe. Kern aller Motivation ist also aus neurobiologischer Sicht, zwischenmenschliche Anerkennung, Wertschätzung und Zuwendung zu finden oder zu geben.«*
>
> *[Bauer 2007, S. 35]*

Die wichtigsten Motivationsfaktoren sind Wertschätzung gepaart mit Lob und Anerkennung.

Motivationsfaktor Nr. 1: Wertschätzung

Wertschätzung ist eine positive Grundhaltung gegenüber anderen Menschen und hat gar nichts mit einer Leistung, einem Ergebnis oder einem gewünschten Verhalten zu tun. Sie sollte eine Selbstverständlichkeit im Umgang miteinander sein. Die bedingungslose Wertschätzung ist ein existenzielles Bedürfnis aller Menschen. Wer unterschiedliche Wertvorstellungen erkennen und verstehen kann, kann wesentlich besser die Zusammenarbeit leben und fördern.

Der Projektmanager sollte erkennen, wie viel Wertschätzung im Projekt existiert und wo diese ausgebaut werden kann.

Unsere Kultur ist sehr defizitorientiert und das Positive wird oft nicht wahrgenommen. Es hilft daher zu fragen, was andere an Ihnen wertschätzen und es ihnen im Gegenzug ebenfalls zu sagen. So richten Sie Ihren Fokus auf das, was sich entwickeln soll. Sie erkennen, was Sie und die anderen verändern können, damit eine wertschätzende Atmosphäre entsteht. Wertschätzung schafft die Voraussetzung zur Entwicklung einer Vertrauensbasis im Projekt und fördert so den Projekterfolg. Es entsteht eine wertschätzende Projektkultur.

Motivationsfaktor Nr. 2: Lob und Anerkennung

Lob und Anerkennung beziehen sich auf ein besonderes Verhalten oder eine herausragende Leistung. Projektmanager sollten großzügig damit umgehen und zeitnah besondere Leistungen positiv herausstreichen. Wir mögen uns zwar winden, wenn wir vor gesammelter Mannschaft gelobt werden – gut tut es uns schon! Lob und Anerkennung sind enorme Motivatoren.

Trotzdem muss der Projektmanager aufpassen. Reine Lobhudeleien sind schnell enttarnt. Er muss wissen, was er genau lobt und warum es lobenswert ist. Ansonsten zuckt der Mitarbeiter die Achseln und denkt: »Der hat doch keine Ahnung.«

Nur Lob und Anerkennung alleine sind nicht ausreichend, damit Projektmitglieder motiviert und engagiert im Projekt mitarbeiten. Motivation benötigt immer Wertschätzung als Basis. »Der schert sich doch einen Dreck um mich als Menschen« ist eine der schlimmsten Botschaften, die ein Projektmanager vermitteln kann. Natürlich sagt das niemand so direkt im Projekt, aber die nonverbale Kommunikation kann sehr verräterisch sein. Achten Sie also als Projektmanager darauf, die Menschen als solche wahrzunehmen, ihre Bedürfnisse zu kennen und entsprechend zu agieren.

10.3.4 Erfolgsfaktor »Führung«

Wer aus Berufung führt, hat Menschen, die ihm gerne folgen.

Es gibt keine Standardrezepte für das Verhalten von Führungskräften. Jeder Projektmanager muss sein eigenes Modell der Führung entwickeln. Andernfalls wird er nie authentisch wirken.

Je komplexer die Projektsituation, desto wichtiger ist es, dass einem das Team folgt. Oft hapert es schlicht daran, dass Projektmanager die führende Rolle nicht bewusst einnehmen. Dadurch werden sie nicht als Führungspersönlichkeit wahrgenommen und keiner der Mitarbeiter folgt.

Was bedeutet Führung?

Führung ist im Allgemeinen das Bestreben, andere zielorientiert zu beeinflussen. Führung kann fachlich/inhaltlich, taktisch und situativ sein. Im Projektmanagement soll Führung richtungsweisend und steuernd auf die Handlungen oder das Verhalten von Projektmitarbeitern einwirken, um Projektziele zu verwirklichen.

Projektteams zu führen ist zunächst einmal nicht grundlegend anders als Abteilungen in einem Unternehmen zu führen. Führung im Projekt kann aber sehr komplex werden. Ein Abteilungsleiter ist weisungsbefugt, ein Softwareprojektmanager oft nur teilweise oder gar nicht. Die allgemeinen Führungsgrundsätze bilden auch in Projekten eine solide Basis, auf die jeder Projektmanager aufbauen kann. Diese

Führungsgrundsätze werden wir in den nächsten Abschnitten etwas genauer betrachten.

Führung im Projekt

> »Führen ist vor allem das Vermeiden von Demotivation und bedeutet Entfaltungsmöglichkeiten für die Mitarbeiter zu schaffen.«
>
> *(nach Reinhard K. Sprenger [Sprenger 2007])*

Aus historischen Gründen ist der Begriff »Führer« in Deutschland sehr negativ belegt. Besser klingt da schon das Wort »Führungskraft«. Wer wünscht sich nicht eine »echte Führungskraft« als Vorgesetzten? Genau deshalb ist es wichtig, dass der Projektmanager diese Rolle einnimmt, selbst wenn er nicht hierarchisch vorgesetzt ist.

Aspekte der erfolgreichen Projektführung

Wie sieht Ihrer Meinung nach eine ideale Führungspersönlichkeit aus? Diese Frage stellte eine der Autorinnen in ihrem Seminar. Die Antworten waren so unterschiedlich, wie die Teilnehmer, die diese Anregungen eingebracht haben. Es entstand nachfolgende Liste.

Der ideale Projektmanager

Ein idealer Projektmanager ...

- ist authentisch – seine Worte und Taten stimmen überein, wodurch er glaubwürdig (»echt«) wirkt,
- agiert als Vorbild – er lebt vor, was er von anderen erwartet,
- bietet so viel Freiräume und Entscheidungsspielraum wie möglich, setzt aber auch klar definierte Grenzen,
- gibt Orientierung – er erläutert die Rahmenbedingungen, in denen die Teammitglieder ihre Autonomie leben können,
- setzt realistische Ziele,
- kennt den Weg,
- kann wirksam kommunizieren,
- kann Ziele und Vision vermitteln,
- nimmt sich Zeit und beteiligt sich,
- vermittelt zeitnah Anerkennung oder reguliert Fehlverhalten
- und vieles mehr ...

Eine allgemeine Vorschrift für Führungskräfte gibt es jedoch nicht. Diese Liste soll dem Projektmanager als Inspiration oder Impulsquelle auf der »Entdeckungsreise« zur eigenen Authentizität dienen.

Gegenbeispiel

Zur Illustration, hier noch ein Gegenbeispiel aus eigener Erfahrung: Unser Projektmanager ordnete Wochenendarbeit an, um rechtzeitig liefern zu können. In guter Absicht kam er am Samstagvormittag mit

Brötchen vorbei, musste dann aber leider gehen, weil er zum Tennisspielen verabredet war. Die gute Absicht zeigte durchaus Wirkung, ging aber nicht wie geplant auf: Wir fühlten uns schlicht für dumm verkauft.

Erfolgreiche Führungskräfte und damit auch Projektmanager, die im Projekt erfolgreich führen wollen, sollten die Aspekte der Führung in Tabelle 10–1 kennen und berücksichtigen:

Tab. 10–1
Aspekte der Führung (vgl. [Patzak & Rattay 2014, S. 719])

Aspekte der Führung	Erläuterung
Führen mit Vision	Die Vision gibt dem Projekt einen Sinn. Sie sollte nachvollziehbar und inspirierend sein, damit sie die Projektmitarbeiter anspornt, motiviert und mitreißt. Der Projektmanager sollte die Vision vermitteln und gelegentlich in Erinnerung rufen.
Führen durch Struktur	Die Struktur gibt dem Projekt Halt. Der Projektmanager gibt Ziele und Rahmenbedingungen vor. Er trifft Entscheidungen und sorgt dafür, dass Beschlüsse eingehalten werden.
Führen durch Kommunikation	Kommunikation ist der Herzschlag des Projektes. Der Projektmanager muss dafür sorgen, dass sie funktioniert. Dazu gehört auch, Überzeugungsarbeit zu leisten, Konflikte zu lösen und Feedback zu geben. Eine gehörige Prise Humor ist häufig hilfreich.
Führen als Gestalter	Projektmanager haben Gestaltungsfreiräume und sollten diese auch nutzen. Generell gestaltet der Projektmanager die Projektkultur. In einer fehlertoleranten Kultur werden Fehler als Chance zur Verbesserung gesehen (»aus Fehlern lernen«). In einer Lernkultur schafft der Projektmanager ein lernfreundliches Umfeld (Schulungsprogramme, Wiki,…) Auch organisationsweit können Projektmanager gestalten. Sie können Netzwerke pflegen und so z.B. auf dem »kleinen Dienstweg« Unterstützung für das Projekt einholen. Wenn die Rahmenbedingungen unklar sind, kann der Projektmanager aktiv Annahmen treffen, die er dann in höheren Gremien vertritt.
Führen durch Vorbild	Als Vorbild kann der Projektmanager Enthusiasmus und Integrität vorleben. Voraussetzung dafür ist, dass er authentisch ist (man spricht auch von »kongruent sein«). Seine Entscheidungen sollten nachhaltig sein, das von ihm gebotene Umfeld sinnvoll. Die Projektarbeit sollte wirkungsvoll und interessant sein.
Führen mit Wertschätzung	Wertschätzung ist das A und O der Motivation. Wertschätzende Projektmanager geben individuelle Führungsimpulse pro Mitarbeiter. Sie können zuhören und nehmen ihr Gegenüber ernst. Eine sehr simple, aber wirkungsvolle Form der Wertschätzung besteht darin, den anderen ausreden zu lassen.
Führen mit positiver Grundhaltung	Projektmanager mit positiver Grundhaltung gehen davon aus, dass ihr Team die Arbeit schaffen wird. Allein die Grundhaltung schafft Teams mit Selbstverantwortung und Vertrauen, die die erforderliche Energie und Gestaltungskraft von sich aus aufbringen.

Adaptive Führung

Führung ist ein wechselseitiger Prozess. Selbst der Schäfer muss seinen Führungsstil der Herde und der jeweiligen Situation anpassen. Mal muss er die Herde schnell über die Straße bringen, mal ein verletztes Schaf nach Hause tragen. Dementsprechend sollte die Führungskraft »Projektmanager« über ein Repertoire von verschiedenen Führungsstilen verfügen (vgl. [Patzak & Rattay 2014, S. 377-384]).

Führungsstile

- **Autoritärer Führungsstil**
  Dieser Führungsstil wird auch als autokratische Führung bezeichnet. Der Projektmanager entscheidet über die Prozesse und den Inhalt selbst. Die Teammitglieder bekommen genaue Einzelanweisungen. Das Ergebnis wird im Detail kontrolliert.

  Dieser Stil spricht Mitarbeiter an, die Übernahme von Verantwortung scheuen und klare Anweisungen bevorzugen. Im Krisenfall können Entscheidungen schnell getroffen und umgesetzt werden, ohne groß hinterfragt zu werden. Allerdings gibt es kaum Raum für Feedback, Mitverantwortung und Kreativität.

  Im agilen Umfeld ist der autoritäre Führungsstil eher kontraproduktiv.

- **Kooperativer Führungsstil**
  Dieser Führungsstil zeichnet sich durch Beteiligung, Delegation, Transparenz, Ergebniskontrolle und Betonung der Eigenverantwortlichkeit aus. Er wird auch »Teamorientierte Führung« genannt. Die Teammitglieder werden an Entscheidungen, Inhalt und Prozess beteiligt. Die Devise heißt: zusammenwirken, kommunizieren im Dialog und wertschätzen.

- **Demokratischer Führungsstil**
  Dieser Führungsstil lässt Diskussionen und Gruppenentscheidungen in Bezug auf Inhalt und Prozesse zu. Persönliche und fachliche Präferenzen der Teammitglieder werden in der Zusammenarbeit berücksichtigt und gefordert. Der Projektmanager bringt Ideen ein, lässt aber das Team entscheiden.

  Der demokratische Führungsstil fördert den Zusammenhalt, die Interaktion, Motivation und generell die Moral des Teams. Dieses erbringt dann tendenziell qualitativ hochwertige und kreative Leistungen, gehört aber nicht unbedingt zu den schnellsten Teams.

- **Situativer Führungsstil**
  Dieser Führungsstil erlaubt dem Projektmanager, in verschiedenen Situationen unterschiedliche Führungsstile einzusetzen, und folgt der Überzeugung, dass dies viel wirksamer sei als ein »Rezept für

alles«. Der situative Führungsstil passt sich – je nach Ausprägung – entweder an die aktuelle sachliche Projektlage und den Stand der Ergebnisse oder an die Menschen im Projekt, ihre Erwartungen, Einstellungen und ggf. Konflikte an.

- **Authentischer Führungsstil**
  Dieser Führungsstil folgt dem Ansatz, dass ein Projektmanager dann erfolgreich ist, wenn er authentisch ist. Wer auf Werten wie z.B. Respekt, Akzeptanz, Vertrauen, Toleranz, Offenheit für Neues usw. aufbaut, sich seines Wertesystems bewusst ist und entsprechend handelt, zeigt ein kongruentes Führungsverhalten. Seine inneren, erklärten und gelebten Werte stimmen mit seinen Handlungen überein. Damit wird er für seine Mitarbeiter »berechenbar«, was dem Projekt Sicherheit und Halt gibt.

  Gerade in Projekten und projektorientierten Organisationen erscheint dieser Führungsstil sehr wirksam.

10.4 Arbeiten im Team

Teamfähigkeit, soziale Kompetenz und eine hohe Führungskompetenz – die Soft Skills machen den Unterschied.

Ein Team ist eine Gruppe von Menschen, die zusammen arbeiten, voneinander abhängig und gemeinsam für die Erreichung der Projektziele verantwortlich sind. Für jeden Einzelnen bedeutet das:

- sich mit anderen Teammitgliedern zu vernetzen,
- auf andere Ideen eingehen zu können und
- andere Interessen und Erfolge gutzuheißen.

Voraussetzungen für Bestleistungen

Wenn ein Team Bestleistungen erbringen soll, braucht es entsprechende Ressourcen. Dazu gehören fachliche Qualifikationen, passende technische Ausstattung, aber auch kulturelle und soziale Faktoren wie z.B. Teamgeist, Gemeinschaftssinn, eine Kultur der Offenheit, der Wertschätzung und Toleranz, die Fehler zulässt und über Lessons Learned aus ihnen lernt. Ebenso wichtig sind die Bereitschaft der Teammitglieder, Verantwortung zu übernehmen, die persönliche positive Einstellung jedes Einzelnen, ein gemeinsames Projektverständnis und eine gemeinsame Sprache.

Tatsächlich verläuft der Teamentwicklungsprozess immer gleichzeitig auf zwei Ebenen: der Sachebene, auf der es um die gestellte Aufgabe geht, und auf der sogenannten Interaktionsebene, bei der es um das soziale Miteinander geht. Leider werden die Teams in der Praxis oft nur über die Sachebene definiert.

Teams müssen sich bilden.

Ein Team benötigt immer eine gewisse Vorlaufzeit und gemeinsame Erfahrungen, bevor die Zusammenarbeit wirklich vorteilhaft verläuft. Es muss erst zusammenwachsen.[7] Ein erfahrener Projektmanager weiß dies. Er hat die herausfordernde Aufgabe, das Team zu begleiten, zur Bestleistung zu entwickeln und eine Balance zwischen Team- und Einzelarbeit zu finden.

Autonomie und Beteiligung

Je höher die Autonomie eines Teams, desto wahrscheinlicher ist es, dass dieses Team Bestleistungen erbringen wird. Voraussetzung dafür ist die Beteiligung der einzelnen Teammitglieder. Ein hohes Maß an Beteiligung lässt eine hohe intrinsische Motivation vermuten, was positiv zu bewerten ist.

10.4.1 Klassische vs. agile Teams

In Kapitel 3 ging es um Vorgehensmodelle und wie sich die Prozesse und Methoden der Softwareentwicklung im sequenziellen und agilen Umfeld unterscheiden. In diesem Absatz nehmen wir die Teamarbeit unter die Lupe und schauen uns die Voraussetzungen genauer an, die in klassischen und agilen Teams zu einer erfolgreichen Zusammenarbeit führen.

Vorurteile und Missverständnisse

Gerade in Unternehmen, in denen beide Modelle im Einsatz sind oder gar kombiniert werden (hybride Modelle in Abschnitt 3.4), sollten die Projektmitarbeiter beide Ansätze verstehen. So können Vorurteile abgebaut und Konfliktpotenziale gesenkt werden, da es weniger zu Missverständnissen kommt.

Der »klassische« Projektmanager und sein Team

In klassischen Teams gibt es eine klare Rollen- und Aufgabenverteilung. Jede Phase hat ihre Experten: Anforderungsingenieur, Softwarearchitekt, Entwickler, Tester und viele andere mehr. Die Teamressourcen werden für die gesamte Dauer des Projektes planmäßig zugeteilt.

Der Projektmanager trägt die Verantwortung für das Gesamtprojekt und die Teamführung. Wenn Entscheidungen anstehen, sollte er zwar sein Team konsultieren – letztendlich trifft er die einzelnen Entscheidungen jedoch selbst und trägt dafür auch die Verantwortung. Das Projektteam erhält klare Vorgaben, wie das Projekt ablaufen soll. Der Projektmanager koordiniert die einzelnen Aktivitäten und behält

7. Erstaunlicherweise bilden gerade Teams, die unter hohem Druck arbeiten, eine hohe Kohäsion aus. Kohäsion ist gut, aber nicht ausreichend für den Projekterfolg. Schließlich kann sich das Team auch in seiner Ablehnung der Projektziele zusammenschließen.

»alle Fäden in der Hand«. Sein Fokus ist auf die Koordination ausgerichtet. Er stimmt den Projektauftrag und die Projektplanung mit dem Lenkungsausschuss ab und überwacht Termine, Kosten, Qualität und Zielerreichung. Bei Bedarf beschafft er geeignete Ressourcen.

Agile Teams und ihr Scrum Master

Agile Teams werden als funktionsübergreifende Gruppen gegründet. Jedes Teammitglied bringt seine Kompetenzen in die gemeinsame Aufgabe mit ein und trägt dazu bei, die Qualität des Produktes zu verbessern. Das ganze Team ist für die Qualität der Lösung verantwortlich. Entscheidungen werden gemeinsam getroffen und die selbst auferlegten Aufgaben gemeinsam umgesetzt. Die Weisungshierarchie entfällt. Dadurch entwickelt das Team ein hohes Maß an Selbstorganisation und Dynamik.

Dementsprechend unterscheiden sich auch die Schwerpunkte des Projektmanagements im agilen Umfeld von denen im sequenziellen Umfeld. Für den Scrum Master liegt der Fokus weniger auf straffer Führung durch Weisung, sondern verstärkt auf der operativen Teamführung. Konkret bedeutet dies, dass Projektmanagement darin besteht,

- Sprint Plannings, Reviews und Retrospektiven zu moderieren,
- den Teambildungsprozess während der Releaseplanung und der ersten Iterationen zu unterstützen,
- darauf zu achten, dass die definierten Abläufe eingehalten werden und
- sicherzustellen, dass alle Teammitglieder optimal arbeitsfähig sind (also z.B. Rechner mit ausreichend Arbeitsspeicher haben).

Der Scrum Master gibt Orientierung. Er ist für die Produktivität seines Teams zuständig, stellt die Arbeitsfähigkeit der Teammitglieder sicher und organisiert die Zusammenarbeit. Er beseitigt auch Hindernisse, die das Team von der Arbeit abhalten können. Er wendet Scrum-Methoden an und sorgt dafür, dass die agilen Prinzipien eingehalten werden.

Projektmanager vs. Scrum Master

Die Trennung zwischen den Rollen »Projektmanager« und »Scrum Master« ist fließend. Der Projektmanager kann Scrum Master sein, muss es aber nicht. Der Scrum Master übernimmt einen Teil der Aufgaben, die zum Bereich des klassischen Projektmanagers gehören, aber auch nicht alle (siehe Kap. 3). Ein weiterer Teil geht auf den Product Owner über.

Gemeinsamkeiten

Probleme und Konflikte lösen

Es gibt jedoch auch eine Reihe von Aufgaben, die in beiden Umfeldern identisch sind. Sobald es kompliziert wird oder Schwierigkeiten auftauchen, ist es die Aufgabe des Projektmanagers (bzw. desjenigen, der die jeweilige Teilaufgabe übernommen hat), gemeinsam mit dem Team die Probleme zu lösen. Dies gilt auch für Konflikte innerhalb des Teams.

Während der eigentlichen Projektumsetzung bietet sich der situative Führungsstil an. Um seiner Aufgabe gerecht zu werden, benötigt der Projektmanager daher ein Gespür für die gegebene Situation, um jeweils das entsprechende Verhalten wählen zu können. So kann er das Team bei dessen Arbeit begleiten und zu einer guten Performance entwickeln.

10.4.2 Teamführung erfordert Methodenkompetenz

Erfolgreiche Teamführung ist keine Glückssache, sondern ein Ergebnis, das unter anderen durch die Methodenkompetenz des Projektmanagers oder Scrum Masters beeinflusst wird. Der unterstützende Methoden- bzw. Werkzeugkoffer soll allerdings auch dem Team bekannt sein. So können die Teammitglieder bewusst und kompetent an dem gesamten Gruppenprozess teilnehmen und eigenverantwortlich mit Engagement ihre Aufgaben lösen.

Die klassischen und agilen Ansätze benötigen oft unterschiedliche methodische Herangehensweisen und Hilfsmittel in Bezug auf die Teamführung. Beispielsweise wird im agilen Umfeld ein virtuelles Scrum-Board eingesetzt, das im sequenziellen Umfeld kein geeignetes Projektmanagementwerkzeug wäre.

Grundsätzlich lassen sich viele Parallelen ziehen. Zum Beispiel muss der Projektmanager in der Lage sein, die Rolle zu »erfühlen«, die er in einer bestimmten Situation einnehmen sollte (z.B. Moderator, Präsentator, Führungskraft, Mediator oder einfach Gesprächspartner).

Methoden und Werkzeuge – Moderation

Moderation bedeutet mehr als nur bunte Kärtchen ...

Moderation ist für viele Teamprozesse unentbehrlich. Ob Projektmanager oder Scrum Master – beide müssen in der Lage sein, einfache Projektsitzungen oder komplizierte Besprechungen zur Entscheidungsfindung, Problem- oder Konfliktlösung gekonnt zum Ziel zu führen. Ohne Moderation funktionieren keine Meetings, keine Besprechungen, keine Reviews oder Retrospektiven.

80 % ist Haltung des Moderators

Moderation besteht unter anderem aus Planung und Visualisierung, Gruppendynamik, Beteiligung und Gesprächsführung, Methoden der Problemlösung und Entscheidungstechniken. Tatsächlich sind jedoch nur 20 % Methodik, Technik und Hilfsmittel. 80 % einer erfolgreichen Moderation beruht auf der Haltung des Moderators. Moderieren ist als eine Dienstleistung für das Team zu verstehen. Sie ermöglicht ein planmäßiges, durchdachtes Vorgehen in abgestimmten Schritten und setzt Synergien aller Beteiligten frei. Dadurch steigt die Zufriedenheit und Akzeptanz der Teilnehmer für die erreichten Ergebnisse. Die Grundidee besteht darin, »aus Betroffenen Beteiligte zu machen«.

Moderation ist wie ein Transmitter, der zwischen unterschiedlichen Polen eine Brücke schafft. Sie ermöglicht kreative Prozesse und macht die entstehenden Ideen allen zugänglich. Sie braucht eine gute Atmosphäre, Offenheit der Beteiligten, eine begleitende Visualisierung und vor allem – das Wichtigste – eine neutrale Haltung des Moderators.

Aufgaben des Moderators

Während des Moderationsprozesses hat der Moderator folgende Aufgaben:

- Orientierung und Struktur schaffen
- Den roten Faden beibehalten
- Alle »am Ball« halten
- Anregende Szenarien bieten
- Fragen, zusammenfassen, »übersetzen«, informieren
- Beleben, ausgleichen, mäßigen

Dazu benötigt er Einfühlungsvermögen, Fingerspitzengefühl, Intuition, Methoden-Know-how und Flexibilität.

Abb. 10–9
Präsentieren vs. Moderieren

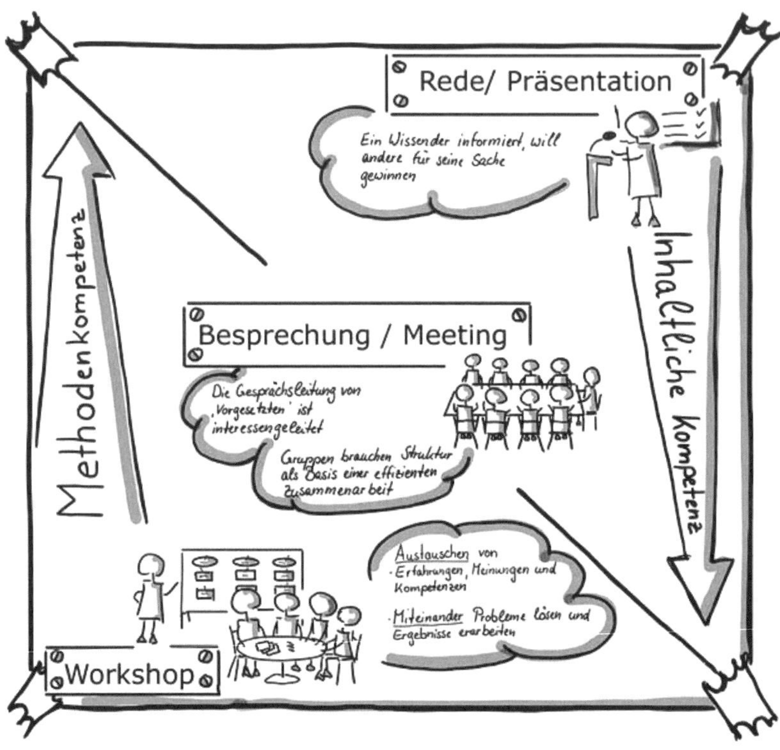

Neutralität einhalten

Der Moderator handelt auf einer Metaebene. Er begleitet den Prozess, hilft seinem Team dabei, sich selbst zu verstehen, Wünsche und Ziele zu formulieren, Lösungen zu erarbeiten und die Umsetzung sicherzustellen. Er ist für die Vorbereitung, das methodische Vorgehen und den Moderationsprozess verantwortlich, sollte sich jedoch inhaltlich neutral verhalten und seine Meinung, Ziele und Werte zurückstecken. Ein guter Moderator lebt »Allparteilichkeit« und strebt nach Verständnis und Beteiligung aller Anwesenden.

Diese Haltung erweist sich oft als große Herausforderung aufgrund der Aufgaben in der Projektarbeit. In der Praxis kommt es häufig vor, dass die Rollen des Projektmanagers und des Moderators sich vermischen, weil der Projektmanager auch fachliche Kompetenzen besitzt, die er gerne einfließen lassen will. In Konsequenz verliert er seine Neutralität – die Qualität des Prozesses und deren Ergebnisse leiden darunter.

Rollenwechsel anzeigen

Für den Projektmanager bedeutet das: Wenn er als Moderator einen eigenen Standpunkt einbringen will, sollte er immer erkennbar machen, wann er in der Position des Moderators den Prozess steuert und wann er als Teil des Teams oder in der Funktion des Managers seine Meinung äußert. Scrum Master haben diese Probleme in der

Regel nicht, da sie per definitionem nur für den Prozess verantwortlich sind und häufig auch nicht über das technische Detailwissen verfügen.

Regeln

Für den Moderationsprozess gelten grundlegende Gesprächs-, Moderations- und organisatorische Regeln, an die sich alle Beteiligten halten sollen:

- Meetings sind zeitlich begrenzt und beginnen/enden pünktlich
- Kreativität wird ermöglicht
- Quantität gilt vor Qualität – jede Idee ist erlaubt und erwünscht
- Killerphrasen und Zerreden sind verboten
- Ideensuche und Kritik werden getrennt gehalten
- Ideen sind kein geistiges Eigentum eines Einzelnen
- Lösungsorientiertes Vorgehen wird präferiert
- Streben nach Konsenslösungen ist das oberste Ziel
- Teilnehmer halten sich an die vereinbarten Regeln

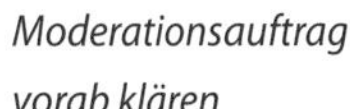

Moderationsauftrag vorab klären

Eine erfolgreiche Moderation will gut vorbereitet sein. Neben organisatorischen Aufgaben wie Teilnehmer einladen, Raum reservieren, für Getränke sorgen etc. muss vor allem der Moderationsauftrag und das Ziel der Veranstaltung geklärt werden.

Im Rahmen der Auftragsklärung sollte das Thema festgelegt werden, die Teilnehmergruppe bestimmt und das Umfeld geklärt werden.

Die eigentliche Durchführung folgt dem in Abbildung 10–10 dargestellten Zyklus.

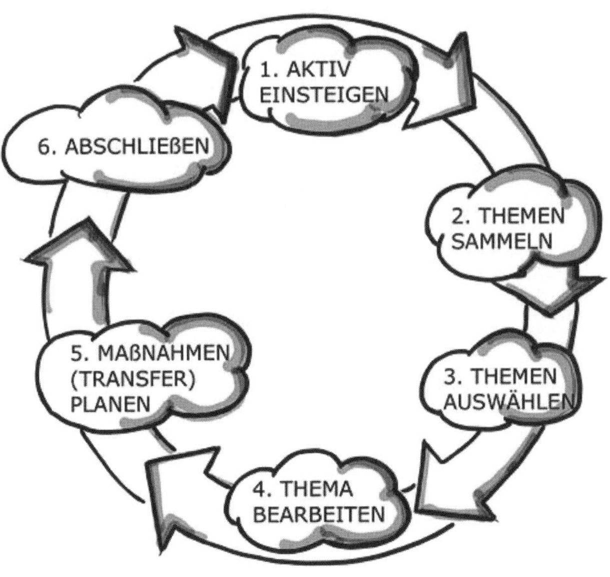

Abb. 10–10
Der Moderationszyklus und ein möglicher Einsatz von Moderationsmethoden

Abbildung 10–10 zeigt auch eine Reihe möglicher Moderationstechniken, die wir jedoch hier nicht weiter im Detail beschreiben können, da dies den Rahmen des Buches sprengen würde.[8]

Wie nach jeder Besprechung sollte der Moderator im Anschluss die Ergebnisse in einem Protokoll sichern, wobei es sich dabei auch um ein Fotoprotokoll handeln kann.

10.4.3 Teamuhr nach Tuckman

Alle Teams, ob im sequenziellen oder agilen Umfeld, erleben eine gewisse Dynamik in ihrer Entwicklung, d.h., sie durchlaufen bestimmte »vorprogrammierte« Stadien. Um diese Stadien besser zu verstehen, sollte jeder Projektmanager das 1965 von Bruce Tuckman entwickelte Phasenmodell der Teamentwicklung kennen.

Die »Teamuhr« nach Tuckman (Abb. 10–11) erklärt, wie sich ein Team von Beginn an bis hin zur hohen Performance entwickelt. Anhand dieses Modells kann der Projektmanager Gruppendynamik und Stimmungen im Team erkennen und den Entwicklungsweg seines Teams verstehen, erläutern und reflektieren.

Abb. 10–11
Teamuhr nach Tuckman

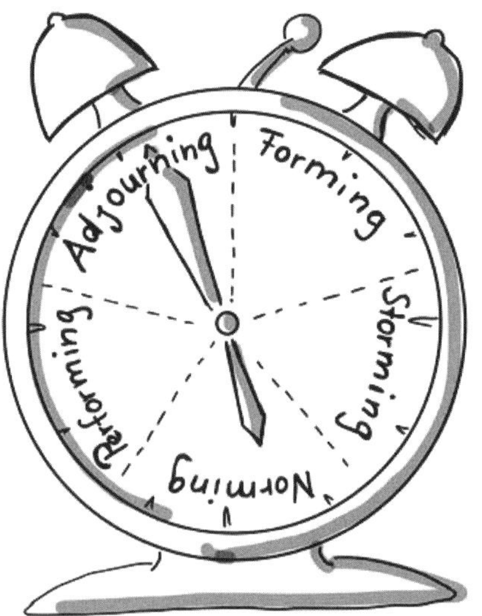

8. Einen guten Überblick über Moderationstechniken bietet z.B. [Funcke & Havenith 2014].

Die Teamuhr unterteilt die Teamentwicklung in fünf Phasen:

Fünf Phasen der Teamentwicklung

1. Forming
2. Storming
3. Norming
4. Performing
5. Adjourning

Zunächst lernen sich die Teammitglieder kennen (Forming). Dann müssen sie sich zunächst einmal »zusammenraufen« (Storming), bevor sie sich auf eine gemeinsame Vorgehensweise einigen können (Norming). Erst wenn diese drei Phasen durchlaufen sind, kommt das Team »in Fahrt« (Performing).

Die fünfte und letzte Phase wird gerne vergessen. Hier müssen sich die Teammitglieder wieder voneinander trennen (Adjourning[9]). Dies ist umso schmerzhafter, je besser die ersten vier Phasen abgelaufen sind.

Konflikte sind normal.

Wenn Teams die Performing-Phase nicht erreichen, liegt es oft daran, dass die Storming-Phase übersprungen wurde. In diesem Fall werden potenzielle Konflikte nicht erkannt und können sich nicht entladen. Mindestens ebenso schädlich ist es, wenn bereits entstandene Teamstrukturen durch äußere Einflüsse wieder zerstört werden. Jede Änderung (wie z.B. ein neues Teammitglied oder eine andere Aufgabe) wirkt sich direkt auf die Gruppendynamik aus. Ab da muss die Teamuhr wieder zurückgestellt werden und ein neuer Durchlauf beginnen, was sich natürlich in den Arbeitsergebnissen des Teams widerspiegelt.

Die Teamuhr nach Tuckman lehrt uns, dass Konflikte normal sind und zur Teamarbeit gehören, wie Hefe in den Brotteig. Sie auszublenden ist zwecklos und macht die Arbeit im Gegenteil noch schwieriger. Entscheidend ist jedoch, wie damit umgegangen wird – ganz nach dem Motto »der Ton macht die Musik«.

Rolle des Projektmanagers im Teambildungsprozess

Für den Projektmanager bedeutet dies, dass er im Verlauf dieser fünf Phasen der Teamentwicklung unterschiedliche Rollen einnehmen muss und entsprechend ein unterschiedliches Verhalten zeigen sollte. Dafür muss er allerdings in der Lage sein, die jeweilige Phase zu erkennen.

Forming – Orientierungsphase

»Beschnuppern« lassen

In der Forming-Phase »beschnuppern« sich die Teammitglieder gegenseitig. Der Umgang im Team ist höflich und eher unpersönlich. Alle sind vorsichtig, aber auch gespannt.

Der Projektmanager agiert als Gastgeber. Er sorgt für eine Wohlfühl- und Willkommensatmosphäre und unterstützt das Kennenlernen

9. Nach dem englischen Verb »to adjourn« = vertagen, aussetzen, sich zurückziehen.

der Teammitglieder untereinander. Er achtet auf einen effektiven Informationsfluss unter allen Beteiligten.

Storming – Konflikt-/Frustrations-/Machtkampfphase

In der Storming-Phase ändert sich das Teamverhalten. Die einzelnen Mitglieder werden forscher und fordernder. Gelegentlich kommt es zu Konflikten und Konfrontationen. Nicht selten bilden sich Cliquen, die sich unter Umständen auch untereinander bekämpfen. Für die vermeintlich »Schwächeren« kann Frustration oder gar der Eindruck von Ausweglosigkeit entstehen, wenn sie sich mit ihren Standpunkten nicht durchsetzen können.

Vertrauen schaffen

Der Projektmanager wirkt in dieser Phase als Katalysator und Schlichter, aber auch als Antreiber. Er nimmt die Konflikte wahr und spricht sie direkt, konstruktiv und offen an. Dazu schafft er ein offenes und vertrauensvolles Klima. Er begleitet konstruktiv den Lösungsprozess als Schlichter oder Mediator und lenkt den Fokus auf die Projektziele.

Norming – Beschluss-/Organisationsphase

In der Norming-Phase bildet sich das »Wir-Gefühl«. Das Team legt für sich neue Umgangsformen, Regeln und Standards fest. Man einigt sich auf eine gemeinsame Vorgehensweise. Das Feedback ist ein Bestandteil der Zusammenarbeit.

Partizipativ führen

Der Projektmanager wird zum Partner des Teams. Er lässt das Team autonomer werden und begleitet es dabei, wie es die eigenen »Spielregeln« und Prozesse vereinbart. Einmal definiert, etabliert er diese und achtet darauf, dass sich auch alle an die Vereinbarungen halten. Darüber hinaus entwickelt er eine Feedbackkultur, die konstruktive Kritik im Sinne der kontinuierlichen Verbesserung erlaubt.

Trotz allem bleibt er eine Führungskraft. Er handelt aufgabenorientiert und nutzt den partizipativen Führungsstil. Als Vorbild findet er Akzeptanz und wirkt motivierend.

Performing – Produktions-/Leistungsphase

Diese Phase ist für das Team die schönste. Es verspürt einen ausgeprägten »Teamgeist«, ist produktiv, flexibel, offen, solidarisch, hilfsbereit und kreativ. Es läuft zu Höchstform auf und motiviert sich intrinsisch selbst.

Delegieren

Wenn das Team selbstorganisiert und selbstverantwortlich agiert, kann der Projektmanager sich zurückziehen und aus dem Hintergrund heraus den Leistungsprozess als Unterstützer und Berater begleiten. Wir sprechen hier vom kooperativen (oder »delegierenden«) Führungsstil. Er lässt das Team die notwendigen Entscheidungen treffen und selbstständig arbeiten. Sein Fokus ist auf Zielvorgaben, Moderation und auf die Weiterentwicklung der Teammitglieder ausgerichtet.

Scrum ist darauf ausgelegt, diese Performing-Phase möglichst schnell zu erreichen. Eine der Grundregeln lautet »stabile Teams«. Hintergrund ist, dass jede personelle Veränderung das Team wieder in die Forming-Phase zurückwirft.

Adjourning – Abschieds-/Auflösungsphase

Wenn das Team aufgelöst wird, heißt es für die Teammitglieder, von lieb gewonnenen Gewohnheiten und Kollegen Abschied zu nehmen. Die bestehenden Verbindungen lockern sich auf. Traurigkeit kann sich bemerkbar machen.

In dieser abschließenden Phase ist der Projektmanager Coach und Mentor. Er ermöglicht ein gegenseitiges Feedback zur Zusammenarbeit und schließt das Projekt wie in Abschnitt 7.2 »Projektabschluss« beschrieben ab. Gegebenenfalls stellt er auch neue Projekte vor und begleitet die Teammitglieder in ihr neues Umfeld.

Erbrachte Leistung würdigen

Außerdem – und dies ist psychologisch extrem wichtig – spendet er Anerkennung, indem er die vollbrachte Leistung würdigt. Ein gemeinsames Essen im Restaurant hat sich in dieser Phase noch immer bewährt.

Die Teamuhr in Abbildung 10–11 lässt sich gut nutzen, um die lokale »Uhrzeit« des Teams zu bestimmen. Dazu bittet der Projektmanager jedes Teammitglied, einen Klebepunkt auf die von ihm eingeschätzte Zeit zu kleben. Dies ist eine einfache, visuelle Reflektion der Teamsituation.

10.4.4 Teamrollen nach M. Belbin

Neben der Teamentwicklung und ihren Phasen sollte ein Projektmanager auch das Konzept der Teamrollen kennen und verstanden haben. Tatsächlich agieren Teammitglieder nicht als Einzelwesen, sondern sie übernehmen bestimmte Rollen in ihrem Team.

Rolle ≠ Position

An eine Rolle sind Verantwortlichkeiten und Befugnisse geknüpft. Im Scrum-Team »trägt jeder (...) die Verantwortung für das Gelingen der Produktentwicklung. Diese Verantwortung übernimmt man freiwillig« [Gloger 2013, S. 64]. Deswegen ist eine Rolle nicht mit einer Position (die eher an die Zuständigkeit im Unternehmen anknüpft) gleichzusetzen. Tatsächlich gibt es viele unterschiedliche Rollen, u.a.:

- Aktive Rollen, die eine Antwort auf die Frage, was ein Mensch gerne sein möchte, liefern, z.B. der Tüchtige, der Geniale, der Erfolgreiche, der Künstler, der Schlichter, ...
- Passive Rollen, die einem Menschen gerne von den anderen zugeschoben werden, z.B. Richter, Experte, Diplomat, Kummerkasten, Gruppenclown.
- Formale Rollen, die offiziell autorisiert werden, z.B. Abteilungsleiter, Projektmanager, Teamleiter, ...
- Informelle Rollen, die sich in der Zusammenarbeit mit der Zeit ergeben und von allen Projektbeteiligten anerkannt werden, z.B. Graue Eminenz, Zeitwächter, Moderator, ...
- Biografische Rollen – z.B. Dienstälteste

Die Teamrollentheorie von Belbin beschäftigt sich mit Rollen im Team und beschreibt, wie ein Team funktioniert, wie ein Teammitglied die eigene Rolle erkennen und verstehen kann, wie die jeweiligen Stärken eingesetzt werden und wie man Schwächen erkennen kann. Dieses Modell kann interessante Erkenntnisse für die Teamarbeit bringen und das Verständnis für grundlegende Prozesse im Team schaffen. Der Projektmanager kann darin Anhaltspunkte finden, die ihn dabei unterstützen, Rollenkonflikte zu verstehen und Lösungen zu finden.

Belbin-Modell

Meredith Belbin hat in den 70er-Jahren folgende Frage gestellt [Belbin 1981]: Welchen Einfluss hat die Zusammensetzung eines Teams aus verschiedenen Persönlichkeitstypen auf die Effektivität der Teamarbeit? Er analysierte Ergebnisse von Teams aus Kursteilnehmern am Henley Management College und kam zu der Erkenntnis, dass Menschen sich in ihren unterschiedlichen Eigenschaften, Kenntnissen und Fähigkeiten ergänzen.

Insgesamt identifizierte er neun verschiedene Rollen in einem Team, die sich in ihren Verhaltensmustern, ihrer Persönlichkeit und ihren herausragenden Charakterzügen unterscheiden. Seiner Meinung nach besteht das ideale »Team« aus neun Mitgliedern, von denen jeder eine der neun Teamrollen einnimmt.

Abbildung 10–12 zeigt die neun Rollen, welche Belbin in drei Hauptorientierungen klassifiziert hat. Laut Belbin können die meisten Menschen zwei oder drei Rollen gut abdecken.

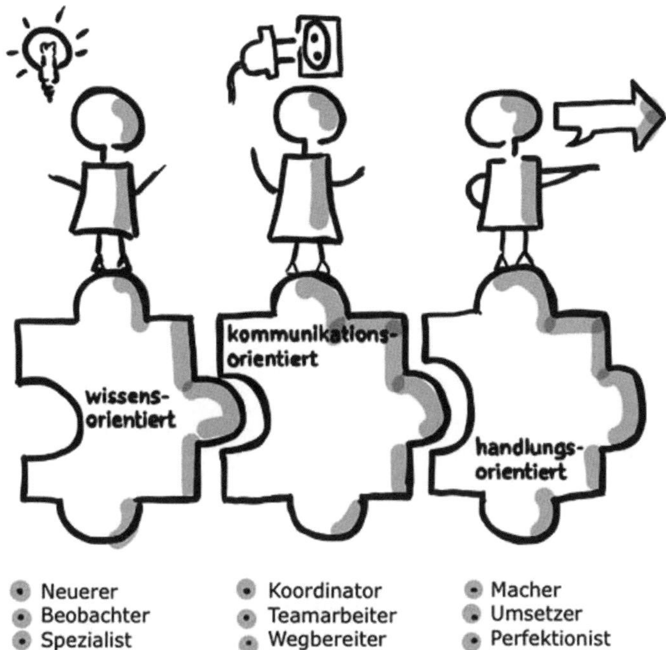

Abb. 10–12
Teamrollen nach Belbin

Fazit für die Teamarbeit

Für die Teamarbeit folgt aus dem Belbin-Modell, dass

- ein Team durch das Fehlen einer Teamrolle geschwächt werden kann, da eine fehlende spezifische Kompetenz nicht automatisch durch eine andere Rolle ersetzt werden kann;
- die Mehrfachbesetzung einer Rolle (also z.B. mehr als ein Macher oder Neuerer) zu vorhersehbaren Störungen führt und großes Konfliktpotenzial birgt;
- zu viele Neuerer kaum ein fertiges Ergebnis liefern werden;
- ein Team aus Machern und Neuerern brillant wirkt, gegenüber Teams mit guter Verteilung aber immer schlechter abschneiden wird;
- bereits mit vier Teilnehmern effektive Teams gebildet werden können.

Die optimale Zusammensetzung der Teammitglieder ist jedoch nicht alles. Für die effektive Teamarbeit ist außerdem eine positive und von gegenseitigem Respekt geprägte Arbeitsatmosphäre unerlässlich. Auch funktionsfähige Prozesse z.B. zur Kommunikation sind wichtig, da das Team sonst nicht wirklich erfolgreich werden kann.

Schwächen des Belbin-Modells

Das Modell hat auch Schwächen. Beispielsweise vernachlässigt es Faktoren wie z.B. die »Chemie« zwischen den Teammitgliedern und die Bedeutung der Teamprozesse wie Kommunikation, Abstimmung, Führung, Schnittstellenmanagement usw. Dennoch sollte man es kennen, da es für das Verständnis des Teams hilfreich ist.

10.4.5 Rollen des Projektmanagers

In Kapitel 1 sprachen wir über rollenbedingte Aufgaben des Projektmanagements. Projekte sind soziale Systeme, weshalb die soziale Kompetenz des Projektmanagers enorm wichtig ist. Tabelle 10–2 fasst noch einmal zusammen, welche Fähigkeiten ein Projektmanager benötigt, um die mit einer bestimmten Rolle verbundenen Aufgaben zu meistern.

Tab. 10–2 *Rollen des Projektmanagers, die soziale Kompetenz brauchen [ASQF CPPM 2016]*

Rolle	Aufgabe	Eignung/Fähigkeit
Koordinator	Ziele klären, Arbeit/Aufgaben verteilen, Prozesse organisieren, Abstimmungen mit anderen vornehmen	verbindlich und konsequent (hartnäckig), eher diplomatisch als dominant
Moderator	jeden zu Wort kommen lassen, aus den Betroffenen Beteiligte machen, Probleme in der Kommunikation erkennen und lösen, zusammenfassen, Zwischenergebnisse festhalten, auf Zeiten achten, reflektieren	visualisieren, neutral sein – sich mit eigener Meinung zurückhalten, den roten Faden behalten, strukturiert vorgehen, Methodenkompetenz besitzen, kreative Prozesse steuern
Berater	Beziehungsprobleme zwischen Teammitgliedern, Fach- und Methodenfragen klären	Gesprächsführungstechniken beherrschen (z.B. aktives Zuhören, Fragetechniken, Ich-Botschaften formulieren), Perspektiven wechseln, Alternativen aufzeigen
Konfliktmanager	Rollenkonflikte lösen	selbstbewusst, aufgeschlossen, reflektiert, sich eigener Wirkung bewusst sein
Repräsentant	Teaminteressen (Projektinteressen) gegenüber anderen vertreten	selbstbewusst, aufgeschlossen, reflektiert, sich eigener Wirkung bewusst sein
Verhandlungsführer	über Ressourcen (Zeit, Geld, Ausstattung) mit der Organisation verhandeln	realistisch, Verhandlungsstrategien beherrschen
Präsentator/ Redner	Ergebnisse und Erfolge des Teams nach außen darstellen	visualisieren, sprechen und argumentieren – rhetorische Kompetenz besitzen, sich eigener Wirkung bewusst sein

10.5 Zusammenfassung

In diesem Kapitel wurde ein Überblick über das Thema »Personalmanagement« vermittelt und einige für das Verständnis notwendige Begriffe definiert. Zu den zentralen Thesen gehören:

- Personalmanagement ist für ein erfolgreiches Projektmanagement extrem wichtig, wobei man zwischen unternehmensweitem Personalmanagement und projektbezogenem Personalmanagement unterscheiden muss. Es gliedert sich in drei Ebenen: strategisches, operatives und taktisches Personalmanagement.
- Die Aufgaben des Projektmanagers unterscheiden sich je nach Projektphase und Umfeld (sequenziell/agil). Dazu gehört auch die Teambegleitung in den Bereichen Team-Building, Team-Managing, Team-Developing und Team-Closing.
- Soziale Kompetenz ist ein grundlegender Erfolgsfaktor und eine der wichtigsten Voraussetzungen für die Übernahme einer Führungsposition. Kommunikation und soziale Kompetenz sind eng verwoben. Kommunikation ist entscheidend, wenn es um die erfolgreiche Umsetzung der Anforderungen im Projekt geht.
- Alles, was der Projektmanager sagt oder nicht sagt und was er tut oder unterlässt, ist Kommunikation und hat entsprechende Auswirkungen. Menschen besitzen subjektive und selektive Wahrnehmung, die viel Spielraum für Interpretationen bietet. Dieser Spielraum erschwert es, eindeutig zu kommunizieren.
- Der Projektmanager als Führungskraft kann die Motivation und das Engagement der Projektmitarbeiter sowohl positiv als auch negativ beeinflussen. Die wichtigsten Motivationsfaktoren sind Wertschätzung gepaart mit Lob und Anerkennung.
- Es gibt kein Standardrezept für das Verhalten von Führungskräften. Jeder Projektmanager muss sein eigenes Modell der Führung entwickeln. Andernfalls wird er nie authentisch wirken.
- Alle Teams durchlaufen bestimmte »vorprogrammierte« Stadien in ihrer Entwicklung. Die Teamuhr nach Tuckman beschreibt diese Phasen. Rollen und Aufgaben des Projektmanagers unterscheiden sich je nach Phase.
- Gemäß einer Theorie von Meredith Belbin gibt es neun typische Teamrollen, die in jedem Projekt besetzt sein sollten.

Zum Schluss noch ein Rat: Brennen Sie für das, was Sie tun! Wecken Sie Begeisterung und Lust an der Teamleistung und seien Sie Vorbild. So schaffen Sie ideale Bedingungen für Ihr Team.

10.6 Übungsaufgaben

1. Erklären Sie mögliche Konsequenzen, die sich aus einem mangelhaften Personalmanagement für das Projekt ergeben.
2. Beschreiben Sie die Beziehung zwischen dem unternehmensweiten Personalmanagement und dem projektbezogenen Personalmanagement.
3. Nennen Sie Aufgaben eines Projektmanagers im Personalmanagement.
4. Nennen Sie die wesentlichen Aktivitäten des Personalmanagements in der Projektphase der Projektplanung.
5. Nennen Sie Vorteile, die sich durch ein effektives Personalmanagement ergeben.
6. Nennen Sie die vier Phasen der Teambegleitung.
7. Beschreiben Sie, welche Aufgaben der Projektmanager innerhalb der verschiedenen Phasen der Teambegleitung ausübt. Welche Bedeutung hat dies für das Projekt?
8. Beschreiben Sie anhand unseres Fallbeispiels, warum die sozialen Kompetenzen des Projektleiters für den Projekterfolg oder -misserfolg von Bedeutung sind.
9. Nennen Sie vier Aspekte, die eine Aussage über soziale Kompetenzen treffen.
10. Nennen Sie Aufgaben und Funktionen, durch die ein Projektmanager Einfluss auf die Teamarbeit hat.
11. Erklären Sie anhand des Fallbeispiels, warum Methoden- und Toolkenntnisse ein entscheidender Faktor für die Teamleitung sind.
12. Skizzieren Sie das Modell der Teamuhr nach Tuckman und erklären Sie dabei dessen Ansatz.
13. Nennen Sie abhängig von der Teamentwicklungsphase Handlungsmöglichkeiten des Projektmanagers.
14. Erklären Sie, welche Rollen den Teammitgliedern nach M. Belbin zukommen.
15. Skizzieren Sie die verschiedenen Kompetenzen und Aufgaben des Projektmanagers in Abhängigkeit davon, welche Rolle er im Projekt einnimmt.
16. Erklären Sie den Unterschied zwischen extrinsischer und intrinsischer Motivation und wie Sie als Projektmanager Einfluss darauf nehmen können.

17. Beschreiben Sie anhand unseres Fallbeispiels, an welchen Stellen Anerkennung und Wertschätzung als Motivationsfaktor dienen könnten.
18. Nennen und beschreiben Sie die positiven und negativen Auswirkungen der verbalen und nonverbalen Kommunikation.
19. Nennen Sie Kernkompetenzen, die ein Projektmanager in jedem Fall mitbringen sollte.
20. Nennen Sie Kernkompetenzen, die ein Teammitglied in jedem Fall mitbringen sollte.
21. Nennen Sie verschiedene Aspekte, die einen erfolgreichen Führungsstil ausmachen.

11 Reifegradmodelle

Vorneweg: Jetzt wird es wieder etwas technischer. In diesem letzten inhaltlichen Kapitel geht es um Reifegradmodelle. Reifegradmodelle beschreiben den Stand der Technik, der sich etabliert hat, um Systeme qualitativ zu entwickeln, und dienen dazu, Prozesse bzw. deren Qualität in einem konkreten Projekt zu beurteilen. Außerdem geben sie Hilfestellung, was eine Organisation wie und an welcher Stelle verbessern könnte. Im Grunde handelt es sich um eine Sammlung bewährter Praktiken, kombiniert mit einer Bewertungsskala, die eine möglichst objektive (d.h. von der einzelnen Organisation unabhängige) Beurteilung von Projekten ermöglichen soll.

Es gibt eine ganze Reihe verschiedener Reifegradmodelle mit Namen, die teilweise an Science-Fiction-Filme erinnern: CMMI, SPICE, OPM3 u.v.a.m. Jedes dieser Modelle hat einen besonderen Fokus. Auf CMMI und SPICE werden wir gleich noch genauer eingehen, wobei wir den Fokus klar auf SPICE legen, da diese Norm in Europa weit verbreitet ist.

OPM3 steht für »Organizational Project Management Maturity Model«. Das Reifegradmodell wird vom Project Management Institute (PMI) propagiert und konzentriert sich, wie der Name schon sagt, auf das Thema Projektmanagement.[1]

1. Kein Reifegradmodell im eigentlichen Sinne, aber trotzdem für Projektmanager hochinteressant ist SFIA, das »Skills Framework for the Information Age«. Dabei geht es um die Bewertung von Soft-Skill-Kompetenzen in der IT-Branche. SFIA ist leider viel zu wenig bekannt und sprengt den Rahmen dieses Buches. Wer sich dafür interessiert, kann sich auf der Webseite der SFIA Foundation informieren: *https://www.sfia-online.org/de*.

11.1 Das Grundprinzip von Reifegradmodellen

Prozessgruppen

Die meisten Reifegradmodelle ähneln sich in ihrem Grundprinzip. Der zu bewertende Bereich wird zunächst einmal in Kategorien eingeteilt, die wir »Prozessgruppen« nennen wollen.[2] Beispielsweise lassen sich alle Prozesse rund um die Softwareentwicklung in einer Prozessgruppe »Engineering-Prozesse« zusammenfassen.

Für jede dieser Prozessgruppen liefert uns das Modell eine Liste zugehöriger Prozesse und für jeden dieser Prozesse wiederum die jeweiligen »Praktiken«. Unter diesen Praktiken muss man sich relativ generische Anweisungen vorstellen, wie der Prozess umgesetzt werden kann. Mit anderen Worten: Das Reifegradmodell legt fest, welche Tätigkeiten der jeweilige Prozess beinhaltet und teilweise auch, welche Arbeitsergebnisse dabei herauskommen sollen.

Praktiken

Damit ist auch die Grundlage für eine Bewertung geschaffen, denn wenn ein Assessor die Prozesse in einem realen Projekt analysiert, erwartet er natürlich, eben die Anwendung dieser Praktiken vorzufinden. Da aber natürlich keiner genau vorschreiben möchte, wie Organisationen ihre Dokumente zu benennen haben oder mit welcher Methode sie ihre Risikoanalyse durchführen sollen, sind die Praktiken zwangsläufig eher allgemein gehalten. Es sind also nicht unbedingt bewährte Vorgehensweisen im Sinne von »Best Practices«, sondern eher generische oder grundlegende Praktiken. Im Reifegradmodell SPICE heißt es beispielsweise in der Prozessgruppe »Management« (frei übersetzt): »Erstellen Sie einen Projektzeitplan. Weisen Sie den Aktivitäten Ressourcen zu, ordnen Sie die Aktivitäten in einer Sequenz an und bestimmen Sie den Zeitpunkt der Durchführung.« Hinweise darauf, dass man dies möglichst nicht in einem Tabellenkalkulationsprogramm tun sollte, sucht man in Reifegradmodellen vergeblich. Die Einhaltung der Praktiken bewerten SPICE und CMMI anhand der geforderten Nachweise. Methoden, wie diese zu entstehen haben, liefern die Reifegradmodelle nicht.

Nutzen von Reifegradmodellen

Reifegradmodelle sind sehr wertvoll. Allein in der Zusammenstellung der einzelnen Praktiken steckt bereits viel Erfahrung, und zwar nicht nur die einer einzelnen Firma, sondern die geballte Erfahrung aller an der Erstellung des Reifegradmodells beteiligten Akteure. Es ist daher mit Sicherheit eine gute Empfehlung, diese Anleitungen zu befolgen. Das Ergebnis eines Prozesses kann dadurch nur besser werden. Reifegradmodelle ziehen ihre Existenzberechtigung daher aus drei wesentlichen Punkten:

---

2. Auf OPM3 trifft die Bezeichnung »Prozessgruppe« nicht wirklich zu. OPM3 kennt die Domänen »Projektmanagement«, »Programm-Management« und »Portfoliomanagement«. Die Grundidee ist jedoch identisch.

1. Sie bieten Hilfestellung für alle, die Prozesse neu definieren müssen. Niemand muss das Rad neu erfinden.
2. Sie ermöglichen es Projekten oder Organisationen, Schwachstellen bzw. Verbesserungspotenzial zu identifizieren. Wenn in einem Projekt Nachweise wie ein Aktivitätenzeitplan oder eine Sprint-Planung fehlen, so besteht hier definitiv Verbesserungspotenzial.
3. Assessmentberichte können als objektives Beweismittel herangezogen werden, wenn die Qualität eines Prozesses infrage gestellt werden sollte.

Assessments

Der letzte Punkt bringt uns auf die Durchführung der Bewertung. In Kapitel 8 waren wir im Zusammenhang mit der Qualitätssicherung für Prozesse bereits auf Audits eingegangen. Bei Reifegradmodellen spricht man von »Assessments«.[3] Der wesentliche Unterschied besteht darin, dass Assessments keine »Hop oder Top«-Bewertung liefern, also nicht wie Audits in einem »bestanden« oder »nicht bestanden« enden. Stattdessen erfolgt eine Bewertung der verschiedenen Prozessgebiete. Es können also einzelne Prozesse einen bestimmten Level erreichen, andere nicht. Damit lassen sich gezielt die Stärken und Schwächen in einzelnen Bereichen identifizieren.

Der Ablauf eines Assessments ähnelt stark dem von Audits. Gemessen werden die einzelnen Prozesse an den im Reifegradmodell festgelegten Praktiken, die sozusagen den Leitfaden durch das Assessment bilden.

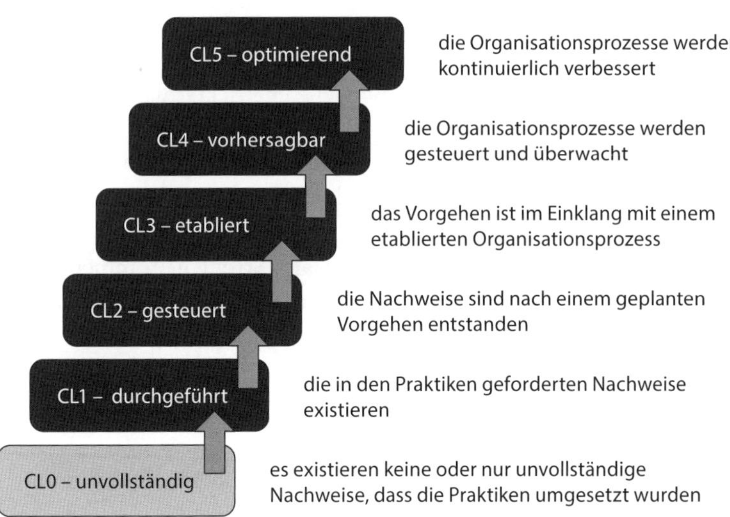

Abb. 11–1
Die Reifegradstufen (engl.: Capability Level: kurz CL) aus ISO/IEC 15504 (SPICE)

3. Bei CMMI heißen Assessments offiziell »Appraisals«. Wir bleiben jedoch der Einfachkeit halber in der SPICE-Terminologie.

Im Assessment wird die Qualität der Prozesse bewertet. Daher enthält jedes Reifegradmodell neben der bereits beschriebenen Prozessdimension auch eine Reifegraddimension. Diese definiert das »Notensystem« und bildet somit die Messlatte, an der jede Aktivität im Prozess gemessen wird. Das bereits erwähnte Reifegradmodell SPICE definiert sechs Reifegradstufen von 0 bis 5 (siehe Abb. 11–1). Somit ist Stufe 5 – anders als in der Schule – die beste Bewertung, die eine Organisation erreichen kann. Selbstverständlich hat jedes Reifegradmodell seine eigene Messlatte. Assessoren lernen dies in ihrer Ausbildung.

11.2 Geschichtliche Entwicklung

Geburtsstunde von CMM

Die Geschichte der Reifegradmodelle begann vor 30 Jahren. 1987 kam der Amerikaner Watts Humpfrey [Humpfrey 1987] auf den guten Gedanken, bewährte Praktiken der Softwareentwicklung zu sammeln und allen zur Verfügung zu stellen. Daraus entstand das erste Reifegradmodell für die Softwareentwicklung, das Capability Maturity Model (CMM).

Durch die zunehmende Komplexität der Software begann sich die Erkenntnis durchzusetzen, dass Softwareentwicklungsprojekte vielleicht doch etwas mehr Sorgfalt und Systematik erfordern als bislang gedacht, wenn man nicht viel Geld in den Sand setzen möchte. Dementsprechend wurde CMM dankbar aufgegriffen; insbesondere durch das US-Verteidigungsministerium, das die Ausarbeitung des Modells auch finanziert hatte.

CMMI

CMM wurde schnell sehr erfolgreich. Das führte dazu, dass weitere Reifegradmodelle für andere Bereiche entwickelt wurden. Ca. zehn Jahre später war die Sache so unübersichtlich geworden, dass CMMI ins Leben gerufen wurde. CMMI steht für »Capability Maturity Model Integration«. Wieder waren das US-Verteidigungsministerium zusammen mit dem Software Engineering Institute (SEI) die Hauptakteure. CMMI ist heute weltweit im Einsatz. Streng genommen handelt es sich dabei nicht um ein, sondern um drei Modelle, die verschiedene Disziplinen abdecken (daher auch das »I« für »Integration«):

- **CMMI for Development** (kurz: CMMI-DEV)
  befasst sich mit der Produktentwicklung (sei es Hardware, Software oder Systeme),
- **CMMI for Services** (kurz: CMMI-SVC)
  behandelt das Thema »Dienstleistungen« und
- **CMMI for Acquisition** (kurz: CMMI-ACQ)
  behandelt den Einkauf von Hardware, Software oder Systemen.

SPICE

Nachdem die Sache immer unübersichtlicher wurde, fanden 1993 zwei bekannte Normierungsgremien, die International Organization for Standardization (ISO) und die International Electrotechnical Commission (IEC), zusammen, um gemeinsam Regeln festzulegen, wie solche für quantitative Bewertungen verwendeten Modelle eigentlich aussehen sollten. Dahinter stand der Wunsch, möglichst vergleichbare Bewertungsskalen zu definieren.

Die Arbeitsgruppe nannte sich SPICE – ein Akronym für »Software Process Improvement and Capability dEtermination«.[4]

ISO/IEC 15504

SPICE war eigentlich nur der Projektname. Das Ergebnis des Projektes ist die ISO/IEC 15504 (auch wenn SPICE noch immer gerne als Synonym verwendet wird). Heute ist ISO/IEC 15504 ein international anerkannter Standard und CMMI ebenbürtig. Tatsächlich haben sich die beiden Modelle weitgehend angeglichen. CMMI erfüllt die Anforderungen aus ISO/IEC 15504 und auch inhaltlich gibt es nur wenige Unterschiede. Besteht ein Projekt eine Reifegradstufe in CMMI, ist anzunehmen, dass es die entsprechende Stufe in SPICE ebenfalls erreicht. Letztendlich haben sich eben weltweit die gleichen Praktiken bewährt.

11.3 Ein paar Details zu CMMI

CMMI unterscheidet zwei Repräsentationsformen: die Stufenrepräsentation (»staged representation«) und die kontinuierliche Repräsentation (»continuous representation«).

Stufenrepräsentation vs. kontinuierliche Repräsentation

Die Stufenrepräsentation stellt fest, welchen Reifegrad die Organisation als Ganzes hat. Sie ist eine Art »Gesamtnote«, erlaubt aber keine Aussage über punktuelle Stärken in Teilbereichen. Das leistet dafür die kontinuierliche Repräsentation, die den Fähigkeitsgrad einzelner Prozessgebiete widerspiegelt und gezielt die Stärken und Schwächen in einzelnen Bereichen darstellt.[5] Für Fähigkeitsgrade gibt es eine eigene Bewertungsskala, auf die wir hier jedoch nicht mehr genauer eingehen wollen.

4. Ursprünglich stand SPICE für »Software Process Improvement and Capability Evaluation«. Unglücklicherweise hat »Evaluation« auf Französisch einen sehr wertenden Beigeschmack. Dabei geht es gar nicht um »Bestehen oder Durchfallen«, sondern um eine Positionsbestimmung im Hinblick auf Verbesserungen. Das Akronym war aber zu schön, um es aufzugeben – also wurde die Bedeutung geändert.

5. Wir haben bislang nicht zwischen »Reifegrad« und »Fähigkeitsgrad« unterschieden. Streng genommen sind die Stufen in ISO/IEC 15504 Fähigkeitsgrade, wie sich an der englischen Bezeichnung »Capability Level« erkennen lässt.

Die Bewertungsskala für Reifegrade kennt insgesamt fünf Stufen:

- **Stufe 1 – Initial**
  Wenn überhaupt Praktiken umgesetzt werden, so liegt es an der Eigeninitiative einzelner Projektmitarbeiter und ist kein Verdienst der Organisation.
- **Stufe 2 – Managed**
  Die Prozesse werden durchgeführt, können aber von Projekt zu Projekt unterschiedlich aussehen. Entweder gibt es keine einheitlichen Vorgaben oder sie werden nicht beachtet.
- **Stufe 3 – Defined**
  Der Prozess ist organisationsweit etabliert. Zudem gibt es die Möglichkeit des Prozess-Tailorings und erste Auswertungen von Lessons Learned.
- **Stufe 4 – Quantitatively Managed**
  Der Prozess ist vorhersagbar und wird mit Metriken überwacht.
- **Stufe 5 – Optimizing**
  Die Prozesse werden kontinuierlich verbessert.

Generische und spezifische Praktiken

CMMI legt pro Prozessgebiet spezifische und generische Ziele und Praktiken fest. Während generische Ziele und Praktiken allgemein, d.h. für alle Prozessgebiete gültig sind, beziehen sich spezifische Ziele und Praktiken ganz klar auf das jeweilige Prozessgebiet. Generische Praktiken sind z.B. (frei übersetzt) »Führe die spezifischen Praktiken durch«, »Plane die Prozesse« und »Stelle Ressourcen zur Verfügung«. Spezifische Praktiken für das Prozessgebiet »Projektplanung« sind z.B. »Lege den Projektumfang fest« (bezieht sich auf den PSP), »Schätze Aufwand und Kosten« und »Identifiziere Projektrisiken«.[6]

Übrigens hängt es von der angestrebten Reifegradstufe ab, welche Prozessgruppen überhaupt betrachtet werden müssen. Abbildung 11–2 zeigt die Zuordnung einiger Prozessgruppen zu den Reifegradstufen, wobei die für das Projektmanagement relevanten Gruppen fett hervorgehoben sind.

6. Es würde den Rahmen dieses Buches sprengen, alle für das Projektmanagement relevanten Praktiken aufzulisten. Wer konkret CMMI in seinem Projekt einsetzen möchte oder muss, sollte eine weiterführende Schulung zum Thema besuchen.

5 - Optimizing	organisationsweites Prozessfähigkeitsmanagement, Ursachenanalyse & Problemlösung
4 - Quantitatively Managed	organisationsweite Prozessfähigkeit, **quantitatives Projektmanagement** u.a.
3 - Defined	Anforderungsentwicklung, organisationsweite Prozessdefinition, Verifizierung, Validierung, **integriertes Projektmanagement, Risikomanagement** u.a.
2 - Managed	**Projektplanung, Projektverfolgung & -steuerung, Anforderungsmanagement, Management von Lieferantenvereinbarungen**, Konfigurationsmanagement u.a.
1 - Initial	keine Prozesse

fett = Kategorie »Projektmanagement«

Abb. 11–2
Zuordnung der Prozessgruppen zu den Reifegradstufen

11.4 Weitere Details zu ISO/IEC 15504 (SPICE)

Konzeptueller Unterschied zu CMMI

Von ISO/IEC 15504 wird üblicherweise die kontinuierliche Repräsentationsform für Projektbewertungen herangezogen. Schließlich geht es weniger um eine »Gesamtnote« als um die Identifikation von Verbesserungspotenzial. Auch die Grundstruktur ist etwas anders als bei CMMI. Während CMMI die Prozessgebiete an Reifegrade koppelt, kann man sich bei ISO/IEC 15504 die zu betrachtenden Prozessgebiete frei zusammenstellen. Dadurch eignet sich die Norm besonders für Organisationen, die nicht gleich alles auf den Prüfstand stellen wollen, sondern nur in bestimmten Bereichen (z.B. in der Softwareentwicklung) Verbesserungsbedarf sehen. Nachteil der fehlenden Zuordnung ist, dass SPICE keine Reihenfolge für Verbesserungen vorschlägt.

Bewertung der Prozessattribute

Abbildung 11–3 zeigt noch einmal die Reifegrade bzw. eigentlich ja Fähigkeitsgrade aus ISO/IEC 15504. Jeder Stufe sind sogenannte Prozessattribute zugeordnet, für die jeweils wiederum generische Praktiken und Arbeitsergebnisse definiert sind. Im Assessment wird der Erfüllungsgrad dieser Prozessattribute nach einer vierstufigen Skala bewertet:

- N: 0–15% = nicht erfüllt
- P: 16–50% = teilweise erfüllt
- L: 51–85% = überwiegend erfüllt
- F: 86–100% = vollständig erfüllt

Die Kürzel N, P, L und F stammen aus der englischen Version (not achieved, partly achieved, largely achieved und fully achieved). Wenn die Prozessattribute eines Reifegrads ein »Largely« ergeben, gilt die geprüfte Stufe des Prozesses als bestanden. Jedoch erst, wenn alle Prozessattribute eines Reifegrads mit »F« bewertet wurden, ist der Übergang in die nächste Reifegradstufe möglich.

Abb. 11–3
Zuordnung von Prozessattributen zu Reifegraden in ISO/IEC 15504

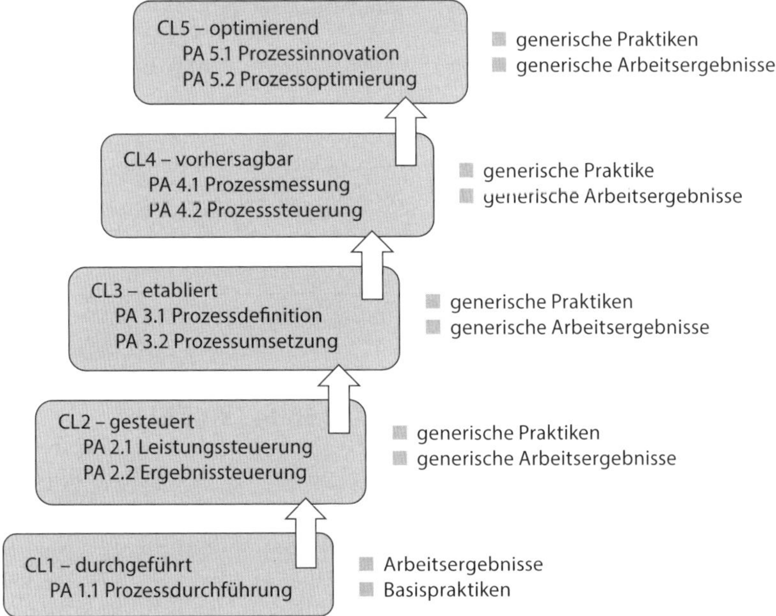

Wie bereits erwähnt, wurde das ganze SPICE-Projekt gestartet, um Assessments vergleichbar zu machen. Dementsprechend enthält ISO/IEC 15504 eigentlich nur Anforderungen an die Modelle, nicht die Modelle selbst. Die Norm unterscheidet dabei zwischen dem Prozess-Referenz-Modell (PRM) und dem Prozess-Assessment-Modell (PAM).

Prozess-Referenz-Modell (PRM)

PRM und PAM gehören immer zusammen. Das PRM beschreibt die umzusetzenden Prozesse (Prozessgruppe, Prozessname, Ziel, Ergebnisse). Es kann sich dabei beispielsweise um einen bestehenden Standard wie z.B. ISO 12207 »Software Lifecycle Processes« handeln. Genau dieser Standard wird übrigens in ISO/IEC 15504 als Beispiel für ein PRM angeführt.

Prozess-Assessment-Modell (PAM)

Das PAM bezieht sich immer auf das PRM und beschreibt die geforderten generischen sowie Basispraktiken und Prozessattribute. Damit liefert es die Grundlage zur Bewertung des Reifegrades, weshalb es ja auch Prozess-Assessment-Modell heißt. ISO/IEC 15504 enthält im informativen Teil 5 ein exemplarisches PAM, das sich, wie gesagt, auf ISO 12207 »Software Lifecycle Processes« als PRM bezieht. Wer also ein Assessment nach ISO/IEC 15504 durchführt, bezieht sich auf diesen nicht normativen Teil.

Die Trennung von Anforderungen an das Modell und dem tatsächlich eingesetzten Modell an sich ermöglicht es, domänenspezifische Reifegradmodelle zu definieren. Davon wird in der Praxis auch eifrig Gebrauch gemacht. Die abgeleiteten Reifegradmodelle nennen sich dann Automotive SPICE, SPICE4SPACE, Medical SPICE oder Test-SPICE, um nur ein paar Beispiele aufzuzählen.[7]

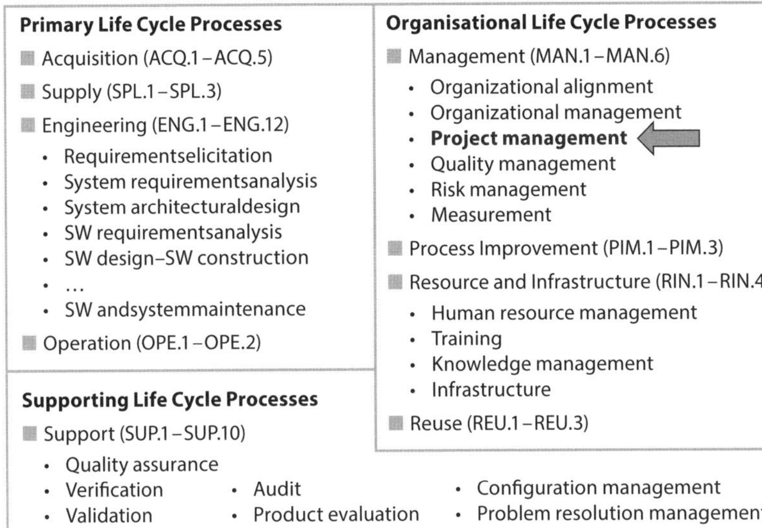

Abb. 11–4
Überblick über die Prozessgruppen in ISO/IEC 15504 (SPICE)

Abbildung 11–4 zeigt einen Überblick über die Prozessgruppen, wie sie in ISO/IEC 15504 definiert sind. Projektmanagement gehört zu den organisatorischen Prozessen.

---

7. Leider gibt es sehr viele, teilweise konkurrierende Reifegradmodelle. Neben Medical SPICE gibt es auch noch MediSPICE, neben TestSpice auch noch TMMI, das sich an CMMI anlehnt. In der Praxis hängt es vom jeweiligen Kontext ab, welches der Modelle den höchsten Verbreitungsgrad erreicht.

Tab. 11–1
Zuordnung der Basispraktiken aus ISO/IEC 15504 zum ASQF-CPPM-Lehrplan

ISO/IEC 15504 (Stichworte)	Lehrbuchkapitel
MAN.3 BP1: Projektumfang festlegen	4 – Projektinitiierung
MAN.3 BP2: Projektlebenszyklus festlegen	3 – Prozess- und Vorgehensmodelle in der Softwareentwicklung
MAN.3 BP3: Machbarkeitsstudie durchführen	4 – Projektinitiierung
MAN.3 BP4: (Aufwands-)Schätzungen durchführen	5 – Projektplanung
MAN.3 BP5: Aktivitäten und Aufgaben (Tasks) planen	5 – Projektplanung
MAN.3 BP6: erforderliche Kompetenzen definieren	10 – Personalmanagement
MAN.3 BP7: Projektzeitplan festlegen	5 – Projektplanung
MAN.3 BP8: Projektschnittstelen identifizieren und überwachen	5 – Projektplanung 6 – Projektumsetzung und -controlling
MAN.3 BP9: Verantwortlichkeiten festlegen	5 – Projektplanung
MAN.3 BP10: Projektplan erstellen	5 – Projektplanung
MAN.3 BP11: Projektplan umsetzen	6 – Projektumsetzung und -controlling
MAN.3 BP12: Projektattribute überwachen	6 – Projektumsetzung und -controlling
MAN.3 BP13: Projektfortschritt kontrollieren	6 – Projektumsetzung und -controlling
MAN.3 BP14: Auf Abweichungen reagieren	6 – Projektumsetzung und -controlling
MAN.3 BP15: Projektabschlussreview durchführen	7 – Projektabnahme und -abschluss

SPICE noch weiter im Detail zu präsentieren, würde den Rahmen dieses Buches sprengen. Daher nur noch so viel: Die 15 Basispraktiken, die die Norm für die Prozessgruppe MAN.3 Projektmanagement vorsieht, finden sich allesamt in diesem Lehrbuch wieder, wie Tabelle 11–1 zeigt.

11.5 Reifegradmodelle und agil – ein Widerspruch?

Zugegebenermaßen sind praktisch alle Reifegradmodelle vor dem Hintergrund sequenzieller Vorgehensmodelle entstanden. Das liegt schlicht und einfach daran, dass Agilität damals noch kein Thema war.

Tatsächlich stehen Reifegradmodelle in keiner Weise im Widerspruch zur Agilität. Schließlich beschreiben sie nur, *WAS* gemacht werden soll, nicht *WIE*. Ersteres lässt sich unabhängig vom Vorgehensmodell betrachten, und somit bewerten. Letzteres hängt tatsächlich vom Vorgehensmodell ab, spielt aber aus Sicht der Reifegradbewertung keine Rolle. Im Gegenteil: Wenn wir uns das Vorgehensmodell Scrum anschauen, dann werden wir sehen, wie viele der von den Reifegradmodellen geforderten Praktiken der Projektmanagementprozesse hier schon »frei Haus« geliefert werden.

11.6 Zusammenfassung

In diesem letzten inhaltlichen Kapitel wurde das Konzept der Reifegradmodelle vorgestellt. Reifegradmodelle können als Grundlage zur Beurteilung von Entwicklungsprozessen und als Orientierungshilfe für die Prozessverbesserung dienen.

Die beiden bekanntesten Reifegradmodelle im Zusammenhang mit der Softwareentwicklung sind CMMI und ISO/IEC 15504 (SPICE).

11.7 Übungsaufgaben

1. Nennen Sie die verschiedenen Reifegradmodelle, auf die Sie im Rahmen des Projektmanagements zurückgreifen können.
2. Beschreiben Sie das Grundprinzip, dem alle Reifegradmodelle unterliegen.
3. Erklären Sie anhand eines selbstgewählten Beispiels das Prinzip von unterschiedlichen Reifegradstufen.

12 Zusammenfassung

12.1 Das Wichtigste nochmal in Kürze

Warum brauchen wir Softwareprojektmanagement? Die Informatik ist im Vergleich zu den Ingenieurwissenschaften eine noch recht junge Disziplin. Zudem hat Software zum Teil gänzlich andere Eigenschaften als physische Ingenieursprodukte wie Gebäude, Maschinen etc. Daraus resultieren besondere Anforderungen an die Softwareentwicklung.

Einleitung

Vor dem Hintergrund der nach wie vor hohen Misserfolgsraten von IT-Projekten hat die Bedeutung des Projektmanagements heute im Vergleich zu früher stark zugenommen. Moderne Ansätze wie z.B. agile Vorgehensmodelle sorgen dafür, dass sich die Branche positiv weiterentwickelt. Das vorliegende Buch fasst die Grundlagen modernen Softwareprojektmanagements zusammen. Neben schnöder Theorie spiegelt das Buch jedoch auch die jahrelange praktische Erfahrung der Autoren in diesem Bereich wider.

Kapitel 1

Um eine möglichst einheitliche Terminologie sicherzustellen, führten wir zunächst die wichtigsten Begriffe und Konzepte des Projektmanagements ein. Als Basis diente uns der internationale Standard zum Thema »Projektmanagement«, die ISO 21500.

Auch die vielfältigen Anforderungen an die Kompetenz eines Projektmanagers waren ein Thema. Da die meisten Projekte nicht an technischen Schwierigkeiten, sondern an zwischenmenschlichen Aspekten scheitern, ging es im ganzen Buch immer wieder um die »weichen« Faktoren, die Soft Skills.

Kapitel 2 bis 4

Als Nächstes behandelte das Buch die vier grundlegenden Organisationsformen des Projektmanagements. Neben der Aufbauorganisation wurde die Projektablauforganisation vorgestellt. Damit ist die Summe der für ein Projekt vorgesehenen Softwareentwicklungsprozesse sowie die Informationsflüsse zwischen den einzelnen Aufgabenträgern und den Projektgremien gemeint.

Kapitel 3 beschrieb die gebräuchlichsten Vorgehensmodelle heutiger Softwareprojekte. Dabei wurde zwischen zwei völlig verschiedenen Welten unterschieden: sequenzielle Vorgehensmodelle auf der einen Seite und agile Vorgehensmodelle auf der anderen Seite.

In Kapitel 4 ging es um die sogenannte Projektinitiierung, also den Beginn eines jeden Projektes. Sowohl die fachlichen Aktivitäten der Projektinitiierung als auch die zwischenmenschlichen Aktivitäten und Methoden haben hier eine hohe Bedeutung, denn ein Projekt endet meist so gut oder so chaotisch, wie es begann. Daher sollte alles dafür getan werden, ein Projekt so sauber wie möglich aufzusetzen.

Kapitel 5 und 6

Ab Kapitel 5 ging es um den Kern der täglichen Arbeit eines Projektmanagers – zunächst um die Projektplanung und später, in Kapitel 6, um die Steuerung und Kontrolle von Projekten. Dabei wurden systematisch die sequenzielle und agile Vorgehensweise gegenübergestellt.

Im sequenziellen Umfeld wird die Planung meist zu einem relativ frühen Zeitpunkt erstellt. Der »klassische« Projektmanager arbeitet mit Meilensteinplanung und Projektstrukturplan, aus denen er analytisch die Aufwandsplanung, den detaillierten Aktivitätenzeitplan sowie die detaillierte Kostenplanung ableitet. Diese initiale Planung muss dann als feststehendes Ziel bei der Projektumsetzung – oft »um jeden Preis« – erreicht werden.

Im agilen Umfeld wird zwar auch geplant, wahrscheinlich sogar noch mehr, jedoch iterativ zu Beginn einer jeden Iteration immer wieder, indem die erste Version der Iterations- und Releaseplanung ständig aktualisiert und somit (hoffentlich) realistischer wird.

Auch die Steuerung und Kontrolle von Projekten unterscheidet sich je nach Umfeld deutlich. Im sequenziellen Umfeld wird auf Aktivitätenebene gesteuert, im agilen Umfeld anhand von Tasks und mithilfe von »Burndown-Charts«. Entscheidend ist, dass im sequenziellen Vorgehensmodell Änderungen als Störfaktor angesehen werden und eher unerwünscht sind und über das Änderungsmanagement abgewickelt werden, wohingegen im agilen Modell Änderungen als normal angesehen werden, grundsätzlich willkommen sind und jederzeit in kommende Iterationen aufgenommen und eingesteuert werden können.

Kapitel 7 bis 10

Projektabnahme und -abschluss vollziehen sich in beiden Welten grundsätzlich ähnlich, nur zu unterschiedlichen Zeitpunkten. Im agilen Umfeld findet die Meilenstein- und Projektabnahme prinzipiell am Ende einer jeden Iteration (also inkrementell über die ganze Projektlaufzeit) statt. Projekte, die nach sequenziellem Vorgehensmodell arbeiten, erfahren meist erst zum Ende der Laufzeit hin eine Gesamtabnahme.

Qualitätssicherung (Kap. 8) und Risikomanagement (Kap. 9) sind keine einmaligen Ereignisse, sondern zwei unentbehrliche, parallel mitlaufende Prozesse in jedem Softwareentwicklungsprojekt. Sie sollten daher bereits in der Projektinitiierung und der Projektplanungsphase detailliert vorbereitet und in den späteren Phasen entsprechend durchgeführt werden.

Kapitel 10

In Kapitel 10 wurde es menschlich. Hier ging es um die herausragende Bedeutung verschiedener Erfolgsfaktoren des Personalmanagements für den Projekterfolg insgesamt. Die Rolle des klassischen Projektmanagements hat sich von sequenziellen zu agilen Umfeldern hin drastisch verändert. War im klassischen Bild noch der Projektleiter als Person die führende und entscheidende Rolle, bei dem alle Fäden zusammenliefen und der generell die Verantwortung trug, so ist die Rolle »Projektmanagement« im agilen Umfeld eher depersonalisiert und lastet auf allen Schultern des Projektteams.

Wer auch immer Projektmanagementaufgaben übernimmt, sollte sich seiner Wirkung bewusst sein. Themen wie soziale Kompetenz, Kommunikation, Motivation und Führung sind daher extrem wichtig. Insbesondere Moderation ist immer wieder (unabhängig vom Vorgehensmodell) im Projekt gefragt. Das Kapitel gab auch einen Einblick in typische Teamentwicklungsprozesse und Teamrollen.

Kapitel 11

Am Ende des Buches warfen wir einen kurzen Blick über den Tellerrand des eigentlichen Projektgeschäfts hinaus und schauten auf die Bedeutung von Reifegradmodellen. Diese liefern die Grundlage zur Beurteilung des Softwareentwicklungsprozesses innerhalb der Organisation und dienen somit als Ausgangspunkt für kontinuierliche – über die Laufzeit eines einzelnen Projektes weit hinausgehende – Prozessverbesserungen.

12.2 Ausblick

Dieses Buch ist eine Einführung in das Thema »Softwareprojektmanagement«. Daher konnte manches Thema, das mehr oder weniger eng mit Projektmanagement in Unternehmen zusammenhängt, nicht behandelt werden. Hierzu gehören unter anderem die Themen Multiprojektmanagement und Governance[1]. Auch in diesem Abschnitt wollen wir diese Themen nicht »nachholen«, sondern stattdessen kurz einen Ausblick auf einen in agilen Umfeldern relevanten Trend im Softwareprojektmanagement wagen.

---

1. Frei übersetzt: Steuerung/Regelung (in diesem Falle von Projektmanagementprozessen).

Design Thinking im agilen Umfeld

Wir wollen hier die Frage nach aktuellen Trends rund um agile Vorgehensmodelle stellen. Was tut sich in diesem Umfeld? Was wird aktuell diskutiert?

Zu den in letzter Zeit vermehrt diskutierten Ansätzen gehört das Design Thinking, das starke Ähnlichkeit mit agilen Paradigmen zeigt. Design Thinking wurde zunächst von Kelley [Kelley 2005] und Brown [Brown 2008] entwickelt und später von Hasso Plattner in der Praxis – unter anderem durch Gründung der »d-school« – gefördert und in der Forschung weiter ausgebaut [Plattner 2009]. Es handelt sich dabei um einen nutzerzentrierten Ansatz für die Produkt- und Serviceentwicklung, der zum Lösen von Problemen und zur Entwicklung neuer Ideen und Produkte führen soll und auf drei gleichwertigen Grundprinzipien aufbaut. Diese Prinzipien lauten:

a) Interdisziplinäre Teams
b) Freiräume im Denken und Agieren
c) Hoch iterativer Designprozess

Design Thinking ist weniger eine einzelne Methode, sondern vielmehr eine Kombination von Grundeinstellungen. Deshalb spricht man auch von einem »Ansatz«. Die Grundidee ist, Menschen aus unterschiedlichen Disziplinen in einem kreativitätsfördernden Umfeld zusammenzubringen und möglichst frei arbeiten zu lassen.

Eine Prämisse des Design Thinking ist, dass Produktinnovation sich immer im Schnittpunkt zwischen Wünschbarkeit (User), Machbarkeit (Projektressourcen) und Wirtschaftlichkeit (Management) vollzieht. Dies erinnert stark an den allgemeinen Zielkonflikt im Projektmanagement – dem Dreieck aus Terminen, Kosten und Qualität.

Das Vorgehen bei einem Produkt- und Serviceentwicklungs-projekt gemäß Design-Thinking-Ansatz ist in Abbildung 12–1 dargestellt.

Abb. 12–1 *Phasen des Design-Thinking-Prozesses, in Anlehnung an [Plattner 2009]*

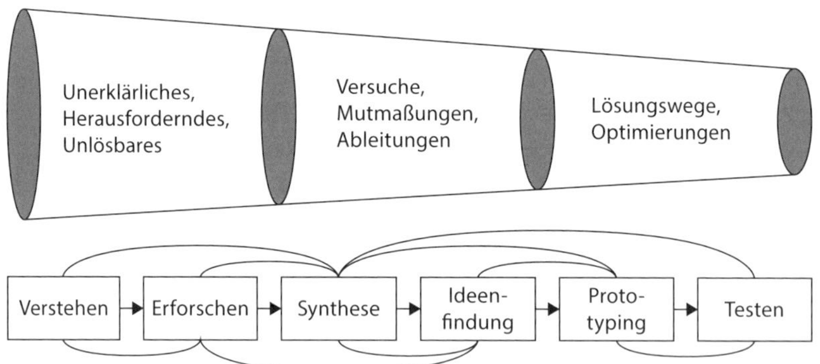

Die sechs Phasen lassen sich grob in zwei Bereiche teilen, erstens in das forschende und kreative Herantasten von Unerklärlichem, Herausforderndem oder scheinbar Unlösbarem zu Mutmaßungen, vielen Versuchen und Ableitungen, und zweitens in einen wieder konvergierenden Prozess des Kristallisierens und Optimierens von Lösungswegen.

Erste Phase: »Verstehen«

Im Mittelpunkt der ersten Phase (»Verstehen«) steht die Design-Challenge. Sie ist der »Auftrag« für das Entwicklungsteam, bei dem versucht wird, die richtigen Fragen zu finden und das Designproblem zu verstehen.

> *Als Beispiel in unserem Projekt wäre dies: Wie lassen sich den Entwicklungsingenieuren verlässlich und anschaulich grundlegende Grafikfunktionalitäten für Anzeigeflächen immer wieder neuer Geräte und Komponenten im Fahrzeugbau zur Verfügung stellen?*

Auf dieser Grundlage erstellt das Team in der ersten Phase zudem eine passende Projektplanung zur Aufgabe und versucht, relevantes Wissen zu recherchieren, um möglichst sofort zu »Ad-hoc-Experten« in Bezug auf die Herausforderung zu werden.

Zweite Phase: »Erforschen«

In der zweiten Phase (»Erforschen«) versucht das Team, möglichst tief in die Rolle des Nutzers abzutauchen und möglichst viel über die Aufgabe und das Problem zu lernen. Beobachtungen, Nutzerinterviews oder eigenes Ausprobieren sind Bestandteil dieser Phase des »Erforschens«.

Dritte Phase: »Synthese«

In der dritten (nun konvergierenden) Phase der »Synthese« geht es darum, die Unmengen an Informationen und Wissen zu sichten und zu priorisieren. Die Verdichtung von Information zu Standpunkten (den »Point of Views«) entspricht dem Vorgehen aus dem klassischen Produktdesign. Hieraus leitet sich der Name »Design Thinking« ab. Es werden aber noch weitere Methoden angewendet, insbesondere Personas, Stakeholder Maps und Customer Journey Maps.

Vierte Phase: »Ideenfindung«

In der vierten Phase (»Ideenfindung«) darf das Team jetzt endlich Lösungen zum Problem formulieren, was meist in Form mehrerer Brainstormings geschieht.

Fünfte Phase: »Prototypen«

Die fünfte Phase (»Prototypen«) beinhaltet erste Tests von Ideen anhand erster grober und improvisierter Prototypen, das können Skizzen, Mockups, Stories, Videos oder auch nur Storytellings sein. Das Prinzip ist hier: Je weniger Aufwand in den Prototyp gesteckt wurde, desto ehrlicher wird das Feedback sein!

Sechste Phase: »Testen«

In der sechsten Phase (»Testen«) liegt die Betonung weiterhin auf schnellem, iterativem Feedback und Tests der Prototypen sowie Zusammenführung der Ergebnisse.

Aufgrund der Ähnlichkeiten von Design Thinking einerseits und agilen Produktentwicklungsansätzen andererseits kombinieren einige Unternehmen momentan die Stärken von Design Thinking als Methode der kreativen *Identifikation* von Innovationen mit agilen Projektmanagementansätzen bei der *Umsetzung* dieser Innovationen. Es wird sich jedoch noch zeigen, ob Design Thinking ein Trend in der Innovationsbranche bleibt oder ob es sich im Zusammenspiel mit agilen Ansätzen für die moderne Softwareentwicklung allgemein durchsetzt.

Anhang

A Lösungshinweise

Hinweis: Bei Fragen, in denen ein Beispiel genauer erläutert werden soll, haben wir uns in den Lösungshinweisen lediglich auf je ein Beispiel konzentriert. Die Erläuterungen der weiteren möglichen Beispiele finden Sie, wie bei allen Fragen auch, auf den in der rechten Spalte angegebenen Seiten.

Kapitel 1 – Überblick und Einführung

Nummer	Aufgabe/Frage		Lösung auf Seite
1	Erläutern Sie, an welchen Faktoren Projekte üblicherweise scheitern.	Übliche Faktoren sind u.a.: ■ Mangelnde technische Fähigkeiten, insbesondere ungenügende Kenntnisse des Anforderungsmanagements ■ Kommunikationsprobleme und Führungsschwächen, z.B. unklare Entscheidungskompetenzen ■ Prozessbezogene Mängel	7 (Abschnitt 1.1)
2	Nennen und beschreiben Sie drei wesentliche Begriffe, die durch die ISO 21500 definiert sind.	■ **Projekt** Besteht aus einer einzigartigen Gruppe von Prozessen, die auf eine Zielsetzung ausgerichtete, koordinierte und gesteuerte Vorgänge mit Beginn- und Fertigstellungsterminen zur Erstellung von Lieferobjekten umfassen. ■ **Projektmanagement** Ist die Anwendung von Methoden, Hilfsmitteln, Techniken und Kompetenzen in einem Projekt. ■ **Projektlebenszyklus** Erstreckt sich über den Zeitraum vom Beginn des Projektes bis zu dessen Ende und wird durch Meilensteine unterteilt.	9 (Abschnitt 1.2)

→

Nummer	Aufgabe/Frage		Lösung auf Seite
3	Nennen Sie die zehn Projektmanagement-themengruppen.	Die zehn Projektmanagementthemen-gruppen sind: ■ Integration ■ Stakeholder ■ Inhalt ■ Ressourcen ■ Termine ■ Kosten ■ Risiko ■ Qualität ■ Beschaffung ■ Kommunikation	14–15 (Tab. 1–1)
4	Beschreiben Sie den Zusammenhang, der zwischen den Projekt-kernprozessen »Planung« und »Controlling« besteht.	Controllingprozesse dienen zur Überwachung und Steuerung der Projektdurchführung, so wie sie in der Planungsphase ursprünglich geplant wurden: ■ Aufwands- und Kostenschätzungen können mit den tatsächlichen Werten abgeglichen werden. ■ Geplante Maßnahmen können hinsichtlich ihres Umsetzungsgrades überprüft werden.	16 (Zeile »Planung« in Tab. 1–2)
5	Nennen Sie fünf Kernaufgaben des Projektmanagements.	Kernaufgaben sind u.a.: ■ Führung des Projektteams ■ Planung von Meilensteinen ■ Kontakt mit den Kunden halten und Verhandlungen führen ■ Auswahl von Methoden und Werkzeugen ■ Festlegung und Überwachung der Berichterstattung	17 (Abschnitt 1.3.2)
6	Erklären Sie, warum ein Projektmanager unternehmerische Kompetenzen aufweisen sollte.	Projektaktivitäten und Verträge betreffen oft das Gesamtunternehmen oder haben Auswirkungen auf das gesamte Unternehmen – in Form von Nutzen, aber auch von Risiken.	18 (Abschnitt 1.3.3)

Kapitel 2 – Projektorganisation

Nummer	Aufgabe/Frage		Lösung auf Seite
1	Erklären Sie den Unterschied zwischen der Aufbau- und der Ablauforganisation.	■ Aufbauorganisation beschreibt die Verteilung von Verantwortlichkeiten und Rollen innerhalb des Projektes. ■ Ablauforganisation beschreibt die Arbeitsgestaltung innerhalb des Projektes, insbesondere Prozesse und Schnittstellen.	23
2	Beschreiben Sie, welcher Projektorganisationsform das Fallbeispiel unseres Buches – zu Projektbeginn – am nächsten kommt.	Da es keine eigene Projektabteilung gibt und der weisungsbefugte Projektmanager gleichzeitig als Vorgesetzter fungiert, handelt es sich wohl um eine Projektabwicklung im Rahmen der Stammorganisation.	25–26
3	Ist die Projektaufbauorganisation zu Anfang des Projektes optimal für das Projekt geeignet? Welche Vor- und Nachteile stellen sich dabei aus Ihrer Sicht im Fallbeispiel ein?	Von Vorteil war, dass keine zusätzliche Projektorganisation eingerichtet werden musste, da das Projekt innerhalb der Stammorganisation durchgeführt wurde. Insgesamt war die Organisationsform aber eher ungeeignet, weil: ■ vordefinierte Kommunikationsstandards, Planung, Qualitätssicherung und Controlling fehlten (und auch nicht im Rahmen des Projektes aufgestellt wurden), ■ der Austausch im Projekt und mit dem Projektumfeld unzureichend war.	25
4	Welche Projektaufbauorganisationsform würden Sie für den weiteren Projektverlauf wählen? Begründen Sie Ihre Wahl!	Das Projekt sollte – nicht zuletzt um die Kommunikation zu stärken – auf Scrum umgestellt werden. Im Fallbeispiel wurde ein Scrum Master aus einer anderen Abteilung hinzugezogen, der den ursprünglichen Projektleiter entlastete. Daher bot sich die Matrixorganisation an. Für eine reine Projektorganisation war das Projekt zum einen zu klein, zum anderen war die Zuordnung der Teammitglieder zum Projekt klar und eindeutig. Der Nachteil der Matrixorganisation, dass Teammitglieder bei mehreren zeitgleichen Projekten (zu) viele weisungsbefugte Vorgesetzte haben, war daher nicht gegeben.	31
5	Nennen Sie zwei der zentralen Aufgaben der Ablauforganisation.	■ Definition der Schnittstellen nach außen ■ Organisation der Infrastruktur	32–33

→

Nummer	Aufgabe/Frage		Lösung auf Seite
6	Wieso ist es sinnvoll, Kommunikationsstandards im Rahmen der Ablauforganisation zu definieren?	Vor allem für die Kommunikation zu externen Stakeholdern sollten Standards existieren, um Reibungsverluste zu vermeiden.	33
7	Nennen Sie drei wichtige Projektgremien und beschreiben Sie die typischen Informations- und Entscheidungswege anhand eines von Ihnen gewählten Szenarios, in dem der Projektmanager Informationen in einem Gremium aufgreift, in einem anderen Gremium präsentiert und die dort zum Thema getroffene Entscheidung wieder im ersten Gremium kommuniziert!	Wichtige Projektgremien: ■ Teammeetings ■ Projektmanagementmeeting ■ Lenkungsausschuss Mögliches Szenario: Ausfall eines wichtigen Projektmitarbeiters: ■ Im Teammeeting zeigt sich großes Risiko für Einzelprojekt. ■ Im Projektmanagementmeeting zeigt sich, dass Mitarbeiter in mehreren Projekten vertreten ist → projektübergreifendes Problem. Somit ist eine Eskalation zum Lenkungsausschuss nötig. ■ Lenkungsausschuss entscheidet, externe Leistung zum Ausgleich zu beziehen.	35 (Abschnitt 2.3.3)

Kapitel 3 – Prozess- und Vorgehensmodelle in der Softwareentwicklung

Nummer	Aufgabe/Frage		Lösung auf Seite
1	Welches sind die wesentlichen Unterschiede sequenzieller und agiler Vorgehensmodelle?	■ Sequenzielle Vorgehensmodelle sind überwiegend dokumentenorientiert, agile Vorgehensmodelle sind überwiegend produktgetrieben. ■ Sequenzielle Vorgehensmodelle teilen Projekte in Phasen auf, die sequenziell abgearbeitet werden, agile Vorgehensmodelle strukturieren Projekte in kurze Iterationen mit jeweiliger Fertigstellung von Lieferobjekten. ■ Sequenzielle Vorgehensmodelle binden in der Regel den Kunden/Endnutzer erst in späten Phasen aktiv ein, agile Vorgehensmodelle sind geprägt durch eine ständige Einbindung des Kunden/Endnutzers in allen Phasen.	40 (Einteilung in Phasen) 43 (iteratives Vorgehen)

→

Nummer	Aufgabe/Frage		Lösung auf Seite
2	Welche Schwächen weisen sequenzielle Vorgehensmodelle auf? Wie werden diese in agilen Vorgehensmodellen umgangen?	Mögliche Schwachstellen sequenzieller Vorgehensmodelle: ■ Nutzeranforderungen werden möglicherweise durch zu spätes Feedback ungenügend umgesetzt. Dieses Risiko wird in agilen Vorgehensmodellen durch die konsequente Einbindung des Nutzers minimiert. ■ Späte Auslieferung nutzbarer Software. Dies wird in agilen Vorgehensmodellen durch iterative Lieferungen der Ergebnisse umgangen. ■ Späte Anforderungsänderungen haben hohe Aufwände als Folge. Agile Vorgehensmodelle bieten durch den iterativen Ansatz die Möglichkeit, neue Anforderungen zeitnah in der jeweils nächsten Iteration aufzunehmen, was deutlich aufwandsärmer ist.	41 (spätes Feedback) 44 (Klärung durch Zwischenergebnisse)
3	Nennen und erklären Sie jeweils zwei Vor- und Nachteile von sequenziellen und agilen Vorgehensmodellen.	Zwei Vorteile sequenzieller Vorgehensmodelle: ■ Verringerung der Komplexität durch Trennung von Teilaufgaben in Phasen ■ Fokus auf externe und hierarchische Kontrollmöglichkeiten Zwei Nachteile sequenzieller Vorgehensmodelle: ■ Feedback der Nutzer meist erst nach (Teil-)Auslieferung ■ Hoher Planungsaufwand Zwei Vorteile agiler Vorgehensmodelle: ■ Relativ kurze Entwicklungszeiten bis zu ersten Versionen ■ Relativ gute Berücksichtigung von sich ändernden Anforderungen Zwei Nachteile agiler Vorgehensmodelle: ■ Verfügbarkeit des Kunden/Nutzers nötig ■ Analysen und Dokumentationen zu Projektbeginn kein Schwerpunkt	45 (Abschnitt 3.1.3)
4	Welche Voraussetzungen sollten für den Einsatz eines inkrementellen Ansatzes erfüllt sein?	Voraussetzungen für den Einsatz inkrementeller Ansätze: ■ Selbstgesteuertes Berichtswesen innerhalb definierter Rollen ■ Verfügbarkeit des Kunden gewährleistet ■ Verzicht auf hierarchische Projektüberwachung möglich	45 (Tab. 3–1, Spalte »Eignungsbereich«)

→

Nummer	Aufgabe/Frage		Lösung auf Seite
5	Ordnen Sie die folgenden Modelle den sequenziellen oder agilen Vorgehensmodellen zu: Scrum, Wasserfallmodell, V-Modell, Kanban, eXtreme Programming.	Agil: ▪ Scrum ▪ Kanban ▪ eXtreme Programming Sequenziell: ▪ Wasserfallmodell ▪ V-Modell	40 (Abschnitt 3.1.1 – Wasserfallmodell, V-Modell) 43 (Abschnitt 3.1.2 – Kanban, eXtreme Programming, Scrum)
6	Nach welchen Kriterien sollte sich das Prozess-Tailoring eines Vorgehensmodells für ein gegebenes Unternehmen und Projekt richten?	Zu berücksichtigende Kriterien sind: ▪ Branchengegebenheiten ▪ Wettbewerbssituation ▪ Unternehmensmentalität ▪ Risikobereitschaft ▪ Marktbegebenheiten ▪ Entwicklungspotenzial	46 (Abschnitt 3.2)
7	Erklären Sie, wieso ein »Prozess-Tailoring« in jedem Projekt durchgeführt werden sollte.	▪ Standardprozesse sollten an die jeweilige Prozessumgebung ausgerichtet werden. ▪ Umweltfaktoren, innerbetriebliche sowie Projektbesonderheiten sollten in den Projektprozessen berücksichtigt werden, um optimale Arbeitsergebnisse erzielen zu können.	47–48
8	Nennen und erklären Sie drei Leitprinzipien agiler Systementwicklung.	▪ Schnelles Feedback, insbesondere zur Produktentwicklung ▪ Akzeptanz von Veränderungen: Änderungen in den Anforderungen sind willkommen. ▪ Offene Kommunikation zwischen allen Projektbeteiligten über alle Themen	49 (Abschnitt 3.3.1)
9	Neben agilen Leitprinzipien liefern agile Vorgehensmodelle auch typische Elemente. Nennen Sie diese.	Typische Elemente sind u.a.: ▪ User Stories ▪ Iterationen (bei Scrum Sprints genannt) ▪ Planungsspiel	54 (Sprints) 61 (User Stories) 57 (Planungsspiel) Zusammenfassung auf Seite 71 (Scrum-Elemente)

→

Nummer	Aufgabe/Frage		Lösung auf Seite
10	Erläutern Sie kurz die Grundideen der agilen Systementwicklung nach Scrum.	Scrum verfolgt drei Grundideen: ■ **Transparenz** Wird gewährleistet durch regelmäßige Begutachtung von Zwischenergebnissen und klare Definition, wann Arbeitspakete fertig sind (DoD). ■ **Überprüfung** Wird gewährleistet durch regelmäßige Überprüfungen des Projekt- und Produktfortschritts. ■ **(kontinuierliche) Anpassung** Wird gewährleistet durch Sprint Planning, Daily Scrum, Review und Retrospektive.	51 und 55 (Abb. 3–5 und begleitender Text)
11	Welche drei wesentlichen Rollen definiert Scrum? Beschreiben Sie die Aufgaben und Rechte einer Rolle Ihrer Wahl!	Scrum kennt die Rollen Product Owner, Scrum Master und Team. ■ **Product Owner** Dieser vertritt den Kunden, ist für die Festlegung der Entwicklungsziele, die Verwaltung des Projektbudgets und die Definition und Priorisierung der Elemente im Product Backlog verantwortlich und stellt einen zentralen Ansprechpartner für das Team dar.	52 (Abschnitt 3.3.3)
12	Skizzieren Sie den Scrum-Prozess und erklären Sie dabei die wesentlichen Phasen.	Initial und ständig: Erstellung/Anpassung des Product Backlog, Bestimmung der Grundarchitektur sowie der Basisanforderungen. Das Gesamtsystem wird in einzelnen Iterationen entwickelt. Scrum gibt folgende drei Phasen innerhalb der Iterationen (Sprints) vor: 1. **Sprint Planning** Sprint Planning I, Sprint Planning II: Zerlegung in Tasks und Erstellung des Sprint Backlog 2. **Sprint** Abarbeiten der Sprint-Backlog-Elemente, Daily Scrums 3. **Sprint-Review und Retrospektive** Bewertung des Produktes (Review) und generellen Projektablaufs (Retrospektive)	54 (Abschnitt 3.3.4) 56 (Phasen)
13	Nennen und erklären Sie die Aufgaben und Resultate des »Sprint Planning I und II«.	■ Bestimmung der Backlog-Elemente, die im folgenden Sprint bearbeitet werden ■ Aufwandsplanung und Arbeitsverteilung der einzelnen Elemente Resultate: Sprint Backlog und Sprint-Ziele	56

→

Nummer	Aufgabe/Frage		Lösung auf Seite
14	Welche Vorteile verspricht das Durchführen eines »Daily Scrum«?	- Jeder Projektmitarbeiter kennt den aktuellen Stand der Arbeiten aller Teammitglieder. - Störfaktoren können frühzeitig identifiziert werden.	58
15	Nennen und erklären Sie die Aufgaben und Resultate des »Sprint-Reviews«.	- Präsentation der neu entwickelten Sprint-Ergebnisse für den Product Owner durch das Team - Feedback des Product Owners/Kunden einholen Resultate: Sprint-Backlog-Review-Liste, ggf. Neuanforderungen für Product Backlog	58

Kapitel 4 – Projektinitiierung

Nummer	Aufgabe/Frage		Lösung auf Seite
1	Erklären Sie die Bedeutung der Projektinitiierung.	Die Projektinitiierung ist kein einzelnes Ereignis, sondern eine wichtige Projektphase, die die Voraussetzungen für das Projekt schafft, indem Chancen und Risiken, Anforderungen, Rechte und Pflichten der Beteiligten, Vorgehensmodell sowie Ressourcen für das Projekt geklärt werden.	73–74
2	Nennen und erklären Sie drei wesentliche Aktivitäten der Projektinitiierung.	- Chancen und Risiken sind systematisch zu identifizieren und abzuwägen. - Für den Beginn der Durchführung erforderliche Informationen, z.B. Projektziele, sind zu beschaffen. - Vertragliches ist zu klären, z.B. das Vorgehensmodell und die erforderlichen Ressourcen.	73 (Abschnitt 4.1)
3	Erklären Sie, wieso für den Projektmanager Verhandlungs-, Moderations- und Kommunikations-geschick während der Projektinitiierung erforderlich sind.	Die Projektinitiierung ist geprägt durch Verhandlungen innerhalb und außerhalb des Unternehmens. Für den Erfolg ist es wichtig, einerseits die unterschiedlichen Aspekte aller Stakeholder bei der Klärung offener Punkte mit einzubeziehen, z.B. Moderation von Workshops, und andererseits die Ergebnisse zu dokumentieren und in alle Richtungen zu kommunizieren.	89 (Abschnitt 4.5)

→

Nummer	Aufgabe/Frage		Lösung auf Seite
4	Nennen und erklären Sie drei Aspekte, die im Rahmen der Projektdefinition erfasst werden sollten.	■ Festlegung der Projektmotivation: Hiermit sind die unternehmerischen Gründe gemeint, d.h., warum das Projekt in Angriff genommen werden sollte. ■ Die Projektziele sollten quantitativ erfasst werden, und zwar in den Dimensionen der erforderlichen Kosten, Zeiten und Qualitäten. ■ Die Erfassung der wichtigsten Stakeholder des Projektes, also z.B. Auftraggeber, Experten oder Lenkungskreismitglieder	81 (Abschnitt 4.2)
5	Erklären Sie, wieso der Umgang mit Subunternehmen oder externen Mitarbeitern vertraglich festgehalten werden sollte.	Damit die verschiedenen an einem Projekt beteiligten Parteien erfolgreich zusammenarbeiten können, muss die genaue Art und Weise der Zusammenarbeit verbindlich und i.d.R. auch vertraglich geregelt sein. Subunternehmen und auch externe Mitarbeiter benötigen Klarheit über ihre Pflichten und Befugnisse, über Entscheidungsprozesse und Eskalationswege.	84 (Abschnitt 4.3)
6	Welche Aspekte sollten in jedem Fall vertraglich festgelegt werden? Wie können Sie diese Aspekte in agilen Vorgehensmodellen vertraglich festhalten?	Eine klare Definition der Wünsche des Auftraggebers und der Pflichten des Auftragnehmers sind festzuhalten. Dies kann bei sequenziellem Vorgehen in Form von Lastenheft und Pflichtenheft erfolgen. In agilen Projekten kann dies durch vertragliche Festlegung der folgenden Punkte geschehen: ■ Abstimmung der Vorgehensweise ■ Definition der Kommunikationswege und -formen ■ Umgang mit Änderungen und Abweichungen	85–86 speziell Pflichten und Befugnisse
7	Erklären Sie mögliche Konsequenzen, die sich aus einer nicht systematischen Anforderungsanalyse ergeben.	Eine gute Anforderungsanalyse ist extrem wichtig für den Projekterfolg. Bei einer mangelhaften Anforderungsanalyse können sich z.B. erhebliche Mehrkosten für Fehlerbehebung ergeben. Außerdem sind Anforderungen eine wichtige Grundlage für die Erfassung des Projektfortschritts.	86 (Abschnitt 4.4)

Kapitel 5 – Projektplanung

Nummer	Aufgabe/Frage		Lösung auf Seite
1	Nennen und erklären Sie drei wesentliche Aktivitäten der Projektplanung.	■ **Meilensteinplanung** Meilensteine werden als wichtige Wegmarkierungen im Projektverlauf festgelegt und geplant. ■ **Erstellen des Projektstrukturplans** Alle Lieferobjekte des Projektes werden identifiziert, strukturiert und definiert. ■ **Aktivitätenzeitplanung** Alle ermittelten und geschätzten Aktivitäten des Projektes werden über die Zeit angeordnet.	99 (Meilensteinplanung) 106 (Projektstrukturplan) 109 (Aufwandsabschätzung) 122 (Kostenschätzung) 123 (Aktivitätenzeitplanung) 134 (Kostenplanung)
2	Erklären Sie, welche Aspekte und Zusammenhänge innerhalb von Meilensteinplänen dargestellt werden.	Der Meilensteinplan zeigt die Hauptmeilensteine (z.B. Beginn Projektdurchführung, abgestimmte Anforderungen, abgestimmte Systemarchitektur, Beginn Implementierung u.a.) sowie unter Umständen auch unterstützende, interne Meilensteine.	99 (Abschnitt 5.3)
3	Skizzieren Sie einen Projektstrukturplan für unser Fallbeispiel.	Der PSP für unser Fallbeispiel enthält im obersten Knoten das Hauptlieferobjekt des Projektes, also die zu entwickelnde Grafikplattform. Darunter befinden sich die Lieferobjekte der wichtigsten Projektbereiche, also bei uns das Systemdesign (»System«), die Hardwareanbindungskomponente, die Grafik-Engine, die Grafikbibliothek sowie auch das Projekt- und Qualitätsmanagement. Darunter sind dann die Lieferobjekte der Arbeitspakete angeordnet.	108 (Abb. 5–4)
4	Erklären Sie anhand eines selbstgewählten Beispiels, worum es sich bei nicht funktional begründeten Lieferobjekten handelt.	Beispiel Projektmanagement: Es handelt sich um ein nicht funktional begründetes Lieferobjekt, da das Projektmanagement keine (eigenen) Funktionalitäten für das zu liefernde Softwareprodukt erzeugt, sondern für die Koordination der Softwareprodukterstellung notwendig ist.	107

→

Nummer	Aufgabe/Frage		Lösung auf Seite
5	Erklären Sie, wie auf den Projektstrukturplan in späteren Planungsaktivitäten zurückgegriffen werden könnte.	Der Projektstrukturplan hat eine hohe Bedeutung für weitere Planungsaktivitäten im Projekt, weil er als Input das Grundgerüst für weitere Schätzungen, insbesondere für die zu erwartenden Aufwände und den erforderlichen Personalbedarf, liefert.	106 (Abschnitt 5.4) 108 (Aktivitätenzeitplanung) 111 (Personalbedarfsbestimmung)
6	Erklären Sie den Unterschied zwischen Aufwands- und Kostenschätzungen. Welche Verbindung besteht zwischen den beiden?	■ Aufwandsschätzung ermittelt den Zeitbedarf für die Realisierung der einzelnen Arbeitspakete. ■ Kostenschätzung ermittelt die zu erwartenden Kosten und basiert weitgehend auf der Aufwandsschätzung.	110–111
7	Erklären Sie an einem selbstgewählten Beispiel, wann sich der Einsatz von Größenschätzungen anbietet.	■ Bei entsprechender Projektgröße, wenn für eine Vielzahl von Arbeitspaketen eine Aufwandsschätzung kurzfristig abgegeben werden muss, z.B. zur Angebotserstellung. ■ Wenn Erfahrungswerte aus früheren Projekten vorliegen.	111 (Abschnitt 5.5.2)
8	Erklären Sie, unter welchen Umständen Expertenschätzungen angewendet werden.	■ Wenn Personen verfügbar sind, die die Aufwände aufgrund von Erfahrungen gut beziffern können, und es sich um eine bekannte Materie oder Technologie handelt. ■ Expertenschätzungen sind das Mittel der Wahl bei agilen Vorgehensmodellen.	speziell 114 (Grenzen)
9	Nennen Sie verschiedene Methoden der Expertenschätzung und beschreiben Sie den groben Ablauf einer der Methoden.	■ Delphi-Methode: ■ Informelle Expertenschätzung ■ Planning Poker (im agilen Umfeld) ■ Drei-Punkt-Schätzung Die Delphi-Methode läuft in vier Schritten ab: 1. Vorlage der Aktivitäten durch einen Moderator 2. Anonyme Schätzung der Experten 3. Ergebnisse auswerten durch den Moderator 4. Schätzung abstimmen durch Moderator und Experten	113 (Abschnitt 5.5.3)

→

Nummer	Aufgabe/Frage		Lösung auf Seite
10	Ein wesentlicher Grundsatz für erfolgreiche Expertenschätzungen ist das Einholen mehrerer Meinungen. Nennen Sie weitere Regeln für eine erfolgreiche Expertenschätzung.	▪ Schätzung möglichst kleiner Aktivitäten ▪ Schätzung durch den späteren Bearbeiter ▪ Schätzung aufgrund von Erfahrung, d.h., Mitarbeiter sollten Zeit erhalten, um Erfahrungen zu sammeln und die Schätz-Güte reflektieren zu können.	114
11	Erklären Sie die Methodik der Analogieschätzung und unter welchen Umständen diese eingesetzt werden sollte.	Analogieschätzungen basieren auf historischen Daten. Aufgrund historischer Daten können Analogien gezogen und so zu erwartende Aufwände ermittelt werden. Die historischen Daten müssen zuverlässig sein.	117 (Abschnitt 5.5.4)
12	Nennen Sie verschiedene Arten von Analogieschätzungen.	▪ Multiplikatormethode ▪ Prozentsatzmethode	118 (Multiplikator-Methode) 119 (Prozentsatz-Methode)
13	Eine der fortgeschrittenen Schätzmethoden nennt sich COCOMO-Modell. Nennen Sie eine weitere fortgeschrittene Schätzmethode.	Function-Point-Analyse	120 (Function-Point-Analyse)
14	Erklären Sie, welchen Einfluss Schätzungen auf die Projektkostenermittlung haben. Welche Herausforderung ergibt sich in diesem Zusammenhang?	In Softwareprojekten gibt es einen wesentlichen Hauptfaktor für Kosten: die Personalaufwände. Entsprechend wichtig ist die Aufwandsschätzung, für die geeignete Methoden und Experten gewählt und ausreichend Zeit eingeplant werden sollte.	122 (Abschnitt 5.6)
15	Nennen und erklären Sie Vorteile, die sich durch den Einsatz eines Aktivitätenzeitplans ergeben.	▪ Der Aktivitätenzeitplan ist die Grundlage für Fortschrittsüberwachung. ▪ Abhängigkeiten von Arbeitspaketen und Terminen werden transparent. ▪ Darstellung des kritischen Pfades von Aktivitäten und Arbeitspaketen	123 (Grundlage für Projektcontrolling) 128 (Berechnung der Termine) 132 (Bestimmung des kritischen Pfads)

→

Nummer	Aufgabe/Frage		Lösung auf Seite
16	Nennen Sie verschiedene Arten der Personaleinsatzplanung.	Die Personaleinsatzplanung kann je nach Projekt eher informell oder formell gestaltet werden. Möglich sind z.B.: ■ Gantt-Chart im sequenziellen Umfeld ■ Scrum-Board im agilen Umfeld	133 (Abschnitt 5.7.4)
17	Erklären Sie den Zusammenhang, der zwischen der Projektplanung, der Meilensteinplanung und der Projektkontrolle besteht.	Projektplanung und Meilensteinplanung sind aufeinander abzustimmen und sie sind Grundlagen für die Projektkontrolle. In der Projektkontrolle festgestellte Abweichungen machen eine Planüberarbeitung notwendig. Stimmen nach der ersten Aktivitätenzeitplanung im Projektplan die End- oder Meilensteintermine nicht, müssen die Meilenstein- und die Projektplanung entsprechend optimiert werden. Ebenso kann die Projektkontrolle aufgrund von Planabweichungen bei Istwerten eine Neuplanung erfordern. Im agilen Umfeld wird daher von vornherein mit iterativem Planungsansatz gearbeitet.	124 (Abschnitt 5.7.1)
18	Welche Grundregeln für eine erfolgreiche Aktivitätenzeitplanung gibt es? Beschreiben Sie eine davon näher.	■ Kompatibilität zum PSP ist nötig. ■ Unmissverständliche Beschreibung der Aktivitäten ist notwendig. ■ Die Rahmenbedingungen sind zu dokumentieren. ■ Aktivitäten sollten von möglichst kurzer Dauer sein. ■ Leichte Anpassbarkeit der Planung sollte durch passende Toolunterstützung gegeben sein. ■ Eine Aktivität möglichst nur mit einem Mitarbeiter beplanen (wenn sich drei Mitarbeiter eine Aktivität teilen, fehlen dem Projektmanager ggf. wichtige Informationen).	124 (Aktivitäten mit kurzer Dauer) 128 (passende Werkzeugunterstützung) 131 (pro Mitarbeiter eine Aktivität)
19	Erklären Sie, welche Besonderheiten in der Aktivitätenzeitplanung in sequenziellen Vorgehensmodellen zu beachten sind.	Die sequenzielle Aktivitätenzeitplanung findet vorab und oft für den gesamten Projektverlauf statt. Probleme hierbei sind: ■ Es muss von vornherein mit Änderungen gerechnet werden. ■ Es ist nicht vorhersehbar, ob hohe Belastungen durch nicht planbare Ereignisse auftreten werden.	127–128

→

Nummer	Aufgabe/Frage		Lösung auf Seite
20	Erklären Sie, welche Besonderheiten in der Aktivitätenzeitplanung in agilen Vorgehensmodellen zu beachten sind.	Im Gegensatz zu sequenziellen Vorgehensmodellen findet im agilen Umfeld keine detaillierte Aktivitätenzeitplanung als Upfront-Planung für das gesamte Projekt statt. Stattdessen wird hier auf den folgenden beiden Ebenen geplant: - Grobplanung (Releaseplanung) - Detailplanung (Sprint Planning I und II)	129–129
21	Erklären Sie, wie sich die Kostenplanung in unterschiedlichen Vorgehensmodellen unterscheidet.	- **Sequenzielles Umfeld** Zeitbezogener Kostenplan für das Gesamtprojekt - **Agiles Umfeld** Fokus auf Restbudget für verbleibende Aktivitäten	134 (Abschnitt 5.8)
22	Nennen Sie Inhalte, die Sie im Rahmen eines Projektplans definieren.	- Projektstrukturplan - Meilensteinplan - Kommunikationsplan - Software-Qualitätsmanagementplan - Risikoplanung	135 (Abschnitt 5.9)

Kapitel 6 – Projektumsetzung und -controlling

Nummer	Aufgabe/Frage		Lösung auf Seite
1	Erklären Sie die Konsequenzen eines mangelhaften Projektcontrollings.	Ohne Controlling weiß man wenig oder nichts über den wahren Zustand eines Projektes. Es kann daher nicht gesteuert werden. Insbesondere gilt: - Der Status des Projektes ist unklar. - Abweichungen von der ursprünglichen Planung können nicht festgestellt werden. - Es gibt keine Kenntnisse darüber, ob und wann Um-, Neu- oder Nachplanungen notwendig sind.	139 (Abschnitt 6.1)
2	Nennen Sie die wesentlichen Bestandteile des Projektcontrollings und beschreiben Sie einen dieser Bestandteile.	- Ermittlung des Projektstandes - Ermittlung der Planabweichung - Einleitung von geeigneten Gegenmaßnahmen bei nicht akzeptabler Abweichung - Berichte Die Ermittlung des Projektstandes wird in Berichten mit folgenden Inhalten dokumentiert: - Fortschritt gegenüber Plan - Verdichtete Informationen für Stakeholder - Aufgetretene Probleme	139 (Abschnitt 6.1)

→

Nummer	Aufgabe/Frage		Lösung auf Seite
3	Wie kann die Erhebung des Projektfortschritts auf eine verlässliche Basis gestellt werden?	Hierzu wird ein Berichts- und Informationssystem benötigt, in dem die wesentlichen Kenngrößen von den Bearbeitern in einer angemessenen Frequenz erfasst und dokumentiert werden. Wichtig ist eine Kultur, die auf Vertrauen und Transparenz setzt.	143 (Abschnitt 6.3.1 und 6.3.2)
4	Skizzieren Sie, wie Sie Fortschrittsdaten jeweils in sequenziellen und agilen Projekten erheben könnten.	In sequenziellen Projekten: ■ Regelmäßige Erfassung von Start sowie Ende einer Aktivität ■ Bei größeren und kritischen Aktivitäten auch Abschätzung des Restaufwands durch den Mitarbeiter (trotz damit verbundener Risiken) In agilen Projekten: ■ Tägliche (informelle) Erfassung des Fortschritts ■ (formale) Aktualisierung des Projektstatus am Taskboard	140 (Abschnitt 6.2) 144 (Abschnitt 6.3.2)
5	Eine mögliche Form des Berichtswesens ist das sogenannte Ampelsystem. Nennen Sie weitere Formen.	■ Formale Statusberichte ■ Sprint-Review ■ Top-3-Fortschritte ■ Top-3-Risiken	148 (Abschnitt 6.3.3) 151 (Abschnitt 6.4.1)
6	Erklären Sie, wieso der Einsatz von regelmäßigen Fortschrittsberichten sinnvoll ist.	Stakeholder und Mitarbeiter brauchen gute Nachrichten. Mit verdichteten Informationen in regelmäßigen Fortschrittsberichten lassen sich die Stakeholder in ihrer Sprache effizient auf den neuesten Stand bringen.	151 (Abschnitt 6.4.1 und speziell die Definition des Begriffs »Statusbericht«)
7	Erklären Sie, welche Vorteile zielgruppenorientierte Besprechungen besitzen.	Durch gezielte Auswahl der Teilnehmer kann eine effiziente Besprechung mit kürzerer Dauer realisiert werden.	153–155
8	Welche Punkte beachten Sie, damit eine Besprechung effizient abläuft und effektiv im Ergebnis ist?	Sorgfältige Planung der Teilnehmer, Benennung der Themen, Erstellung einer Agenda, Festlegung der Dauer, Achten auf Pünktlichkeit, Einbeziehung aller Teilnehmer, Herbeiführen von Entscheidungen und klare Zuweisung von Verantwortlichkeiten für Aufgaben	155–157
9	Erklären Sie, inwiefern die Meilenstein-Trendanalyse für eine zeitorientierte Fortschrittsüberwachung geeignet ist.	Die MTA ist aufwandsarm und sehr aussagekräftig. Die grafische Darstellung gibt einen schnellen Überblick, eine Überwachung der Termine ist leicht möglich.	158 (Abschnitt 6.5.1)

→

Nummer	Aufgabe/Frage		Lösung auf Seite
10	Erklären Sie, unter welchen Umständen die Earned-Value-Analyse für eine kostenorientierte Fortschrittsüberwachung geeignet ist.	Die EVA dient Controllern dazu, aus wenigen Kennzahlen Rückschlüsse auf den Fortschritt und die Wirtschaftlichkeit des Projektes zu ziehen. Die aktuell angefallenen Kosten werden in das Verhältnis zu den geplanten Gesamtkosten gesetzt.	161 (Abschnitt 6.5.2)
11	Beschreiben Sie, welche Auswirkungen Änderungen in sequenziellen und agilen Projekten haben und wie Sie jeweils mit ihnen umgehen.	Bei sequenziellen Vorgehensmodellen sind Änderungen immer Abweichungen von den anfänglich definierten Anforderungen und je nach Stand des Projektes verbunden mit zusätzlichem Aufwand in Form von erneuter Analyse, Umplanung und Nacharbeiten. Im agilen Ansatz werden Änderungen wie Anforderungen behandelt. Dringende Änderungen können im nächsten Sprint bearbeitet werden.	164
12	Nennen Sie zwei Ebenen des Änderungsmanagements in sequenziellen Vorgehensmodellen.	Änderungen, durch die sich der Projektumfang ändert, werden in einer organisatorisch meist höheren Ebene (CCB) behandelt. Änderungen ohne Auswirkungen auf den Projektumfang werden vom Projektteam gemeinsam mit dem Projektmanager behandelt.	165
13	Nennen Sie Aktivitäten des Änderungsmanagements, die typischerweise in sequenziellen Vorgehensmodellen auftreten.	■ Erfassung und Kategorisierung der Änderung ■ Analyse, Bewertung und ggf. Entscheidung, Priorisierung ■ Ermittlung der Auswirkungen und Einplanung der Änderung ■ Bearbeitung der Änderung ■ Nachverfolgung der Änderung ■ Fortschreibung des Projektplans	164 (Abschnitt 6.6.1)
14	Erklären Sie die Besonderheiten, die sich für das Änderungsmanagement in agilen Vorgehensmodellen ergeben.	Agile Vorgehensmodelle unterscheiden nicht zwischen User Stories, die aus Anforderungen, und solchen, die aus Änderungen resultieren. Es entstehen daher keine Zusatzaufwände für die Planung, da die Änderungen im Zuge der nächsten Sprints bearbeitet werden können.	168 (Abschnitt 6.6.2)

Kapitel 7 – Projektabnahme und -abschluss

Nummer	Aufgabe/Frage		Lösung auf Seite
1	Was ist der Unterschied zwischen der Projektabnahme und dem Projektabschluss?	Die Projektabnahme dient der formalen Akzeptanz der Projektergebnisse durch den Projektauftraggeber, wohingegen der Projektabschluss, der der Projektabnahme nachgelagert ist, die internen Projektprozesse und den Wissenserwerb bewerten und festhalten soll.	177
2	Erklären Sie, durch welche Aktivitäten das Ziel der Projektabnahme verfolgt und erreicht wird.	Das Ziel der formalen Abnahme durch den Auftraggeber erfordert die Definition und frühzeitige Planung von Abnahmeaktivitäten, Abnahmekriterien sowie evtl. von weiteren Maßnahmen.	173–174
3	Wie erfolgt die Projektabnahme im sequenziellen und im agilen Umfeld jeweils? Wo liegen die Unterschiede?	Sequenziell: ■ Die Abnahme erfolgt meistens erst komplett am Projektende. ■ Die Prüfung der Anforderungsumsetzung liefert oft umfangreiche Mängellisten. Agil: ■ Abnahmen erfolgen typischerweise nach jedem Inkrement. ■ Nicht erfüllte Anforderungen werden zeitnah berücksichtigt.	174 (Abschnitt 7.1.1)
4	Welche Aktivitäten beinhaltet der Projektabschluss?	Vervollständigung und Archivierung der Projektdokumentation, Erhebung der »Lessons Learned«, Nachkalkulation, Bewertung der Projektprozesse, Nachbetrachtung der Projektrisiken, Aktualisierung der Skill-Datenbank	177 (Abschnitt 7.2)
5	Welche Methoden auf der Beziehungsebene sollten beim Projektabschluss sinnvollerweise zum Einsatz kommen?	Der Projektmanager sollte das Projekt bei den Stakeholdern möglichst gut »vermarkten« können, ggf. emotionale Konflikte lösen sowie durch soziale Bewertungsmethoden wie z.B. die 360-Grad-Analyse eine Analyse der Selbst- und Fremdwahrnehmung durchführen.	178 (Abschnitt 7.3)
6	Erklären Sie, welcher Vorteil sich durch den Projektabschluss ergibt.	Durch die Projektabschlussaktivitäten können mögliche Prozess- und Produktverbesserungen gezielt analysiert und in der Zukunft genutzt werden. Ohne den Projektabschluss sind diese Verbesserungen eher dem Zufall überlassen.	177
7	Beschreiben Sie, warum die Projektabnahme eng mit dem Änderungsmanagement und dem Projektcontrolling verknüpft ist.	Die Projektabnahme kann umfangreiche Aktivitäten erfordern, wenn eine Vielzahl von Mängeln festgehalten wird, die im Rahmen des festgelegten Änderungsverfahrens geplant, beseitigt und nachkontrolliert werden müssen.	174

Kapitel 8 – Qualitätsmanagement

Nummer	Aufgabe/Frage		Lösung auf Seite
1	Beschreiben Sie, wie ein prozessorientierter Ansatz der Qualitätssicherung zugutekommt.	■ Qualität wird durch geeignete Entwicklungsprozesse sichergestellt. ■ Qualitative Mängel in diesen Prozessen wirken sich auf das Gesamtprodukt aus.	183 (Abschnitt 8.1)
2	Nennen Sie drei wesentliche Inhalte eines Qualitätsmanagementplans.	Wesentliche Elemente sind u.a.: ■ Anzuwendende Qualitätsbewertungskriterien ■ Rollen und Verantwortlichkeiten ■ Rahmenbedingungen, z.B. Zeitplan und Budget	185 (Abschnitt 8.2)
3	Erklären Sie zwei Methoden zur Qualitätssicherung von Prozessen.	Methoden sind u.a.: ■ **Meilensteinreviews** Abgleich von Soll- und Istzustand je Meilenstein ■ **Audits** Überprüfung der Güte der Prozessdurchführung	190 (Abschnitt 8.3)
4	Erklären Sie, welche besondere Rolle der Projektmanager hinsichtlich der Prozessqualitätssicherung besitzt.	Der Projektmanager vermittelt Prozesse, Methoden und Werkzeuge und überwacht die Einhaltung und korrekte Verwendung.	184
5	Erläutern Sie, was sich hinter dem Begriff »CAPA« verbirgt.	»Corrective Actions/Preventive Actions«: Maßnahmen, mit denen zunächst die Fehlerursache abgestellt und im Anschluss das erneute Auftreten verhindert werden soll.	199–200
6	Auch agile Projekte stellen Ansprüche an die Produktqualität. Erklären Sie die Besonderheiten zu ihrer Sicherung.	Tests sind jeweils in die Iteration integriert und sind Bestandteil der »Definition of Done« (DoD).	196–197

Kapitel 9 – Risikomanagement

Nummer	Aufgabe/Frage		Lösung auf Seite
1	Erklären Sie, ob es sich beim Risikomanagement um einen einmaligen oder einen iterativen Prozess handelt.	Iterativer Prozess, weil im Projektablauf nahezu immer Änderungen notwendig werden und jede Änderung neue Risiken mit sich bringen kann.	204–205
2	Nennen Sie wesentliche Aktivitäten des Risikomanagements.	Wesentliche Aktivitäten sind u.a.: ■ Risikoermittlung ■ Risikobewertung ■ Risikobeherrschung ■ Risikocontrolling	207 (Abschnitt 9.2)
3	Nennen Sie Hauptursachen für Risiken und geben Sie ein Beispiel an, das in unserem Fallbeispiel auftreten könnte.	Mögliche Ursachen sind u.a.: ■ Unklare Anforderungen ■ Fehlende Ressourcen/Skills ■ Fehlendes Fachwissen ■ Unrealistische Forderungen hinsichtlich Terminen und Kosten Bezug zum Fallbeispiel: ■ Fehlende Dokumentation von Anforderungen erschwert Risikoermittlung und -bewertung.	205–206
4	Skizzieren Sie den Umgang mit änderungsbedingten Risiken in sequenziellen und agilen Vorgehensmodellen.	■ **Sequenziell** Analyse der Auswirkungen von mit einer Änderung verbundenen Risiken im Rahmen des Änderungsmanagements ■ **Agil** Gesamter Entwicklungsprozess ist auf Änderungen ausgelegt.	206–207
5	Nennen Sie Methoden und Erfolgsfaktoren, die Sie im Rahmen einer Risikoermittlung beachten sollten.	Vielversprechende Methoden sind u.a.: ■ Einbinden von Experten ■ Brainstorming-Sitzungen ■ Checklisten Erfolgsfaktoren: ■ Systematisches Vorgehen, Beteiligung von Experten, Einbindung in den Änderungsprozess	213
6	Erläutern Sie verschiedene Methoden der Risikobewertung anhand unseres Fallbeispiels.	■ Bestimmung der Eintrittswahrscheinlichkeit und des Schweregrads jedes einzelnen Risikos anhand vergebener, möglichst eindeutiger Kriterien ■ Erstellung einer Liste der priorisierten Risiken	214 (Abschnitt 9.2.2 – speziell Tab. 9–4)

→

Nummer	Aufgabe/Frage		Lösung auf Seite
6 (Fortsetzung)		Erläuterung am Beispiel: Erste Risiken wurden in einem Workshop zunächst ermittelt (z.B. das Risiko »Continuous Integration Server zu Beginn nicht einsatzfähig«) und dann bewertet, indem die Wahrscheinlichkeiten und Schweregrade gemeinsam geschätzt und in einer Risikoliste eingetragen wurden. Als möglichst eindeutige Kriterien für den Schweregrad wurden drei Kategorien (gering, mittel, schwer) für die Beeinträchtigung der Zeit- und Kostenziele des Projektes festgelegt. Danach wurden durch Multiplikation von Wahrscheinlichkeit mit Schweregrad die Risikoprioritätszahlen ermittelt, sodass eine erste Risikoliste vorlag.	
7	Nennen Sie die wesentlichen Arten möglicher Gegenmaßnahmen zu Risiken.	■ Vermeidung ■ Transfer ■ Abschwächung ■ Akzeptanz	220 (Abschnitt 9.2.3)
8	Nennen Sie verschiedene Methoden zur Analyse und Dokumentation von Risiken.	Mögliche Methoden sind u.a.: ■ Risikolisten ■ Fehlerbaumanalyse ■ Ishikawa-Diagramm	210 (Abb. 9–1), 211 (Abb. 9–2), 219 (Abb. 9–3), 219 (Abb. 9–4) und vor allem 218 (Tab. 9–4) 221 (Tab. 9–5)
9	Beschreiben Sie die Aufgaben des Risikocontrollings und seine Bedeutung für andere Projektphasen.	■ Einschätzung der Eintrittswahrscheinlichkeiten und Auswirkungen sind periodisch zu betrachten. ■ Im Projektverlauf neu hinzugekommene Risiken sind periodisch zu ermitteln und zu bewerten. Bedeutung für andere Phasen: ■ Alle definierten Maßnahmen sind zu verfolgen.	222 (Abschnitt 9.2.4)
10	Nennen Sie zwei wichtige Soft Skills für Projektmanager und ihre Bedeutung im Rahmen des Risikomanagements.	■ Moderationsfähigkeit zur Leitung von Risikoworkshops ■ Kommunikationsfähigkeit zur proaktiven Vermittlung von Risiken und Maßnahmen	223 (Abschnitt 9.3)

→

Nummer	Aufgabe/Frage		Lösung auf Seite
11	Beschreiben Sie das Konzept der Safety Integrity Level.	■ Die Funktionen eines Produktes werden je nach Risiko in eine der Stufen der Sicherheitskritikalität (nach IEC 61508) eingeteilt. ■ Verschiedene SIL-Level (1–4) beschreiben verschiedene Integritätsstufen, wobei SIL 1 die geringste und SIL 4 die höchste Gefährdung repräsentiert.	224 (Abschnitt 9.4)

Kapitel 10 – Personalmanagement

Nummer	Aufgabe/Frage		Lösung auf Seite
1	Erklären Sie mögliche Konsequenzen, die sich aus einem mangelhaften Personalmanagement für das Projekt ergeben.	Der wichtigste Erfolgsfaktor im Projekt ist der Mensch. Daher kann mangelhaftes Personalmanagement zu zeitlichen Verzögerungen, höheren Kosten und im schlimmsten Fall zum Scheitern des Projektes führen. Mögliche Faktoren und Auswirkungen sind: ■ Mangelhafte Planungs- und Auswahlprozesse können zu Konflikten zwischen Personal- und Fachabteilung führen. ■ Mangelhaft berücksichtigte Kompetenzanforderungen können die Fluktuation im Projektteam erhöhen. ■ Durch mangelhafte Wertschätzung kann die Mitarbeitermotivation sinken, Reibungsverluste stellen sich eher ein.	234 (Abschnitt 10.2.1)
2	Beschreiben Sie die Beziehung zwischen dem unternehmensweiten Personalmanagement und dem projektbezogenen Personalmanagement.	Das unternehmensweite Personalmanagement orientiert sich an den Zielen der Organisation, das projektbezogene Personalmanagement beschäftigt sich in erster Linie mit Einzelmaßnahmen für die Projektmitarbeiter. Personalmanagement hat eine integrative Funktion. Eine systematische Zusammenarbeit des Projektmanagers mit den Personalexperten aus der Linienorganisation ist notwendig.	232 (Abb. 10–2)
3	Nennen Sie Aufgaben eines Projektmanagers im Personalmanagement.	Der Projektmanager ist im Rahmen des Personalmanagements im Projekt für die folgenden Bereiche zuständig: ■ Personalauswahl ■ Personalführung ■ Know-how-Management	234 (Abschnitt 10.2.2)

→

Nummer	Aufgabe/Frage		Lösung auf Seite
4	Nennen Sie die wesentlichen Aktivitäten des Personalmanagements in der Projektphase der Projektplanung.	Zu den wesentlichen Aktivitäten des Personalmanagements in der Projektplanungsphase gehören: ■ Personalbedarfsplanung und -auswahl ■ Personalbeschaffung ■ Personalführung ■ Know-how-Management	236 (Abschnitt 10.2.3)
5	Nennen Sie Vorteile, die sich durch ein effektives Personalmanagement ergeben.	■ Vermeidung von Konflikten zwischen verschiedenen Akteuren ■ Reduktion des Abstimmungsbedarfs ■ Berücksichtigung unterschiedlicher Kompetenzanforderungen ■ Produktivitätssteigerung im Projekt	234 (Abschnitt 10.2.2)
6	Nennen Sie die vier Phasen der Teambegleitung.	Die Teambegleitung gliedert sich in die vier Phasen: ■ Team-Building ■ Team-Managing ■ Team-Developing ■ Team-Closing	240 (Abb. 10–4)
7	Beschreiben Sie, welche Aufgaben der Projektmanager innerhalb der verschiedenen Phasen der Teambegleitung ausübt. Welche Bedeutung hat dies für das Projekt?	■ Während des Team-Buildings stellt der Projektmanager sein Team zusammen und legt geeignete Teamstrukturen fest. Diese Tätigkeiten im Projektstart sind entscheidend für den Projektverlauf. ■ Beim Team-Managing schätzt der Projektmanager den Personalbedarf, erstellt den Personaleinsatzplan und steuert sein Team bei der Projektdurchführung. Dies führt zu einer konstruktiven Zusammenarbeit. ■ Für eine hohe Projekt-Performance ist die Weiterentwicklung (Team-Developing) der Projektmitarbeiter/innen essenziell. Der Projektmanager muss Defizite erkennen und durch geeignete Trainings und Schulungen abbauen. ■ Beim Team-Closing verantwortet der Projektmanager die Projektbewertung, beurteilt die Mitarbeiter und löst das Team auf. Dies hält die Motivation nachhaltig aufrecht.	239 (Abschnitt 10.2.5)

→

Nummer	Aufgabe/Frage		Lösung auf Seite
8	Beschreiben Sie anhand unseres Fallbeispiels, warum die sozialen Kompetenzen des Projektleiters für den Projekterfolg oder -misserfolg von Bedeutung sind.	Unser Beispielprojekt drohte nicht an mangelnden technischen Kenntnissen zu scheitern, sondern vor allem durch fehlende Kommunikation und Führung des Teams durch den Projektmanager. Nach Umstellung auf Scrum als Vorgehensmodell und damit verbunden deutlicher Erhöhung der Projektkommunikation (tägliche Standup-Meetings etc.) sowie Intensivierung der Führung konnte das Projekt zügig abgeschlossen werden.	241 (Abschnitt 10.3) – Es fehlte insbesondere Kommunikation (Abschnitt 10.3.2) und Motivation (Abschnitt 10.3.3).
9	Nennen Sie vier Aspekte, die eine Aussage über soziale Kompetenzen treffen.	Zu den vier Aspekten, die soziale Kompetenz beschreiben, gehören: ■ Umgang mit sich selbst ■ Umgang mit anderen Menschen ■ Aspekte der Zusammenarbeit ■ Aspekte der Führung	244 (Abb. 10-6 und begleitender Text)
10	Nennen Sie Aufgaben und Funktionen, durch die ein Projektmanager Einfluss auf die Teamarbeit hat.	■ Die Hauptaufgabe eines Projektmanagers besteht darin, die Motivation des Teams aufrechtzuerhalten. ■ Der Projektmanager agiert hauptsächlich als Vorbild, Wegbegleiter und Motivator. Zu seinen Hauptaufgaben gehört es, das Team zu motivieren und Demotivation zu erkennen. Dazu muss er die menschlichen Motivationsmechanismen erkennen und verstehen und den Teammitgliedern mit Wertschätzung, Lob und Anerkennung begegnen.	252 (Abschnitt 10.3.3)
11	Erklären Sie anhand des Fallbeispiels, warum Methoden- und Toolkenntnisse ein entscheidender Faktor für die Teamleitung sind.	Der Projektmanager benötigt Methoden-/Toolkenntnisse insbesondere in den folgenden Bereichen: ■ **Projektmanagementtools** Im Projekt mangelte es dem Team an Transparenz bezüglich zentraler Projektdokumente. ■ **Kommunikationstechniken** Diese hätten die Kommunikationsengpässe auflösen können. ■ **Moderations-, Präsentations- und Kreativitätstechniken** Mit ihrer Hilfe hätten (auch verteilte) Sitzungen effizienter und effektiver durchgeführt werden können. ■ **Präsentations-, Führungs-, Konflikt- & Problemlösungstechniken** Unter Anwendung dieser Techniken hätten die Motivation und das Wir-Gefühl deutlich gestärkt werden können.	266 (Abschnitt 10.4.2)

→

Nummer	Aufgabe/Frage		Lösung auf Seite
11 (Fortsetzung)		■ **Selbstmanagementtechniken** Mit diesen hätte der Projektmanager die Doppelbelastung als Linien- und Projektmanager verringern können.	
12	Skizzieren Sie das Modell der Teamuhr nach Tuckman und erklären Sie dabei dessen Ansatz.	Das Modell der Teamuhr nach Tuckman ermöglicht es, Gruppendynamik im Team zu identifizieren und Gruppenentwicklungen zu verstehen und zu reflektieren. Nach dem Modell durchläuft jede Gruppe fünf Phasen der Teamentwicklung: ■ Forming ■ Storming ■ Norming ■ Performing ■ Adjourning	270 (Abb. 10–11)
13	Nennen Sie abhängig von der Teamentwicklungsphase Handlungsmöglichkeiten des Projektmanagers.	■ **Forming-Phase** Projektmanager agiert als Gastgeber, er sorgt für eine Wohlfühl- und Willkommens-Atmosphäre. ■ **Storming-Phase** Projektmanager wirkt als Katalysator, Schlichter und Antreiber, schafft ein offenes und vertrauensvolles Klima, bearbeitet Konflikte und lenkt den Fokus auf Projektziele. ■ **Norming-Phase** Projektmanager nutzt den partizipativen Führungsstil, erlaubt dem Projektteam autonom zu agieren, begleitet als Partner das Team und ist Garant für geltende und funktionierende Regeln. ■ **Performing-Phase** Projektmanager legt den Fokus auf Zielvorgaben, unterstützt das Team und fungiert als Berater für die Weiterentwicklung. ■ **Adjourning-Phase** Als Coach und Mentor begleitet der Projektmanager das Team und ermöglicht gegenseitiges Feedback.	270 (Abschnitt 10.4.3)
14	Erklären Sie, welche Rollen den Teammitgliedern nach M. Belbin zukommen.	Jedes Teammitglied nimmt mindestens eine von neun Rollen ein. Diese Rollen lassen sich in die drei Hauptorientierungen ■ wissensorientiert, ■ kommunikationsorientiert und ■ handlungsorientiert klassifizieren. Ein ideales Team sollte alle drei Hauptorientierungen abdecken.	275 (Abb. 10–12)

→

Nummer	Aufgabe/Frage		Lösung auf Seite
15	Skizzieren Sie die verschiedenen Kompetenzen und Aufgaben des Projektmanagers in Abhängigkeit davon, welche Rolle er im Projekt einnimmt.	■ **Koordinator** Verbindlich und konsequent Ziele und Aufgaben abstimmen ■ **Moderator** Neutral und strukturiert agieren, die Ergebnisse zusammenfassen ■ **Berater** Beziehungsprobleme, Fach- und Methodenfragen klären, Alternativen aufzeigen ■ **Konfliktmanager** Selbstbewusst und aufgeschlossen Rollenkonflikte analysieren und lösen ■ **Repräsentant** Teaminteressen selbstbewusst und reflektiert nach außen vertreten ■ **Verhandlungsführer** Kompetent u. realistisch über Ressourcen verhandeln ■ **Präsentator/Redner** Ergebnisse und Erfolge visualisieren und darstellen	276 (Abschnitt 10.4.5)
16	Erklären Sie den Unterschied zwischen extrinsischer und intrinsischer Motivation und wie Sie als Projektmanager Einfluss darauf nehmen können.	■ Extrinsische Motivation wirkt von außen. Der Mensch handelt, um positive Folgen zu erzielen und Strafe oder Nachteile zu vermeiden. Dies kann der Projektmanager z.B. durch höhere Bezahlung oder Beförderung unterstützen. ■ Intrinsische Motivation ist eine Form der Eigenmotivation, die durch Bedürfnisse wie Erfolg, Anerkennung, Interesse, Verantwortung, Wachstum, Freude und Spaß wirkt. Beeinflussung: ■ Projektmanager kann als Vorbild Impulse setzen. ■ Projektmanager kann bestehende Motivation aufrechterhalten, Demotivation vermeiden. ■ Wesentliche Motivationsfaktoren sind: Wertschätzung, Anerkennung und Lob.	255 (Abb. 10–8 und begleitender Text)

→

Nummer	Aufgabe/Frage		Lösung auf Seite
17	Beschreiben Sie anhand unseres Fallbeispiels, an welchen Stellen Anerkennung und Wertschätzung als Motivationsfaktor dienen könnten.	Schon die Tatsache, dass dem Team beim Übergang auf Scrum als Vorgehensmodell Verantwortung übertragen wird, vermittelt eine gewisse Wertschätzung. Darüber hinaus hätte der Projektmanager bereits vorher die Möglichkeit gehabt, den Informationsfluss zu stärken, Zuverlässigkeit in der Zuarbeit und Integration aller Teammitglieder aktiv zu unterstützen sowie Entscheidungsfreude zu fördern. Diese Faktoren wurden jedoch erst vom neu eingesetzten Product Owner und Scrum Master intensiviert.	258–259
18	Nennen und beschreiben Sie die positiven und negativen Auswirkungen der verbalen und nonverbalen Kommunikation.	Menschliche Wahrnehmung und somit auch die Kommunikation und ihre Interpretation sind immer subjektiv (z.B. »Was wurde wie gesagt?«, »Wie wurde gestikuliert?«). Dadurch entsteht ein Kommunikationsdilemma. Diesem Dilemma kann der Projektmanager entgegenwirken, indem er die verbalen und nonverbalen Kommunikationsbedürfnisse der Teammitglieder erkennt und entsprechend seine eigene Kommunikation situativ anpasst.	248–251
19	Nennen Sie Kernkompetenzen, die ein Projektmanager in jedem Fall mitbringen sollte.	Zu den Anforderungen, die ein Projektmanager erfüllten sollte, gehören: ▪ Verhaltenskompetenz ▪ Methodenkenntnis ▪ Fachwissen ▪ Branchenkenntnis	243
20	Nennen Sie Kernkompetenzen, die ein Teammitglied in jedem Fall mitbringen sollte.	▪ Teamfähigkeit ▪ Umgang mit Komplexität ▪ Flexibilität ▪ Eigeninitiative	244
21	Nennen Sie verschiedene Aspekte, die einen erfolgreichen Führungsstil ausmachen.	▪ Führen mit Vision ▪ Führen durch Struktur ▪ Führen durch Kommunikation ▪ Führen als Gestalter ▪ Führen durch Vorbild ▪ Führen mit Wertschätzung ▪ Führen mit positiver Grundhaltung	259 (Abschnitt 10.3.4)

Kapitel 11 – Reifegradmodelle

Nummer	Aufgabe/Frage		Lösung auf Seite
1	Nennen Sie die verschiedenen Reifegradmodelle, auf die Sie im Rahmen des Projektmanagements zurückgreifen können.	Mögliche Reifegradmodelle sind u.a.: ■ CMMI ■ SPICE	285 (Abschnitt 11.3) 287 (Abschnitt 11.4)
2	Beschreiben Sie das Grundprinzip, dem alle Reifegradmodelle unterliegen.	Reifegradmodelle messen Prozessqualität nach dem folgenden Prinzip: ■ Zusammenfassung von Prozessen in Prozessgruppen ■ Definition von grundlegenden Praktiken für die Umsetzung der Prozesse ■ Anwendung der Praktiken und Dokumentation ■ Bewertung der Prozesse im Rahmen von Assessments anhand der geforderten Nachweise	282 (Abschnitt 11.1)
3	Erklären Sie anhand eines selbstgewählten Beispiels das Prinzip von unterschiedlichen Reifegradstufen.	Prozess »Risikoanalyse« aus dem Fallbeispiel: ■ Initial wurden durch das Projektmanagement keinerlei Risikoanalysen durchgeführt. Somit lässt sich der Prozess lediglich mit der geringsten Stufe, z.B. »CL0 – unvollständig« bewerten. ■ Führen wir einen standardisierten Prozess für die Risikoanalyse ein und implementieren z.B. in diesem, dass zu Beginn eines jeden Monats ein angepasster Risikoreport eingereicht wird, kann von Stufe » CL2 – gesteuert« ausgegangen werden.	283 (Abb. 11-1 und begleitender Text)

B Glossar

Dieses Glossar enthält ausschließlich die im ASQF®-CPPM-Lehrplan [ASQF CPPM 2016] geforderten Begriffe.

Aktivität Der PSP definiert auf unterster Ebene die Arbeitspakete, aus denen die Aktivitäten abgeleitet werden, die geschätzt und detailliert ausgeplant werden müssen. Die ausgeplanten Aktivitäten bilden als kleinste Einheit später die Basis für die Projektkontrolle.

Quelle: [ASQF CPPM 2016]

CAPA Korrekturmaßnahmen und Präventivmaßnahmen (engl.: *corrective actions/preventive actions*, kurz: CAPA) sind Maßnahmen, mit denen zunächst die Fehlerursache abgestellt und im Anschluss ein erneutes Auftreten verhindert werden soll.

Quelle: [ASQF CPPM 2016]

Change Control Board (CCB) Änderungskontrollgremium, das Änderungen beschließt oder ablehnt und die getroffene Entscheidung dokumentiert.

Quelle: [ASQF CPPM 2016]

Earned-Value-Analyse (EVA) Die Earned-Value-Analyse (EVA) ist eine Methode zur Projektfortschrittsbewertung, basierend auf dem tatsächlichen Wert der geleisteten Arbeit, und wird hauptsächlich in der Kostenverfolgung in größeren Projekten eingesetzt.

Quelle: [ASQF CPPM 2016]

Meilenstein Ein Meilenstein ist ein Ereignis von besonderer Bedeutung im Projektmanagement.

Quelle: [ASQF CPPM 2016]

Meilenstein-Trendanalyse (MTA) Die Meilenstein-Trendanalyse (MTA) dient dazu, im Projektstatusbericht grafisch einen Überblick über den Projektverlauf auf Basis der Meilensteine zu liefern.

Quelle: [ASQF CPPM 2016]

Projekt Ein Projekt besteht aus einer einzigartigen Gruppe von Prozessen, die auf eine Zielsetzung ausgerichtete, koordinierte und gesteuerte Vorgänge mit Beginn- und Fertigstellungsterminen umfassen.

Quelle: DIN ISO 21500:2013

Projektlebenszyklus Projektphasen werden zusammen als der Projektlebenszyklus bezeichnet.

Der Projektlebenszyklus erstreckt sich über den Zeitraum vom Beginn des Projektes bis zu dessen Ende. Die Phasen werden durch Entscheidungspunkte (Meilensteine), die sich je nach Organisationsumfeld unterscheiden können, voneinander getrennt.

Quelle: DIN ISO 21500:2013

Projektleitung Für die Dauer eines Projektes geschaffene Organisationseinheit, die für Planung, Steuerung und Überwachung eines Projektes verantwortlich ist.

Quelle: [DIN 69 901]

Projektmanagement Projektmanagement ist die Anwendung von Methoden, Hilfsmitteln, Techniken und Kompetenzen in einem Projekt. Es umfasst das (....) Zusammenwirken der verschiedenen Phasen des Projektlebenszyklus.

Quelle: DIN ISO 21500:2013

Projektorganisation Die Projektorganisation regelt die Zusammenarbeit im Projekt hinsichtlich Verantwortlichkeiten, Aufgaben und Rechte der beteiligten Personen. Aufgabe der Projektorganisation ist es, sowohl die statischen Aspekte (Aufbauorganisation) als auch die dynamischen Aspekte (Ablauforganisation) des Projektes zu regeln. Eine gute Projektorganisation sichert kurze Entscheidungswege und klare Verantwortlichkeiten.

Quelle: [ASQF CPPM 2016]

Projektphase Projekte werden für gewöhnlich (...) in Phasen unterteilt. Diese Phasen sollten einer logische Abfolge mit Beginn und Ende folgen und Ressourcen zur Erstellung von Lieferobjekten nutzen.

Quelle: DIN ISO 21500:2013

Projektstrukturplan (PSP) Der Projektstrukturplan (PSP) dient dazu, ein Bild eines Projektes auf Basis seiner Lieferobjekte zu entwerfen. Sinn des Projektstrukturplans ist es, alle Lieferobjekte zu identifizieren und zu verhindern, dass Komponenten und Arbeitspakete übersehen werden.

Quelle: [ASQF CPPM 2016]

Prozess Ein Prozess besteht aus einer Reihe von zusammenhängenden Vorgängen.

Quelle: DIN ISO 21500:2013

Prozess-Tailoring Unter Prozess-Tailoring versteht man die Anpassung der Vorgehensmodelle an die Unternehmens- und Projektspezifika, um einen möglichst geeigneten Projektprozess sicherzustellen.

Quelle: [ASQF CPPM 2016]

Pull-System In einem »Pull«-System werden die Tasks zunächst ohne Zuordnung zu einem Mitarbeiter in eine Iteration gegeben. Sie werden dann von den einzelnen Teammitgliedern »gepullt«, wenn sie sich Tasks ziehen, um sie zu implementieren. Agile Vorgehensmodelle sind generell »Pull«-Systeme.

Quelle: [ASQF CPPM 2016]

Push-System In einem Push-System werden die Mitarbeiter während der Planung am Projektanfang den Aktivitäten zugewiesen. Sequenzielle Modelle sind Push-Systeme.

Quelle: [ASQF CPPM 2016]

Soziale Kompetenz Unter sozialer Kompetenz verstehen wir die Verfügbarkeit (Potenzial) und Anwendung (Performance) von kognitiven, emotionalen und motorischen Verhaltensweisen, die in bestimmten sozialen Situationen zu einem langfristig günstigen Verhältnis von positiven und negativen Konsequenzen für den Handelnden führen.

Quelle: [Hinsch & Pfingsten 2007]

Stakeholder »Person, Gruppe oder Organisation, die an irgendeinem Aspekt des Projektes interessiert ist oder diesen beeinflusst, davon betroffen ist oder sich davon betroffen fühlen kann.

Quelle: DIN ISO 21500:2013

Statusbericht Formale Statusberichte adressieren außenstehende Stakeholder, um optimal verdichtete Information in ihrer Sprache und Vokabular zu erhalten.

Quelle: [ASQF CPPM 2016]

Task Aktivitäten in agilen Vorgehensmodellen, die vom Team zu Beginn einer Iteration aus den User Stories abgeleitet werden.

Quelle: [ASQF CPPM 2016]

Teamuhr nach Tuckman Von Bruce Tuckman entwickeltes Modell, anhand dessen der Projektmanager Gruppendynamik und Stimmungen im Team erkennen und den Entwicklungsweg seines Teams vom Anfang bis hin zur Hochleistung verstehen, reflektieren und beleuchten kann.

Quelle: [ASQF CPPM 2016]

User Story User Stories werden in agilen Vorgehensmodellen zur Anforderungsspezifikation durch die späteren Nutzer des Systems eingesetzt.

Quelle: [ASQF CPPM 2016]

Vorgehensmodell Ein Vorgehensmodell stellt Methoden und Elemente der Softwareentwicklung inklusive des Projektmanagements zu Prozessen und Projektphasen eines standardisierten Projektablaufs zusammen, um die oftmals herausfordernden Projektziele möglichst effizient und effektiv zu erreichen.

Quelle: [ASQF CPPM 2016]

C Referenzen

[ASQF CPPM 2016] Grundlagen des Projektmanagements, Lehrplan zum Basiskurs ASQF® Certified Professional for Project Management (2016) – Foundation Level, Version 2.0, 2016.

[Bauer 2007] Bauer, J.: Lob der Schule: sieben Perspektiven für Schüler, Lehrer und Eltern. Hoffmann und Campe, 2007.

[Beck et al. 2001] Beck, K. et al.: Manifest für agile Softwareentwicklung, 2001, *http://agilemanifesto.org/iso/de/manifesto.html.*

[Belbin 1981] Belbin, R. M.: Management Teams. Butterworth-Heinemann, Oxford, 1981.

[Bohinc 2006] Bohinc, T.: Projektmanagement, Soft Skills für Projektleiter. Offenbach, 2006.

[Brown 2008] Brown, T.: Design Thinking. In: Harvard Business Review, 86. Jg. (2008), Juni, S. 84–92.

[CPRE] International Requirements Engineering Board, IREB® Certified Professional for Requirements Engineering – Foundation Level, V 2.2, März 2015, *https://www.ireb.org/de/downloads/.*

[CTFL] International Software Testing Qualifications Board, ISTQB® Certified Tester Foundation Level Syllabus, Version 2011, *http://www.german-testing-board.info/wp-content/uploads/ 2016/07/Lehrplan-Foundation-Level-Deutsch.pdf.*

[DIN 69 901] DIN 69 901-5:2009, Projektmanagement – Projektmanagementsysteme.

[Funcke & Havenith 2014] Funcke, A.; Havenith, E.: Moderations-Tools. Anschauliche, aktivierende und klärende Methoden für die Moderations-Praxis. 4. Aufl., managerSeminare, Bonn, 2014.

[Gabler 2016] *http://wirtschaftslexikon.gabler.de/Definition/personalentwicklung-1.html*, abgerufen am 23.10.2016.

[Gerkan 2013] Gerkan, Meinhard von: Black Box BER: Vom Flughafen Berlin Brandenburg und anderen Großbaustellen. Wie Deutschland seine Zukunft verbaut. Bastei Lübbe Verlag, 2013.

[Gloger 2013] Gloger, B.: Scrum – Produkte zuverlässig und schnell entwickeln. Carl Hanser Verlag, München, 2013.

[Gloger & Häussling 2011] Gloger, B.; Häussling, A.: Erfolgreich mit Scrum – Einflussfaktor Personalmanagement. Carl Hanser Verlag, München, 2011.

[Hindel et al. 2009] Hindel, B.; Hörmann, K.; Müller, M.; Schmied, J.: Softwareprojektmanagement. dpunkt.verlag, Heidelberg, 2009.

[Hinsch & Pfingsten 2007] Hinsch, R.; Pfingsten, U.: Das Gruppentraining sozialer Kompetenzen (GSK). Grundlagen, Durchführung, Materialien. Beltz, PVU, Weinheim, 2007.

[Humpfrey 1987] Humphrey, W. S.: Characterizing the Software Process: A Maturity Framework, Technical Report, SEI, CMU, 1987.

[ISO21500] Deutsches Institut für Normung: ISO 21500 – Leitfaden zum Projektmanagement. Beuth-Verlag, Berlin, 2013.

[Jacobson et al. 1999] Jacobson, I.; Booch, G.; Rumbaugh, J.: The Unified Software Development Process. Addison-Wesley, Reading, MA, 1999.

[Kelley 2005] Kelley, Tom: The Ten Faces of Innovation: IDEO's Strategies for Defeating the Devil's Advocate and Driving Creativity Throughout Your Organization. Crown Business Verlag, 2005.

[Patzak & Rattay 2014] Patzak, G.; Rattay, G.: Projektmanagement. Linde Verlag, 2014.

[Pelz 2014] Pelz, W.: Das 360-Grad-Feedback zur Erkennung und Entwicklung von Potenzialträgern. In: In Deutschland führen die Falschen: Wie sich Unternehmen ändern müssen. Berlin, 2014, S. 251–282.

[Plattner 2009] Plattner, H.: Design Thinking. München, 2009.

[Royce 1970] Royce, W. W.: Managing the Development of Large Software Systems. IEEE WESCON, 1970, S. 1–9. In: [Schatten et al. 2010], S. 48.

[Schatten et al. 2010] Schatten, A.; Biffl, S.; Demolsky, M.; Gostische-Franta, E.; Östreicher, Th.; Winkler, D.: Best Practice Software-Engineering. Spektrum Akademischer Verlag, Heidelberg, 2010.

[Schwaber 1995] Schwaber, Ken: Scrum Development Process. In: OOPSLA Workshop Proceedings, Austin, Texas, Springer-Verlag, 1995, S. 117–134.

[Schwaber 2006] Schwaber, K.: Talk on Scrum. In: Google TechTalk, Sept. 5, 2006, *https://www.youtube.com/watch?v=_47VWIvOKH8*, abgerufen am 07.12.2016.

[Schwaber & Sutherland 2011] Schwaber, K.; Sutherland, J.: The Scrum Guide, *http://www.scrumguides.org/*, abgerufen am 21.10.2016.

[SFIA] SFIA 6 Framework Reference, Skills Framework for the Information Age, Version 6, 2015.

[Sprenger 2007] Sprenger, R. K.: Vertrauen führt. Campus Verlag, 2007.

[Watzlawick et al. 1969] Watzlawick, P.; Beavin, J. H.; Jackson, D. D.: Menschliche Kommunikation. 1. Aufl., Verlag Hans Huber, Bern, 1969.

[Wolf 2011] Wolf, H. (Hrsg.): Agile Projekte mit Scrum, XP und Kanban im Unternehmen durchführen. dpunkt.verlag, Heidelberg, 2011.

Index

Klaus Pohl · Chris Rupp

Basiswissen Requirements Engineering

Aus- und Weiterbildung nach IREB-Standard zum Certified Professional for Requirements Engineering Foundation Level

4., überarbeitete Auflage 2015,
192 Seiten, Festeinband
€ 29,90 (D)

ISBN:
Print 978-3-86490-283-3
PDF 978-3-86491-673-1
ePub 978-3-86491-674-8

Der »Certified Professional for Requirements Engineering« hat sich als international standardisiertes Aus- und Weiterbildungsprogramm etabliert. Dieses Lehrbuch ist inzwischen das Standardwerk für die Zertifizierung zum Foundation Level, geschrieben von Mitgliedern des International Requirements Engineering Board (IREB), die den Lehrplan mit entwickelt haben. Es umfasst Grundlagenwissen in den Gebieten Ermittlung, Dokumentation, Prüfung und Verwaltung von Anforderungen und eignet sich zum Selbststudium sowie als Begleitliteratur zu Schulungen.

Die 4. Auflage wurde überarbeitet und ist konform zur aktuellen Ausgabe des IREB-Lehrplans Foundation Level Version 2.2.

»Das Buch vermittelt kurz und knackig alle relevanten Lehrinhalte und bereitet den Leser optimal auf die Prüfung vor.«

chip.de zur 1. Auflage

Andreas Spillner · Tilo Linz

Basiswissen Softwaretest

Aus- und Weiterbildung zum Certified Tester – Foundation Level nach ISTQB-Standard

5., überarbeitete und aktualisierte Auflage 2012,
312 Seiten, Festeinband
€ 39,90 (D)

ISBN:
Print 978-3-86490-024-2
PDF 978-3-86491-201-6
ePub 978-3-86491-202-3

Mit dem »Certified-Tester«-Programm existiert ein international standardisiertes Aus- und Weiterbildungsschema für Softwaretester. Dieses Buch umfasst den benötigten Stoff zum Ablegen der Prüfung »Certified Tester« (Foundation Level) nach dem Standard des International Software Testing Qualifications Board (ISTQB) und ist auch für das Selbststudium geeignet. Aus dem Inhalt: Grundlagen des Softwaretestens, Testen im Softwarelebenszyklus, Statischer und dynamischer Test, Testmanagement, Testwerkzeuge. Die 5. Auflage wurde überarbeitet und ist konform zum ISTQB-Lehrplan Version 2011. Abgedeckt wird damit auch der entsprechende deutschsprachige Foundation-Level-Lehrplan des German Testing Board, des Austrian Testing Board und des Swiss Testing Board.

Stimmen zu Vorauflagen:

»Fazit: Ein ausgereiftes Fachlehrbuch für den Test technischer sowie kommerzieller Softwaresysteme von Geräten, Maschinen und Anlagen.«
WCM 241, Oktober 2005

»Eine unentbehrliche Basislektüre zum Selbststudium für alle, die im Testbereich tätig sind oder sein wollen.«
Newsletter Juni, MID GmbH Enterprise Software Solutions)